한류

문화자본과 문화내셔널리즘의 형성

한류
문화자본과 문화내셔널리즘의 형성

2023년 12월 25일 초판 인쇄
2023년 12월 31일 초판 발행

지은이 | 김성윤 · 김수아 · 박미영 · 백원담 · 이동연 · 이동준 ·
이종임 · 이지행 · 이해수 · 정종은 · 조영신 · 하승우
발행인 | 임준희
발행처 | 한국예술종합학교 전통예술원

제작 및 공급 | 북코리아
등록번호 제03-01240호
주소 13209 경기도 성남시 중원구 사기막골로 45번길 14 우림2차 A동 1007호
전화 02-704-7840 팩스 02-704-7848 이메일 ibookorea@naver.com
홈페이지 www.북코리아.kr

ISBN 978-89-6324-411-2(93300)

韓流

2023 한국예술종합학교 전통예술원
예술한류 전통예술 선도사업

한류

문화자본과 문화내셔널리즘의 형성

김성윤 · 김수아 · 박미영 · 백원담 · 이동연 · 이동준 ·
이종임 · 이지행 · 이해수 · 정종은 · 조영신 · 하승우

HALLYU
KOREAN
WAVE

K ARTS

서문

1990년대 중반 한국의 대중문화가 중국 본토에서 큰 인기를 얻으면서 중국 미디어가 그 현상을 '한류'라고 명명한 이래 30년의 역사가 흘렀다. 지난 30년의 역사적 변천 속에서 한류는 다양한 형태와 규모로 진화했다. 처음에는 주로 드라마와 대중음악을 중심으로 일본과 홍콩의 팝 문화와 함께 동아시아 내 문화적 지배소로 경합을 벌였지만, 2000년 이후에는 아시아를 대표하는 새로운 유형의 대중문화 콘텐츠로서 탈아시아화하는 글로벌 열풍을 몰고 왔다. 2010년 이후 한류는 이제 K-팝, K-시네마, K-드라마, K-웹툰 등 문화콘텐츠 시장에서 차별화된 글로벌 브랜드로 명성을 얻었고, 이후에 음식, 패션, 뷰티 등 일상의 라이프스타일 영역까지 확대되었다. 그사이 한류의 글로벌 인지도는 아시아에서 유럽과 북미, 남미로 확대되어 한국의 국가 브랜드 이미지가 크게 상승할 정도로 상징적 힘을 발휘했고, 세계 문화콘텐츠 시장에서도 6-7위권을 형성할 정도로 그 규모가 급증했다. 문화콘텐츠 산업 중심의 한류의 글로벌 인지도는 최근에 문학, 클래식, 무용, 전통예술 등 순수예술 분야로 확대되어 이른바 '예술 한류'라는 이름을 얻기도 했다.

한류의 역사적 진화, 문화적 확산에 대해 그동안 많은 국내 미디어는 한류의 위대함을 과잉보도하는 경향이 많았고, 국민도 언론에서 보도되는 한류의 글로벌 성과에 대해 애국심을 고취시켰다. 한국 정부 역시 한류의 글로벌 열풍을 국격의 신장으로 홍보하면서 정치적 · 외교적 수사에 집중했다. 한류의 성과에 대한 긍정적인 평가와 합당한 자부심도 중요하지만, 한류 성과의 이면을 들여다보는 것도 중요하다. 새로운 문화 지배소로서 한류가 지속가능한 조건과 환경을 갖기 위해서는 객관적이고 냉정한 분석이 요구되는 시점이다. 한류 30년의 역사를 성찰하는 시점에서 한류의 외형적 성과와 현상 속에 구조화된 문화적 특성이 무엇인가를 간파하는 학문적 고찰은 그런 점에서 매우 긴요하다.

이 책은 한류의 역사적 형성 과정에서 가장 중요한 문화적 키워드를 '문화자본'과 '문화내셔널리즘'으로 설정했다. 1부 '한류와 문화자본의 형성'에는 여섯 분의 필자가 참여했다. 먼저 한류를 세계체제 변화의 관점에서 재개념화하고, 신개발주의의 관점에서 글로벌 문화자본으로서 한류의 형성 과정을 조망했다. 그리고 2023년 초 케이팝 시장에 큰 이슈였던 SM 경영권 분쟁을 중심으로 케이팝 제작 자본의 변화 양상을 살펴보았고, 디지털 문화자본의 시대 한류 콘텐츠의 문화자산(IP)의 중요성을 분석했다. 한류 콘텐츠의 세계화에 큰 영향을 주고 있는 OTT 플랫폼이 최근 한류 콘텐츠 제작 과정에 어떤 영향을 주고 있는지, 케이팝 아이돌의 문화자본은 어떻게 형성되었는지도 1부에서 함께 살펴보았다.

2부 '한류와 문화내셔널리즘의 형성'에도 여섯 분의 필자가 참여했다. 먼저 한류와 문화내셔널리즘의 역학관계를 이론적으로 검토하는 글을 시작으로, 'K-컬처'라는 이름이 지속가능한지에 대한 성찰적 담론 분석, 한류 팬덤의 현 지형을 문화적 초국적성과 문화내셔널리즘적 성격을 대비해서 고찰했다. 또한, 한류의 성과를 애국심에 호소해 과장 선전하는 유튜브의 문화내셔널리즘의 현 실태와 한류를 보도하는 미디어 담론 속의 문화내셔널리즘을 꼼꼼하게 분석했다. 마지막으로 한류의 역사적 형성에 암묵적으로 관여했다고 볼 수 있는 1970년대 초반 홍콩 무협영화 안에서 아시아적 상상이 어떻게 전개되었는지를 분석하면서 한류의 문화아시아적 맥락을 유추하고자 했다.

이 책에 수록된 12편의 글은 모두 한류의 구조와 실체를 이해하는 데 매우 유용한 내용을 담고 있어 그동안 한류 연구와 관련한 많은 저서와 비교할 때, 그 이론적 시각과 분석의 관점에서 한 단계 진일보한 성과를 가지고 있다고 자부한다.

이 책이 출간되기까지 많은 분의 노고가 있었다. 무엇보다 이 출간 프로젝트에 참여해주신 필자분들께 깊이 감사드린다. 그리고 '예술한류 전통예술 선도사업'을 이끌어주신 임준희 원장님과 전통예술원 교수님들께도 감사드린다. 이 책의 계약과 진행을 위해 애쓰신 전통예술원 공연기획실 분들에게도 감사드리고 짧은 기간 동안 책의 교정, 편집, 디자인으로 수고하신 북코리아 대표님과 직원 여러분에게도 깊이 감사드린다. 마지막으로 이 책 출간에 간사 역할을 맡아 많은 수고해준 김홍림 피디에게도 감사드린다. 이 책이 동시대 한류의 문화적 맥락을 좀 더 깊이 이해하는 학술적 길라잡이가 되었으면 한다.

2023년 12월
필자를 대표하여
이동연

CONTENTS

제1부 한류와 문화자본의 형성

제2부 한류와 문화내셔널리즘의 형성

제1부

한류와 문화자본의 형성

우리 시대에 한류란 무엇인가: 세계재편의 시대, 한류

백원담
성공회대 교수

안녕하세요. 성공회대학교 동아시아연구소장 백원담입니다. 제가 오늘 기조 발제를 하게 되었는데, 사실은 오늘 여기서 발표하는 것에 대해 조금 어려운 점이 있습니다. 왜냐하면 최근 한류의 파고가 높은데, 그 흐름을 구체적인 지점에서 깊이 있게 연구를 진행하지는 못했기 때문입니다. 2011~2012년 무렵까지는 한류 연구를 팬덤(fandom)을 중심으로 계속 진행한 바 있습니다. 그러나 제가 연구대상으로 했던 아이돌 팬덤에 문제가 생기는 바람에 2년여 동안 그 팬덤과 관련된 자료수집과 연구 노트들을 다 못 쓰게 되었지요. 그 이후 의욕을 잃고, 다른 여러 가지 요인으로 한류 후속 연구를 진행하지 못했던 것입니다. 요즘은 주로 아시아의 사상과 문화, 특히 냉전 아시아와 비동맹/제3세계 관련 연구에 집중하고 있지만 그래도 한류에 대한 눈길을 거두고 있지는 않기 때문에 오늘 이 자리에 있는 것이 아닌가 합니다.

제가 오늘 주제를 "세계재편의 시대, 한류"라고 했는데, 한류를 좀 더 깊숙이 들어가서 살펴보았으면 비판적 문화연구의 입지에서 좀 더 유효한 시각을 제기할 수 있었을 텐데 어떻게 보면 외재적 접근의 문제를 안고 있다고 하겠습니다. 그런데 21세기 들어서면서 한류를 본격적으로 문화 연구라는 학적 연구대상으로 가지고 와서 논의를 전개할 때, 제게 가장 큰 관심은 '한류라는 탈경계적 문화교통을 통해 아시아에서 문화구성이 어떻게 이루어지는가' 하는 것이었습니다. 그래서 '한류는 지속가능한가'라는 한류와 관련된 이른바 주류 담론들이 제기하는 한류의 경제적 가치 등도 굉장히 중요하지만, 한류를 통해 그동안 아시아가 '식민', '냉전', '전 지구화' 과정에서 서로 소원했던 관계가 어떻게 변화되는가 하는 문제를 들여다보기 시작했습니다.

한류는 자본의 지구적 지역화 추세 속에서 아시아 경제가 발전하면서 산업의 구조조정이 이루어지고 굴뚝산업 중심에서 고부가가치 산업으로 전화되면서 문화도 산업화되고, 그로써 아시아에서 문화상품이 생산 · 유통 · 소비되는 표지로서 대두되고 성장 · 발전해나갔다고 하겠습니다. 그런 점에서 아시아에서 '한류'라는 탈경계적인 대중문화교통이 이루어지는 과정에 대한 이해와 그것이 '아시아 각국의 문화 상태에 어떻게 조응하는가'가 중요합니다. 한류의 탈경계적 문화교통과 소비를 통한 아시아의 상호작용, 그것은 식민-냉전-전 지구화의 중첩된 모순 속에서 특히 '아시아에서 냉전적 전개의 문제로 격절되어 있던 관계가 대중문화교통을 통해 어떻게 달라지며, 그것이 각국과 각지 문화 상태의 새로운 구성에 어떻게 관여하게 되는가' 하는 문제를 제기하기 때문입니다. 그리고 그렇다면 그것은 '21세기 아시아적 정체성의 형성 과정으로 볼 수 있는 것인가' 하는 문제를 해명할 필요가 촉구됩니다. 바로 그 문제의 지점들이 제가 한류를 바라보는 주된 관심이었고, 당시의 문제 인식이 집적되어 『동아시아의 문화선택, 한류』(2005, 펜타그램)라는 책으로 엮어져 나왔습니다.

벌써 20년 가까운 시간이 흘렀는데, 아시아를 넘어 세계적으로 파고를 일으키고 있는 한류 현상에 대해서도 당시 제가 가지고 있던 문제 인식은 지속되고 있다고 해도 과언이 아닙니다. 오늘 발표주제를 "세계재편의 시대, 한류"라고 했는데, 제 논의의 초점은 '세계의 새로운 다극적 재편과 그에 작동하는 새로운 글로벌리티의 가능성, 그것과 한류는 어떤 연관을 갖는가' 하는 것에 있습니다. 한류는 21세기에 이르러 아시아와 세계에서 도저한 문화현상으로 관류해왔습니다. 그리고 코로나19 팬데믹 상황이 지속되는 3년여의 시간 속에서 한국 문화산업의 세계적 부상을 고지하며 지속적인 문화 파장을 일으키고 있지요. 요컨대 한류는 오늘의 세계에서 포스트 글로벌라이제이션(Post Globalization) 혹은 글로벌라이제이션의 문화적 전환을 표지하고 있습니다. 거기서 저는 한류의 파장이 다양한 지점에서 글로벌 네트워크를 확장해나가고 있다는 점에서 새로운 세계의 전환을 이끄는 정동연대의 가능성을 담지하고 있는 지점에 주목하고자 합니다.

요컨대 이 논의는 한류의 최근 추세에 대해 '글로벌리티(globality), 포스트 글로벌리티'라는 개념을 가지고, 세계 전환의 시대를 이끄는 복수성 정치의 힘을 한류가 일으키는 비체현된(disembodied) 글로벌라이제이션과 그것이 만들어내는 새로운 지구적 · 지역적 사회관계들, 혹은 새로운 아래로부터의 정치사회들의 가능성 문제를 논의할 필요성을 제기하고자 하는 것입니다. 세 가지 지점에서 접근해보겠습니다.

첫째, 한류의 역사적 전개에 대해 간단히 정리하고, 그것이 가지는 탈경계적 문화구성의 과정을 의미화할 것입니다. 다음으로 최근 한류 담론들의 지형을 살펴보고 그 성과와 한계를 논의해보고자 합니다. 마지막으로 최근 글로벌 미디어 플랫폼의 발전에 걸맞은 한류 문화콘텐츠의 경쟁력이 급부상한 것에 주목하고, 그것의 세계적인 소비 추세 속에서 적극적으로는 새로운 문화결연 혹은 정동연대를 연출해내고 있는 지점들의 의미망과 세계 지배질서 재편의 문화적 경로의 가능성에 대해 이야기해보고자 합니다.

| 오늘의 세계와 한류

먼저 오늘의 세계정세를 좀 살펴보겠습니다. 작년부터 '우크라'사태, 그리고 올해 '하마스(Hamas)' 사태 등 전쟁의 연속으로 세계가 극도의 불안 상태에 놓여 있습니다. 세계가 코로나19 팬데믹으로 재난을 맞아 아직 끝나지도 않았는데, 이제는 전쟁으로 다시 세계가 곤경 상태에서 헤어나오질 못하고 있는 것입니다. 저는 이러한 재난과 전쟁의 격발은 세계 지배질서가 재편되는 징후로서, 다시 말하면 신자유주의적 축적체제의 모순이 극한까지 차올라 세계적인 분업체계의 한계를 극명하게 노정했고, 미국이 그 질서를 다스릴 수 있는 힘의 한계에 봉착했다는, 말하자면 글로벌 패권이 궤멸해가는 표징으로 파악합니다. 그렇다면 그것은 제2차 세계대전 이후 세계 지배질서가 재편된 바와 같이 또다시 전쟁을 통해 이루어질 수밖에 없는 것인가 하는 의구심을 가지게 합니다.

최근 발다이 토론 클럽 포럼* 연설에서 러시아의 푸틴(V. V. Putin)은

* Valdai Discussion Club Forum은 러시아의 다보스포럼. 이번 발다이 제20회 포럼의 주제는 "공정한 다극성: 모두를 위한 안전과 발전을 보장하는 방법(Fair multipolarity: How to ensure security and development for everyone)"이다.

"우크라이나 전쟁은 제국주의나 영토 문제가 아니라 세계질서에 관한 것"이라고 주장하며, "다른 국가에 행동하는 법을 가르치려 드는 미국의 식민지적 사고"를 비판하고, 러시아는 새로운 세계의 창조를 필요로 한다고 역설했습니다. 푸틴의 이러한 언설은 미국이 중국의 부상에 따라 구도한 G2의 구조를 스스로 부정하고 최근 인도 · 태평양전략이나 중국에 대한 무역제재 등 세계경제와 안보질서에 대한 폭력적 개입의 한계를 드러낸 데 대한 대응의 성격이 강하며, 그로써 러시아의 우크라 침략을 합리화하는 측면이 있습니다. 그리고 우크라사태 이후 중국과 러시아, 북한과 러시아의 관계 밀도가 높아지는 바, 그것이 새로운 지경학적 · 지정학적 질서의 구축과 그를 통한 세계 지배질서의 재편을 추동하는 측면이 있다는 점에서 주목됩니다.

푸틴이 전쟁을 감행하고는 그것에 대해 "제국주의나 영토 문제가 아니라 세계질서에 관한 것"이라고 하면서, 그것을 '정의로운 전쟁'으로 의미화한다면 어떤 문제를 야기할까요? 우크라사태의 배경에 대해서는 논의할 바가 많지만, 어쨌든 러시아의 명백한 침략전쟁에 대해 이런 강변으로 정당화할 수는 없을 것입니다. 하마스도 팔레스타인의 역사적 현재로서의 곤경에 대한 강력한 문제 제기 차원이지만 어쨌든 선제공격을 한 것이고, 지금 이스라엘의 무도한 공격으로 엄청난 파국을 맞고 있는 안타까운 상황입니다. 그처럼 '정의로운 전쟁'이라는 개념으로 세계 지배질서의 재편이 이루어진다고 하면 어떻게 될까. 그러한 현실 인식 속에서 '지금 세계 곳곳에선 어떤 동력들이 움직이고 있는가, 한반도 그리고 거기에서 살아가고 있는 우리 대다수 사람들은 그것에 과연 어떻게 관여할 수 있는가' 하는 문제를 안게 됩니다. 그렇다면 이런 가운데 한류의 자리라고 한다면 어떻게 얘기할 수 있는가 하는 것이 오늘 주제 발표의 내용이 되겠습니다.

어쨌든 미국의 글로벌 패권이 무너지는 징후로서 지금의 상태를 진단해볼 수 있을 것 같습니다. 그리고 하마스사태의 파장에서 보듯이 중동지역의 힘의 관계에 새로운 재편이 이루어지고 있음을 확인할 수 있습니다. 하마스는 미국 주도의 사우디와 이스라엘의 국교 정상화 때문에 이스라엘을 공격한 것인데, 그 전쟁이 이란을 비롯하여 아랍권으로 확산될 가능성이 큽니다. 그런데 지금 동지중해를 보면 모든 세계 전력이 다 운집해 있는 양상인데요. 미국 항공모함이 4척씩이나 주둔해 있고 거기에 많은 전력이 배치돼 있으며, 이란 주변으로도 미국의 군사 기지가 엄청나게 밀집해 있는 현실입니다. 그래서 중동은 언제든 다시 전화에 휩싸일 가능성이 크지요.

우크라사태가 터지자 동북아시아는 특히 긴장 상태가 고조되었습니다. 중국은 대만에 대해 평화통일이 어렵다면 "무력으로라도 강행하겠다"는 입장을 표명해왔고, 2035년까지 통일을 이루겠다고 기한을 두었습니다. 중국이 만약 대만을 무력으로 통일하고자 한다면, 한반도는 어쩔 수 없이 문제의 한복판으로 끌려 들어갈 수밖에 없습니다. 미국이 '하나의 중국' 정책을 제기해놓고도 대만에 대한 입지를 놓칠 리 없고, 그렇다면 한·미간 군사동맹이 강고한 차원에서 참전할 수밖에 없는 입장에 놓입니다. 미국이 참전하라면 할 수밖에 없는 종속적 구조니까요. 그러면 이제 북한도 개입하겠지요. 그렇게 해서 한반도가 다시 전화에 휩싸이는 것은 이제 순간일 수 있기 때문에 국지전쟁이 세계적으로 파급되는 위기는 과연 어떻게 귀결되겠습니까?

최근 우리 사회는 물론 세계적으로 기후정의운동을 중심으로 '신자유질서의 재편', '축적 체제의 전환' 문제가 전격적으로 제기되고 있는데, 그 '정의로운 전환' 기획이 추동 역량의 입장과 달리 전쟁으로 치닫는다면 어떻게 될까요?

그런 전쟁상황이 현실로 닥친다면 한류의 문화산업도 끝장이 날 것입니다. 물론 군사안보적 긴장이 고조되는 가운데 해법 담론들은 나오고 있어요. 중국은 위기 발신의 당사자임에도 평화 메시지를 계속 전달하고 전쟁의 평화적 해결을 촉구하고 있습니다. 이번 하마스사태에 대해서도 기존처럼 두 국가 해법을 제시하고 있고, 지속적으로 원칙적 입장을 고수하며 중재자적 입지에서 다양하게 국면의 전환을 위해 움직이고 있습니다. 거기서 저는 전쟁을 통하든 어떤 경로를 통하든 세계의 다극적 재편은 이제 거스릴 수 없는 추세라고 봅니다. 그렇다면 그 경로는 어떻게 될 것인가? 중심국가들의 패권 경쟁 그리고 국가 민족적 이해관계에 따른 이합집산이 아닌 다른 경로는 가능한가? 여기서 글로벌 사우스(Gloval South)의 대두로 그 동력이 세계 지배질서의 전환을 추동하는 양상을 주목해볼 수 있습니다. 이란 등 아랍권에서는 팔레스타인 문제의 근원으로서 이스라엘과 미국을 겨냥하고 있고, 그 속에서 전쟁이 더 확산된다면 주도적으로 나설 것입니다. 러시아는 전쟁을 지속하면서도 미국의 이스라엘 지지와 지원에 대한 비판을 계속하고 있습니다. 다른 한편으로 이렇게 상위 정치들, 상위의 어떤 권력들만 움직이는 것이 아니라 세계 곳곳에서 평화 시위와 복수성 정치들이 이루어지고 있습니다. 그래서 하마스와 팔레스타인 지지 물결이 파고를 이루고 있고, 전쟁의 종식과 평화를 지향하는 복수성의 정치들이 수행되고 있는 와중입니다.

그렇다면 '한류의 글로벌 파장과 정동연대의 가능성이 세계 평화 지향에 갖는 함의는 무엇인가' 하는 문제를 논의할 필요가 있습니다. 미국의 안젤리나 졸리(Angelina Jolie)라는 여배우가 얼마 전 이스라엘의 가자지구에 대한 무자비한 공격에 대해 "이것은 도망갈 곳이 없는 갇힌 사람들을 고의로 폭격하는 행위"라고 강력하게 비판했습니다. 또 "가자지구는 거의 20년 동안 노천 감옥이었으며 빠르게 대량 무덤이 되어가고 있다. 사망자 중 40%가 무고한 어린이이고 가족 전체가 살해당하고 있다. … 인도주의적 휴전 요구를 거부하고 유엔 안전보장이사회가 양측에 휴전을 강요하는 것을 막음으로써 세계 지도자들은 이러한 범죄에 연루되어 있다"고 지적했습니다.

그런데 만약 BTS가 그런 얘기를 한다면 어떨까요? BTS는 그런 얘기를 할 수 있을까요? 얼마 전에 한류의 주역이라고 할 수 있는 K-pop의 수장들이 텔레비전에 나와서 한류의 3단계를 얘기하던데, BTS가 그런 얘기를 못 하는 이유는 아마 미국이 이 전쟁을 주도하고 있으니 빌보드 차트를 생각하면 말문을 열기가 쉽지 않을 것입니다. 산업적 고리도 있지만, 또한 국가 차원에서 군사안보적인 측면에서도 못 하게 하겠죠. 현재와 같은 보수우익 정부가 아니라면 발언했을 수도 있을까요? 문제는 문화 수행 주체들이 그런 얘기를 '스스로 할 수 있는 것'과 '할 수 없는 것'. 한류의 한계는 그 갈래의 어느 지점에 있지 않을까 생각합니다.

저는 몇 년 전부터 '포스트 글로벌라이제이션', '포스트 지구화'라는 개념을 가지고 세계의 변화를 바라보고자 했고, 제가 몸담고 있는 성공회대학교 동아시아연구소에서도 '포스트 지구화 시대의 아시아 정동'을 연구 의제로 하여 공동연구를 하고 있습니다. 지금 7년 과제로 진행 중인데, 그 이전에는 아시아에서 문화구성 문제를 '사상 · 제도 · 일상/심미'라는 문화의 세 가지 층위에서 접근해본 바 있습니다. 제 입장은 그런 공동연구의 지속적 맥락 속에서 구성되었다고 볼 수 있지요. 지금 관건은 자본의 전지구화, 글로벌라이제이션을 경제적 규정력만 가지고 보는 것이 아니라 포스트 글로벌라이제이션이라는 개념을 가지고 아시아와 세계의 역사적 오늘을 살아가는 사람들의 정동적 변화를 파악하는 것인데, 최근의 관심은 '자본의 전 지구화 모순 속에서 세계는 어떤 글로벌리티 혹은 포스트 글로벌리티를 창출해냈는가' 하는 데 있습니다.

글로벌리티라는 것은 대중적 지구화론으로 말하면 "'개인', '기업', '국민국가'가 어느 때보다 멀리, 빨리, 깊고, 싸게 도달할 방법으로 시장과 국민국가 그리고 기술이 영합하여" 자본의 바깥은 없는 세계를 구성해가는 가운데 사람들에게 체현된 것이지요. 그처럼 신자유주의 축적 체제가 세계를 거침없이 통합해가는 것이자 그 후과로서 글로벌리티가 새롭게 구성되는 것입니다. 최근 지구화 담론 중에서는 지구화를 경제적 규정력으로만 파악하기보다 "세계-공간에 걸친 사회관계와 의식의 확장과 강화로 특징지어지는 과정들의 복잡한 매트릭스" 개념으로 설명합니다. 여기서 매트릭스 개념은 현존하는 국민-국가 체계 및 이와 관련된 내셔널한 상상을 넘어서 매우 높은 사회적 상호의존성에 대한 미래의 사회적 조건을 의미하지요. 이 매트릭스 개념으로 글로벌리티의 서로 다른 사회적 징후를 쉽게 상상할 수 있다고 보는데, 한편으로는 주로 개인주의, 경쟁 및 자유시장 자본주의의 가치에 기초할 수 있는 반면, 다른 한편으로는 좀 더 공동체적이고 협동적인 규범과 제도를 포함할 수 있다는 것입니다.* 이러한 언설은

---

* Steger, Manfred and Paul James (2019), "Outlining an Engaged Theory of Globalization," in Globalization Matters: Engaging the Global in Unsettled Times.

이들은 지구화를 1) 체현된 지구화(embodied globalization), 2) 사물-관련 지구화(object-related globalization), 3) 제도적으로 관련된 지구화(institutionally related globalization), 4) 비체현된 지구화(disembodied globalization)의 네 구성체로 구분한다. 또한 코로나19 팬데믹 이후 지구화가 패퇴된 국면의 특징을 이들 구성체 간의 탈구, 즉 정보통신기술을 통한 비체현된 지구화의 팽창과 독주, 그리고 다른 지구화 구성체들의 상대적 혹은 절대적 정체에서 찾는다. 그리고 이러한 비대칭적인 지구화의 개선은 점점 더 복잡하고 분화되는 지구화가 더욱 일관되고 균형 잡힌 방식으로 작동할 수 있도록 제도적 역량을 강화하는 데 달려있다고 했다. 그러나 글로벌 연대의 강화와 더욱 광범위하게 공유되고 효과적인 글로벌 거버넌스 구조의 구축은 포퓰리즘 시대와 현재 전 지구화 체제의 위기 상황에서는 비현실적인 전망으로 진단한다. 국민국가는 약화되고 있지만, 국익에 대한 애착은 21세기 지정학적 질서의 주요 동력

실은 글로벌리티의 근본적으로 불확실한 특성을 지시합니다. 그러나 여기서 중요한 것은 그 불확실한 특성에는 "현존하는 국민-국가 체제나 그 내셔널한 상상을 넘어, 고도의 어떤 사회적 상호의존성, 글로벌 네트워크 같은 것들이 만들어질 가능성을 담지하고 있다"고 보는 지점입니다.

특히 디지털혁명과 함께 새로운 글로벌리티가 만들어진 것, 바로 '비체현된 글로벌리티'의 대두입니다. 신자유주의의 축적 체제하에서 미셸 푸코(Michel Foucault)의 개념으로 말하면 '호모 이코노미쿠스(Homo Economicus)'들이 양산되는데, 그들은 신자유주의적 통치성이 관철된 신체들이지만 디지털혁명이 그들에게 가져다주는 다른 사회적 관계의 가능성을 담지하게 됩니다. 그래서 어떤 확장성, "단어, 이미지, 전자 텍스트, 암호화폐 같은 암호화된 자본을 포함하는 비물질적 사물의 이동을 통한" 새로운 사회관계가 만들어지고 확장되고, 그래서 이제까지와는 다른 새로운 글로벌리티의 가능성이 열리는 것이라고 할 수 있겠습니다. 코로나19 팬데믹의 파괴적인 영향으로 세계는 엄청난 불안정을 경험했습니다. 사람들은 세계적인 분업체계의 허실, 신자유주의 체제의 명백한 패퇴 광경을 목도했고 체현했습니다. 그런데 전 지구화는 '다양한 수준의 실천과 의미에 연결된 권력관계로 구조화'되어 있고, 그 명백한 퇴보의 이면에는 "전 지구화 체제의 구성요소의 분리적 역학관계에서 탄생한 새로운 포스트 글로벌리티 체제의 재생"*이 확인됩니다. 따라서 세계의 다극적 재편과 그에 작동하는 사회, 새로운 글로벌리티와 한류의 관계성을 파악해볼 필요가 있습니다. 한류는 어떻게 새로운 글로벌리티의 문화적 표지가 된 것일까요?

으로 남아 있기 때문이다.

* Manfred Steger and Paul James, Disjunctive globalization in the era of the great unsettling, Theory, Culture & Society 2020, Vol. 37, pp. 7-8).

일단 한류라는 건 21세기 아시아 세계에서 도저한 문화 현상으로 관류했고, 코로나19 팬데믹에 의한 세계의 폐쇄적 상황 요인에 의해 글로벌한 규모에서의 확산이 가능해졌습니다. 그 3년 동안 디지털혁명으로 글로벌 OTT 매체가 등장하면서 거기에 빠르게 적응한 한국 문화 산업이 세계적으로 부상하게 된 것입니다. 그래서 한류 자체가 '포스트 글로벌라이제이션' 혹은 '글로벌라이제이션의 문화적 전환'을 표지하고 있고, 그 새로운 구성에 관여하면서 정동연대의 가능성을 담지하게 되는 것이지요.

최근 세계적으로나 우리 사회에서나 '기후정의운동'이 광범위하게 대두되고 있고, 그 기치로서 신자유주의적 축적 체제의 전환을 강력하게 제기하고 있습니다. 그것은 정의로운 전환이라는 방향타를 분명하게 설정하고 나아가고 있습니다. 코로나19 팬데믹 과정에서 확인한 것은 자본의 세계적인 분업체계가 작동하지 않는 신자유주의의 민낯입니다. 선진국에서 마스크나 기본적인 의료기재들이 생산되지 않음으로써 구미유럽의 이른바 선진국가들에서 사회적으로 셧다운이 지속되고, 그런 가운데에서 다시 재난자본주의가 가동되며 세계적인 불평등구조가 심화되는 과정을 체현하고 목도하게 된 것입니다. 지구의 생태위기가 가중되는 한 그러한 지구적 곤경은 반복적으로 확대재생산될 것이고 그 위기 속도는 더욱 가팔라질 수 있습니다. 실제로 우크라사태 등 전쟁으로 세계경제는 악화일로에 있고, 그 모순은 글로벌 사우스에 그대로 전가되고 있는 와중입니다. 따라서 오늘의 지구적 곤경은 그것을 야기하는 살인자본주의, 신자유주의 축적 체제의 전환 없이는 해결이 불가능하다는 점에서 이를 문제 삼는 아래로부터의 문제 제기, 세계 지배질서의 전환을 촉구하는 복수성 정치들이 곳곳에서 일어나고 있는 것입니다.

한편 다시 한류로 돌아오면 한류의 파고가 지구적으로 높아서 그것을 통해 경제적 가치 창출이 많이 이루어지고, 한국의 위상이 높아지고, 국가와 사회 전체적으로 '지속가능성'의 염원과 기대가 크지만, 사실상 최고의 한류는 한국 사회의 역동성과 '촛불혁명'입니다. 2020년도에 접어들어 한류가 이렇게 각광을 받는 것은 생명정치의 광경들을 「오징어 게임」이 전열해놓음으로써 문제의 보편성을 제기한 측면이 크지만, 그조차 그런 문제 제기를 재현해낼 수 있는 사회적 기제, 즉 촛불혁명이 제기한 의제와 그것을 위한 폭발적 궐기의 힘이라고 봅니다. 예멘 난민들이 제주도에 당도한 것은 "촛불혁명을 일으킨 나라여서, 그렇게 사회적 궐기로 정권을 바꾼 나라이므로 (우리를) 환영할 줄 알았다"고 하더군요. 그 또한 도저한 한류의 개진이라고 저는 확신합니다. 그런데 그렇게 먼 길을 찾아온 사람들에 대해 박대하고, 잠재적 범죄자로 몰고 난민 신청을 한 사람밖에 안 받아주었습니다.

| 한류의 역사적 개진

한류의 역사적 개진에 대해서는 저의 『동아시아의 문화 선택』에 정리해둔 바 있습니다. 초기 한류는 한마디로 아시아에서 탈경계적으로 문화가 새롭게 구성되는 과정을 표지하고 있다고 하겠습니다. 저는 '문화산업으로서의 한류'와 '문화현상으로서의 한류' 그리고 '대중문화교통으로서의 한류'를 구분해볼 필요성을 제기한 바 있습니다. 이는 아시아 권역의 '국가 단위', '민족 단위', 어떤 '다양한 공동체 단위'에서 한류를 이해해보면 자명합니다. 그것은 자본의 지구적 지역화 추세로서 아시아의 경제 발전과 산업 구조 조정이 이루어지고 문화의 산업화를 이루면서 이전에는 구미 유럽의 문화, 그리고 가까이로는 일본 문화가 유통 · 소비됐다면 이제 한류는 아시아에서 아시아 문화상품이 만들어지고 유통되고 소비되는 과정을 보여주고 있습니다. 거기서 문화자본, 스타시스템, 팬덤 등 문화산업적 맥락에서 논의된 것이 많이 있습니다.

두 번째로 문화 현상으로서 한류는 아시아에서 역사적 문화 과정을 돌이켜보게 합니다. 전근대 시기에는 중국화(中國化, Sinicization)와 경합하는 문화교통 속에서 문화구성이 이루어졌고, 일제강점기에는 일본화(日本化, Japanization)로 강제적 문화편입에 의한 구성적 과정이 있었습니다. 그리고 식민지 독립 이후 한반도에서는 세계적인 냉전의 편제 속에서 남한과 북한의 분절적 문화구성이 이루어졌습니다. 남한의 경우 냉전과 미국화(美國化, Americanization)가 근대적 국민국가 건설과정에 관철되면서 국민문화가 잡종성으로 구성된 것이라고 할 수 있겠습니다. 그래서 저와 동료들의 한류 연구는 바로 이 지점, 아시아에서 한류가 갖는 관계적 함의에 집중되어 있었고, 그로써 냉전 아시아의 문화풍경들을 전현해낼 수 있었던 것입니다.

21세기 초 한류는 '팝 아시아니즘(Pop-Asianism)'이라는 개념으로 정리가 가능할 것입니다. '팝 아시아니즘'이란 아시아에서 문화의 생산 · 유통 · 소비가 이루어지면서 '아시아에 의한 아시아 문화'라는 것이 만들어졌는데, 그 과정을 살펴보면 아시아를 역사적 격절을 넘어 서로 마주하게 하는 힘이자 경로를 확인할 수 있겠습니다. 저급한 대중문화라 하더라도 그것이 경계를 넘어 아시아 곳곳으로 흘러 들어가 교감하고, 상호의 역사와 현실 속으로, 그리고 다시 각기의 역사와 현실 속으로 가로지르는 문화교통이 빈번해지고 그러한 탈경계적 문화소비의 경험들 혹은 향유의 경합 혹은 절합이 이루어지면서 아시아적인 문화 경관을 구성해갔다고 보는 것이지요. 그것은 결코 일방적이지 않고 각기의 주체적 문화선택이 쌍방향 · 다방향을 통해 가능했습니다. 문화산업이 생산한 대중문화상품을 통해 교통이 이루어졌지만, 그것은 1차적으로 현지에서의 주체적인 문화선택이 있었음을 다시 한번 강조하고자 합니다. 아시아에서 문화교통이라고 하는 것은 아시아인의 주체적인 문화선택과 수용과정이라고 할 수 있고, 그로써 각지의 문화구성이 새롭게 구성되는 과정을 거치게 됩니다.

사실 한류의 시작은 아시아에서 대만과 홍콩의 문화산업이 발달했지만 콘텐츠가 고갈되면서 J-pop, 곧 철저하게 스타 시스템에 의한 저팬 팝이 풍미하는 가운데 그 아류로서 K-pop이 대기업들의 아시아 시장 개척에 일조하면서 영향력이 확대되는 과정을 거칩니다. 무엇보다 한류의 문화산업이라고 한다면 온라인 게임이 단연 돋보였지요. 한국의 반도체 기술이 고도화되면서 구미 유럽에는 없는 온라인 게임이 중국의 광케이블망 도입에 힘입어 대세를 이루었던 것입니다. 당시 베이징에는 한국 문화관광부 산하 문화콘텐츠진흥원 베이징지부가 만들어지고, 거기에서는 중국에 진출하는 중소규모 문화산업업체들의 중국 진출을 지원하고 중국의 한국 문화산업에 대한 투자상담도 하게 되었습니다. 저도 중국에만 가면 그곳을 자주 드나들면서 한류에 대한 관심을 가지게 되었고, 그 현상을 학적 연구대상으로 해서 담론화를 시작한 것이지요. 한류 관련 저서를 쓰게 된 계기는 일본에서 먼저 『일식 한류』라는 책이 나와서 좀 창피한 생각이 들더군요. 한류는 말하자면 한국문화상품이 일으킨 '대중적 아시아주의(Pop Asianism)'인데 일본에서 먼저 연구성과가 제출되니 조급한 마음에 베이징에 한 달 머물면서 그동안 아시아 곳곳을 다니며 목도하고 연루되었던 현상들을 중심으로 집중적으로 써 내려가게 된 것입니다.

이 팝 아시아니즘은 드라마 「꽃보다 남자」가 4개의 나라에서 어떻게 소비됐는지 그 팬덤의 스트리밍 양상에서 문화교통 양상을 드러내기도 하고, 장기하와 얼굴들의 멤버 중 한 명인 하세가와 요헤이(長谷川陽平) 같은 경우에 『고고! 대한 록 탐방기』(2015, 아트북스)라는 책을 출간해낸 바와 같이 수평적 문화절합의 과정을 증언하기도 합니다. 그러니까 21세기 초반 아시아에서 다양하게 전개된 문화교통 중에 한류를 통해 문화 조성과정이 이루어지면서 그것이 문화 노동자의 생태계를 드러내주고, 그들이 탈경계적인 문화교통을 통해 어떻게 일국적으로 환원되지 않는 문화구성을 주도하는가를 보여줍니다. 중국에서는 한국의 「스타 탄생」 같은 프로그램이 만들어졌는데, 예를 들면 「슈퍼 여성(超級女性, 2004~2006)」은 여성들이 문화의 중심으로 다시 나오게 되는 그런 과정들을 추동하기도 합니다. 또한 후쿠시마 원전이 터졌을 때 한류 스타들이 생필품 지원 등에 적극 참여하고 그 팬덤들은 신속한 정보제공과 다양한 지원을 하는데, 그 경로를 보면 팬덤 사이트가 상호관계 형성의 거점으로 훌륭한 정감 연대를 이루어낸 바 있습니다. 이는 문화교통뿐만 아니라 실질적 관계성의 회복과정으로 볼 수 있습니다.

2010년대 즈음에 한류는 복합적 전환의 과정을 겪는데, 그것은 글로칼리즘적 성장이라고 할 수 있을 것입니다. 한류의 문화상품을 소비하면서 한국에서는 문화산업이 제도적으로 정비됩니다. 중국의 경우는 문화산업을 엄청나게 성장시키고, 그전에 중국문화부는 인민의 문화적 수요에 부응하고 관리하는 문화국만 있었는데 이제 '문화산업국'을 만들고 문화국과 문화산업국의 비중이 점차 같아지게 됩니다. 사회주의 국가이므로 문화사업의 범주가 광범위하지만, 경제성장에 따라 문화적 수준이 요구되고 그로써 문화산업 강국의 기조가 중요한 위상을 점하게 되지요. 중국뿐만 아니라 베트남이나 인도네시아 등에서 국가가 문화에 대한 강력한 조절 장치를 구축하고 제도화시키면서 다른 한편으로 문화산업의 성장을 촉진하는 과정이 두드러지는데, 그래서 한류의 아시아적 개진, 즉 팝 아시아니즘은 '아시아에서 문화의 생산과 조절'을 가늠하는 잣대가 된다고 봅니다.

2020년 무렵 한류는 온라인 비대면 경제의 발달과 확산에 따른 문화소비가 보편화되면서 디지털 환경에 특화된 한국 문화 콘텐츠의 광범위한 수요가 증가하고 그것이 팝 아시아니즘을 넘어 팝 글로벌리즘으로 현상되었다고 할 수 있습니다. 얼마 전 텔레비전 오락 프로그램에서 K-pop의 두 주역(박진영, 방시혁)이 K-pop의 발전과정을 설명하고 그 전망을 가늠했습니다. 그들에 따르면 K-pop 1단계는 '한국 가수 + 한국어 케이팝', 2단계는 '혼합 국적 + 한국어, 외국어', 3단계는 '현지 가수 + 현지 언어'로 정리됩니다. 그리고 지금은 3단계로 나아가는 와중인데, 여기서 문제의 진단을 자체적으로 합니다. "케이팝 팬덤은 엄청난 세계적인 어떤 현상을 만들고 있지만, 굉장히 집중적이다. 아주 헤비(Heavy)급 이런 팬덤이 아니라 더욱 라이트(Light)한, 누구나 가끔이라도 즐길 수 있는 좀 더 일상적이고 보편화된 문화로서 한류가 소비되어야 하며, 그래서 그것을 실현할 수 있는 이른바 라이트 팬덤이 조성될 수 있는 구조로 나아가야 한다." 문화엔터테이너산업의 입지에서 보면 이들의 입장은 경제가치 창출을 위해 명함 들고 뛰어다니던 시절에서 상시적 구조를 만들어 이제 아시아를 넘어 세계 대중음악 시장에 당당하게 자리매김[定位]할 때가 되었다고 판단하는 것 같습니다.

한류가 아시아에서, 예를 들어 인도네시아에서 현상되는 과정들을 보면 이들 문화산업계가 어떻게 문화시장을 만들어왔는지 알 수 있습니다. 앞서 '팝 아시아니즘'이 작동하는 문화구성 문제를 이야기했는데, 아시아 각국에서 한류 문화산업의 구조를 이식하는 방식으로 '아이팝(I-pop)', 곧 인도네시안 팝을 만들어내는 것이지요. 이것은 어떤 결과를 초래하는가

하면 이슬람문화권인 인도네시아에서 젊은이들은 I-pop을 소비하고 어른들은 전통문화를 즐기는, 이른바 세대에 따른 문화갈등 현상이 자연스러운 과정이 됩니다. 그런데 외견상 그런 경향이 크지만, 사실 그 안에 들어가 보면 '인도네시아 여성들은 K-pop만 소비하는가?' 그렇지 않습니다. 코로나19 방역의 곤경 속에서도 인도네시아 여성의 복수성 정치가 다방면에서 펼쳐지고 있고, 그들은 그렇게 오늘의 곤경을 넘고 있었던 것입니다. 팬데믹 기간 동안 17,000개의 섬을 가진 인도네시아의 도서(島嶼) 지역 등지에서는 인터넷이 안 되는 곳도 많습니다. 한국의 아이돌그룹이 인도네시아나 다른 현지에 공연을 가면 많은 여성 팬덤이 환호하는 광경을 자주 볼 수 있는데, 인도네시아 여성들이 모두 K-pop만 소비하는 것은 아니고 그네들의 일상은 어떻게 이루어지는지 반향 차원에서라도 그 내면을 잘 살펴볼 필요가 있습니다. 그런 관심이 없다면 그들을 돈벌이의 대상으로 삼는 경제적 대상화만 이루어질 것이고, 한류의 파장이 현지에서 어떤 후과를 낳는지 무책임한 경우들이 빈번해지는 것입니다. 코로나19 팬데믹 동안 한류가 다시 '떴을 때' 인도네시아 여성들의 상태에 대해서는 오랜 벗인 그곳의 교수(Melani Budianta)와 대담을 나눈 바 있습니다. 그는 인도네시아 여성들이 코로나19 팬데믹 동안 '어떻게 곤경에 대처하며 힘겹게 싸웠고, 다가오는 많은 어떤 압력과 그 속에서 주어지는 노동의 강도들을 어떻게 해결하면서 새로운 디지털 기술을 습득하고, 그로써 현지에서 어떻게 새로운 관계성, 사회적 공동체들의 구성에 주도적으로 참여했는가' 하는 문제를 아주 절절하게 전해주었습니다.*

* 백원담 · 이기웅 · 멜라니 부디안타, 『뉴 노멀을 넘어』, 소명출판, 2021.

| 한류의 담론 지형

최근 케이팝 스트리밍을 한 상위 5개국 자료를 보면 미국이 1등입니다. 이러한 한류의 글로벌 파고에 대한 연구는 현지에서도 많이 이루어지고 있습니다. 그 담론들은 BTS의 성공 요인 중 하나로 이들이 '보편적인 의제'들의 제기문제와 관련된 논의를 많이 하더군요. '국가 정책 차원에서 제도적 뒷받침을 하고 있다'는 이른바 국가 차원의 진흥책에 대한 입론들도 많습니다. 한국문학번역원에서는 이른바 '문학 한류' 개념의 활성화를 위해 '한국 문학 콘텐츠' 사업이 다각적으로 이루어지고 있습니다. 한국 문학이 세계적인 관심을 받기 시작했고, 이전에는 에이전시들을 통해 번역과 출판에 의존했다면 한국문학번역원 안에 번역대학원이 만들어졌고 현지 번역가들을 양성하고 있으며, 현지에서의 번역출판 지원을 체계적으로 진행하고 있습니다. 심지어 현지의 영향력 있는 출판사들을 소집해서 회의를 거쳐 한국 문학작품들을 번역출판하는 데 정보제공이나 번역지원, 현지 출판에 필요한 작업들에 개입합니다. 그래서 문학 한류가 이제 파장을 일으키고 있다는 평가를 하기도 하는데, 한국문학번역사업 심사 영역의 분포도를 보면 많은 언어권이 포괄되고 있습니다. 이번 서울국제작가축제도 참여자가 8,293명 정도로 성황을 이루었습니다. 이런 것들이 바로 해외 연구나 해외 언론들이 의미 있게 받아들이는 '국가 주도성'의 증빙자료가 되는 것이지요.

그렇다면 한국에서의 한류 담론 지형은 어떨까요? 다양한 분야에서 많은 연구가 진행되고 있는데, 한류의 담론 지형을 세계적인 차원에서 살펴보기는 어렵고, 일단 작년 계간 『황해문화』 '한류' 특집*에서 확인된 바를 중심으로 한류 담론의 지형을 살펴보겠습니다. 크게 보아 '학술 담론'과 '정책 담론' 그리고 '상업 담론'으로 구분해볼 수 있겠습니다. 그것을 큰 흐름으로 잡아보면 '정부 주도' 담론과 '민간 학술연구' 담론의 경합이 있다고 볼 수 있는데, 각기 K컬처(K-Culture)와 한류로 개념을 구분하는 것에서 그 입장의 차이를 확인할 수 있습니다.

한류의 학술 담론 영역에서의 분화도 두드러집니다. 이전에는 문화연구, 문화사회학 정도였다고 한다면 이제는 정치학, 경제학, 경영학, 행정학, 사회과학 분야까지 확장되고 분화가 이루어지고 있습니다. 학술연구 담론들의 이론기반이 무엇인가를 살펴봄으로써 그 양상을 확인할 수 있습니다. 우선 '비판적 문화연구'는 한류 현상에 대한 연구를 지속적으로 진행해왔고, 주로 매체연구 영역에서 성과를 이루었지요. 물론 저와 동료 연구진들의 경우 인터아시아 문화연구의 입지에서 한류 연구를 아시아 대중문화교통과 문화구성 문제로 제기해왔다는 것은 주지한 바 있습니다. 최근에는 글로벌라이제이션과 디지털혁명으로 인한 OTT 등 플랫폼의 변화와 한류와의 관련성을 제기하는 논의들이 확산되고 있습니다. 조영한의 「한류와 팝 글로벌리즘」(2022), 진달용의 「글로벌 미디어 플랫폼과 한류의 문화콘텐츠산업」(2022), 이동연의 「문화 민족주의의 양가성」(2022), 이기웅의 「포스트 지구화와 한류 어셈블리지」(2022) 등 좋은 연구성과들이 확인됩니다. 특히 이기웅은 들뢰즈의 '아장스망(agencement), 곧 어셈블리지(assemblage) 개념으로 한류의 불특정한 배치와 정치적 파장을 분석하고, 한류영토가 지구 전역으로 확장하면서 지구적 공간 질서에 주요한 변동들이 발생한다

* 「포스트 지구화 시대, 한류로 대면하기」, 『황해문화』 115호 특집, 2022.

는 논의를 전개하고 있어 주목을 요합니다. 김효진은 「비판적 'K-팬덤' 연구의 가능성과 조건을 탐색하며」(2022)에서 『퀴어돌로지: 전복과 교란, 욕망의 놀이』, 『알페스×퀴어』, 『페미돌로지』 등의 팬덤 연구성과들을 중심으로 한국 팬덤 연구의 비판 지평을 제기하여 한류의 중요지점을 톺아보게 했습니다.

정책 담론들을 보면 국가 문화산업, 즉 '거버넌스 담론'들이 있고요. 국가 국제기업가 정신에 따른 '본 글로벌(Born Global) 담론'이 있습니다. 이것도 글로벌라이제이션을 경제적 규정력을 중심으로 보는 담론의 영역에 있다고 할 수 있고, 이러한 경제적 가치 창출을 중심으로 한 논의가 한류 담론의 대세를 이루고 있는 것이 사실입니다. 정책 담론과 본 글로벌 담론, 제도학적 담론들이 결합해서 상업 담론을 추동하는 양상이지요. 방탄소년단의 성장 역사, 현황과 전망 등에 관련된 논의들 또한 본 글로벌 이론에 기초하고 있습니다.

그렇다면 이에 비판적으로 개입하는 문화연구 차원의 한류 담론은 어떻게 진전시켜나갈 것인지가 고민인데, 그래서 저는 새로운 미디어 플랫폼과 '비체현된 글로벌라이제이션'에 주목합니다. 글로벌 미디어 플랫폼의 발전과 한류 파장에 대해서는 조영한, 진달용, 이기웅 등이 논의를 전개한 바 있지만, 파급효과의 문제를 한류 문화 콘텐츠 경쟁력이 급부상한 것에서 그 확장성을 포스트 글로벌리티의 구성 문제로서 좀 더 심화시킬 필요가 있기 때문이지요.

다음으로는 촛불혁명으로 검증된 한국 사회문화의 경험이 한류의 문화 콘텐츠로 발현되는 과정을 간과해서는 안 될 것입니다. 신자유주의적 통치성의 문제를 예각화하는 「오징어 게임」이나 「기생충」 등이 그 예증이겠지요. 또 한류가 아시아를 넘어 지구적 차원에서 생산 · 유통 · 소비되는 추세에서 경제적 가치 창출 문제도 중요하지만 그보다 이 지구적 위기의 시대에 미디어 매체의 발전을 통해 이루어지는 글로벌 네트워크에 주목하고, 거기서 어떠한 새로운 관계성이 작동되고 그것이 지구적 위기에 대응하는 상호연루의 힘을 생성해내고 있는지, 그 문화적 정치사회가 만들어지는 지점들의 가능성 찾기를 한류연구의 핵심으로 가져가는 것이 중요합니다.

| 포스트 글로벌리티와 정동적 관여

글로벌라이제이션 문제를 반복해서 언급했는데, 세계적인 글로벌라이제이션 이론들의 흐름 혹은 변화를 파악한 입지에서 이 개념을 가져온 것입니다. 아리프 딜릭(Arif Dirlik)의 '글로벌 모더니티(Global Modernity)'라는 개념에서는 '장소의 정치(place-based politics)'가 중요하게 제기된 바 있습니다. 그래서 이 장소의 정치로써 사회운동의 실천적 양상을 해명하는 이론틀을 보완했다고 할 수 있습니다. 마이클 피터 스미스(Micheal Peter Smith)의 '사회구성주의적(Social Constructionism) 도시 이론' 등 사실 많은 도시 이론들이 이런 글로벌라이제이션 개념을 전환시키는 데 영향을 끼친 것 같습니다. 그래서 지구를 세계 자본 구조적 변동 차원에서만 이해하는 것이 아니라 이제 '흐름 네트워크의 재구조와 확장' 문제 등을 지역 공간과 연결하는 문제인식을 수렴하게 되었습니다. 스미스는 도시 이론 연구를 하면서 데이비드 하비(David Harvey)와 존 프리드먼(John Friedmann), 사스키아 사센(Saskia Sassen) 등 도시연구자들의 글로벌라이제이션에 대한 비판, 지구와 지역에 대한 이분법적 분리와 불화라든가 경제적 경도 등의 문제를 비판적으로 인식하고 글로벌 시티를 트랜스내셔널시티(Transnational Cities) 이론으로 전복시킵니다. 그래서 지구적 차원의 새로운 대항적 공간이 열리는 데 주목하게 하지요.

아이와 옹(Aihwa Ong)의 월딩(Worlding) 개념 또한 중요합니다. 그는 아시아의 독특한 문화 경관에 주목하고 '글로벌리즘과 포스트 콜로니즘의 도시화 담론들'이 아시아 도시의 경험을 위계화하는 문제를 비판하면서 구성에서의 모델링, 상호 참조, 새로운 연대라는 '월딩의 전략적 실천 형태'라는 것을 제기한 바 있습니다. 성공회대 동아시아연구소에서 2017년 인터아시아 회의를 주관할 때 '월딩 아시아(Worlding Asia)'라는 개념을 가지고 주재한 것은 그 수평적 관계상의 전략적 실천 형태에 주목할 필요가 있기 때문이었습니다. 사실 한류도 그러한 문화영토를 열어가는 의미가 크지 않은가 합니다.

그렇다면 '포스트 글로벌라이제이션'이라는 건 무엇인가? 사실상 저는 글로벌라이제이션의 '자본의 자유로운 이동, 노동의 유연화, 국가 역할의 축소' 등 경제적 규정력과 그로 인한 세계적인 분업체계와 불완전고용 문제를 가장 직시하고 있지만, 자본의 전 지구화는 그 자체로만 작동하는 것이 아니라 '식민, 냉전, 전 지구화의 모순이 중첩된' 형태로 관철된다는 점을 문제 삼습니다. 그래서 '포스트 글로벌라이제이션'이라는 개념으로 그 모순의 집적 문제를 제기해왔습니다.

예를 들면, 한국과 일본이 징용 문제로 무역 갈등이 생겼는데 왜 역사 문제가 무역 갈등으로 전화한 것일까요? 그것은 이전 시대의 모순들이 끝나지 않고 그다음을 계속 밀어내는 형태로 가시화되기 때문에 포스트 글로벌라이제이션 개념으로 그 모순의 중첩상태와 해결경로를 제기하고자 하는 것입니다. 그런 점에서 포스트 글로벌라이제이션이란 분석틀이기도 하고, 모순이 중첩적으로 작동하는 동력의 소재를 말하기도 합니다. 거기서 동력의 소재란 무엇보다 글로벌리티를 체현한 새로운 수행 주체들, 복수성 정치의 주역들을 포괄합니다.

그래서 오늘날 한류의 세계적 개진을 역사화한다면 '아시아발' 혹은 '글로컬리즘의 정향'으로서 초기 단계로 정리될 수 있고, 현 단계 한류는 '월딩 아시아의 개념 속에서 한류를 포스트 지구화의 한 징후', 그리고 수행 주체들의 글로벌 네트워크와 '정동연대의 가능성'을 가장 관건적 양상으로 파악하고자 합니다.

세계질서 재편의 현 단계에서 한류를 담론화할 때 국가 간 관계나 경제 논리로만 접근할 것이 아니라 한국과 전 지구적 신체들의 상태를 점검하는 작업이 선행되어야 한다고 봅니다. 예를 들면 중국에서는 젊은이들이 '탕핑(躺平)'*을 선택합니다. 아무것도 안 하고 일어나지 않는 친구들이 사회문제화되고 있는 것이지요. 그리고 스스로 '직업 자식(專業兒女)'이 되어 부모님께 월급을 받는 그런 양상도 두드러집니다. 사회적으로 아무 직업이나 진로를 선택하지 않고, 말하자면 자식이라는 전업 상태를 만드는 것입니다. 팔레스타인에서는 전쟁에 나가거나 죽어가는 청년들도 있겠죠. 우크라이나의 신나치 극우세력들로 전선에 있는 부류도 있고, 한류를 소비하는 전 세계 아미들을 비롯한 팬덤도 있습니다. 그 체현된/비체현된 글로벌리티의 신체들이 만드는 사회적 단절과 탈경계적 교감 상태에 주목하

* 당평 혹은 탕핑은 중국의 신조어이며, 뜻은 드러누울 당(躺)에 평평할 평(平), 즉 편하게 드러눕는다는 뜻으로 중국 젊은이들이 중국정부의 경제실책으로 취업과 미래 전망이 불안한 상태에 대한 저항을 목적으로 적극적인 노동도 소비도 회피하고 최소한의 생계활동만 수행하면서 대부분의 시간을 집에서 누워서 보내는 것을 말한다.

지 않고 한류의 수용만 논의하는 것은 한계가 있을 것입니다. 문화 콘텐츠 산업의 경제적 가치 창출과 문화강국 위상으로만 환산되는 한류 담론은 참으로 궁박스럽기 짝이 없다는 생각입니다. 당장 혐한류나 국가주의와 민족주의 문제도 사실은 그런 맥락에서 결과된 바 크지요.

자본주의의 현 단계인 신자유주의적 재난 상태를 넘으려면 문화적 경로로 가능하지 않을까 하는 새로운 상상력이 필요하고, 현실에 대한 비판적 개입은 문화연구의 본연에 해당하므로 한류를 담론화한다는 것의 의미망을 가파르게 벼릴 필요가 있겠습니다.

저는 '비동맹운동', '제3세계 운동'을 연구하고 있는데, 1970년대 중국의 마오쩌둥은 '3개 세계'(1974)라는 전략노선을 제기했습니다. 시점으로 보면 중미 데탕트가 이루어지고 상하이 코뮤니케(Shanghai Communique 1973.2.22)에서 미국이 하나의 중국을 인정하고 오히려 소련은 적대세력으로 대응하면서 제기된 것입니다. 물론 3개 세계론은 비동맹 제3세계 운동이 활성화되었고 유엔에서 다수의 정치가 관철되기도 했으며, 베트남전에서 베트남이 미국에 승기를 잡은 시점이기 때문에 세계를 3개 질서로 나누는 세계 전략노선의 제출이 가능했다고 볼 수 있습니다. 또한 세계 곳곳에서 전쟁이 일어날 때 세계적 규모로 평화 레짐을 형성시킨 경험들이 있습니다. 한국전쟁과 인도차이나전쟁의 종전과 정치적 해결을 위한 '제네바 회담'(1954)이 있었고, 비동맹/제3세계 운동이 활성화되면서 아시아-아프리카-라틴아메리카의 사안에 대해 공동대처와 평화 레짐들이 구성되며 다수성 정치를 추동했던 경험들이 뚜렷한 역사적 맥락을 이룹니다.

다자간 질서의 경제적 · 군사안보적 이합집산과 기축통화 문제, 무역 갈등 등 급변하는 세계 속에서 가장 중요한 건 지금 세계가 전쟁이라는 모드(Mode)에 들어와 있기 때문에 '이 전쟁 모드에 있는 세계, 지구적 질서를 어떻게 재편할 것인가' 하는 문제에 직면하여 그 '전쟁 모드를 깨고 평화 모드로 가게 하기 위한 평화 레짐이 아래로부터 구축되는 것은 불가능한가' 하는 질문을 하는 것이고, 거기서 한류는 어떤 힘으로 작동할 것인가 혹은 할 수 있는가 하는 문제를 안는 것이지요.

그렇게 세계경제 및 지배질서가 재편되고 있는데, 미국을 중심으로 한 한류 시스템에 환호하는 것은 생각거리를 많이 던지는 것 같습니다. 저는 한류의 가장 중요한 힘은 '감각의 연루' 혹은 '정동적 관여'라고 생각합니다. 사실 '상호 발신의 힘', '사적 영역의 박탈'이라는 것은 한나 아렌트(Hannah Arendt)의 개념인데요. 이는 현실적 · 객관적 관계나 가능성이 사적 영역이 너무 커져서 다 박탈되어버렸다는 뜻으로, 그래서 젊은이들이 정신적으로 사유하지 않고 실천적으로 정치적 행위 능력을 상실한 상태에 있으므로 이런 것들을 다시 일으키는 힘으로 서로 연루되는 것을 제기하고자 합니다. 그래서 다른 개입들로 인한 매개와 굴절 과정이 있더라도 '무세계성', 그러니까 '자기 세계가 없는 무세계성'의 자각과 복수성 정치가 필요하다는 점에서 아렌트의 개념을 가져왔습니다.

제2차 세계대전 이후를 '전후(戰後)'라고 하는데 사실상 아시아는 계속 전후였어요. 전후 아시아는 중국의 대내전, 한국전쟁, 인도차이나전쟁, 중 · 인 분쟁, 베트남전쟁, 캄보디아전쟁, 중 · 월전쟁 등 전쟁이 계속되었고, 그로써 전후가 계속된 것입니다. 그런 점에서 아시아의 시침(時針)으로 '차가운 평화'라고 하는 전후 냉전의 세계사도 다시 쓰여야 할 것입니다. 세계에서 미군기지가 가장 많은 곳도 아시아이고, 오키나와와 한국 등에서 기지 반대투쟁도 계속되는 바와 같이 전쟁의 연속이며, 지금 또 동북아는 전운에 휩싸여 있다고 해도 과언이 아닙니다. 이런 크고 작은 '전후'라고 하는 연속 상황에서 그 시간성과 공간성을 어떻게 대면할 것인가. 지금 다시 전쟁 모드가 가동되고 있는데 이를 평화 모드로 바꾸는 것이 모두가 살길이라면, 그렇다면 그러한 탈경계적 평화 레짐을 국가 간 협상 등 이해관계에 따른 정략적 선택이 아니라 아래로부터의 광범위한 반전(反戰)연대의 흐름을 형성해나가는 것이 중요할 것입니다. 그래서 정동적 관여의 측면에서 한류를 재조명하고 담론화할 필요가 절실한 시점이라고 하겠습니다.

한류는 바깥에만 있지 않습니다. 바로 우리 안에 세계가 들어와 있거든요. 지금 다문화 초등학생 비율이 10%가 넘는 지자체가 많습니다. 우리 안에 이미 아시아와 세계가 들어와 있기 때문에 이것이 세계로의 한류 발신 경로이기도 하고 다시 환류되는 관계이기도 합니다. 실제로 미얀마 여성들이 독재에 싸우는 모습이 강렬한데, 그들은 싸우면서 무슨 노래를 부를까요? 아시아의 '인터내셔널 노래'로 알려져 있는 「님을 위한 행진곡」이 불러지기도 할 것입니다. 신자유주의하에서 글로컬 노동의 유동은 자연스러운 현상이지요. 또한 태국의 민주화투쟁에서 싸움의 주역들은 "치안 한류 홍보 말고 민주주의와 연대하라"는 표제를 들고 나옵니다. 태국 정부가 민주화운동을 진압하기 위해 한국의 최루탄을 수입했기 때문에 태국의 진보진영에서는 치안 한류가 아니라 민주주의 연대를 제기한 것입니다. 그런데 그 시위가 태국에서 온 이주노동자들과 한국 사회민주운동세력이 함께 조직하고 있다는 것을 주목해볼 필요가 있습니다.

BTS의 '슈가'가 만든 「해금(解禁)」이라는 최근 노래가 있습니다. 뮤직비디오는 좀 그렇지만, 그 힙합씬과 라임이 아주 의미가 크더군요. 사실 제가 비동맹/제3세계 운동의 이론적 지주라고 할 수 있는 이집트의 사미르 아민(Samir Amin)이 제기한 '자본주의 축적 체제와의 단절(Delinking)' 기획을 계속 연구하고 있는데, 슈가의 「해금」은 오늘의 젊은이들에게 이러한 주류 담론으로부터 빠져나오라고 외치고 있습니다.

> 쏟아지는 정보들은 상상의 자유를 금지시킴과 동시에, 사상의 동일성을 원해.
>
> 자본의 노예, 돈의 노예, 증오심과 편견 혐오의 노예, YouTube의 노예, 넷플릭스의 노예, 이기심과 탐욕이 미쳐 날뛰네 눈 감으면 편해 모든 게 편해, 이득에 따라서 뻔히 갈리는 견해. 시기와 질투에 다들 말이야 눈들이 머네 서로가 서로에게 족쇄를 거는 것도 모른 채 정보의 쓰나미에서 쓸려 내려가지 말길. 우린 자유와 방종의 차이쯤은 모두 구분하니 이 노래는 해금, 올라타 봐 지금, 복작대는 리듬 어쩌면, 이 또한 또 다른 해금!
>
> 당신의 판단과 추측엔 확실한 신념들이 있는지, 당신의 자유와 타인의 자유가 동일하다 믿는지 그렇다면 주저 말고 올라타 봐

세계가 신자유주의적 전쟁 모드에서 다원평등한 평화 모드로 빠져나오는 방법은 어쩌면 이 '문화의 자리'로부터 가능할 수 있다는 것에 오늘 한류를 담론하는 의미가 있지 않은가 합니다. 오늘의 한류가 만드는 지구적 · 지역적 파장이 모두가 사는 평화의 길로 새롭게 열리기를 바라는 마음 간절합니다. 고맙습니다.

글로벌 문화자본으로서 한류의 형성 및 확산 과정: 신개발주의적 관점을 중심으로*

정종은
상지대학교 문화콘텐츠학과 조교수

| 들어가며

이 글은 '글로벌 문화자본'으로서 한류의 '형성 및 확산 과정'을 다룬다. 물론 이와 같은 역사적 고찰은 언제나 단순화의 위험을 안고 있다. 특히 '한류' 같은 거대한 현상을 역사적으로 고찰할 때, 그에 기여한 수많은 요인과 계기를 빠짐없이 추적하기란 불가능한 일이다. 따라서 필연적으로 저자의 분석틀을 경유하는 과정에서 단순화를 피하기가 어렵게 된다. 고백하자면, 이 글에서 필자가 제안하는 관점 또는 렌즈는 '신개발주의'라는 개념으로 집약된다. 압축적 산업화를 이끌었던 '개발국가(developmental state)' 시대의 문화정책과는 구분되는 신개발주의(neo-developmental) 문화정책의

* 본 원고는 정종은, 『한류 맥 짚기: 신개발주의를 알아야 한류가 보인다』, 경기: 진인진, 2022의 내용을 기반으로 발췌, 수정 및 보완 작업을 통해 작성되었음을 밝혀둔다.

등장이 한류의 부상과 확산을 위한 모판 역할을 했다는 것이다(Chung, 2012; 2019; 정종은, 2013b, 2016). 이를 바탕으로 '정책'과 '산업(공급자)', '팬덤(수용자)'의 동시적인 혁신이 이루어졌으며, 그것이 한국 '문화콘텐츠'의 세계적인 경쟁력 형성으로 귀결되었다는 주장이다.

종국적으로 그러한 변화는 우리나라가 한 번도 가지지 못했던 '글로벌 문화자본'을 우리에게 선사해주었다. 어떤 이들은 이를 통해 격세지감 속 무한한 긍지와 자부심을 느끼지만, 또 다른 이들은 이것이 현대사회의 엄혹한 현실을 가리는 당의정이나 신기루 같다고 우려한다. 긍지와 우려 사이에서 우리는 어떤 길을 선택해야 할까? 현재의 성공에 도취하거나 미래에 관한 전망에 성급히 뛰어들기 전에 한류의 형성 및 확산 과정을 차분히 고찰하는 것은 우리에게 새로운 시야를 제공해줄 수 있을 것이다. 이를 위해 먼저 한류 및 문화자본의 개념을 살펴볼 것이며, 이를 바탕으로 '신개발주의'라는 분석틀을 통해 한류의 형성 과정을 추적한 후, 중화권에서 시작되어 전 세계로 나아간 한류의 확산 과정을 검토할 것이다. 마지막으로는 이러한 과정을 통해 글로벌 문화자본으로 성장한 한류가 우리 사회에 어떠한 함의를 던져주고 있으며 그 지속가능성을 담보하기 위한 과제는 무엇인지 살펴보고자 한다.

| '글로벌 문화자본'으로 성장한 한류

_ 지난 20여 년에 걸친 한류의 눈부신 성장

1990년대 후반 처음으로 '한류'라는 말을 사용한 것은 중화권의 매체들로 알려져 있다. 중국의 「북경 청년보」와 「인민일보」, 대만의 「연합만보」와 「중국시보」 등이 최초로 이 개념을 사용한 매체들이다(채지영 외, 2021). 이들은 중국과 대만 청소년들 사이에서 '한국 문화의 유행'을 우려스럽게 바라보면서 한류라는 개념을 처음으로 사용했다. 그로부터 20여 년이 훌쩍 지났다. 2021년 9월, 영어권에서 가장 권위 있다고 평가받는 옥스퍼드 영어사전은 한류(Hallyu)를 포함하여 먹방, 대박, 스킨십, 파이팅 등 26개 단어를 공식적인 영어 단어로 등재했다.* 2016년 등재된 'K-Pop'의 뒤를 이어 5년 뒤에는 'K-Drama'도 옥스퍼드 사전에 이름을 올리게 되었다. 영국의 정론지 「가디언」이 상당히 흥미롭게 보도하고 있는 것은 '스킨십'과 '파이팅' 등 콩글리쉬로 알려진 단어들도 이제 공식적인 영어 단어로 등재되었다는 사실이다. 이 사건은 미국에서도 큰 주목을 받았다. 「뉴욕타임스」는 2021년 11월 3일 기사에서 이 사실을 보도하며, "BTS에서 「오징어 게임」까지: 어떻게 한국은 문화적 거물이 되었는가?"에 주목했다.** 한때 주로 "자동차와 휴대폰"으로 알려졌던 한국이 이제는 "전 세계의 수용자들"

---

* The Guardian, K-beauty, hallyu and mukbang: dozens of Korean words added to Oxford English Dictionary, 2021. 10. 05.

** The New York Times, From BTS to 'Squid Game': How South Korea Became a Cultural Juggernaut, 2021. 11. 03.

을 매료시키고 있으며, 이러한 현상은 "하룻밤 새에 이루어지지 않았다"는 내용이다.

'Korean Wave'라는 단어가 이미 등재되어 있었음에도 왜 옥스퍼드 영어사전은 'Hallyu'라는 한국어를 새로이 공식적인 영어 단어로 등재한 것일까? 옥스퍼드 영어사전의 Hallyu 정의에는 Korean Wave 정의에서 두드러졌던 "20세기 후반부터 21세기에 걸쳐 발생한"이라는 시기에 관한 설명이 빠졌다. 이제 한류는 일시적인 것이 아니라, 앞으로의 지속가능성을 검증받은 현상이 되었다는 의미로 읽힌다. "한국 및 한국 대중문화에 대한 국제적인 관심의 증가"라는 내용과 "한국 음악과 영화, 텔레비전, 패션, 음식의 전 지구적 성공"이라는 설명은 그대로 유지되고 있다. 새롭게 추가된 내용은 '한류'라는 단어의 확장성이다. '수식어(modifier)'로서 이 단어가 얼마나 많이 쓰이고 있는지에 대한 예시가 사전에 추가된 것이다. 한류 스타, 한류 팬 등 수식어로서의 활용 가능성을 영어 사용자들이 인지할 필요가 있다는 판단이다.

이처럼 중국과 대만의 신문들에서 소박하게 시작된 한류에 대한 관심이 지난 20여 년에 걸쳐 영국과 미국 등 소위 해외 주요국들에까지 확산되었다. 다시 말해, 한류는 동아시아 일부 국가에서 시작되어 전 세계를 휩쓰는 글로벌 문화현상 또는 글로벌 문화자본으로 '눈부신 성장'을 거듭해왔다는 말이다.

_ 무엇을 일컬어 한류라 하는가?

이러한 눈부신 성장 과정에서 국내외의 많은 연구자가 한류를 정의하기 위한 다양한 시도를 전개해왔다. 초기 한류의 개념 정의 시도 중 가장 단순한 것은 이동기 · 최진아(2006)의 "한국 문화와 한류 스타들에 대한 현지의 관심"이라는 표현을 꼽을 수 있는바, 이는 김정수(2002), 허진(2002), 서은숙(2009) 등의 정의와도 일맥상통한다. 하지만 주로 '대중문화'라는 분야와 '동아시아'라는 지역에 국한되어 있던 한류 개념은 2010년대 이후 훨씬 더 적극적이고 복합적인 문화현상으로 진화하기 시작했으며, 이에 따라 더욱 복합적인 한류 정의가 등장하기 시작한다. 이 시기 연구자들의 주목할 만한 개념 정의 시도를 몇 개만 꼽자면, 다음과 같다.

- 안창현(2010): 한국 정부의 적극적인 문화산업 지원 정책을 바탕으로 음악, 드라마, 영화, 게임 등 다양한 장르의 한국 문화콘텐츠들의 동시다발적 해외 진출
- 송정은 · 장원호(2012): 한국이 일본, 미국, 그리고 최근에는 유럽의 문화까지 흡수해서 만들어낸 세계인 하이브리드(Hybrid) 문화 상품
- 심두보(2013): 한국 대중문화의 초국가적인 이동 · 유통과 한국 대중문화에 대한 외국 수용자들의 팬덤이라는 두 층위로 구성된 문화현상
- 윤여광(2019): 한국의 대중문화뿐만 아니라 한국에 관련된 것들이 다른 나라 사람들의 기호에 맞게 상품으로 만들어져 대중적 인기를 얻는 현상

〈표 1〉 '한류'에 관한 기존 정의들의 주요 범주 및 내용

범주	내용
주체	한국 대중문화(한국에 관련된 것들로 확장)
핵심	해외에서 인기 획득(아시아에서 시작하여 유럽과 북미로 확대)
과정	대중적 기반으로서 팬덤을 형성하여 지속성 발휘
이유	정부 정책, 하이브리드 상품, 팬덤을 통한 초국적 유통, 세계인의 기호에 소구하는 등 다양한 요인

출처: 정종은(2022: 25)

이러한 연구 결과들을 살펴보면, 한류에 대한 정의들은 주로 1) 한국의 대중문화가 2) 해외에서 인기를 얻어 3) 팬덤을 통해 유행하는 현상이라는 내용을 중요하게 취급하고 있으며, 연구자의 관점에 따라 4) 동 현상에 대한 특정한 이유를 서술하는 방식으로 제시되고 있음을 알 수 있다.

이처럼 현상의 주체, 핵심, 과정, 이유에 대한 다각적인 관점과 의견을 담고 있는 기존의 정의들을 더욱 종합적이고 총괄적인 관점으로 정리해볼 수는 없을까? 우리는 한류의 본질이 정해져 있는 것은 아니며 내외부 요인과의 끊임없는 역학관계에서 변화하는 현상이라는 전제하에 다음과 같은 작업가설적(working) 정의를 도출해볼 수 있다.

> 한류(Korean Wave)란 21세기 들어 / 대중문화를 필두로 한 한국문화가 / 아시아에서부터 북미와 서유럽에 이르기까지 유행하면서 / 글로벌 팬덤을 형성하여 지속적인 인기와 영향력을 발휘하는 사회현상을 말한다.

위의 한류 정의의 미덕은 해당 현상이 발생한 시간과 공간을 구체적

으로 포함하고 있다는 점, 현상의 주체와 핵심, 과정 등을 종합적으로 담아내고 있다는 점 등을 꼽을 수 있다. 물론 위의 정의는 기존의 정의들에서 제시하고 있는 여러 가지 '이유'에 대해서는 다루고 있지 않다는 점, 한국 문화의 지속적인 유행이 상품과 역사를 포함한 다양한 측면에 대한 관심의 확대로 이어지고 있음을 드러내지는 않는다는 점에서 나름의 한계도 가지고 있다. 그러나 그 이유와 파급효과가 '현상'에 관한 정의에 반드시 포함될 필요는 없으며, 그러한 내용은 '정의'의 영역을 넘어서서 훨씬 더 복잡하고 심층적인 고찰이 필요한 주제라고 할 수 있기 때문에 큰 무리가 없을 것이다.

_ '고급'에 기초한 문화자본 vs. '창조성'을 좇는 글로벌 문화자본

한류에 대한 개념적 고찰에 이어 '문화자본' 그리고 '글로벌 문화자본'에 대한 개념적 고찰이 필요하다. '문화자본'이라는 개념은 부르디외의 『구별짓기』(1984)를 통해 널리 알려졌다. 부르디외의 문화자본 개념은 취미 또는 취향으로 번역되곤 하는 'Taste'에 대한 사회적 또는 사회계급론적 비평을 통해 도출된 것으로서, 심미적 취향이 선천적인 것이 아니라 가정에서 대물림되는 계급 기반과 이로부터 따라오는 학력, 직업 등을 통해 결정된다는 주장을 담고 있다.

부르디외는 한 개인의 사회계급론적 조건들로 인해 구성되는 미적인 성향체계를 구조화된 구조이자 구조화하는 구조로서 '아비투스'라고 불렀으며, 이와 같이 유사한 아비투스를 공유한 사람들의 구조화된 공간을 '장'이라고 불렀다. 즉, 지배계급의 문화자본을 구성하는 아비투스와 장이 마치 중립적인 양 행세하는 교육 기관들의 체계적인 선호를 통해 끊임없이 재생산되며, 이를 통해 취향의 대물림, 학력의 대물림, 직업의 대물림 등이 일어나고 결국에는 '사회적 계급'이 재생산된다는 것이다. 체화된 문화자본(예: 품위), 객관화된 문화자본(예: 예술작품), 제도화된 문화자본(예: 학위) 등으로 대별되는 문화자본의 격차는 특정한 문화소비의 차별적 분배로 이어진다. 특정한 취향, 습관, 지식, 소유, 네트워크 등으로 구성된 문화자본을 소유하고 있지 않다면, 사회적으로 인정받는 정당한(legitimate) 문화를 진심으로 또 지속적으로 소비하기란 어려운 일이기 때문이다.*

아도르노의 문화산업론이 엄청난 반향을 일으키면서, 그로부터 영향을 받은 많은 후학의 열정적인 탐구와 검증, 극복의 대상이 되었던 것처럼(Hall, 1980; Garnham, 1990), 부르디외의 문화자본론 역시 상당히 유사한 과정을 거치게 된다. 1960~1970년대 유럽의 프랑스 사례가 다른 대륙의 국가들에도 그대로 적용될 수 있을까? 지배계급의 동질적인 문화자본이라는 것이 (그처럼 탄탄하게) 존재하는가? 세계화(globalization)와 디지털화(digitization) 등 혁명적인 변화들이 연쇄적으로 일어나고 있는 가운데 '문화자본'의 성격 자체가 변화하는 것은 아닐까?

부르디외의 설명에 대한 여러 대안적 접근 중에서 '한류'를 고민하는 우리에게 특별히 시사점을 주는 것은 옴니보어(omnivore) 이론이다(Peterson & Kern, 1996). 옴니보어 이론은 20세기 말의 사회적 변화를 근거로 문화적 위계구조가 약화되고 대중의 교육수준이 올라감에 따라 지배계급이 더 이

* 물론 문화사회학에서 부르디외의 문화자본 이론이 엄청난 영향을 미친 것이 사실이지만, 1960~1970년대 프랑스를 중심으로 전개된 그의 이론이 사회적 위계구조가 약화되고, 전반적인 교육수준이 향상되고, 세계화가 촉진되면서 이루어진 최근의 변화를 다 담아내지 못한다는 비판은 다각적으로 제기되어왔다(cf. 서우석 · 이호영, 2008).

상 고상한 배척자(highbrow snob)로서 고급문화만을 고집하지 않는 현상에 주목한다. 지배계급의 취향과 그렇지 않은 이들의 취향을 가르는 전선이 이제는 '고급문화와 대중문화' 사이에 그어지는 것이 아니라, '다양한 문화와 단일한 문화' 사이에 그어지고 있다는 것이다. 그 결과 지배계급의 취향이 잡식성 향유자(omnivore)의 양태로 변화하고 있으며, 이는 부르디외의 문화자본론을 수정해야 할 중요한 이유가 된다는 것이다.

실제로 유럽의 '유구한 전통' 담론을 고수하던 영국 정부가 1998년 예술, 문화산업 그리고 첨단산업의 일부를 한 개념으로 묶어서 창조성과 지식재산에 기반을 둔 '창조산업' 정책을 적극적으로 추진한 것도 이와 같은 '문화자본' 개념의 변화와 깊은 연관이 있다. 새천년을 맞이하면서 '쿨 브리타니아'라는 국가 비전을 설정한 신노동당 정부는 'Creative Britain(창의 영국)'을 만들기 위해서는 기존의 예술위원회 모델은 충분하지 않다고 판단했으며, 창조산업을 육성하기 위해 새롭게 문화부(DCMS: Department for Culture, Media and Sport)를 설립했다(정종은, 2013a). 이들의 시선은 더 이상 국가 내부에서 지배계급과 여타 계급 사이를 가르는 문화자본에 있지 않았고, 그 대신에 전 지구적 경쟁력을 추동하는 창조산업과 창조경제의 원료로서 글로벌 문화자본에 초점을 맞추었던 것이다.

이 글에서 '글로벌 문화자본' 개념은 위와 같이 세계화와 디지털화 등을 통해 물리적 · 상징적으로 지구촌이라는 생각이 현실화되어온 상황을 전제한다. 각국 지배계급의 '문화자본'은 국가들 사이의 실질적인 또한 가상적인 연결을 통해 꾸준히 옴니보어화(化)되어왔으며, 전통이나 고급 같은 기준보다는 이제 다양성과 창조성 같은 가치를 중심으로 다극화되고 있다. '고급'에 기초한 문화자본이 희석 또는 탈각되는 가운데, Z세대와 알파세대 등 새로운 세대들은 국경을 넘어 네트워크화된 개인들로서 '바이브가 있는' 창조적인 콘텐츠에 훨씬 더 자유롭게 그리고 즉각적으로 반응한다.

그 결과, 현재의 글로벌 문화자본 생태계는 한 국가를 넘어서서 국제적인 층위에서 인지 · 학습 · 축적 · 활용될 수 있는 취향체계와 소비활동을 새롭게 형성하고 있는 것으로 보인다. 주지하다시피 다양한 층위의 초국적(supra-national) 문화자본 생태계에서도 전통적으로는 유럽문화가 큰 힘을 발휘해왔지만, 냉전시대를 거쳐 현재에 이르기까지는 할리우드와 팝문화를 통해 미국문화가 가장 지배적인 위치를 점하게 되었다. 현재까지 관찰된 바에 따르면, 21세기에는 문화콘텐츠가 스마트폰, SNS, 유튜브 등 디지털 유니버스와 결합하면서 '문화자본'의 경제적 · 사회적 영향력이 수십 배, 수백 배 강력해지고 있으며, 유럽과 미국의 양강 체제 외의 국가들도 '그루브가 있는' 콘텐츠만 만들어낼 수 있다면 어렵지 않게 타국의 문화자본 시스템에 영향을 미칠 수 있다. 이로 인해 정도의 차이는 있겠지만, 개별 국가 지배계급의 문화자본은 과거의 단일한 지향성이 침식되면서 새로운 세대가 선호하는 잡식성으로 재형상화(re-figuration)되고 있는 것으로 보인다.

_ 글로벌 '신흥' 문화자본으로서 한류

위와 같이 '글로벌 문화자본'을 이해할 수 있다면, 앞서 영국의 「가디언」이나 미국의 「뉴욕타임스」가 한류의 성공에 주목한 것은 지난 20여 년간 한국 대중문화가 글로벌 문화자본 생태계에서 독특한 아비투스와 장을 형성하면서 주목할 만한 취향체계와 소비활동을 구축하는 데 성공했고,

이를 통해 세계 각국의 '문화자본 재형상화' 과정에서 주목할 만한 다양성과 창조성의 선택지 또는 모델 중 하나로 부상했다는 사실을 함축한다. 아래에서는 어떻게 한국 대중문화가 아시아의 대표선수로, 나아가 글로벌 '신흥' 문화자본으로 부상할 수 있었는지 그 형성 및 확산 과정을 살펴보고자 한다.

| 한류의 형성 과정: 신개발주의적 관점을 중심으로

_ 만연한 오해: 보호무역 이데올로기와 신자유주의 문화정책 사이의 분열

> [창조성 · 창조산업 · 창조도시 · 창조경제 등에 관한 영국식 논변은] 타이완, 중국, 싱가포르, 그리고 홍콩 같은 나라들에서 부상하고 있는 문화정책에서 지배적인 위치를 점한다. 물론 이는 WTO 멤버십이라는 상품과 전 지구적 경쟁력이라는 약속에 따라 추동되고 있다. 국가의 창조산업이 전 지구적 창조경제 속으로 흡수되면서, 신자유주의적 가정이 과거의 이데올로기들을 몰아내기 시작했다. 이러한 맥락에서 보면, 프랑스의 '문화적 예외'는 집결되고 있는 합의에 위협받고 있는 시대착오적인 반항으로 간주되는 듯하다(Bilton, 2007).

크리스 빌튼은 영국의 창조성 담론이 프랑스의 문화적 담론을 몰아내고 아시아 문화정책을 지배하고 있다는 위의 서술에 이어, (김대중 정부와 노무현 정부 시기) 한국이 상당히 흥미로운 사례라고 말한다. 자국 문화에 대한 공세적인 보호정책으로부터 과감한 개방정책으로의 이행을 추구하는 가운데, 여전히 자국 산업을 육성하는 것과 글로벌 시장에 진출하는 것 양자로부터 동시에 이득을 취하고 있다는 것이다. 그러면서 그는 오래된 보호무역 '이데올로기'와 새로운 '신자유주의' 문화정책 사이에 걸쳐있는 한국의 접근은 지속가능하지 않으며, 아시아의 지역적 현상인 한류 역시 지속될 수 없을 것이라고 전망한다. 이러한 전망이 나온 지 15년도 더 지난 지금, 한류는 어떻게 되었는가?

빌튼이 한국 문화정책의 혼합주의적인 성격과 그 성공의 증거로 당시 회자되던 한류에 대해 부정확한 전망을 내렸던 것은 한국 그리고 한국인의 독특한 성격을 제대로 파악하지 못했기 때문이다. '혼합주의적인' 정책은 영국인과 달리 한국인에게는 익숙한 것이다. 익숙한 것일 뿐만 아니라 한국에서는 이미 많은 실험을 거치면서 혼합의 비율을 다종다양하게 점검해왔으며, 시간의 흐름 속에서 혼합물을 화합물로 업그레이드하는 훈련도 끊임없이 전개해왔다. 따라서 그것은 적어도 김대중 정부의 문화정책, 그리고 한류의 부상이라는 현상과 관련해서는 '파괴적 갈등'의 요인이라기보다는 '생산적 긴장'의 원천으로 기능할 수 있었다. 좀 더 자세히 살펴보자.

_ 실제 메커니즘: '신개발주의' 문화정책의 구조와 특징

빌튼을 포함하여 해외의 많은 학자들이 올바로 지적하고 있듯이(Wang, 2004; Lee, 2004; Cunningham, 2004; Hartley, 2005; O'Connor & Xin, 2006; Kong & O'Connor, 2009), 새로운 밀레니엄을 전후해서 영국의 창조산업 정책은 전 세계에서, 그중에서도 아시아에서 큰 반향을 일으켰다. 가령 필자가 인터뷰했던 김대중 정부 당시의 문화산업국장들은 모두 입을 모아서 "1990년 이후 가장 중요한 벤치마킹 대상 국가는 프랑스였지만, 김대중 정부 출범 이후 우리 문화부는 프랑스의 문화정책보다 영국의 문화정책을 더 주목하기 시작했다"고 회상했다. 자국 문화의 보호보다는 창조성을 무기로 지식재산을 산출하고 부와 일자리를 창출하는 적극적인 문화의 역할을 강조하는 패러다임으로 전환이 이루어졌던 것이다. 물론 그 배경에는 당시 '제2의 국난'으로 불렸던 IMF 구제금융이 자리하고 있었다.

주지하다시피, 동아시아 경제발전을 이끈 모델로 널리 알려져 있는 것은 개발국가(developmental state) 모델이다(Johnson, 1982; Woo, 1991; Pirie, 2008). 서구 조절국가(regulatory state) 모델과 달리, 공적인 시스템과 사적인 시스템 사이의 '시너지적 연결'을 꿈꾸며 '통치받는 시장(governed market)'을 운영하고자 하는 이 모델은 한편으로는 압축적 성장이라는 눈부신 결과물을 낼 수 있었지만, 다른 한편으로는 권위주의적 통치와 정실 자본주의라는 부작용을 배태하고 있었다(Wade, 1990). IMF 구제금융은 개발국가 모델의 사용 연한이 끝났음을 공식적으로 보여주는 사건이었으며, 이 상황에서 새로운 리더로 등장한 김대중은 "민주주의와 시장경제의 병행발전"이라는 자신의 오랜 철학을 본격적으로 추진할 기회를 얻게 된다(김대중, 2000).

문화정책 분야에서 김대중 대통령은 동아시아 개발국가 모델의 중대한 부작용을 해결하기 위해 영국의 '팔길이 원칙'을 수입했다. 종종 "지원하되 간섭하지 않는다"는 명제로 요약되는 이 원칙은 영국의 경제학자 케인스가 1940년대에 대영예술위원회를 만들면서 정리한 원칙이었으며, 이후 문화정책의 민주적 거버넌스의 중요성을 상징하는 표현으로 자리 잡았다. 국민과 국가의 창의성을 활짝 꽃피워야만 '제2의 국난'을 극복할 수 있고 21세기 국가경쟁력도 확보할 수 있다는 믿음을 바탕으로, 김대중 정부는 개발국가 시대 '이데올로기적 촉매제' 또는 '장식품' 정도로 치부되던 '문화' 분야를 주요한 국가 정책의 한 분야로 끌어올린 것이다.

그럼에도 국민의 정부와 참여정부 아래서 문화관광부가 '문화산업의 국가기간산업화'를 달성하기 위해 활용한 정책수단들은 영국을 비롯한 서구 선진국들의 방식과는 매우 달랐다는 점도 지적되어야 한다. 그것은 오히려 과거 개발주의 시대의 전성기에 경제기획원(Economic Planning Board)이 취하던 국가 전략산업 육성 방식에 오히려 더 가까웠다. 실례로 박정희 대통령이 1973년 중화학공업 육성을 천명하면서 정부가 집중적으로 육성할 여섯 가지 전략산업을 제시했듯이, 김대중 대통령은 2001년 차세대 성장동력산업 육성을 천명하면서 (문화기술을 포함하여) 정부가 집중적으로 육성할 여섯 가지 신기술을 제시했다.* 그뿐만 아니라 이와 같은 패러다임 전환의 정당성을 확보하고자 노력하는 과정에서 '민족생존 담론'에 기반한 대중운동을 추진했다는 점도 공통적으로 발견된다(새마을운동 vs. 제2의 건국운동). 무엇보다 약 30년의 격차를 두고 발생한 두 차례의 변환에서는 모두 카리스마적인 대통령들의 '보이는 손'이 큰 역할을 했다.

---

* 박정희 정권은 철강, 조선, 기계, 비철금속, 전자, 석유화학 산업을 국가 전략산업으로 선정했고, 김대중 정권은 환경 기술, 나노 기술, 우주항공 기술, 생명공학 기술, 정보통신 기술, 문화기술을 차세대 성장 기술로 선정했다.

따라서 김대중 정부가 구성해낸 문화산업정책은 서구 조절국가의 거버넌스 원리와 동아시아 개발국가의 전략산업 육성 원리를 나름의 방식으로 혼합한 것이라고 결론 내릴 수 있다. 바로 이러한 견지에서 필자는 김대중 정부의 새로운 문화산업정책을 '신개발주의 문화산업정책'이라고 부를 수 있다고 본다. 이 대목에서 간과할 수 없는 것은 이러한 '신개발주의' 문화산업정책 프레임워크가 문화산업의 단계적 발전(phased development) 논리를 구현하고 있다는 사실이다. '팔길이 원칙'에 기반하고 있는 첫 번째 단계는 문화를 이데올로기적인 촉매제(ideological catalyst)로 활용했던 개발독재 시대 문화정책의 관습을 혁파하여 국민과 문화산업계의 창조성을 진흥하려는 '창조성의 부정 강화(negative consolidation)'를 핵심 논리로 삼고 있다. 다음으로 '문화산업의 국가기간산업화'라는 비전에 의존하고 있는 두 번째

〈표 2〉 한류의 모판이 된 신개발주의 문화산업정책 프레임워크

<table>
<tr><th colspan="5">비전: 문화산업 관련 국가혁신시스템(NIS) 건설</th></tr>
<tr><td>전략</td><td>협력적 거버넌스 전략</td><td colspan="2">포괄적 인프라 전략</td><td>상징적 개입 전략</td></tr>
<tr><td>내용</td><td>문화산업정책 현장에
새로운 양식의
거버넌스 체계 도입</td><td colspan="2">환경 인프라와 투입 인프라를 포괄하는
새로운 종류의 인프라 건설</td><td>문화산업 가치사슬에
새로운 양태의 개입
실행</td></tr>
<tr><td>활동</td><td>민주적인 방식으로
문화산업정책 공동체에
권한을 부여하고
상호연결망 구성</td><td>2.1.
환경 인프라 건설
(예: 법과 세금체계,
사회인식, 정책연구 등)</td><td>2.2.
투입 인프라 육성
(예: 인적 · 물적 ·
기술 · 재정 · 정보
인프라 등)</td><td>3.
각 산업 장르의 생산-
유통-국내시장-
해외시장 단계에
전략적으로 개입</td></tr>
<tr><td>기초</td><td colspan="2">제3의 길: 병행발전론</td><td colspan="2">제3의 물결: 정보화 혁명론</td></tr>
<tr><td>논리</td><td colspan="2">사회적 자본: 창조성의 부정 강화</td><td colspan="2">창조적 자본: 창조성의 긍정 강화</td></tr>
<tr><td>모토</td><td colspan="2">팔길이 원칙</td><td colspan="2">문화산업의 국가기간산업화</td></tr>
</table>

출처: 정종은(2022: 58)

단계는 문화를 일종의 장식품(add-on)으로 치부하면서 그 중요성을 무시했던 개발독재시대 문화정책의 또 다른 국면을 넘어서서, 이제는 문화경제 또는 창조경제의 생태계를 튼실하게 구축함으로써 문화산업의 폭과 깊이를 키우고 이를 통해 개인의 창조성이 발휘될 수 있는 더 많은 기회를 제공하겠다는 '창조성의 긍정 강화(positive consolidation)'를 핵심 논리로 삼는다.

강조할 것은 이 두 단계가 호환이 불가능하다는 점이다. 즉, 문화산업을 둘러싼 새로운 방식의 민주적 거버넌스와 이를 제도적으로 지원하고 보장하는 환경 인프라가 구축되지 않는 이상, 아무리 다양한 투입 인프라를 조성하고 아무리 전략적으로 개별 산업 장르의 가치사슬에 개입한다고 해도 만족스러운 결과를 얻을 수는 없다는 것이다. 왜냐하면 민주주의, 표현의 자유, 공공 영역, 사회적 자본 등이 확보되지 않은 곳에서는 사람들에게 자신들의 창조성과 상상력을 최대한 발휘하도록 격려하는 것이 불가능하기 때문이다. 다시 말해, 비록 한 사회가 민주주의의 수준을 고양시킨다고 해서 반드시 구성원들의 창조성이 향상되는 결과를 낳는 것은 아니겠지만, 민주주의를 죽이는 것은 거의 분명하게 해당 구성원들의 창조성을 위축시키는 결과로 이어진다. 이것이야말로 한국적 '창조적 전회'가 낳은 가장 중요한 정책 결과물로서 '신개발주의 문화산업정책'의 핵심적인 논리라고 할 수 있는바, 한국 문화산업의 비약적인 성취에 관심을 기울이고 있는 많은 국가들이 결코 놓쳐서는 안 되는 지점이라고 하겠다.

한류 형성기의 선순환 메커니즘

이처럼 한류는 개발국가시대의 침식과 함께 이루어진 과정, 즉 개발주의 문화정책이 서구 선진국의 민주적인 거버넌스 원칙을 만나서 신개발주의 정책으로 전화(轉化)하는 것과 깊은 관계를 맺고 있다. 경제발전을 위한 이데올로기적 통제 장치로 간주되면서 문화와 문화정책이 집중적인 '검열'의 대상이 되었던 시기, 그리고 뒤이어 3S(Sex, Sports, Screen) 정책이 상징하듯이 경제성장의 톱니바퀴로서 지친 국민에게 순간의 위로와 여흥을 제공하는 '장식품'으로 치부되던 시기가 끝나면서, 비로소 한류가 비상하기 시작한 것이다.

검열과 무시로 점철되었던 '개발주의 문화정책'의 시대가 저물고, 팔길이 원칙과 국가기간산업화 담론에 기초한 '신개발주의 문화정책'의 시대가 열리면서, 한류는 21세기 대한민국이 이루어낸 가장 위대한 성취의 하나로 자리 잡을 수 있었다. 달리 말하자면, 한류는 혼종화, 글로벌화, 디지털화가 대세를 이루고 있는 글로벌 문화자본 생태계에서 신개발주의 문화정책의 국제적 경쟁력을 보여주는 가장 명징한 사례라 할 수 있다. 역으로 한류를 통해 신개발주의 문화정책은 지속적으로 동력을 얻으면서 그 역동성을 발휘할 수 있었다. 그와 같은 한류 형성기의 선순환적 확산 메커니즘은 〈그림 1〉과 같이 요약해볼 수 있다.

여기서는 지면의 제약으로 인해 '신개발주의 문화정책'의 역할이 두드러지는 단계들을 중심으로 설명하지 않을 수 없다. 우선 〈그림 1〉에서 첫 번째로 제시된 1단계, 즉 '팔길이 원칙과 문화산업의 국가기간산업화'라는 새로운 정책 철학을 공유한 '신개발주의 정책 공동체의 부상'에 주목하자. 이는 '한국적 창조성 담론'의 시발점이자 지속적인 컨트롤타워로 기능하면서 우리나라 문화산업 현장에 즉각적인 영향을 미쳤다. 이러한 것들이 새로운 영향력을 발휘하면서 2단계(새로운 재현양식으로 무장한 창조적인 콘텐츠들의 출현)의 문이 열리는 과정은 '표현의 자유'라는 열쇠 개념으로 집약

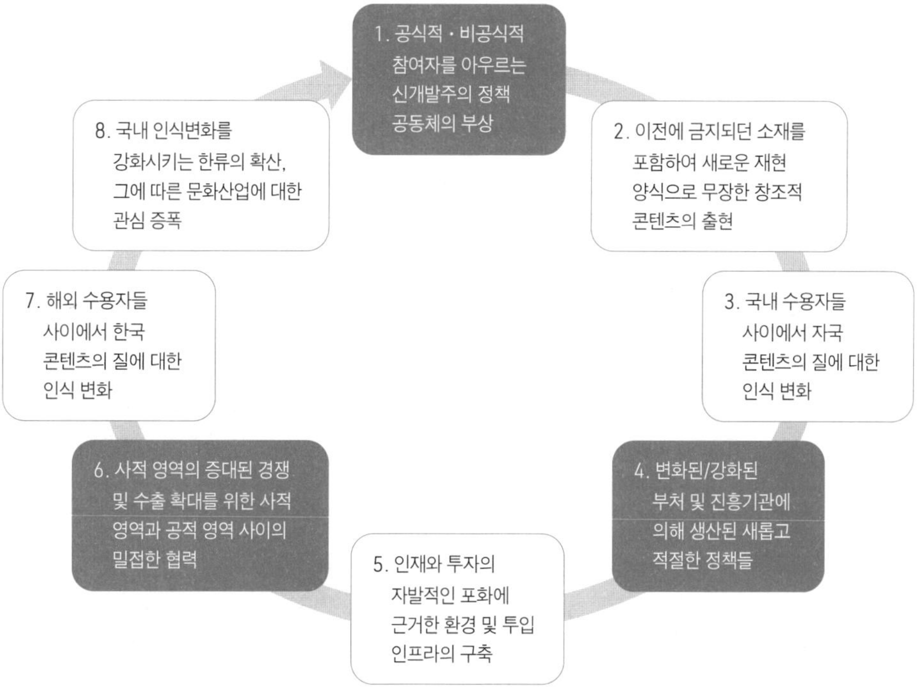

〈그림 1〉 한류 형성기의 정책-산업-콘텐츠 선순환 메커니즘

출처: 정종은(2022: 75)

할 수 있다. 「쉬리」, 「공동경비구역 JSA」, 「태극기」, 「실미도」 등 한국 영화의 양적 · 질적 도약의 이정표가 된 일군의 영화들은 새로운 정책 공동체가 검열과 과감히 작별하면서 출현할 수 있게 된 콘텐츠들이었다. 이후 한국 문화산업계가 정책 현장에서 발생한 신개발주의 연대의 부상에 즉각적으로 반응했던 것처럼, 우리나라의 수용자들도 국내 시장에서 일어난 창조적인 콘텐츠들의 출현에 아주 빠르게 반응했다(3단계).

이와 같은 초기의 전환점들을 목도하면서, 신개발주의 문화정책 공동체는 본격적으로 '팔길이 원칙'에 입각하여 기존의 준정부 조직을 총체적으로 변환하거나 새로운 준정부 조직을 설립하는 단계로 접어들게 된다(4단계). 전자의 사례로는 단연 영화진흥위원회를 꼽을 수 있고, 후자의 대표적인 사례로는 문화콘텐츠진흥원을 꼽을 수 있을 것이다. '관'이 이끌던 개발시대의 관습과 결별하면서, 관련 업계의 세밀한 사항을 잘 알고 있었던 민간 전문가들이 문화산업 관련 진흥기관들을 해당 산업의 현실과 유기적으로 결합할 수 있었으며, 이로 인해 과거에는 무시되거나 피상적으로만 다루어졌던 업계의 필요와 요구를 충족시키는 새롭고 유용한 정책들이 대거 출현했다. 이처럼 중앙부처가 정책 현장에 마련해준 공간으로 민간 전문가들이 뛰어들었듯이, 다음으로는 문화부와 진흥기관들이 새롭고 유용한 정책들을 통해 산업 현장에 마련해준 공간으로 뛰어난 인재들과 상당한 양의 투자가 자발적으로 모여들게 된다(5단계).

수출 주도 산업화(EOI)라는 대한민국의 특수한 역사에 기인하여, 문화산업 가치사슬에 대한 국가의 개입 역시 초기부터 해외시장의 개척과 확산에 초점을 맞추어왔다. 수출 확대를 위한 정부의 개입은 '선택과 집중'이라는 원칙에 기반하고 있었으며, 두 가지 즉각적인 결과를 초래했다. 하나는 수출을 준비하는 회사들 사이의 경쟁이 치열해진 것이고, 다른 하나는 이 경쟁에서 승리한 회사들이 정부와 매우 밀접하게 협력하게 된 것이었다. 정부는 '높은 잠재력'을 가진 업체들에 해외시장에 대한 필수적인 정보를 제공하거나 해외 견본시 참가를 지원하는 등 상당한 정성을 기울였다(6단계). 직간접적으로 '스타' 콘텐츠의 생산 및 유통을 위한 자금조달을 돕기도 했고, 다양한 표창이나 훈장을 통해 그들의 성취를 격려하기도 했다. 이것은 개발국가시대의 수출확대 전략과 상당히 유사한 그림이라고 할 수 있는데, 핵심적인 차이는 이번에는 채찍이 없었다는 점이다. 이러한 노력을 통해 국내 문화산업 시장의 성장을 견인했던 것과 유사한 메커니즘이 해외시장의 개척 단계에도 그대로 적용되었다. 즉 새로운 소재를 다루는 "창조적인 콘텐츠들이 등장하면서, 한국 상품과 브랜드에 대한 수용자들의 인식이 전환되는 현상"이 해외에서도 발생한 것이다(7단계). 「쉬리」(1999)와 「공동경비구역 JSA」(2000) 등 새천년 전환기의 흥행 영화들이 한국 영화에 대한 국내 수용자들의 인식 변화에서 상징적인 전환점이 되었듯이, 약 2~3년 후에 등장한 「겨울연가」(2002)와 「대장금」(2003) 등 빼어난 TV 드라마들이 국제적인 차원에서 매우 유사한 전환점을 만들어주었다. 이와 같은 해외에서의 인상적인 반응은 역으로 우리나라에 영향을 미치면서 그 출발점이었던 '새로운 문화정책 공동체'를 강화시켰고, 단순히 문화부를 넘어 모든 부처에서 한류 정책을 준비하고 실행하는 단계로 나아가게 된다(8단계).

요약하자면, 한류 초기의 선순환 구조는 '① 새롭고 강력한 정책공동체의 형성 → ② 창조적인 콘텐츠의 출현 → ③ 국내 수용자의 인식변화(자국 콘텐츠 + 문화산업 영역) → ④ 전문성을 갖춘 준정부조직의 활약 → ⑤ 자발적인 재정 및 인적자본의 쏠림 → ⑥ 국내외 시장을 둘러싼 민간기업들의 치열한 경쟁 → ⑦ 해외 수용자의 인식변화(한국 콘텐츠 + 국가 브랜드) → ⑧ 국내의 인식변화 강화 및 한류에 대한 관심 증폭'이라는 매우 복합적인 과정을 통해 만들어졌다.

한류의 확산은 '신개발주의 문화정책'의 핵심 논리로서 창조성의 부정 강화와 긍정 강화의 '단계적 발전'이 분명하게 현실화된 사례로서, 우리의 문화정책이 소위 선진국들과는 상당히 차별화된 방식으로 문화 현장의 혁신과 성과를 추동해왔음을 보여준다. 이어서 정책-산업-콘텐츠의 선순환구조를 통해 축적된 한류의 강력한 힘이 어떻게 단계적 발전을 거듭하며 글로벌 무대로 확산되었는지를 살펴보도록 하자.

| 한류의 확산 과정: 한류는 어떻게 전 세계로 뻗어나갔는가?

_ 한류 확산에 관한 단계 구분(periodization)

'한류의 역사적 발전 단계'는 '한류의 정의'와 마찬가지로 많은 이들의 관심을 모은 주제였다. 특히 한국문화산업교류재단, 한국문화관광연구원, 문화체육관광부 등 정책 기관들은 한류와 관련한 시기 구분에 많은 공을 들였다. 아래 〈표 3〉은 대한민국 문화체육관광부가 2010년대를 돌아보고 2020년대를 내다보며 제시한 시기 구분 프레임이다.

위의 시기 구분에 따르면, 한류는 아시아를 중심으로 드라마 분야가 이끌었던 1기(1997년~2000년대 중반), 아시아에서 중남미, 중동, 구미주 일부 등으로 확산되면서 대중음악이 두드러진 역할을 했던 2기(2000년대 중반

〈표 3〉 문화체육관광부의 한류 확산 단계 구분

단계	한류 1.0	한류 2.0	한류 3.0	신한류(K-culture)
기간	1997년~ 2000년대 중반	2000년대 중반~ 2010년대 초반	2010년대 초반~ 2019년	2020년~
특징	한류의 태동 영상콘텐츠 중심	한류의 확산 아이돌 스타 중심	한류의 세계화 세계적 스타상품 등장	한류의 다양화, 세계화(온라인 소통)
핵심 분야	드라마	대중음악	대중문화	한국 문화+연관산업
대상 국가	아시아	아시아, 중남미, 중동, 구미주 일부 등	전 세계	전 세계 (전략적 확산)
소비자	소수 마니아	10~20대	세계시민	세계시민 (맞춤형 접근)

출처: 문화체육관광부(2020)

~2010년대 초반), 드라마와 대중음악을 넘어서 대중문화 전반에서 전 세계를 대상으로 영향력을 발휘했던 3기(2010년대 초반~2019년), 그리고 2020년 이후 기존 한계를 뛰어넘어 전방위적으로 확산되는 신한류 시기로 구분할 수 있다. 물론 2010년대 중반부터 문화체육관광부가 '신한류' 개념을 써왔지만, 2020년 현재 해당 개념은 전 세계를 대상으로 하되 '전략적 확산'을 추진한다는 점, 대중문화는 물론 '한국 문화' 전체와 '연관산업'까지 핵심 분야로서 활약한다는 점, 그리고 팬데믹을 통한 과거와의 단절을 또 다른 계기로 삼고 있다는 점에서 새로운 패러다임에 대한 지향을 담고 있다고 볼 수 있다(문체부, 2020).

〈표 4〉에서 확인할 수 있듯이, 최근 진행된 한국문화관광연구원의 연구에서도 마찬가지로 한류의 역사적 확산 과정을 4단계로 구분하고 있다. 하지만 이는 앞서 다룬 문체부(2020)의 구분과 미묘한 차이를 보이는데,

〈표 4〉 한국문화관광연구원의 한류 확산 단계 구분

구분		1단계	2단계	3단계	4단계
연도		~2003년	2004~2009년	2010~2016년	2017년 이후
콘텐츠 확산	지역	중국 및 동남아시아	일본, 중국 및 동남아시아	일본 중심, 유럽 등	전 세계
	장르	K-pop(1세대 아이돌 등), 드라마	드라마 중심 한류 및 드라마 OST	K-pop(2세대 아이돌, 싸이)	K-pop(BTS), 드라마
구분 기준		일부 아시아 국가에서 한국 문화상품에 대한 선호와 유행	일본시장 진출로 본격적인 경제적 성과 창출	일본 및 아시아에서의 K-pop 붐. 유튜브를 매개로 아시아를 넘어 유럽 등 마니아 시장 형성. 싸이를 통한 세계 시장 가능성 확인	세계 시장으로 확산하며 경제적 효과 창출. 넷플릭스 등 글로벌 플랫폼을 통한 콘텐츠의 세계적 확산

출처: 채지영 외(2020)

① ‘시기’를 ‘초반’이나 ‘중반’이 아닌 구체적인 연도로 명시하고, ② ‘지역’에서 2단계를 일본시장 진출에 초점을 맞추고 있고, ③ ‘분야’를 대중문화/문화산업/콘텐츠산업 ‘장르’에 국한하여 시기 구분을 하고 있다는 차별성을 갖는다. 그러나 양자는 모두 2017~2020년 이후 개시된 4단계에서는 한류의 ‘전 세계’ 확산이 이루어졌다는 점에 동의하고 있으며, 이러한 세계적 확산에서 ‘온라인 소통’ 및 ‘글로벌 플랫폼’의 역할이 결정적이었음을 강조하고 있다.

_ 글로벌 문화자본으로서 한류의 부상 및 확산 과정

문화관광연구원의 현상 기술과 문화체육관광부의 가치지향을 종합하면, 우리는 크게 네 단계로 정리할 수 있는 한류의 확산 과정이 ‘글로벌 문화자본’으로서 한류가 부상하게 된 궤적과 크게 다르지 않다는 사실을 깨닫게 된다. 그 궤적이란 〈표 5〉와 같이 지역(regional) 문화자본 → 대륙(continental) 문화자본 → 대륙간(inter-continental) 문화자본 → 글로벌(global) 문화자본으로 진화하는 과정으로 이해할 수 있다.

1단계는 최초로 한국 대중문화 팬덤이 형성되고 해외 언론이 ‘한류’라는 말을 처음으로 사용하게 된 시기다. 중국과 동남아에 국한된 일종의 지역 문화자본이기는 했지만, 국제 문화산업 시장에 한류가 처음 얼굴을 내민 것이다. 1997년 중국 CCTV 제1채널에서 「사랑이 뭐길래」가 방영되고 1998년 H.O.T의 베스트 앨범 「행복」이 중국에 정식으로 발매되면서 전에는 보지 못했던 강력한 해외 팬덤이 처음으로 형성된 것이다. 앞서 살펴보았듯이, 이 시기에 김대중 정부가 의도적으로 한류를 기획한 것은 아

<표 5> 글로벌 문화자본으로서 한류의 성장 과정

구분		1단계	2단계	3단계	4단계
개시 연도		1997	2003	2010	2017
팬덤 지역		중국, 동남아	일본, 중동, 남미 확산	북미와 유럽 진입	글로벌 팬덤 구축
주도 분야		드라마 K-pop	드라마, 영화	K-pop	K-pop, 드라마, 영화
대표 콘텐츠		사랑이 뭐길래, 별은 내 가슴에	겨울연가, 대장금, 주몽	도깨비, 별에서 온 그대	사랑의 불시착, 오징어 게임
		H.O.T	보아, 동방신기	원더걸스, 빅뱅, 2NE1	BTS, 블랙핑크
		엽기적인 그녀	올드보이	부산행	기생충
구분 기준		최초의 해외 팬덤 형성	최초의 선진국 팬덤 형성	구미주 팬덤 형성 및 K-pop 젊은 팬덤의 프로슈머화	글로벌 팬덤 네트워킹 및 장르 간 시너지
문화자본 성격		**지역(regional) 문화자본:** 중국과 동남아 등 동아시아에서 통용되는 문화자본	**대륙(continental) 문화자본:** 아시아 전체를 아우르면서 타 대륙에도 소개되는 문화자본	**대륙간(inter-continental) 문화자본:** 대륙을 가로질러 진지한 향유와 비평의 대상으로 간주되기 시작한 문화자본	**글로벌(global) 문화자본:** 글로벌 문화산업 시장의 주류에 진입한 문화자본

출처: 정종은(2022: 35) 수정

니지만, 상당히 올바른 정책을 통해 향후 한류의 비약적인 성장의 토대를 제공하는 역할을 했다고 할 수 있다.

2단계는 일본 문화시장에 상륙하면서 처음으로 선진국 문화시장에서 팬덤이 형성되고, 드라마와 영화를 중심으로 아시아 전체로 한류의 영향력이 확산된 시기다. 이러한 관점에서 보면, 2003년 4월 「겨울연가」가 NHK에서 방영되면서 일본 주부들을 중심으로 강력한 팬덤이 형성된 것이 기념비적인 사건이다. 과거의 향수를 자극하면서 '주부층'에만 소구했다는 점이 종종 한계로 지적되기는 하지만, 김대중 정부에서 추진되었던 일본 대중문화에 대한 개방 정책의 결과로 세계 2위 문화산업 시장에 대한 진출이 시작되었다는 점에서 그 상징적 의미는 더할 나위 없이 크다고 하겠다. 이러한 성과가 동아시아는 물론 중동 지역 등 아시아 전체로 확산되는 데는 「대장금」과 「주몽」의 영향이 절대적이었다. 실제로 저자가 글래스고대학에 유학하던 시절, 후배로 재학했던 이란 국영방송 피디는 이란에서 2006년 방영된 「대장금」과 2008년 방영된 「주몽」의 시청률이 각각 90%, 85%를 넘겼다는 사실이 이란 방송계에서 엄청난 뉴스였다고 고백한 바 있다. 또한 임권택 · 이창동 · 김기덕 감독이 주요 영화제에서 한국 영화의 작품성을 꾸준히 알려왔지만, 2004년 박찬욱 감독의 「올드보이」가 칸영화제에서 심사위원대상을 받은 것은 한국 영화의 또 다른 매력을 전 세계 영화계에 보여준 사건이었다. 이후 작품성과 흥행성을 동시에 노리는 독특한 한국 영화의 스토리텔링 방식이 수면 위로 떠오르게 되기 때문이다. 이 시기는 한류가 아시아 전체를 아우르면서 타 대륙에도 자랑스럽게 소개되는 일종의 '대륙 문화자본'으로 한층 성장한 기간이었는바, 1970년대와 1990년대에 걸쳐 홍콩 누아르 영화나 일본의 만화와 애니메이션이 획득했던 문화자본과 유사한 지위가 한국 드라마와 한국 영화에 주어진 시기라고 해석할 수 있다.

3단계는 의심의 여지 없이 K-pop의 시대라고 할 수 있다. 2005년 처음 출현한 유튜브와 2007년 출현한 아이폰이 결합하면서, 2010년대에는 전 세계의 젊은 K-pop 팬들이 실시간으로 새롭게 출시된 노래와 댄스를 학습하고 금세 자신들의 UCC(User-Created Content)를 만들어내는 현상이 일반화된다. 「빌보드」가 올바로 지적하고 있듯이, 이러한 흐름에서 원더걸스는 매우 중요한 역할을 한다.* 2007년 데뷔한 원더걸스의 「노바디」 영문 버전은 2008년 10월 빌보드 '핫 100'에서 76위에 올랐는데, 이는 한국인 최초의 빌보드 메인차트 진입 사건으로 기록되었다. 3단계의 시발점을 2010년으로 잡은 것은 그해 6월과 7월에 '원더걸스 월드 투어'라는 이름으로 원더걸스가 27회의 미국 공연을 했던 사건을 기념하기 위한 것이다. 이후 싸이, 빅뱅, 2NE1 등이 K-pop 팬덤의 세계화에 결정적인 역할을 했다. 이를 토대로 3단계에서는 이전과는 구별되는 한류의 확산 양태가 포착되는데, 구미주 팬덤이 아직은 미약하지만 형성되기 시작한 것, 과거 K-드라마 팬덤과는 구별되는 젊은 팬덤이 활성화된 것, 이들이 '랜덤 플레이댄스'로 대표되는 적극적인 UCC 창작에 매진하기 시작한 것 등을 꼽을 수 있다. 유튜브와 스마트폰, 그리고 K-pop 응원봉으로 무장한 젊은 팬덤이 아시아를 넘어서 오대양 육대주에 자리를 잡게 되면서, 이제 한류는 아시아 대륙의 문화자본이라는 지위를 넘어서 대륙간(inter-continental) 문화자본의 지위로 한 단계 올라서게 된 것이다. 이 시기의 한류는 대륙을 가로질러 형성된 새로운(K-pop) 팬덤과 기존의(K-드라마) 팬덤으로 인해 강력한 취향 공동체를 얻게 되었으며, 이들의 문화적 · 경제적 · 사회적 존재감이 발현되면서 여러 대륙에 걸쳐 진지한 향유와 비평의 대상으로 간주되기 시작했다.

마지막 4단계의 시점을 2017년으로 잡은 것은 당연히 방탄소년단 때문이다. BTS는 '2017 빌보드 뮤직 어워즈'에서 K-pop 그룹 최초로 수상 소식을 알렸다. '톱 소셜 아티스트'라는 상을 수상했는데, 이후 앨범과 음원 부문을 종횡무진하며 빌보드를 휩쓸게 된다. '톱 소셜 아티스트'라는 부문에 주목해야 하는 이유는 '아미'로 대변되는 K-pop 팬덤의 강력함과 바

* Billboard, Looking Back On Wonder Girls 'Nobody', A Decade Later, 2018. 09. 23.

지런함을 웅변적으로 보여주기 때문인데, 가령 2017년 이후 글로벌 음악 시장의 주류로 떠오른 BTS는 SNS를 통한 팬들과의 소통을 최고의 무기로 삼아서 2019년, 2020년 전 세계에서 가장 많은 리트윗을 기록한 연예인으로 기네스에 등재되었다. BTS와 아미 그리고 블랙핑크와 블링크의 유대감은 소위 '4세대'라 일컬어지는 K-pop 신진 그룹들과 해당 팬덤 사이의 유대감 모델 역할을 하면서, 오늘도 K-pop의 전 지구적 확산을 견인하고 있다. 또한 2020년에 시작된 코로나19 팬데믹 시기에는 '넷플릭스'라는 플랫폼의 엄청난 성장이 이루어졌는바, 유튜브가 K-pop의 글로벌 확장에 중추적인 역할을 했듯이, 넷플릭스는 K-드라마의 확장에 결정적인 역할을 하게 된다. 「킹덤」에서 확인된 가능성이 「사랑의 불시착」, 「이태원 클래스」, 「오징어 게임」, 「이상한 변호사 우영우」 등을 통해 빠르게 입증되었는바, 특히 「오징어 게임」은 넷플릭스 역사상 가장 많은 시청 시간을 기록한 작품이자 가장 오랜 기간 세계 1위를 기록한 작품이 되었으며, 미국 방송계에서 최고의 권위를 자랑하는 에미상 최초로 비영어권 작품 수상(6관왕)이라는 대기록을 만들어냈다. 물론 「기생충」과 「미나리」를 필두로 한 한국 영화의 선전도 빠뜨려서는 안 될 것이다.

이 시기의 한류는 이제 나름의 확고한 브랜드를 갖춘 글로벌 문화자본으로 성장했다고 평가할 수 있다. 다시 말해, 한류는 20여 년의 경험과 자산을 바탕으로 드디어 글로벌 문화산업 시장의 주류(mainstream)에 진입한 것이다. 서두에서 언급한 「가디언」이나 「뉴욕타임스」의 기사가 대표적인 증거로 꼽힐 수 있을 것이다. SNS와 디지털 플랫폼을 매개로 이루어진 한류의 점진적 · 단계적 확산 과정에서 과거 각개 약진 형식으로 이루어지던 드라마, 영화, K-pop의 팬덤 구축도 이제는 시너지를 내고 있는 것으로 보이며, 이들 한류 팬덤의 가시적인 영향력이 확대되면서 글로벌 문화자본 생태계에서 '한류'의 위상은 과거에는 상상도 하지 못할 수준으로 격상된 것으로 판단된다.

요컨대, 한류는 다양한 국지적 저항에 효과적으로 대응하면서, 세계인의 감성에 일치하는 내용과 형식을 통해 스스로를 재구성해왔고, 현재는 그 어느 때보다 강력한 성공 신화를 써 내려가는 중이다. 동아시아 지역의 작은 문화현상으로 시작되어 결국에는 아시아 전역에 뿌리를 내렸고, 남미와 아프리카에 상당한 팬덤을 구축한 이후에는 구미주의 젊은이들까지 매료시키면서 글로벌 문화시장의 중심에 진입한 것이다. 거듭 강조하거니와 이는 검열과 고립이라는 '개발주의' 문화정책과 과감히 작별한 정책적 변화의 토대 위에서 우리나라 콘텐츠 산업계의 창작자, 실연자, 제작자들이 국내와 해외의 정열적인 팬덤과 함께 만들어낸 성과라고 할 수 있다. 빌튼(2007)이 그러했던 것처럼, 그 어떤 선취된 이데올로기적 프레임을 갖다 댄다 해도 이러한 성과를 폄훼하기란 쉽지 않을 것이며, 그다지 실익이 없을 것이다.

＿글로벌 '신흥' 문화자본으로서 한류의 지속가능성

이처럼 글로벌 문화자본으로, 좀 더 정확히 말하자면 글로벌 '신흥' 문화자본으로 성장한 한류가 한때의 신기루에 지나지 않고 지속적으로 영향력을 발휘하도록 하기 위해 우리는 무엇을 준비해야 할까? 섣부른 판단이라고 할 이들도 꽤 있겠지만, 저자는 앞으로도 한 세대 정도는 '빛나는 한류의 시대'를 계속 목도하게 될 것이라고 전망한다. 무엇보다 한류는 단순히 문화 분야에서 일어난 '로또 당첨' 사건이 아니라 대한민국의 산업화·

민주화의 성과에 기반한 문화적 성취로서 탄탄한 배경을 가지고 있기 때문이다. 또한 한류가 현재 누리고 있는 대중문화 분야 '아시아의 대표선수'라는 지위도 (신개발주의적 로고스와 에토스, 파토스에 기반한 것으로) 쉽게 모방하거나 추격하기 어려운 경쟁우위에 기반하고 있다고 판단된다. 세기말부터 현재까지 점진적 · 단계적으로 이루어진 한류의 확산 과정에서 지구촌 곳곳에서 건강한 팬덤이 자리 잡았다는 사실도 한류의 지속가능성에 대한 믿음과 기대를 품게 해준다.

하지만 이러한 기대를 한류가 완벽하다거나 그간의 방식을 고집해도 좋다거나 앞으로도 무조건 잘될 것이라는 맹신으로 이해해서는 곤란하다. 오히려 그 반대다. 글로벌 문화자본으로 성장하는 과정에서 한류는 주위를 둘러보며 성찰할 시간을 충분히 갖지 못했다. 앞을 보며 내달리는 데 집중하다 보니, 주변의 소중한 것들을 충분히 챙기지 못했다. 그렇다. 이제는 '양적 성장'보다는 '질적 성숙'에 더 많은 관심을 기울여야 할 시점에 이르렀다. 우리 사회가 지속적인(sustaining) 성장보다는 지속가능한(sustainable) 발전을 논해야 하는 단계에 오른 것처럼, 한류 역시 성장과 성숙을 동등하게 고려하면서 '지속가능한 발전'을 지향하는 데 매진해야 할 단계에 도달한 것이다.

안타깝게도 국내 문화산업계의 친환경 · 생태적 지속가능성에 대한 고민은 이제 겨우 출발선상에 있다. 우리 사회의 고질적 문제를 드러내고 성찰하는 콘텐츠들(「기생충」, 「오징어 게임」, 「더 글로리」, 「이상한 변호사 우영우」 등)의 전 지구적 성공이 여전히 불공정 계약이나 왜곡된 지배구조 등 우리나라 문화콘텐츠산업의 사회적 지속가능성이 개선할 여지가 많다는 사실을 가리는 데 이용되어서는 안 될 것이다. 경제적 지속가능성 역시 이제는 단순히 불법유통 억제나 저작권 분쟁 해결 등의 처방에 만족해서는 안 된다.

창작자와 실연자의 권익을 최대한 존중하면서 역량 있는 기업들이 창조성에 기반한 혁신에 매진할 수 있는 환경과 조건을 더욱 숙성시켜나가야 한다. 앞으로 20여 년을 새롭게 수놓을 '넥스트 한류' 시대의 키워드는 성장(growth)이 아니라 성숙(maturity)이라는 말이다.

나가며:
문화가 국가 비전이 되는 '넥스트 한류' 시대를 꿈꾸며

오래전 문화강국을 노래했던 국가 지도자들이 있었다. 김구 선생은 일제강점기라는 국가적 치욕에 아파하고 시달리면서도 눈앞의 적들에 저항하는 것을 넘어 강국으로 성장한 대한민국의 벅찬 미래를 꿈꾸었다.

> "나는 우리나라가 세상에서 가장 아름다운 나라가 되기를 원한다. 가장 부강한 나라가 되기를 원하는 것은 아니다. 내가 남의 침략에 마음이 아팠으니 내 나라가 남을 침략하는 것을 원치 아니한다. 우리의 부력(富力)은 우리의 생활을 풍족히 할 만하고, 우리의 강력(强力)은 남의 침략을 막을 만하면 족하다. … 오직 한없이 가지고 싶은 것은 높은 문화의 힘이다. 문화의 힘은 우리 자신을 행복하게 하고, 나아가서 남에게 행복을 주겠기 때문이다."
>
> - 백범 김구 선생(『백범일지』, 나의 소원 중)

백범 선생이 꾸었던 꿈은 오늘날 개념으로 하면, 경제력 · 군사력 · 정치력 같은 하드파워보다는 문화 · 콘텐츠 · 창의력 등으로 대변되는 소프트파워에 초점을 맞추고 있다. 물론 하드파워와 소프트파워가 결합한 '스마트파워'(Nossel, 2004; Nye, 2009) 개념이 좀 더 김구 선생이 품었던 이미지와 가까워 보인다. 우리가 특별히 주목할 것은 백범 선생은 이러한 문화의 힘으로 우리 민족의 행복만이 아니라 전 세계인을 행복하게 하는 시대를 가장 도달하고 싶은 이상향으로 상정하고 있다는 점이다.

문화강국을 꿈꾸던 또 다른 지도자가 있다. 그는 수도 없는 이념 공세에 시달렸고, 몇 차례의 진지한 살해 위기를 넘겼으며, 여러 번의 도전 끝에 마침내 대통령이 되는 데 성공한다. 하지만 그가 직면한 것은 '제2의 국치'로 불렸던 IMF 구제금융 위기였다. 그는 오랜 정치적 신념과 미래에 대한 구상을 엮어 국가 위기에 맞설 자신의 근원적 정체성으로 '문화 대통령'을 제시한다.

> "세계를 주도하는 선진국들은 군사나 경제뿐 아니라 문화 분야에서도 예외 없이 앞서가고 있으며, 그러한 경향은 날로 심대해져 가고 있다는 사실을 우리는 직시해야 합니다. 문화의 창달 없이는 국가의 부강도, 국민의 삶의 질의 향상도 기대할 수 없는 것입니다. … 우리가 함께 만드는 문화는 국난을 극복하고 21세기 일류국가를 건설하는 원동력이며, 후손에게 물려줄 자랑스러운 유산이 될 것입니다. … 다가오는 21세기 '문화의 세기'에는 세계 일류의 문화국가가 됩시다."
>
> - 김대중 대통령(취임 첫해 문화의 날 연설 중)

'글로벌 문화자본으로서 한류의 형성 및 확산 과정'을 살펴보는 우리의 여정은 이 두 분이 꿈꾸었던 시대가 21세기에 들어 어떻게 현실화되었는지를 세밀하게 들여다보는 과정이었다고 할 수 있다. "우리 자신을 행복하게 하고, 나아가 남에게 행복을" 주는 높은 문화의 힘, 21세기 '문화의 세기'에 누구나 인정하는 "세계 일류의 문화국가"라는 위상은 한류를 통해 실제로 우리에게 주어졌고, 2021년 역사상 최초의 '선진국 진입'을 계기로 더 넓고 깊고 빠르게 그 영향력을 발휘하고 있다. 이러한 견지에서 저자는 한류가 향후 대한민국의 '미래 국가 비전'이 될 수 있음을 마지막으로 주창하고자 한다.

좀 더 정확히 말하자면, 한류를 통해 검증된 '문화'의 힘이 대한민국의 미래 국가 비전이 될 수 있고, 되어야 함을 강조하고자 한다. 세계 10위권에 도달한 대한민국의 경제력과 정치력은 무척이나 단단한 것이고 긍지를 가질 만한 것이다. 하지만 대한민국의 경제력 · 군사력 · 정치력을 통해 세계인을 얼마나 행복하게 만들 수 있을까? 백범 선생께서 지적하고 있듯이, "우리의 부력(富力)은 우리의 생활을 풍족히 할 만하고, 우리의 강력(强力)은 남의 침략을 막을 만하면" 족하지 않을까? 슈퍼파워 미국이나 전통의 강호 EU의 경제력 · 군사력 · 정치력을 능가할 힘을 키우지 못하는 이상, 하드파워 전략으로는 대한민국이 종속변수를 넘어선 독립변수로 국제사회에서 기능하기 어렵다.

하지만 문화는 그렇지 않다. 한류가 보여주듯이, 대한민국의 문화콘텐츠는 선진국들에는 신선한 자극을, 개발도상국들에는 세련된 소구를 제공한다. 역동의 세월을 견뎌내온 우리의 소재와 주제와 캐릭터가 녹아들어 우리의 드라마, 영화, 음악이 세계인에게 위로와 감동, 재미와 흥미, 도전과 영감을 제공하고 있다. 중요한 것은 콘텐츠 자체만이 아니라, 그러한 콘텐츠를 만들어낼 수 있었던 기업 · 산업의 경쟁력에 대한 주목을 통해 전 세계 콘텐츠산업의 패러다임을 조금씩 바꾸어가고 있다는 점, 나아가서는 세계인의 인식변화와 이를 통해 여러 나라의 정책변화 역시 추동하고 있다는 점이다.

이상에서 우리는 한류의 형성 과정과 확산 과정을 살펴보았다. 한류가 1990년대 후반 '지역' 문화자본으로서 태동할 당시 '신개발주의'가 중요한 모태 역할을 했다고 한다면, 2020년대 중반 '글로벌' 문화자본으로 성장한 한류를 위한 새로운 정책으로는 어떤 것들이 필요할까? 한류의 확산 단계를 네 단계로 살펴보았는바, 1단계에서 4단계까지가 결정적인 대표 콘텐츠의 출현에 힘입어 특정 지역으로의 진출과 확산이 거세게 이루어졌던 시기라고 한다면, 이제 앞으로 다가올 한류 시대의 대표 콘텐츠들은 그와 같은 '지역의 확대'나 '양적인 성장'을 목표로 삼을 필요가 없다. 글로벌 문화자본으로 자리 잡은 이후에 전개되는 '넥스트 한류' 시대에는 특정 장르가 특정 지역에서 성공을 거두는 것이 과거만큼 중요하지 않을 것이기 때문이다.

한류의 새로운 시대는 '메이드 인 코리아'에 대한 집착과 부담을 다소간 내려놓은 'Beyond-K' 시대가 될 가능성이 크다. 전 세계 시민이 공감하고 사랑하는 한국의 문화산업/문화예술/전통문화/연관산업이 서로 어우러지면서 지구촌 곳곳의 매력적인 콘텐츠들과 시너지를 창출하고 선한 영향력을 발휘하는 한류가 대세가 되기를 바란다. 그리고 이는 단순히 우리의 '국가 브랜드 상승'이나 '소프트파워 제고'에 초점을 맞추는 것이 아니라, '인류애적인 지향과 나눔'을 널리 확산하고 실현하는 홍익인간의 가치를 목표로 삼는다는 점에서 훨씬 더 성숙한 단계의 한류가 될 것이다. 진정한 한류는 이제부터 시작이다!

참고문헌

김대중. 『김대중 옥중서신』. 한울, 2000.

김정수. 「'한류'(韓流) 현상의 문화산업정책적 함의」. 『한국정책학회보』 11(4), 2002, 1-22쪽.

문화체육관광부. 「보도자료: 신한류로 전 세계 한류 열기 이어나간다」. 문체부, 2020.

서우석 · 이호영. 「네트워크화된 문화소비자와 문화자본」. 『사이버커뮤니케이션 학보』 27(1), 2008, 93-137쪽.

서은숙. 「다문화시대 한류의 정체성과 방향」. 『인문콘텐츠』 14, 2009, 157-184쪽.

송정은 · 장원호. 「유투브(YouTube) 이용자들의 참여에 따른 한류의 확산」. 『한국콘텐츠학회논문지』 13(4), 2012, 155-169쪽.

심두보. 「케이팝(K-pop)에 관한 소고: 한류, 아이돌 그리고 근대성」. 『Social Studies』 52(2), 2013, 13-28쪽.

안창현. 「한국 문화콘텐츠산업 중국시장 진출 전략」. 『인문콘텐츠』 17, 2010, 475-497쪽.

윤여광. 「방탄소년단(BTS)의 글로벌 팬덤과 성공요인 분석」. 『한국엔터테인먼트산업학회논문지』 13(3), 2019, 13-25쪽.

이동기 · 최진아. 「농심의 성공과 글로벌화 전략: 중국시장 진출을 중심으로」. 『국제경영리뷰』 10(2), 2006, 137-164쪽.

정종은. 「영국 창조산업 정책의 부상: 개념들의 변화에 관한 고찰」. 『문화정책 논총』 27(1), 2013a, 122-145쪽.

______. 「한국 문화정책의 창조적 전회: 자유, 투자, 창조성」. 『인간연구』 25, 2013b, 33-71쪽.

______. 『한류 맥 짚기: 신개발주의를 알아야 한류가 보인다』. 진인진, 2022.

채지영 외. 『한류 20년, 성과와 미래전략』. 한국문화관광연구원, 2020.

허진. 「중국의 '한류(韓流)'현상과 한국 TV 드라마 수용에 관한 연구」. 『한국방송학보』 16(1), 2002, 496-529쪽.

Bilton, C. Management and Creativity: From Creative Industries to Creative Management, Oxford: Blackwell, 2007.

Bourdieu, P. Nice, R. (Trans.). Distinction: A Social Critique of the Judgment of Taste, London: Routledge, 1984.

Chung, Jong-Eun. From Developmental to Neo-Developmental Cultural Industries Policy: The Korean Experience of the 'Creative Turn', University of Glasgow Ph. D Thesis, 2012.

———. "A Neo-Developmental Virtuous Circle of Korean Wave and its implications for ASEAN-Korea Cultural Exchange," in Partnering for Tomorrow: ASEAN-Korea Relations, Seoul: ASEAN-Korea Center, 2017.

———. "The Neo-Developmental Cultural Industries Policy of Korea: Rationales and Implications of an Eclectic Policy," International Journal of Cultural Studies, 25(1), 2019, pp. 63-74.

Cunningham, S. "The Creative Industries after Cultural Policy: A Genealogy and Some Possible Preferred Futures," International Journal of Cultural Studies, 7(1), 2004, pp. 105-115.

Garnham, N. Capitalism and Communication, London: Sage, 1990.

Hall, S. "Cultural Studies: Two Paradigms," Media, Culture and Society, 2, 1980, pp. 57-72.

Hartley, J. (Ed.). Creative Industries, Oxford: Blackwell, 2005.

Johnson, C. MITI and the Japanese Miracle: The Growth of Industrial Policy, Stanford, CA: Stanford University Press, 1982.

Kong, L. & O'Connor, J. (Eds.). Creative Economies, Creative Cities: Asian-European Perspectives, Heidelberg: Springer, 2009.

Lee, T. "Creative Shifts and Directions: Cultural Policy in Singapore," International Journal of Cultural Policy, 10(3), 2004, pp. 281-299.

Nossel, S. "Smart Power," Foreign Affairs, 83(2), 2004, pp. 131-142.

Nye, J. "Get Smart: Combining Hard and Soft Power," Foreign Affairs, 88(4), 2009, pp. 160-163.

O'Connor, J. & Xin, G. "A New Modernity? The Arrival of 'Creative Industries' in China," International journal of cultural studies, 9(3), 2006, pp. 71-283.

Peterson, R & Kern, R. "Changing Highbrow Taste: From Snob to Omnivore," American Sociological Review, 61(5), 1996, pp. 900-907.

Pirie, I. The Korean Developmental State: From Dirigisme to Neo-Liberalism, Abingdon: Routledge, 2008.

Wade, R. Governing the Market: Economic Theory and the Role of Government in East Asian Industrialization, Princeton, NJ: Princeton University Press, 1990.

Wang, J. "The Global Reach of a New Discourse: How Far Can 'Creative Industries' Travel," International Journal of Cultural Studies, 7(1), 2004, pp. 9-19.

Woo, J-E. Race to the Swift: State, Finance and Industrialization in Korea, New York: Columbia University Press, 1991.

케이팝 제작자본의 변화 양상: SM 경영권 분쟁을 중심으로*

이동연
한국예술종합학교 교수

| SM 경영권 분쟁, 왜 구조적인 문제인가?

2023년 2월부터 본격화한 SM엔터테인먼트(이하 SM)를 둘러싼 경영권 분쟁은 1990년대 초반에 시작된 케이팝 30년 역사에서 가장 큰 '변화와 전환'의 분기점이 되는 사건이다.** 케이팝 제작 30년 역사에서 수많은

* 이 글은 2023년 3월 3일 문화연대 주최로 열린 "SM엔터테인먼트 경영권 분쟁, 어떻게 볼 것인가"라는 토론회에서 필자가 발표한 원고 「SM 경영권 분쟁의 구조적 이해」를 수정 · 보완한 것임을 밝힌다.

** 문화연대 주최 토론회를 보도한 대부분 기사는 SM 경영권 분쟁의 핵심 쟁점이 "케이팝 제작 시스템의 급격한 변화"에 있음을 강조했다. "SM 경영권 분쟁은 구조적 문제 … 향방 따라 'K팝 시스템' 격변할 것"(『한겨레』, 2023년 3월 3일자); "하이브-SM 분쟁, K팝 30년 역사 분기점"(『아이뉴스』, 2023년 3월 3일자); "'하이브와 결합이 SM에 득' '아티스트 · 팬덤은 소외' … 전문가들이 본 'SM사태'"(『경향신문』, 2023년 3월 3일자); "케이팝 독점 · 다양성 논란 넘어 지속 가능한 생태계 구축해야"(『서울신문』, 2023년 3월 6일자) 기사 참고.

연예 제작사가 '탄생-소멸-합병-분리' 과정을 겪었다. 이 과정에서 소유권과 경영권을 놓고 크고 작은 분쟁이 있었지만, 이번 SM 경영권 분쟁처럼 케이팝 제작자본에 큰 지각변동을 몰고 온 적은 없었다. 무엇보다 업계의 2위이자, 케이팝의 역사를 대표하는 SM이 인수합병의 매물로 나왔다는 것 자체가 시장 독점 논리를 넘어 "엔터테인먼트 문화유산의 소멸"이라는 관점에서도 충격적이다. 더욱이 인수합병을 추진하려는 경쟁사가 현 케이팝 제작의 절대 강자 '하이브엔터테인먼트(이하 하이브)'와 매출 7조 원이 넘는 인터넷 메신저 업계 1위 ㈜카카오이기 때문이다.

SM의 경영권이 하이브로 넘어갈 경우, 케이팝 업계 1, 2위가 합병하는 초대형 엔터 연합이 탄생하게 된다. 반대로 SM 경영권이 카카오로 넘어갈 경우, '엔터 + IT'가 연합하는 강력한 콘텐츠-미디어 그룹이 탄생하게 된다. 전자의 경우 이른바 엔터계 무림강호의 '절대 반지'를 끼게 되는 것이고, 후자의 경우 업계 1위 하이브를 위협할 수 있는 강력한 '전사의 검'을 소유하게 된다. SM을 둘러싼 경영권 분쟁은 하이브든, 카카오든 자사의 이익 차원에서 결코 물러설 수 없는 싸움이 된 것이다.*

결론적으로 SM 경영권 분쟁의 최종 승자는 카카오가 되었다. 2023년 2월 초에 가시화된 경영권 분쟁은 2개월 동안 하이브와 카카오 사이에 치열한 공방이 있었지만, 결국 자본 동원력에서 앞선 카카오가 SM 합병의 최종 승자가 되었다. 카카오는 4월 26일 SM 주식의 39.87%를 공개매수 방식으로 매입하여 최대주주가 되었다. 공정거래위원회는 카카오의 SM 인수합병에 문제가 없는지 심사에 착수했다.** 인수 자본의 투명성을 포함

* 『한국경제』, "'누가 SM 품나' K팝 지각변동 … 하이브 인수 땐 '11兆 엔터왕국'", 2023년 2월 10일자 기사 참고.

** 『ZDNET Korea』, "공정위, '카카오-SM엔터 인수합병' 심사 착수", 2023년 4월 26일자 기사 참고.

해 아티스트 매니지먼트, 음원-음반 제작, IP 저작권을 기반으로 한 미디어 플랫폼의 독과점 행위가 공정거래에 위반 사항이 있는지를 조사하는 것이어서 최종 결론이 날 때까지 시간이 제법 걸릴 것이다. 그러나 현재까지만 놓고 보면 SM 경영권 분쟁은 카카오의 승리로 볼 수 있고, 이 승리는 결국 최종심급에서 '자본의 승리'로 요약할 수 있다. 경영권 분쟁 초기에는 이수만 전 총괄피디의 주식을 인수한 하이브의 승리로 결론이 날 분위기였다. 그러나 결국 수차례 주식 공개매수 공방 끝에 카카오가 승리한 것은 카카오의 풍부한 자본 동원력 때문이다. 자본의 공세 앞에 하이브가 버틸 재간이 없었을 것이다. 하이브는 SM 경영권을 포기하는 대신 SM 아티스트의 IP 콘텐츠를 자사가 운영하는 팬 커뮤니티 플랫폼 '위버스(Weverse)'에 유통할 수 있는 권한을 얻는 것으로 만족했다. SM 경영권 분쟁은 아티스트, 음악 콘텐츠, 팬덤의 유산을 지속가능하게 만드는 '가치의 전쟁'이 아니라 누가 더 많은 자본으로 더 많은 이윤을 남길 것인가를 셈하는 '자본의 전쟁'이다.

그러나 SM 경영권 분쟁은 단지 이윤을 추구하는 기업의 경제 논리로만 볼 수 없는 복합적인 문제를 안고 있다. 그것은 어떤 점에서 한국 케이팝 제작시스템의 전근대적인 경영 구조, 케이팝 글로벌 확산에 따른 투명하고 선진적인 글로벌 경영 비즈니스의 요구, IP 저작권으로 집약될 수 있는 엔터테인먼트 파생상품의 주도권 경쟁, 주식 및 금융 투자 시장과 연계된 연예 제작자본의 재생산, 케이팝 자본의 독점화와 수직계열화에 따른 콘텐츠의 영향 관계, 케이팝 연예제작 1세대 오너 리스크와 케이팝 산업을 주도하는 주력 세대 교체 등의 문제들을 동시에 내포하고 있다. 그런 점에서 SM 경영권 분쟁은 케이팝 제작과 자본 재생산에 있어 매우 구조적인 문제이며, 이 분쟁의 해결 방향에 따라 케이팝의 제작시스템에 큰 변화가 예상된다. 이 글은 SM 경영권 분쟁의 구조적 이해를 위해 다섯 가지 이슈로 정리해서 설명하고자 한다. 이 이야기를 논의하기 전에 지금까지 SM 경영권 분쟁 사태의 주요 전개 과정을 먼저 정리하고자 한다. 이 분쟁의 과정을 따라가다 보면, 케이팝 제작자본의 구조적인 문제들이 고스란히 드러나기 때문이다.

| SM 경영권 분쟁의 전개 과정

SM 경영권 분쟁의 대결은 'SM 현 경영진 + 카카오' 대 '이수만 + 하이브'로 요약할 수 있다. 당초 SM은 카카오와의 인수합병이 유력했다. '포스트 이수만 체제'에서 좀 더 확실한 지원군이 필요했던 SM과 새롭게 엔터 사업을 시작한 카카오의 이해관계가 맞아떨어졌기 때문이다. 그런데 갑자기 SM 경영권을 놓고 카카오와 하이브가 대결하는 양상이 벌어진 것은 SM 현 경영진과 SM의 창립자 이수만 전 총괄프로듀서(이하 이수만)와의 갈등의 골이 깊어졌기 때문이다. 인수합병 과정에서 SM 현 경영진은 '포스트 이수만 체제'가 아닌 '이수만 아웃 체제'를 선언하고 돌아올 수 없는 루비콘강을 건넜다. SM 현 경영진은 이수만이 절대적인 힘을 행사하는 현 지배체제로는 SM이 투명한 글로벌 경영을 할 수 없다고 생각했다. 여기에 행동주의 펀드 얼라인파트너스의 개입이 주효했다. 얼라인파트너스는 SM의 지분 0.92%를 가지고 SM의 전근대적 경영 구조의 대표적인 사례인 이수만의 개인회사 '라이크기획'의 부당한 수익 편취 문제를 제기했다. 결국 SM 현 경영진은 얼라인파트너스와 손을 잡고, 라이크기획의 부당한 계약

체결을 철회했고, 이수만의 경영권을 박탈하는 성과를 올렸다.

어떤 점에서 'SM 현 경영진 + 카카오' 대 '이수만 + 하이브'의 대결은 'SM 현 경영진 대 이수만'의 대결을 전제한 것이다. 이 대결 구도는 케이팝 엔터사의 창립자가 일으키는 '오너 리스크'의 갈등 구조를 그대로 드러낸 것이다. SM의 창립자이자 SM 공동체 혹은 세계관의 '정신적 지주'(SM은 이수만을 '선생님'이라 불렀다) 노릇을 자처한 이수만의 입장에서 현 경영진의 반란은 당연히 천인공노할 '(스스로 선생으로 호명되길 원했기에) 제자의 난', 혹은 '왕자의 난'으로 여길법하다. 케이팝 연예제작의 1세대 대표 주자인 본인의 마지막 '명예 혹은 권리'를 위해 이 분노할 '제자의 난'에 반격을 가할 수 있는 유일한 길은 자신의 SM 주식 지분을 양도하여 하이브와 손을 잡는 것이 아니었을까 싶다.

이수만은 경영권 분쟁이 공식화된 직후 카카오의 인수합병을 막기 위해 한때 경쟁 관계였던 하이브에 손을 내밀었다. 그는 곧바로 2월 8일 법원에 SM을 상대로 "신주 및 전환 사채 발행 금지 가처분 신청서"를 제출했다. 이수만은 '적과의 동침'에 이어 '법적 소송'을 해서라도 SM 현 경영진과 카카오의 연합을 막으려 했다. 이는 SM식 '왕자의 난'에 대해 극단의 배신감에 따른 제왕적 창립자의 감정적 대응이 아니었을까 싶다. 이번 사태를 공론화하는 데 촉발지점인 이성수 공동대표의 반이수만 성명서는 이수만의 분노를 사기에 충분했다. 이는 비단 이수만의 경우를 넘어 케이팝 30년 역사에서 축적된 창립자-경영자 지배구조 갈등의 증표다. SM 경영권 분쟁은 케이팝 산업 내 냉정한 지배구조와 독점적 자본증식의 전략적 판단에 따른 것처럼 보이지만, 그 이면에는 여전히 개선되지 않는 케이팝 제작시스템의 전근대적인 문제들이 숨어 있다. 이제 SM 경영권 분쟁의 전개 과정을 따라가면서 케이팝 제작의 구조적인 문제들을 살펴보고자 한다.

— SM 이성수 대표이사 1차 성명서 발표: 이수만과의 결별, 분쟁의 총체적 진실

2023년 2월 16일자 유튜브 영상으로 발표한 SM 이성수 공동대표(이하 이성수)의 성명서는 이수만과의 공식적인 결별을 선언하고 회사에 큰 부담을 안긴 이수만의 오랜 만행과 SM의 하이브 인수에 반대하는 이유를 말하고 있다. 이성수 대표는 이수만과 결별할 수밖에 없는 이유를 14개 항목으로 정리해서 발표할 것이라고 언급했다. 그 주요 내용은 "이수만의 라이크기획 해외법인 'CTP'의 총체적 실체와 역외 탈세 의혹", "나무 심기 프로젝트로 포장한 해외 글로벌 뮤직시티 플랜 부동산 투자 의혹", "'에스파'의 신곡에 나무 심기와 지속가능성(sustainability)이라는 단어를 사용할 것을 종용한 나머지 '에스파' 신곡 발표 및 컴백이 지연된 사연" 등이다.

이성수 대표는 발언 마지막에 "SM의 창업자 이수만의 욕심과 과오를 지금 여기서 끝내야 한다. 이것이 이수만과 소속 아티스트, 임직원, 글로벌 팬들, SM 주주를 위한 길이다"라고 말하며 이수만과의 결별, 이수만의 부당한 요구를 막지 못한 현 경영진의 과오에 대한 사과, SM의 자력갱생을 위한 'SM3.0 플랜' 제시를 언급했다.

— SM의 1차 성명서에 대한 하이브의 입장 발표: 이성수 대표의 주장은 앞으로는 일어날 수 없는 불가능한 시나리오

하이브 박지원 CEO(최고경영자)는 2월 16일 사내 메일을 통해 이성수의 1차 성명에 대해 다음과 같이 반론을 펼쳤다.

최근에 이성수 대표이사의 주장은 이 전 총괄과 현 경영진과의 과거사일 뿐 앞으로 하이브와 SM이 원칙대로 투명하게 이끌어갈 미래에는 성립되지 않을 이슈다. 라이크기획 이외에 인지하지 못한 거래가 있을 가능성을 배제하지 않았다. 따라서 계약과정에서 이수만 전 총괄과 SM의 거래를 거래 시점 기준으로 모두 중단시키거나 해제하는 포괄적인 문구를 계약서에 삽입했다. SM의 경영진이 주장하는 CPT를 통해 SM 수익의 역외 탈세가 이뤄지는 비윤리적인 운영방식 또한 지분 인수 계약으로 인해 전체가 성립하지 않는 결코 일어날 수 없는 시나리오다. 이수만의 해외 프로듀싱을 통한 SM 프로듀싱에 의한 개입, 해외 자회사들과의 거리를 통한 이익의 이전은 없다. SM의 ESG(사회, 환경, 지배구조) 캠페인은 지분 인수 과정이 완료되고 나면 글로벌 기업이자 K팝 산업을 이끄는 대표기업이 응당 지켜야 할 기준에 맞게 더 투명하고 적법적인 방식으로 운영될 것이다. SM 인수 후에는 이성수 대표이사가 언급한 역외 탈세는 불가능한 시나리오다.

결론적으로 박지원 CEO가 발표한 하이브의 입장은 SM에 인수 후 이수만에게 휘둘리는 일이 없도록 계약서에 명시했고, 회사를 투명하게 운영할 것이니 걱정하지 말라는 뜻이다.

_ SM 이성수 대표 2차 성명서 발표: SM에 대한 하이브의 적대적 M&A 중단 요구

이성수는 2월 18일 2차 성명서를 발표했다. 1차 성명서의 칼날이 주로 이수만에게 향했다면, 2차 성명서는 하이브에 향했다. 이성수는 하이브의 이수만 주식인수는 적대적 M&A이며, 그 주요 근거로 "하이브가 SM 이사회 및 경영진과 단 한 차례의 협의도 없이 최대주주 지분을 매수하고 공개매수를 진행했다는 점", "이수만으로 하여금 2월 15일에 주주 제안으로 사내이사 후보로 하이브 내부인사 3인을 포함 7인의 등기이사를 추천한 점", "실사 없이 진행한 1조 원대의 딜은 전형적인 적대적 M&A의 사례라는 점"을 들었다. 이성수 공동대표는 하이브에 다음과 같이 요구했다.

- SM은 주주의 뜻을 따라 대대적인 정비에 들어갔고, SM3.0을 준비하고 있다. 자구책이 있는데, SM 독립경영을 인정하지 않는 새로운 이사 7인 추천 제안은 SM을 하이브의 자회사로 만들겠다는 의도다.
- 하이브는 이수만과 손을 잡고 진행하는 적대적 M&A임을 인정하고, 대한민국 K-pop이 한 기업에 의해 독점화되지 않도록 적대적 M&A를 중단하라.

_ 하이브 박지원 대표의 입장 발표에 대한 이성수 대표이사의 재반론: CTP의 존재를 사전에 인지한 채 주식 매매계약을 체결한 의혹 제기

이성수 대표이사는 다시 박지원이 언급한 이수만 개입 원천적 차단 주장에 다음과 같은 반론을 제기하면서 하이브의 이수만 주식인수 과정에서 이수만의 개인 사욕에 대한 사전 인지 의혹을 다음과 같이 제기했다. 첫째, '해외판 라이크기획'인 CTP는 그 실체를 숨기고자 SM이 아닌 해외 레이블사와 직접 계약을 체결했다. 그런 점에서 SM과는 거래가 없으므로 하이브가 계약 종결로 해소할 수 있는 사안이 아니다. 둘째, 하이브가 CTP를 인지하고도 주식매매계약을 체결했다면 이수만의 탈세 의혹에 대해 동조 또는 묵인한 것이거나 이를 모른 채 체결했다면 이수만에게 속았다는 것을 자인하는 셈이다. 셋째, 방시혁 의장은 이 전 총괄 프로듀서가 올해 초 선포한 '휴머니티 앤드 서스테이너빌리티(Humanity and Sustainability)' 캠페인에 깊은 공감을 표했다. 방시혁 의장 스스로 깊이 공감했다는 캠페인의 세부 내용에 대해 전달받은 것이 없다는 발언은 납득하기 어렵다.

_ 하이브의 재반론: 카카오 + SM이야말로 적대적 M&A다

하이브 측은 구체적인 계약 문제를 공개하면서 2월 23일자 "SM-카카오 연합"에 따른 SM 현 경영진의 조치에 대해 본격적으로 문제 제기를 시작했다. 그 문제 제기는 다음과 같다. 첫째, SM엔터테인먼트의 현 이사회가 카카오를 우군으로 확보하는 사업협력 체결 과정에서 소속 아티스트들의 음원 · 음반 및 매니지먼트 유통 계약 등을 카카오 측에 무기한 넘기기로 한 것이 아닌가. 둘째, SM이 추가로 신주 혹은 전환사채(CB) 등을 발행하면 카카오가 이를 우선 인수하는 이례적인 조항도 포함된 것이 아닌가.

하이브는 SM의 최대주주로서 이 같은 이사회의 결정이 SM엔터 주주들의 이익을 막대하게 침해하는 것으로 보고 법적 대응을 검토하겠다고 대응했다. 박지원 대표는 카카오에 9만 원대 신주를 발행하고 12만 원 수준 자사주 매입을 한 것에 대해 공식 서한을 발송하고 자기주식을 취득한 행위는 자본시장법이 엄격하게 금지하는 시세조종 행위와 형사상 업무 배임이 의심된다고 말했다. 하이브는 카카오 측에 자기주식 취득을 중지할 것을 요청했다.

_ SM + 카카오의 주식방어: 하이브 공개매수 실패로, 경영권 분쟁은 2차 라운드로 돌입

법원은 3월 3일, 이수만 전 총괄 프로듀서가 제기한 "신주 발행 금지 가처분 신청"을 인용했다. 법원이 이수만의 손을 들어준 것이다. SM 최대주주 이수만의 주식 대부분을 인수한 하이브의 입장에서는 법원의 판결이 추가 공개매수를 통해 확실한 최대주주로 등극할 기반이 마련된 것이다. 하이브는 2023년 2월 10일부터 2월 28일까지 공개매수로 SM엔터 주식을 최대 595만 1,826주(약 25%) 확보하여 사전에 매입한 이수만 전 총괄프로듀서 지분 14.8%를 포함해 총 40% 지분을 확보한 뒤 경영권을 행사할 계획이었다. 그러나 확인되지 않은 기타법인이 2월 28일 1,339억 원(108만 7,801주) 상당의 주식을 사들이며 하이브의 공개매수는 무산으로 끝났다.

SM엔터 주가는 이날 6.07% 급등한 12만 7,600원에 마감하여 공개매수 가격을 크게 웃돌았다. 결론적으로 하이브의 공개매수는 실패로 끝났다.

_ 하이브, SM 인수합병 철회: 카카오 공개매수로 SM 인수 결정

SM의 경영권 분쟁이 미디어와 케이팝 팬덤 사이에 뜨거운 논쟁이 되자, 하이브 방시혁 의장은 3월 12일 카카오와 합의를 통해 SM의 경영권 인수 절차를 중단했음을 발표했다. 그 대신 SM 현 경영진과 카카오와 협의하여 SM 아티스트에 대한 IP 저작권을 자사의 플랫폼에서 서비스할 수 있도록 했다. 방시혁 의장은 3월 15일 관훈클럽에 참여해 인수를 철회하게 된 이유에 대해 "주주 가치를 훼손하고 시장 질서를 흔들면서까지 들어갈 수 없다"는 답변을 했다. 또한 "기업 통합 과정에 드는 시간과 구성원의 감정노동 등 유무형의 비용을 감내하고 선택하는 것은 옳지 않다고 생각했다"*고 설명했다. SM 인수합병이 공론화된 후에 케이팝의 시장 독점, 소속 아티스트의 가치, 충성도 높은 팬덤의 동요에 대한 우려가 예상보다 강했던 것이 인수철회 배경이다. 카카오는 하이브가 SM 경영권 분쟁에서 자진 철회하면서 하이브 주식 등 SM 주식을 4월 26일에 공개매수하여 최대주주로 등극했다.

그러나 앞서 설명했듯이 하이브의 SM 인수 철회의 실질적인 원인은 주식 공개매수가 주는 재정적인 부담과 이로 인한 자금 압박, 경영 혼란에 대한 우려 때문이지 않을까 싶다. 하이브는 강력한 자금력을 동원한 카카

* 『경향신문』, "방시혁 'SM 인수 철회, 결과에 만족한다'", 2023년 3월 15일자 기사 참고.

오의 SM 인수 올인 전략을 계속해서 방어하기가 어려웠을 것이다. 카카오는 M&A의 귀재이고, 본사의 자금력도 충분하다. 여기에 카카오 자회사인 '카카오엔터테인먼트'가 2023년 2월 24일 사우디아라비아와 싱가포르 국부펀드로부터 약 1조 2천억 원 투자금을 유치한 것도 큰 몫을 차지했다.* 글로벌 인지도가 낮은 카카오의 기업 브랜드 가치를 높이고, 지지부진한 카카오엔터테인먼트 사업의 글로벌 전략 성공을 위해 카카오의 SM 인수는 하이브에 비해 절실했다.

지금까지 언급한 SM의 경영권 분쟁은 케이팝의 제작자본과 경영 지배구조, 하나의 레이블에서 오랫동안 형성한 아티스트의 고유한 음악적 가치, 콘텐츠 생산-유통-향유의 생태계에 큰 변화를 몰고 온 사건이다. 그런 점에서 이 분쟁으로 드러난 케이팝의 제작환경과 문화적 유산의 속내를 파악하는 구조적 분석이 필요하다. 이 분쟁은 "이수만으로 상징되는 케이팝 1세대 1인 지배 체제의 종말", "새로운 케이팝 지배 체제의 등장", "케이팝 제작자본의 글로벌 전환의 서막"으로 요약할 수 있다. 이러한 주요 토픽들은 향후 케이팝의 자본, 제작, 경영, 콘텐츠, 파생상품에도 크게 영향을 미칠 것으로 예상한다. SM 경영권 분쟁으로 드러난 케이팝 제작시스템의 구조적 쟁점들을 이제 구체적으로 논의하고자 한다.

* 『매일경제』, "빈 살만의 사우디 국부펀드 카카오 엔터에 1.2조원 투자", 2023년 1월 11일자 기사 참고.

| SM 경영권 분쟁의 구조를 이해하는 다섯 가지 쟁점

_ 케이팝 제작자본 패러다임의 흐름

1990년대 초 · 중반에 시작된 케이팝의 초기 제작자본은 이른바 '레이블 자본'의 형태를 띠고 있었다. 말 그대로 가요계에서 성공한 이수만, 박진영 같은 뮤지션이 자기 자본으로 연예제작사를 설립하고, 순전히 소속 가수들의 콘텐츠에서 벌어들인 수익으로 다시 제작에 투자하는 방식이 '레이블 자본' 시대다. 레이블 자본 시대는 케이팝 제작자본의 '원시적 축적' 시기였다. SM 설립자 이수만의 초기 자본금은 5천만 원이 전부였다. 케이팝 초기 제작에 참여했던 YG, JYP, 대성기획 등도 제작자본의 형태는 비슷했다. 말하자면 초기 케이팝 연예제작사의 자본금은 대체로 설립자의 사재로 시작한 경우가 많아서 레이블을 설립한 설립자의 영향력은 절대적이었다.

2000년대 들어 케이팝 제작자본은 당시 급성장한 'IT-통신' 기업의 엔터 사업 투자금으로 형성되었다. 당시 IT-통신 기업들은 고객의 콘텐츠 수요를 지속시키기 위해 음악 · 영상 콘텐츠에 대한 투자와 인수를 감행했다. 대표적인 경우가 SK텔레콤이다. SK텔레콤은 2005년 서울음반의 지분 60%를 292억 원에 인수했고, 이후 온라인 음원 서비스업과 엔터 산업에 진출했다. KT, LG 등 3대 이동통신사 역시 소비자 콘텐츠 수요를 맞추기 위해 다양한 콘텐츠 사업에 진출했고, 이후 다음과 네이버, 카카오 같은 인터넷 미디어 기업도 크고 작은 연예기획사를 인수하고 엔터 산업에 참여했다. 2000년대 초반부터 케이팝은 '레이블 자본'에서 'IT-통신 자본'으로 제작자본의 성격이 전환했다.

2009년 소녀시대의 '지(Gee)' 열풍을 기점으로 케이팝의 제작자본은 '통신-IT 미디어 자본'에서 '금융-주식 자본'으로 전환했다. 당시에 SM을 비롯한 한국의 케이팝 연예제작사의 코스닥 상장 붐이 일어났고, 우회상장을 위한 중소기업과의 인수합병이 늘었다. 아이돌 그룹들의 글로벌 인지도가 확대되면서 이들의 히트곡이 자사의 주식 가치 상승에 크게 영향을 미치는 상황이 되자, 코스닥에 상장한 주요 케이팝 기획사들은 아이돌 그룹들의 곡을 음반으로 출시하지 않고 음원으로 쪼개서 주기적으로 공개했다. 이는 케이팝의 제작자본이 '금융-주식 자본'으로 이행한 데 따른 마케팅 전략 중의 하나다.

가령 SM은 소속 아이돌 그룹들의 꾸준한 활약으로 안정적인 콘텐츠 생산이 가능해지면서 매출 규모도 급상승했다. 2000년 기준 141억 원에 불과했던 매출액은 2018년 기준으로 6,122억 원, 2022년은 8,166억 원으로 급상승했다. SM 매출액의 급상승 시점은 계열사의 확대와 주식시장으로의 안정적인 편입이 가능했던 2015년 이후다. 이 시점은 케이팝이 본격적으로 글로벌 열풍을 일으킨 시점이라고 할 수 있다.

2020년 이후 케이팝 제작자본의 흐름은 '금융-주식 자본'에서 '글로벌 디벨로퍼 자본'으로 이행하고 있다. 글로벌 디벨로퍼 자본은 "사우디 국부펀드 등 중동 개발투자 자본", "아시아 부동산 금융 자본", "중국 · 한국 IT 및 엔터 투자 자본", "해외 금융투자자의 케이팝 주식 매수" 등으로 요약할 수 있다. 물론 완전히 단절되거나 전환하는 것은 아니지만, 지난 30년 동안 케이팝 제작자본은 "레이블 자본 → 통신-IT 미디어 자본 → 금융-주식 자본 → 글로벌 디벨로퍼 자본"으로 그 무게중심이 변화하고 있다. 케이팝의 제작자본의 이러한 시계열 변화가 의미하는 바는 무엇일까?

첫째, SM을 비롯해 메이저 기획사의 매출 변화 추이와 주식자본 추이를 따라가다 보면 결국 매출액과 주식 가치를 높이는 가장 기본적인 토대는 "케이팝 아이돌 그룹의 콘텐츠 창의력"이라는 점이다. 어떤 그룹이 데뷔하고, 어떤 노래가 빅히트하고, 어떤 아이돌 그룹이 문화적 신드롬을 주도하는가에 따라 기획사의 매출과 주식 가치가 연동한다.

둘째, 주류 케이팝 제작자본의 패러다임 변화가 콘텐츠 제작에 영향을 미친다는 점이다. SM 경영권 분쟁은 '금융-주식 자본'에서 '글로벌 디벨로퍼 자본'으로 이행하는 분기점이다. 케이팝의 글로벌 열풍은 투자·제작과 관련하여 글로벌 자본의 적극적 관심과 요청을 받게 되었다. 케이팝의 글로벌 열풍은 단지 콘텐츠 스타일만의 문제가 아니라 제작자본의 문제이기도 하다. 어떤 점에서 SM의 경영권 분쟁은 케이팝의 글로벌 열풍을 실제 제작자본으로 현실화하는 '글로벌 (디벨로퍼) 자본' 형성 불가피성이 전근대적 연예제작 관행과 충돌하면서 생긴 사태라 할 수 있다.

— 케이팝의 상징자본과 파생상품의 다양화

SM은 2003년 '스타라이트'를 시작으로 '판당고코리아', '에스엠어뮤즈먼트', '에스엠에프앤비디벨롭먼트', '엠스튜디오시티', '에스엠브랜드마케팅' 등의 계열회사를 설립하거나 인수를 추진했다. 2015년에는 '에스엠모바일커뮤니케이션즈', '애사애몽(북경)문화전매유한공사', 2017년에는 'SMTOWN Planner', 2018년에는 'FNC애드컬처'와 '키이스트'를 인수해 케이팝 콘텐츠의 제작, 콘텐츠 유통, 미디어, 파생 서비스업으로 확대하여 현재까지 40여 개의 자회사를 거느리고 있다.*

SM은 2010년부터 전략적 M&A와 지분 투자를 통해 사업 영역을 다양하게 확장했다. 2023년 1월 27일 기준 금융감독원 전자공시에 따르면 SM의 계열사는 2022년 3분기 기준으로 총 40곳이다. 계열사 중에서 상장사는 SM엔터테인먼트, SM C&C, 키이스트, SM라이프디자인, 디어유, 스트림미디어코퍼레이션 등 6곳이다. 나머지 34곳은 비상장사다. 스트림미디어코퍼레이션은 일본 증시에 속해 있다.**

40여 개나 되는 SM의 계열사는 크게 보아 세 가지 형태로 구분된다. 첫째는 아티스트 매니지먼트, 공연, 팬클럽기획, 영상제작 등 SM의 모든

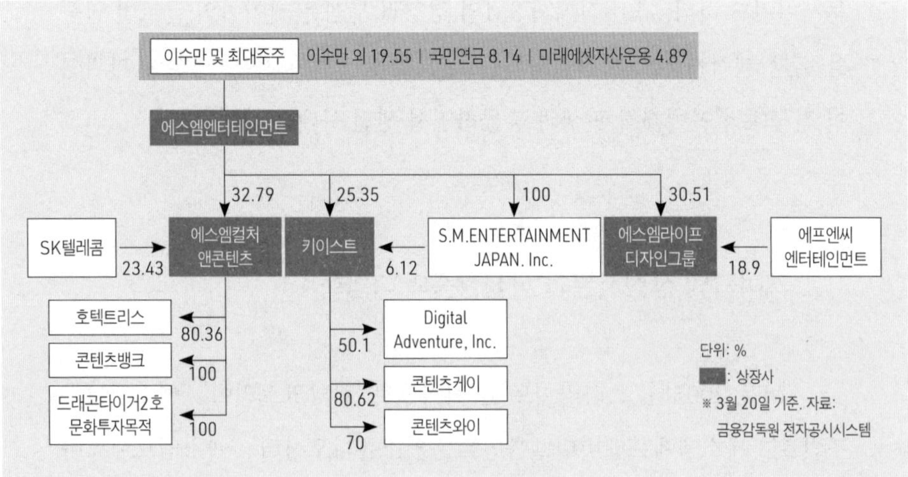

〈그림 1〉 에스엠그룹 지분 관계도

출처: 『뉴스웨이』, 위 기사, 2023년 2월 2일자.

---

* 『뉴스웨이』, "[코스닥 100대 기업] 에스엠 2020년 이후 라인업 부재에 '승리 게이트'까지 … 부정 이슈 해소 관건", 2019년 3월 1일자 기사 참고.

** 『더 벨』, "문어발 계열사에 '구조조정 칼날' 향한다", 2023년 2월 2일자 기사 참고.

콘텐츠 제작을 분할 대행하는 '인하우스(inhouse)' 체제를 형성하는 자회사, 둘째, SM의 콘텐츠를 바탕으로 여행, 식음료, 광고, 뷰티 사업에 진출한 서비스업 분야의 자회사, 셋째, SM의 유무형 자산을 확대하기 위한 투자 컬설팅, 부동산, 금융 분야의 자회사다. 위의 〈그림 1〉에서 볼 수 있듯이 SM 계열사를 보유한 SM그룹의 지분 관계도도 매우 복잡하다.

SM이 재벌의 지배구조에 버금가는 자회사를 보유하고, 다른 회사들과 다양한 지분 관계를 공유하는 흐름을 들여다보면, 케이팝의 상징자본은 유무형의 상품으로 무한확장이 가능한 콘텐츠 재생산 구조임을 알 수 있다. 금융 · 부동산 · 서비스 분야의 파생상품 다양화가 가능한 것은 결국 콘텐츠의 경쟁력 때문이다. 그런 점에서 자칫 방만한 파생상품의 비즈니스로 인해 콘텐츠 제작에 적지 않은 부담을 안길 수 있다는 점이 중요하게 고려되어야 한다. 결국 케이팝 상징자본의 재생산과 파생상품의 과도한 확산으로 인해 콘텐츠의 원천 제공자인 아티스트에게 적지 않은 부담과 피해를 줄 수 있겠다는 판단이 중요하다.

_ 오너 리스크와 전근대적 제작시스템의 종말

SM 경영권 분쟁에서 가장 먼저 짚어보아야 할 영역은 오너의 리더십과 회사 운영 체제다.* 엔터사의 대기업식 문어발 확장과 무리한 M&A 시도 등 동시대 케이팝 엔터테인먼트 제작에 구조적인 문제를 일으킨 것이

* 서정민갑, 「SM 경영권 분쟁에 던지는 몇 가지 질문」, 문화연대와 서울대학교 한류연구센터가 공동주최한 "SM 경영권 분쟁, 어떻게 볼 것인가" 토론회 토론문 참고,

'오너 리스크'다. SM 경영권 분쟁의 실체는 이수만 1인 지배체제의 전근대적인 통제와 개입이고, 그 분쟁의 실질적인 발단은 바로 이수만의 개인회사라 할 수 있는 '라이크기획'이다.

알다시피 라이크기획은 1997년 설립되어 이수만이 지분 100%를 보유한 개인회사다. 라이크기획은 SM이 1995년 설립되고 나서 2년 후에 만들어졌다. 2000년 코스닥 상장 이후 증권신고서에 공식적으로 그 이름이 세상에 알려지게 되었다. 라이크기획은 언론에 보도된 대로 SM의 모든 음악 자문과 프로듀싱 및 비즈니스를 컨설팅하는 조건으로 음반 매출의 15%를 수수료로 받아왔다. 1997년 이후 2022년까지 약 25년간 매년 100억 원 이상의 용역비를 프로듀싱 명목으로 받아 SM의 수익구조에 오랫동안 큰 피해를 주었다. 심지어는 2017년 SM의 전체 영업이익이 109억 원이었음에도 라이크기획에 용역비로 지급한 액수가 108억 원이었다. 계약이 종료되기 전해인 2021년 SM 영업이익 675억 원 중 3분의 1에 해당하는 240억 원이 라이크기획의 수수료로 넘어갔다.* 2019년 KB자산운용사가 라이크기획의 부당한 수수료 계약 문제를 지적했으나 해결되지 않았다. 앞서 언급했듯이 2022년 3월 행동주의 펀드연합인 '얼라인파트너스' 자산운용사는 자신 명의의 주주 서한을 통해 라이크기획과의 불합리한 계약을 지적했다. 이 행동은 SM 주주들의 지지를 받아 같은 해 10월 SM과 라이크기획의 프로듀싱 계약이 종료되었다.

케이팝 제작에 있어 1세대 오너의 리스크 문제는 비단 이수만의 문제만은 아니다. YG의 양현석, JYP의 박진영 등 1세대 케이팝 오너들은 크고

---

* 『이코노미스트』, "'한류첨병' 에스엠은 어쩌다 진흙탕 싸움에 휘말렸나", 2023년 2월 27일자 기사 참고.

작은 리스크를 안고 있다. 지난 30년간 수많은 엔터사가 설립하고 망하는 과정에서 오너의 잘못된 행동과 경영 판단으로 회사가 큰 위기를 맞거나 도산한 경우가 비일비재하다. 물론 케이팝 오너의 탁월한 기획 및 경영 능력으로 케이팝이 지금의 위치에 오른 것도 사실이다. SM 세계관의 기획과 실행에 있어 이수만의 역할은 절대적이었다. 그러나 케이팝의 오너들이 오랫동안 회사의 의사결정 구조를 지배하면서 엘리트 출신의 경영진과 마찰을 일으키기도 했다.

케이팝이라는 특별한 콘텐츠를 제작하는 장 안에서 오너와 경영인의 갈등은 예고된 것이었다. 케이팝 오너들의 전횡은 케이팝 연예제작사의 투명성에 걸림돌로 작용했고, 이는 고스란히 케이팝 아티스트와 팬들의 피해로 전가되었다. 케이팝 오너 리스크는 제왕적 권력, 배임, 횡령, 무리한 사업확장, 개인적인 일탈 등으로 인해 상장 회사에 큰 피해를 주는 결과

〈표 1〉 최근 4년간 주요 연예기획사 매출과 현재 주식 시세

(매출 단위: 억 원, 주가/총액 2023년 5월 3일 기준)

	매출액				주가/주식총액
	2019	2020	2021	2022	
HYBE	5,872	7,963	12,599	19,872	294,500원 12조 2,644억 원
SM	6,578	5,799	7,016	9,895	112,500원 2조 6,810억 원
YG	2,536	2,553	3,556	4,885	66,200원 1조 2,356억 원
JYP	1,554	1,444	1,939	4,806	94,800원 3조 3,652억 원
FNC	842	724	742	658	5,370원 820억 원

를 초래했다.

단적인 예를 보자. 2022년 10월 SM과 라이크기획 간 계약이 종료되자 회사 경영의 투명성이 인지되어 SM의 주식 가치가 20% 급등했다. 여기서 잠시 국내 주요 엔터사의 지난 4년간 매출 규모와 주가 및 주가 총액을 비교한 표를 살펴보자.

위의 〈표 1〉을 보면 SM의 경우 연 매출액에 비해 주식 가치가 상대적으로 높지 않다는 걸 알 수 있다. 하이브의 2022년 매출액은 SM의 매출액에 비해 2배 정도이지만, 주식총액은 4.5배가 넘는다. SM 인수가 좌절되었음에도 주식 가치가 높은 것은 그만큼 하이브의 경영 구조가 투명하고 전문 경영인에 의해 움직인다는 점을 알게 해준다. YG의 경우 2022년 매출액은 JYP와 거의 비슷하지만, 양현석의 원정도박으로 야기된 오너 리스크로 인해 YG의 주가 총액은 JYP에 비해 현저하게 낮다. 케이팝 연예제작과 주식자본의 획득에 있어 오너의 유무형 리스크가 큰 영향을 미치고 있음을 알 수 있다. 오너 리스크로 촉발된 SM 경영권 분쟁이 카카오와 SM 현 경영진의 승리로 마무리되면서, 결국 이수만 체제의 종말을 가져왔다. 이는 "전근대적인 케이팝 제작 관행의 종말"을 선언한 사건이라 할 수 있다.

_ 콘텐츠 차별화 vs. 적대적 M&A

SM의 경영권 분쟁은 결국 카카오의 승리로 끝났다. SM 현 경영진과 하이브 경영진 모두 양쪽을 적대적 M&A*로 몰고 있다. SM 경영권 분쟁이 적대적 M&A인지, 아니면 전략적 M&A인지 필자 개인의 소견으로 판단할 사안은 아니지만, 경영권 찬탈과 방어를 위한 '적대적 M&A'이든 경영의 공격적 투자를 위한 '전략적 M&A'이든 모두 케이팝의 콘텐츠 생산과 제작에 크게 영향을 미치는 것은 사실이다.

앞서 설명했듯이 SM이 카카오에 인수합병될 경우 현 경영진의 의지대로 전근대적인 관행들을 개선하여 투명한 경영 플랜을 세울 수 있지만, 한편으로 현재 카카오가 투자하고 있는 엔터테인먼트 사업 전략**의 과정으로 볼 수 있다는 점에서 SM 고유의 콘텐츠 차별성을 지킬 수 있을지 의

---

* 적대적 M&A는 상대 기업의 동의 없이 강행하는 기업의 인수와 합병을 뜻하고, 통상 적대적 M&A는 공개매수(Tender Offer)나 위임장 대결(Proxy Fight)의 형태를 취한다.

** 다음의 기사를 참고하라. "최근 카카오는 자회사 카카오엔터테인먼트(이하 카카오엔터)를 중심으로 웹툰 · 웹소설, K팝, K드라마 등의 콘텐츠 사업을 확장해가며 글로벌 시장 진출에 속도를 내고 있다. 카카오 콘텐츠 사업을 진두지휘하는 카카오엔터는 지난해 3월 카카오 자회사였던 카카오페이지와 카카오M을 합병해 출범한 카카오의 자회사다. 이어 지난 9월 뮤직플랫폼 멜론을 운영하는 멜론컴퍼니를 합병했다. '스토리-뮤직-미디어' 콘텐츠 밸류체인을 구축해 시너지를 창출한다는 방침이다. 먼저 카카오엔터는 웹툰과 웹소설 등의 스토리 콘텐츠로 글로벌 진출에 박차를 가하고 있다. (중략) 카카오엔터는 멜론과 카카오M을 중심으로 음악 기획-투자-유통 등의 뮤직 사업을 전개해나가고 있다. 카카오가 4일 서울시와 '서울아레나 복합문화시설 민간투자사업' 실시 협약을 체결했다. 이를 통해 카카오는 최대 1만 8,000명까지 수용 가능한 아레나급 규모 음악 전문 공연장 설립 및 운영에 참여한다. 카카오는 다수의 연예기획사와 미디어 제작사를 보유하고 있다. 카카오엔터 산하에는 스타쉽, 플레이엠, 플렉스엠, 크래커, 숲 등 다양한 아티스트 및 크리에이터가 소속돼있다. 여기에 대형 엔터사로 꼽히는 SM엔터도 합류할지 주목된다. 최근 카카오는 SM엔터 인수를 진행하는 것으로 알려졌다."(『디지털투데이』, "엔터 사업 본격화 카카오 … 콘텐츠 글로벌 전진배치", 2022년 4월 2일자 기사 참고)

문이다. 반면 SM이 하이브에 인수합병되면 사실상 업계 1, 2위가 연합하는 것으로 경쟁 불가능한 거대 공룡 엔터연합이 탄생하게 된다. 케이팝 제작시장에 있어 사실상 모든 분야의 '수직계열화'와 '수평적 독점화'가 가능한 상황이 된다. 이는 글로벌 콘텐츠 시장에서 강력한 경쟁력을 확보한다는 명분을 내세울 수 있지만, 콘텐츠 및 파생상품 시장의 강력한 독점과 콘텐츠 종 다양성의 위기를 몰고 올 위험이 있다.

_ 케이팝 IP 콘텐츠의 주도권 경쟁

SM 경영권 분쟁을 주제로 3월 3일 문화연대와 서울대학교 한류연구센터가 공동주최한 "SM 경영권 분쟁, 어떻게 볼 것인가" 토론회에 발제자로 참여한 조영신 SK브로드밴드 경영전략그룹장은 이번 SM 경영권 분쟁을 케이팝 글로벌 시장의 관점에서 살펴보았다. 그는 이번 분쟁을 "슈퍼 IP 보유", "팬덤 경제 수익화", "글로벌 유통 경쟁력"이라는 관점에서 볼 것을 강조했다. 케이팝 시장의 미래를 위해 하이브와 카카오 중 어느 쪽으로 인수합병되는 것이 바람직한가를 고민할 때, 이 세 가지 관점이 중요한 기준이 된다. 팬덤 소비경제의 주류로 떠오른 SM의 '버블(Bubble)'이나 하이브의 '위버스(Weverse)' 같은 팬-아티스트 상호작용형 서비스 플랫폼은 슈퍼 IP를 보유할 때 강력해진다. 팬 서비스 플랫폼은 팬덤의 수익화에 직결되고, 이는 가장 효과적인 케이팝의 글로벌 유통경쟁력을 가능하게 만든다. 케이팝의 글로벌 시장전략에 있어 IP 저작권 보유와 이를 기반으로 한 플랫폼 서비스는 저비용 고효율 수익구조의 토대가 된다.

그런 점에서 SM 인수를 철회한 하이브가 이번 인수 전쟁에서 졌다고 볼 수 없다. 왜냐하면 앞서 설명했듯이 하이브는 SM 인수를 포기한 대신 SM의 핵심 IP를 위버스에서 서비스할 수 있도록 했기 때문이다. 위버스는 SM 모든 아티스트의 IP를 서비스할 수 있는 권한을 부여받아 팬 서비스 플랫폼의 독점력을 확실하게 강화했다. '빅4' 기획사 중 '빅3(하이브, SM엔터, YG엔터)' 아티스트들이 위버스에서 팬 활동을 할 수 있게 되었다. 증권가에 따르면 위버스의 현 유료 이용자 수는 100만 명 수준인데, SM 소속 아티스트가 위버스에 서비스될 경우 50만 명 이상의 유료 이용자가 늘어날 것으로 예상된다. 1인당 결제금액을 12만 원, 유료 이용자 수를 250만 명까지 확대할 경우 위버스의 가치는 최대 6조 원에 육박할 수 있다.*

결론적으로 카카오나 하이브가 SM을 인수하려는 것은 SM 아티스트

〈표 2〉 카카오 · SM · 하이브의 대중음악 관련 플랫폼**

카카오 플랫폼	멜론
	카카오웹툰: 2021년 다음웹툰 인수해 개편
	카카오페이지: 웹툰, 웹소설, 오디오 드라마 서비스
SM 엔터테인먼트	버블: 자회사 디오유에서 운영하는 팬덤 플랫폼
	플로: SM이 주요 주주인 드림어스컴퍼니가 운영하는 음원 스트리밍 서비스
하이브 엔터테인먼트	위버스: 하이브의 자회사 위버스컴퍼니가 2019년부터 운영하는 하이브의 팬 커뮤니티 SNS(소셜네트워크서비스)
	위버스 라이브: 네이버V라이브 통합

* "하이브 '위버스'에 프라이빗 채팅 도입된다 … 점점 존재감 옅어지는 SM엔터 '버블'"(『테크엠』, 2023년 4월 24일자 기사 참고)

** 이종임, 「SM엔터테인먼트 '경영권 분쟁'이 대중문화에 미치는 영향」, 문화연대와 서울대학교 한류연구센터 공동주최 토론회 자료집 참고.

들의 풍부한 IP 자산 때문이다. 이른바 디지털 콘텐츠 소비 시대에 글로벌 인지도가 높은 케이팝 아티스트들은 많은 매출을 올릴 수 있는 황금알을 낳는 거위다. 케이팝 아티스트의 IP 저작권을 사용하는 배타적 권리 획득과 팬들과의 상호작용이 가능한 상업적인 팬 미디어 플랫폼의 콘텐츠 경쟁력은 동시대 케이팝 파생상품의 핵심이다.

위 표에서도 알 수 있듯이 케이팝의 자본 재생산은 유료 서비스가 가능한 팬 플랫폼의 경쟁력에 좌우된다. 그래서 메이저 엔터사들은 자체적으로 팬 미디어 서비스 플랫폼을 만들거나 메이저 포털사이트와 연대하고자 한다. SM 현 경영진은 카카오와, 하이브는 네이버와 손을 잡고 유료 팬서비스 플랫폼에 사활을 거는 것은 이것이 글로벌 팬덤의 결집력이 강한 케이팝의 콘텐츠 재생산에 있어 가장 핵심적인 비즈니스 모델이기 때문이다.

SM 경영권 분쟁 사태가 남긴 것: 무엇을 위한, 누구를 위한 분쟁이었나?

당초 SM 인수를 위한 카카오와 하이브의 공개매수 맞불 작전으로 치열한 공방전이 예상되었다. 그러나 하이브가 인수를 자진 철회하고 SM 지분을 카카오의 공개매수에 넘김으로써 경영권 분쟁 사태는 카카오의 승리로 일단락되었다. 현재 공정거래위원회는 카카오의 인수합병에 문제가 없는지 조사에 착수했고, 하이브는 SM 아티스트들의 위버스 합류에 잔뜩 기대를 걸고 있는 모양새다. 지난 두 달여간 크게 요동치던 카카오, SM, 하이브의 주가는 사태가 일단락된 이후 거품이 빠지면서 각자의 이해관계에 따라 자체 조율 중이다. 인수에 실패한 하이브는 여론의 비난과 투자 균형의 리스크를 해소하면서 오히려 주가가 상승세를 타는 분위기다.

경영권 분쟁은 결국 누구를 위한 싸움이었나? 이러한 근본적인 질문에 이해 당사자들은 각자의 논리와 근거를 제시할 것이다. 경영진, 주주, 팬덤, 그리고 회사의 직원들과 최종적으로는 아티스트마다 각자의 논리와 근거가 있을 것이다. 모두가 맞을 수도 없고, 모두가 틀릴 수도 없다. 약육강식의 자본주의 엔터 시장에서 경영권 방어는 말 그대로 사느냐 죽느냐 하는 절체절명의 '오징어 게임'이다.

그런데 한 가지 짚고 넘어갈 점은 이번 SM 경영권 분쟁의 이해 당사자 중에서 정작 모든 콘텐츠의 시작이라 할 수 있는 소속 아티스트의 입장이나 그들을 응원하는 팬덤의 입장에서 진지하게 논의되지 않았다는 점이다. 물론 고도화된 케이팝 제작시장에서 아티스트와 팬만으로 음악시장의 모든 것이 결정되지는 않을 것이다. 많은 전문 기획자와 경영진의 판단, 주주의 참여로 현재의 케이팝 제작이 글로벌 경쟁력을 갖게 된 것이 사실이다. 그럼에도 이번 분쟁에서 해당 아티스트와 팬들이 논의에서 크게 소외된 것은 사실이다.

결론적으로 아티스트와 팬들을 위한 제3의 대안에 대한 성찰이 필요하다. 2023년 3월 3일에 있었던 문화연대와 서울대학교 한류연구센터 공동주최 토론회는 이러한 제3의 대안을 고민하는 자리였다. 이날 토론회에서 발표자와 토론자는 카카오냐 하이브냐가 아닌 제3의 대안으로 첫째, 경영권 분쟁에서 소외된 아티스트와 팬덤의 목소리를 높이자, 둘째, SM 경영권 분쟁이 주식전쟁, 자본전쟁인 만큼 팬덤의 감시운동으로서 소액주주운동이 필요하다, 셋째, 케이팝의 역사적 유산(레거시)을 지키기 위한 아티스트-팬덤의 연대행동이 중요하다는 점을 제시했다.

"대중음악과 대중문화 형성에 자본과 플랫폼의 역할은 중요하다. 하지만 케이팝을 스스로 찾아 듣고, 아티스트를 지지했던 대중의 역할이 중요하다"는 지적*도 중요하다. 케이팝의 IP 산업은 팬들의 구매력을 추동하는 상업적 플랫폼이지만, 역으로 그것이 대항 헤게모니의 장이 될 수 있는 전복의 계기들이 모색될 필요가 있다. 동시대 "연예기획사와 산업은 팬덤의 정동을 극대화하여 수익으로 전환하는 전략"을 세우는가 하면, 팬덤은 "이에 대응하기 위해 소비자 권리"**를 주장하는 것도 그러한 맥락에서 중요한 지점이다. "아티스트 레거시이든 회사의 레거시이든, 탄탄한 레거시의 구축과 유지가 팬 충성도와 직결되어 있고 현재의 K팝 산업 구조에서 장기적 수익을 도모하려면 팬 충성도 없이는 불가능"하다는 언급*** 역시 케이팝 역사의 유산에 대한 소비자의 적극적인 행동을 요구하기도 한다.**** 마지막으로, 케이팝의 제작과 유통, 역사와 유산은 자본과 주식으로만 만들어지는 것이 아니라 케이팝을 생산하고 소비하는 제작자, 플랫폼 서비스업자, 아티스트, 팬들의 공동연합을 통해 형성된다는 점을 강조하고 싶다.

---

* 이종임, 위의 글 참고.

** 김수아, 「SM엔터테인먼트 경영권 분쟁과 팬덤」, 문화연대와 서울대학교 한류연구센터 공동 토론회 자료집 참고.

*** 이지행, 「SM 경영권 분쟁에서의 팬덤과 레거시」, 문화연대와 서울대학교 한류연구센터 공동 토론회 자료집 참고.

**** 이동준, 「SM엔터테인먼트 경영권 분쟁을 바라보는 다양한 관점」, 문화연대와 서울대학교 한류연구센터 공동 토론회 자료집 참고.

한류 콘텐츠와 디지털 문화자산(IP)

조영신
SK브로드밴드 경영전략그룹장

| 한류의 산업화

한류가 세상의 주목을 받고 있다는 이야기는 새삼스럽다. 유튜브, 넷플릭스, 디즈니플러스, 스포티파이, 애플뮤직 등 스트리밍 서비스가 등장하면서 전 세계가 한국 콘텐츠를 동시에 소비하는 시대다. 니치(niche)에서 시작했던 K-Music이 이제는 BTS나 블랙핑크가 전 세계 음원 사이트에서 1위를 하는 것이 뉴스거리가 되지 못하고 있고, 한국에서 데뷔도 하지 못했던 신인 아이돌이 빌보드 글로벌 차트 1위를 기록하기도 했다.* K-Music이 길을 개척하자, 이제는 K드라마가 뒤를 이었다. 「오징어 게임」이 글로벌 1위를 석권하더니, 이제는 심심찮게 K영상물이 글로벌 1위를 기록하고 있다. 심지어 한국에서는 고만고만한 인기를 끌었던 영상물이

* https://www.yonhapnewstv.co.kr/news/MYH20230523011700641

어느 먼 나라에서는 1위를 기록하는 생경한 상황을 목격하기도 한다. 음악이 한 걸음 한 걸음 차곡차곡 영토를 넓혀갔다면 영상물은 한달음에 시장의 주목을 받은 셈이다.

여전히 한류의 핵심은 아이돌로 대표되는 음악이다. K-Con*은 이제 동남아시아를 넘어 파리와 뉴욕을 가로지른다. K는 하나의 장르**로 우뚝 섰다. 먼 나라 오디션에서 한국 노래를 부르는 것***이나, 아이돌의 춤사위를 따라 하거나, 한류 때문에 한글을 배우고, 대학교에 한국학이 생기기도 했다. 그러나 같은 1위이지만 BTS에 대한 댓글이 70~80만이라면 서구 음악 1위 곡에는 수백만의 댓글이 달린 것을 보고 있자면 아직 한류는 완성형이 아니라 진행형이라는 것을 인정할 수밖에 없기도 하다.

사업이라는 관점에서도 한류는 안정화 단계에 접어들었다. 일회성 수익에 의존하던 사업이 이제는 지속성과 항상성을 확보하는 사업으로 구조화되고 있다. 유망주를 발굴해 대략 7년 계약을 맺으면서 시작하는 음악산업은 아이돌의 성장과 궤를 같이했다. 일단 막대한 투자를 통해 기획된 아이돌이 시장에서 주목을 받기 시작하면 상품 가치를 인정받아 수익 사이클이 시작된다. 시장에서 선택받지 못하는 경우 투자금을 회수할 방법이 없어 도박처럼 여겨졌던 시장이다. 그러나 긴 역사 속에서 일종의 성공 방정식이 만들어지기 시작했다. SM과 JYP, YG, 하이브 등 대형 기획사들이 추진한 후속 아이돌은 성공 확률이 높아졌다. SM은 초기 실패(?) 사례를 제외하고는 대부분 시장에서 일정 정도의 성과를 거두었다. 성공하지

---

* https://www.cjenm.com/ko/music/kcon/

** https://www.hankooki.com/news/articleView.html?idxno=63740

*** https://www.youtube.com/watch?v=2FkEvwHmYfw&ab_channel=TheVoiceGlobal

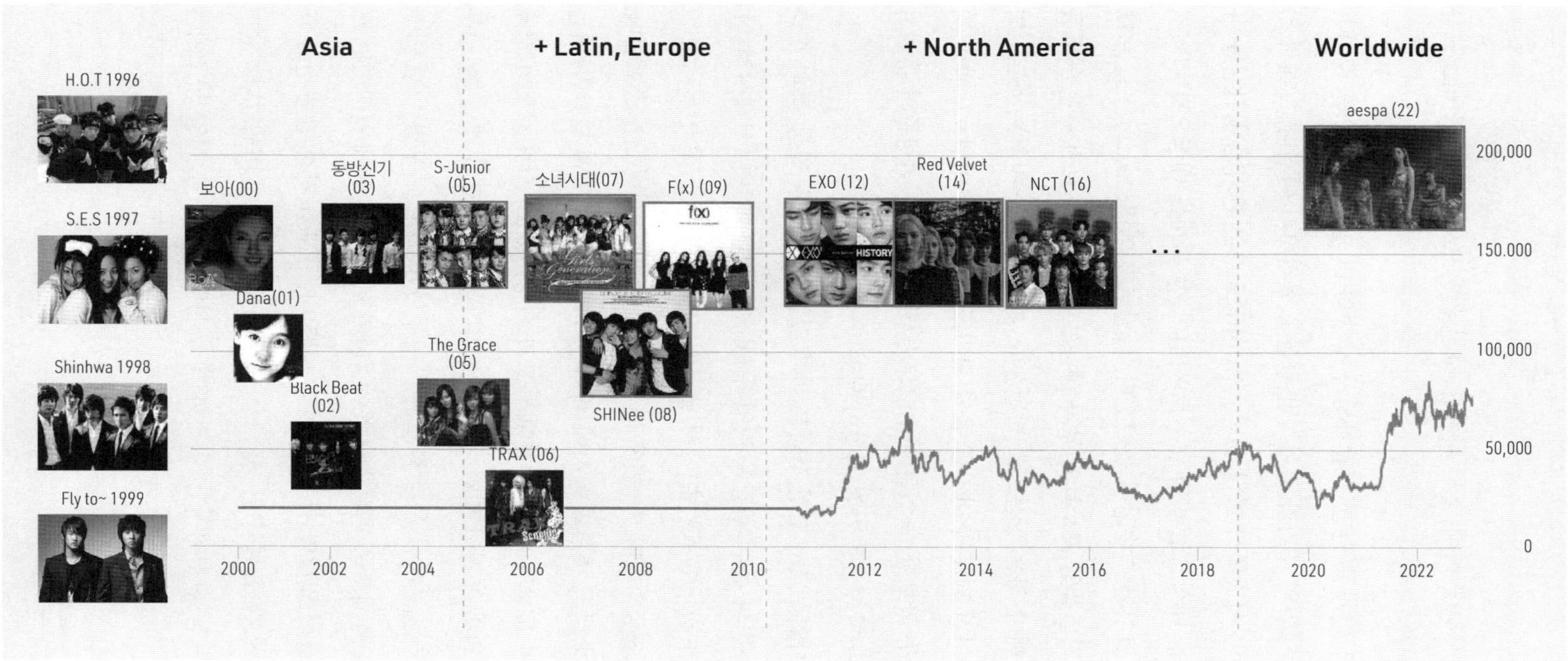

〈그림 1〉 SM엔터테인먼트의 연도별/타깃 국가별 아이돌 배출 연혁

못할 상품은 시장에 아예 출시 자체를 하지 않음으로써 사업적 리스크를 제거하기도 했다.

아이돌이 인기를 끌면 기업가치가 상승하고, 앨범이 나오면 주가가 오른다. 다만 앨범의 주기가 길어지면 관심을 환전하기 어렵다. 그래서 정규 앨범 위주의 시장에서 미니 앨범(음원) 시장으로 전환되면서 관심을 유지하고, 국내를 대상으로 하던 콘서트 사업이 전 세계를 대상으로 펼쳐지면서 매출의 크기와 지속성이 높아졌다. 아날로그 앨범(CD, LP)은 듣는 매체가 아니라 기념품인 포토북의 부가 상품으로 진화함으로써 같은 앨범을 여러 개 구매해야 하는 상품으로 발전했다. 팬들의 반복 청취는 스트리밍을 통해 이루어진 덕분에 디지털 음원 수익도 높아졌다. 아날로그와 디지털 수익을 모두 확보할 수 있는 사업으로 발전한 것이다. 한탕주의 흥행사업이 영속성과 지속성을 가진 사업이 되었다.

반면에 사업으로서 영상 사업은 이제 걸음마 단계다. 영상, 특히 드라마 산업은 두 번의 큰 변곡점을 겪었다. 첫 번째가 1995년 「모래시계」다. 한국 드라마가 적어도 품질 면에서 글로벌 수준에 범접할 수 있는 수준이 되었다는 것을 증명했다. 두 번째 변곡점은 스트리밍 서비스의 출현이다. 한국 드라마가 한국 출시와 동시에 세계인이 시청할 수 있게 되었다. 이는 하나의 작품이 도달할 수 있는 절대 규모가 확장되었고, 소위 규모의 경제가 가능한 물리적 조건이 되었다는 것을 의미한다. 「오징어 게임」을 필두로 「D.P.」, 「지옥」, 「지금 우리 학교는」, 「이두나」, 그리고 「무빙」처럼 이전에 볼 수 없었던 새로운 콘텐츠가 쏟아져나왔고, 기십억 원에 불과했던 드라마 제작 비용이 몇백억 원 수준으로 높아졌다. 규모가 커진 만큼 한국 드라마는 장르, 소재, 표현 수위, 형식 등 모든 면에서 빠르게 바뀌었다.

글로벌 유통 환경이지만, 여전히 제작 사업은 내수용 사업 구조에서 크게 벗어나지 못했다. 내수용 시장에서 콘텐츠는 국내에서 주로 소비되고, 해외 판권 시장은 소위 오퍼상이라고 할 수 있는 개인들이 싼값으로 거래하는 시장에 불과할 정도로 규모가 크지 않았다. 그랬던 영상 시장이 글로벌 동시 상영, 즉 전 세계가 단일 시장이 되면서 시장의 성과가 상상을 초월할 수 있다는 것을 목도하게 되었다. 300억 원 내외의 제작비가 들었던 「오징어 게임」은 1조 원대의 수익을 거두었다고 평가받았다.* 「오징어 게임 2」의 제작비는 배우 출연료를 제외한 순수 제작비가 1천억 원대에 달했다.** 1편이 시장에서 성과를 보여야 한다는 전제조건이 붙긴 하지만, 1편과 2편의 제작비 차이는 영상 시장의 산업 문법과 수익 방정식을 다시 고려할 수밖에 없게 되었다. 하지만 300억 원 내외의 「오징어 게임」은 제작비만 보전받았을 뿐 1조 원대의 수익 중 단 1원도 확보하지 못했다. 단순히 제작비의 증가분만 확인했을 뿐 수익을 자기자본화하지 못했다는 것은 아직 한국의 영상 산업이 시장의 변화에 맞게 산업화되지 못했다는 것을 의미한다.

이처럼 한류의 두 축인 음악과 영상은 그 역사만큼이나 재산권을 관리하는 방법에서 큰 차이가 있다.

* https://www.ytn.co.kr/_ln/0104_202201211135020059

** https://www.osen.co.kr/article/G1111963475

| 영상 IP와 음악 IP의 가치

IP는 저작권의 일종이다. 저작권 관점에서 음악 산업은 단단하다. 베토벤이 작품의 악보를 판매하고 그 수익으로 생활하고자 했다는 일화는 잘 알려져 있다.* 물론 베토벤이 악보로 벌어들인 수익은 자신의 지위와 품위를 지키기에는 턱없이 부족했지만, 피아노 보급이 확대되면서 악보 수요가 폭발적으로 늘었고, 우리가 흔히 알고 있는 체르니 같은 악보집이 필수품이 되기 시작했다. 소위 음악 저작권이 실연을 넘어서 부가 수익을 본격적으로 생산하기 시작했다는 것을 의미한다. 곧이어 LP가 보급되기 시작하면서 레코드 판매 수익이 발생했고, 저작권이 자리를 잡기 시작했다. 저작권 신탁협회들이 만들어지고, 이를 통해 저작권자는 수익을 보전받기에 이른다.

저작권의 배분 비율 및 요율 등의 이슈가 있긴 하지만 적어도 어떤 형식으로든 저작권협회에 등록된 음악(음원)일 경우 그에 합당한 비용을 청구하고, 관리 수수료를 제외한 나머지 금액이 모두 저작권자에게 돌아간다. 작사자, 작곡자, 실연자 등 재산권을 행사할 수 있는 대상을 꼼꼼히 구별했고, 이에 맞추어 비율이 확정되어 있다. 이는 음악 시장에서 나눌 수 있는 돈이 시장 내에서 안정적이고 지속적으로 발생하고 있기 때문이다. 관리 수수료를 충분히 지불하고도 남을 시장이 '항시' 존재한다는 게 핵심이다. 현재의 수익이 아니라 미래의 수익이 일정 정도 확인 가능하고 예측 가능하다는 점이 가장 큰 요소다. 각 연령대에 맞추어 음악이 소비되고, 그 음악은 애청자의 나이와 같이 늙어간다. 청년기에 이미자를 좋아했던

---

* https://www.popularbeethoven.com/music-copyrights-in-beethovens-time/

누군가는 나이를 먹어가면서 여전히 이미자의 노래를 청해 듣는다. 오늘날 임영웅이나 영탁의 노래를 듣다가도 불현듯 이미자의 노래를 다시 청해 들을 수 있는 것이 음악이다. 1970~1980년대에 10대를 보낸 나는 뉴진스(NewJeans)와 있지(ITZY)의 노래를 듣다가도 이문세와 김현식의 노래를 찾는다. 이처럼 음악의 수명주기는 길고도 단단하다. 오늘 출시한 음원의 수익을 100이라고 가정할 때 10년이 지나도 10의 수익이 유지되고, 20년이 지나도 7의 수익이 보장되는 것이 음악이다. 당해 연도의 수익을 100이라고 한다면 10년 누적 수익은 당해 연도 수익을 포함해서 209에 가깝다. 하나의 음원이 출시되면 현재의 폭발적인 수익과는 별개로 장기적으로 롱테일(long tail) 수익을 가져다주기 때문에 이에 대한 권리 보장 구조가 만들어진 것은 어쩌면 당연한지도 모른다. 기술이 진화될수록 음원의 유통은 확산되고, 이로 인해 수익은 좀 더 두꺼워진다. 송창식이 여전히 연간 1억원대의 지적재산권 수익을 얻고 있다는 것*이 그리 낯설지 않은 시장이 음악 시장이다.

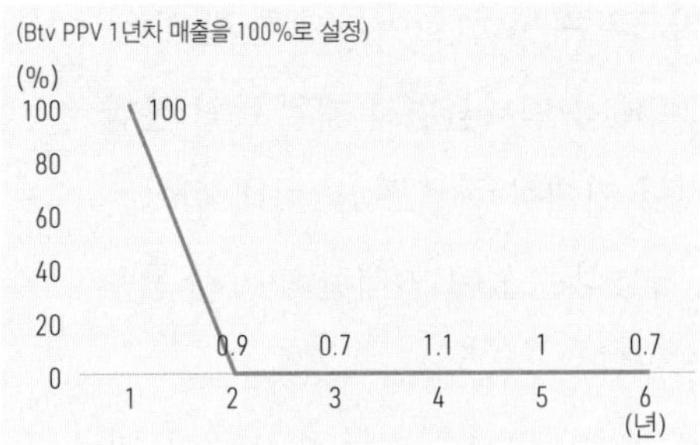

〈그림 2〉 영화 PPV 매출 패턴

출처: Btv PPV 매출(도둑들, 광해: 왕이 된 남자, 7번방의 선물, 베테랑)

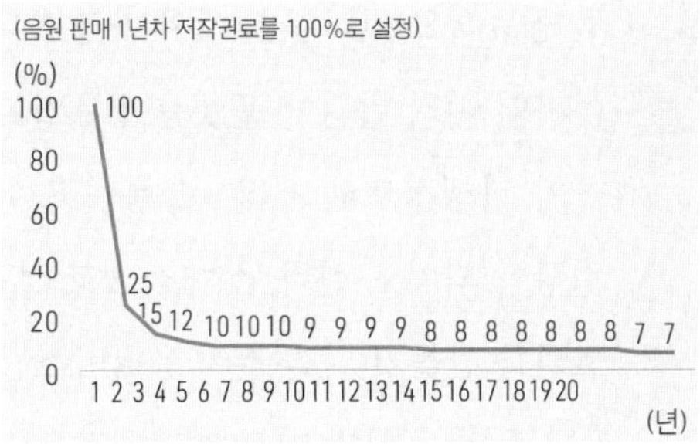

〈그림 3〉 음악 저작권료 매출 패턴

출처: 뮤직카우, 중앙일보

* https://news.mt.co.kr/mtview.php?no=2023081421282919477

하지만 영상 시장은 다르다. 전통적으로 콘텐츠 사업의 IP는 지역 판권 판매와 OSMU 형식으로 POC를 확장하는 것이다. 웹툰「무빙」이 드라마「무빙」으로, 영화로 뮤지컬로 확장되는 것이 그것이다. 디즈니의 테마파크처럼 확장할 수도 있다. 그러나 이런 기회는 메가 흥행을 거둔 대형 콘텐츠에 한정된다. 더구나 오늘의 성공이 내일의 성공을 보장하지 않는다. 매 작품은 독립적인 사업과 같은 것이기 때문이다. 단위당 투입비가 높은 영상 산업은 이러한 성공의 불확실성을 낮추는 것이 필수다. 이 맥락에서 등장한 것이 세계관을 기반으로 한 확장이다.

마블이 대표적이다. 마블 유니버스는 전체로서의 어벤져스와 낱낱으로서의 어벤져스 멤버를 씨줄과 날줄로 엮어서 그림을 그리고 시리즈를 연속 생산한다. 오늘 생산된 시리즈를 이해하기 위해서는 과거의 작품을 반복 시청할 수밖에 없어 2차 시청을 유도하는 형태로 각 IP의 가치를 높이기도 한다.「힘쎈여자 도봉순」과「힘쎈여자 강남순」은 세계관을 공유해 차별적인 IP를 하나의 IP로 묶어 흥행을 돕는다. 어느 순간에 도봉순과 강남순을 합친 새로운 콘텐츠가 나올 수도 있을 것이다. 기본적으로 세계관을 공유하고 있다는 점에서 마블 유니버스와 유사하다. 여기서 한 발 더 나아가면 여러 미디어 플랫폼이나 장르, POC를 넘나들면서 개별 독립 콘텐츠가 파생적으로 제작 · 유통되고 이것이 거대한 콘텐츠 IP 아래 묶이는 현상이 되기도 한다. 상대적으로 성공 가능성을 높여 연계된 IP끼리 상승효과를 만들기 위한 것이 유니버스인 셈이다.

음악에 비해 영상은 단기적으로 폭발적인 수익을 거둘 수 있지만, 반대로 롱테일 시장이 제한적이다. 음악이 10년이 지나고, 20년이 지나도 반복 청취가 가능한 반면, 영상은 10년이 지난 오랜 영화를 추억 삼아 볼 수는 있어도 반복적으로 시청하지는 않는다. 위의 〈그림 2〉처럼 IPTV 시장에서 당해연도 수익을 100이라고 보았을 때 5년이 지나면 그 수익은 1%로 떨어진다. 이 때문에 음악 시장은 롱테일 시장의 특성에 맞추어 정교하게 짜인 시스템을 구축하고 이를 통해 부가 수익을 지속적으로 확보하려 했지만, 영상 시장은 그렇지 못했다.

_ 음악산업의 IP 사업

음악 IP가 만들어지고, 이에 기반해서 콘서트, 앨범 등을 제작해서 판매하는 것이 일반적인 음악 IP가 수익을 창출하는 방식이다. 최근 들어 기존과는 다른 방식의 IP 활용법이 등장하기 시작했다. 바로 팬덤(fandom)을 활용한 구독 상품과 커머스(commerce)라고 할 수 있는 머천다이즈(merchandise) 사업, 또 다른 하나는 금융자본을 도입해 미래 수익의 크기를 쪼개거나 확대하는 방식이다.

① 팬덤 사업

아이돌이라는 IP를 사업화한 것이 팬덤 사업이고, 팬덤을 시스템화한 것이 하이브(HIVE)의 위버스와 SM의 버블*이다. 팬덤 서비스 초기에 위버스와 버블은 지향점이 달랐다. 위버스는 팬들과 소통하되 커머스형 사업으로 수익을 확보하는 구조였고, 버블은 팬들과 직접 소통할 수 있는 통로를 제공하는 대가로 구독료를 징수해서 수익을 확보했다. 그러나 최근 들어 그 차이는 점차 희석되고 있다. 위버스도 아티스트와 팬들이 직접 메시

---

* 정확히는 SM의 자회사인 디어유가 버블을 제공하고 있다.

지를 주고받을 수 있는 구독 서비스를 차용함으로써 두 서비스 모두 구독형 서비스와 커머스 서비스를 모두 제공하는 팬덤 서비스로 진화했다. 물론 위버스의 경우 팬덤 구독형 서비스는 2024년 상반기에 출시할 계획이기 때문에 아직까지 두 서비스는 미세한 차이를 보이고 있긴 하다.

2023년 3분기 기준 두 서비스는 괄목할 만한 성장을 보였다. 위버스의 월평균 방문객(MAU) 숫자는 1천만 명을 넘어섰다. SM을 두고 카카오와 하이브의 소유권 다툼*이 진정되면서 SM의 아티스트 상당수가 하이브의 위버스에 입점한 영향이 컸다. 하이브와 위버스가 별도로 분리되어 있지 않기 때문에 정확한 실적을 알 수는 없지만, 하이브의 3분기 간접 매출 1,554억 원 중 위버스의 비중이 상당할 것이라는 추정은 가능하다. 업계에서는 대략 1천억 원 안팎의 매출을 예상하고 있다.

디어유 역시 3분기에 204억 원의 매출과 84억 원의 영업이익을 달성했다. 4분기에는 매출액과 영업이익이 개선될 것으로 전망되는 만큼 2023년 당해연도에만 800억 원가량의 매출과 300억 원가량의 영업이익을 거둘 수 있을 것으로 보인다.** 이는 팬덤 기반의 IP 사업이 안정적인 궤도에 올랐다는 것을 의미한다. 2022년 연결 기준, SM은 8,500억 원의 매출을 기록했고, 이 중 디어유의 버블은 약 6%를 차지했다. 2023년에는 SM이 약 9,800억 원의 매출을 기록할 것으로 전망되며, 이 중 버블의 매출액이 8%를 상회하는 비중을 보여준다.

* SM을 두고 하이브와 카카오 간의 인수 경쟁에서 하이브가 중단을 선택한 대가로 SM 버블과 하이브 위버스의 연대가 극적으로 가능해졌다. 당시 하이브는 SM 인수 경쟁을 중단하는 대가로 SM과의 플랫폼 협업을 쟁취했다. 하이브는 조 단위 출혈 경쟁 대신, 위버스 사업 확대를 택한 셈이다. 덕분에 레드벨벳, NCT, 에스파 등 SM엔터 소속 가수 12개 팀이 위버스에 입점했다. SM엔터에서 추후 데뷔할 신인 아티스트 또한 위버스 입점이 예정되어 있다.

** https://www.dear-u.co/bbs/board.php?bo_table=pr&wr_id=45

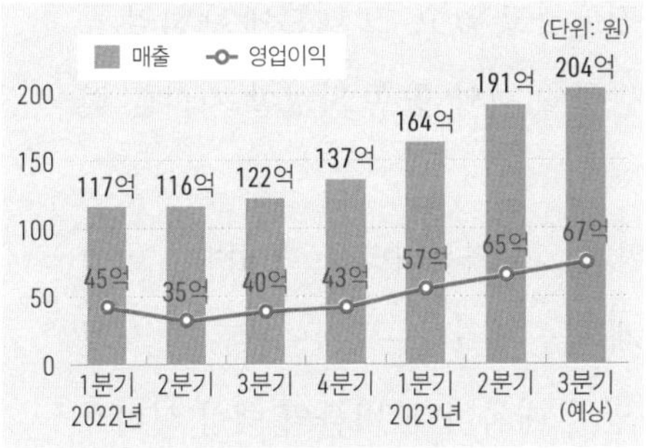

〈그림 4〉 디어유 실적 추이

출처: 디어유, 에프앤가이드

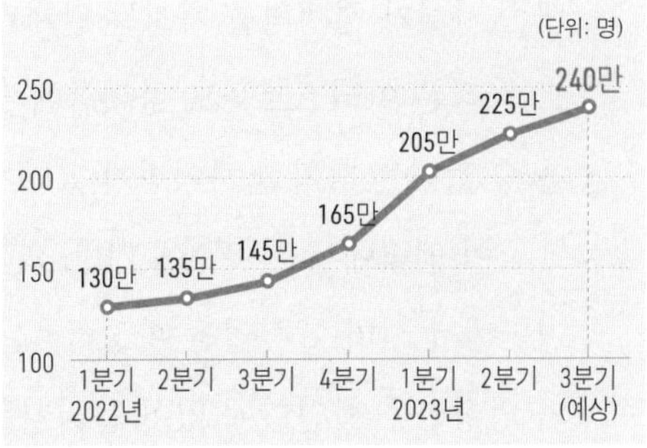

〈그림 5〉 버블 구독 수 추이

출처: 디어유, 한화투자증권

버블과 위버스는 국내에서 치열한 경쟁을 펼치고 있지만, 해외 시장의 경우 전략 방향이 조금 상이하다. 버블은 일본 시장을 2차 공략 시장으로 보고, 2023년 일본어 서비스를 본격적으로 출시할 예정이다. 반면에 위버스는 서구 시장을 본격적으로 겨냥한다. 위버스는 영국 보이밴드 '프리티 머치', 미국 싱어송라이터 제레미 주커, 일본 배우 히라테 유리나 등이 입점한 글로벌 플랫폼이다. 전 세계 245개 국가 · 지역의 약 6,500만 커뮤니티 가입자를 보유했다. 하이브는 미국 이타카홀딩스 · QC뮤직, 일본 네이코 등 다수의 글로벌 레이블을 산하에 두고 있다.

그동안 팬덤 사업이 없었던 것은 아니다. 이미 북미 시장의 유명 아티스트들은 다양한 방식으로 아티스트를 IP화해서 수익을 거두어왔다. 이전의 팬덤 사업이 독립된 아티스트 단위로 진행되어온 것이라고 한다면, 위버스와 버블은 다양한 IP를 보유한 기업이 규모의 경제를 달성하기 위해 플랫폼화하면서 진행하고 있다는 점에서 큰 차이를 보인다. 산발적으로 흩어져 있던 팬덤이 플랫폼화한 것이다. 고정비용은 물론이고 운용비용도 감소하면서 좀 더 차별적인 서비스와 상품이 본격적으로 덧붙여지면서 플랫폼 자체가 경쟁력을 가지는 단계로 진행하고 있고, 그 덕분에 팬덤의 규모가 작은 아티스트들도 플랫폼에 입점할 기회와 향후 확장할 기회를 얻을 수 있다는 명확한 차이점이 있다.

이 맥락에서 커머스에 기반했던 위버스가 커뮤니티를 확대하고, 이에 기반해서 커머스 사업을 확장하려는 계획을 세웠다는 것은 향후 이 사업의 방향성을 확인함에 있어 눈여겨볼 만한 대목이다. 버블의 핵심 서비스였던 개인 채팅 기능을 도입해 그동안 공개된 게시물을 중심으로 소통해온 방식을 고도화시킬 계획이다. 배송 기간을 단축해서 동시에 팬덤이 작동할 수 있는 커머스 역량을 강화시킬 계획도 눈여겨볼 대목이다. 이전에는 가내수공업식 커머스 방식이어서 일단 구매 버튼을 누르고 나서 해당 상품을 이용하는 데까지 몇 개월이 걸리기도 해서 팬심이 낮은 고객이 수용하긴 어려운 상황이 발생하곤 했다.

한국투자증권에서는 위버스 고객 중 유료 이용자가 250만 명 수준으로 늘어나고 1인당 결제금액이 12만 원으로 확대될 경우, 위버스의 가치는 6조 원대가 될 것으로 전망하고 있다.* 아티트스가 IP로, 팬덤이 핵심 수익으로 환전되는 순간이다.

② IP 기반의 금융 사업

앞서 팬덤 사업이 익숙한 것들의 신조합이라고 한다면, IP를 금융의 관점에서 재해석한 사업이 등장했다. 뮤직카우, 비욘드뮤직 같은 업체들이 바로 그것이다. 이들은 하나의 음원이 가지고 있는 장기적인 수익성과 수익의 규모에 대한 예측 가능성, 그리고 마케팅을 통한 수익을 증대시킬

* https://www.techm.kr/news/articleView.html?idxno=112223

가능성에 주목했다. 또한 하나의 음원 IP가 여러 사람에게 분산되어 있다는 점에 주목했다. 특정인의 IP 권리를 사모은 뒤, 규모의 경제를 달성할 수 있는 게임을 시작한 셈이다.

비욘드뮤직과 뮤직카우 등은 저작권 및 저작인접권을 가진 음원이 저작권료 수익을 받는다는 점에 주목했다는 것은 동일하다. 다만 비욘드뮤직은 저작권료 수익 자체에 집중했다. 음원의 저작권 전체 혹은 일부를 양도받아서 장기적으로 해당 저작권 수익을 향유하는 사업이다. 현재 보유하고 있는 「아브라카다브라」(브라운아이드걸스)에 대한 지분 10%를 가진 저작권자 A가 향후 30년 동안 이 곡으로 총 1천만 원의 수익을 확보할 수 있다고 가정해보자. 이 경우 비욘드뮤직은 해당 저작권자에게 일시불 500만 원을 제시하고, 급전이 필요한 저작권자가 장기 수익을 포기하고 단기 수익을 선택하게 될 경우 거래가 성사된다. 이 경우 저작물에 대한 저작권 수익 청구권은 A에서 비욘드뮤직으로 바뀐다. 현재 비욘드뮤직은 2023년 5월 추가로 2천억 원 규모의 투자를 받아 현재까지 총 5천억 원의 투자를 받았다. 현재 2만 7천 곡의 음원 IP를 확보했고, 최근에는 존 레전드와 두아 리파 등 글로벌 IP도 확보하는 중이다.*

일단 확보된 음원을 기존과는 달리 더 많이 사람들에게 노출할 경우, 해당 IP의 장기 가치는 증가하게 된다. 라붐의 「상상더하기」는 SNS에서 숨은 명곡으로 화제가 되면서 차트 역주행에 성공했고, 아이유(IU)&하이포(HIGH4)의 「봄 사랑 벚꽃 말고」 같은 시즌성 음원들도 매년 벚꽃 시즌마다 재주목받고 있다. 이럴 경우 음원이 가지고 있는 잠재적 가치가 높아짐으로써 비욘드뮤직의 실질적인 가치는 높아질 수밖에 없게 된다.

---

* https://www.mk.co.kr/news/business/10746890

'뮤직카우'는 여기서 한 발 더 나아간다. 음원 IP를 확보한 후, 저작권료 청구권을 개인이 주식처럼 거래할 수 있는 플랫폼으로 확장했다. 음원이 발생하는 저작권료 수익은 물론이고, 개별 저작권의 가치에 맞추어 거래 수익을 확보할 수 있는 구조를 만들었다.

이 구조를 만들기 위해 뮤직카우는 저작권료 참여 청구권을 거래하는 뮤직카우와 별개로 저작권료 청구권 지분을 취득 관리하는 뮤직카우에셋을 설립했다. 이때 주목할 대목은 저작권이 아닌 저작권료 참여 청구권을 거래한다는 점이다. 저작권을 공동소유한 상황에서 저작권 권리를 행사하려면 공동권리자 전원의 합의가 필요하고, 저작권자의 변경이 있을 때마다 매번 신탁업체에 1인당 20만 원에 해당하는 등록비용을 지불해야 한다.* 예를 들어 작곡자 1명의 지분 50%를 1천 개로 조각내어 판매했고, 1천 명이 한 주씩 소유했다고 가정하자. 이 중 1명이 지분을 양도할 때마다 나머지 999명의 동의를 받아야 하고, 변경된 한 명의 등록비용을 지불

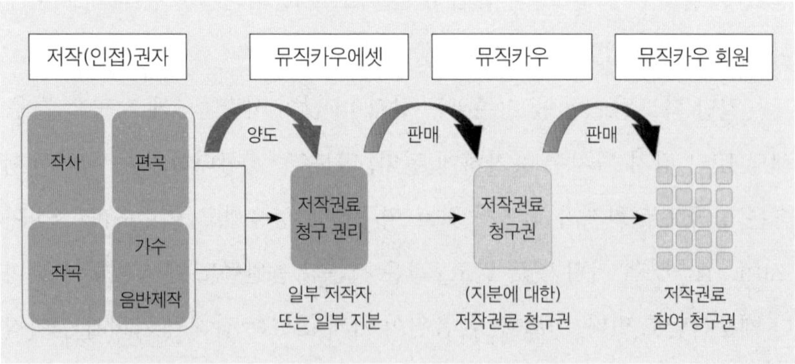

〈그림 6〉 저작권료 청구권 흐름

* https://www.cros.or.kr/psnsys/cmmn/infoPage.do?w2xPath=/ui/twc/reginf/copreg/copCon.xml

해야 한다. 주식처럼 빈번하게 권리가 양도될 경우 배보다 배꼽이 커지는 문제가 발생하는 셈이다. 이 때문에 뮤직카우는 저작권료 청구권 지분을 취득하고, 신탁은 뮤직카우에셋으로 일원화하고, 고객은 뮤직카우에서 저작권 수익을 받을 권리인 저작권료 참여 청구권을 조각낸 것을 구매해서 소유하는 형식을 취했다.

뮤직카우에셋은 저작권자 및 저작인접권자로부터 수익을 받을 권리의 일정 지분을 인수한 뒤 신탁관리단체에 신탁자 변경을 등록하고, 저작권료 청구권이라는 명목으로 뮤직카우에 판매한다. 그리고 신탁관리단체로부터 저작권 수익을 분배받으면 뮤직카우에 이를 지급하는 역할을 수행한다. 현재까지 1개 음원에 관련된 모든 저작권자의 권리를 확보하는 것은 쉽지 않다. 저작권자의 필요가 각기 다르기 때문이다. 예를 들어 아이유의 「미리 메리 크리스마스」의 경우 저작권자가 5명(작사가 1명, 공동작곡가 2명, 공동편곡자 2명), 저작인접권자(실연자 1명, 음반제작업체 1개 업체)가 둘이다. 이 권리 중 작곡가 1명의 지분 가운데 일부만 뮤직카우에셋이 확보할 수 있었다.

일단 뮤직카우가 청구권리를 확보하게 된 이후부터는 본격적인 거래 플랫폼 사업이 시작된다. 저작권료 청구권을 조각내어 주식 형태로 상품

【아이유 '미리 메리 크리스마스' 음저협 저작권 지분 취득 내역】

[대중] 미리메리크리스마스 - 100000098305

부제목 : MERRY CHRISTMAS AHEAD 외 1 개 +more
가사첫소절 하얀눈이내려올때면온세상이 [가수명 :아이유]

기획사/방송사 : (주)로엔엔터테인먼트
공표일자 : 2010-12-13 ISWC : T-917.213.249-9
앨범명/프로그램명 : REAL

분류	저작자명	권리출판사	양수자명	승계자명	협회관리
A	최갑원(W0428900)		주식회사 아이퍼스		관리
C	신사동호랭이 (W0574700)		주식회사 아이퍼스		관리
C	최규성(W0820600)	주식회사 뮤직카우에셋			관리

〈그림 7〉 아이유 「미리 메리 크리스마스」 음저협 저작권 지분 취득 내역

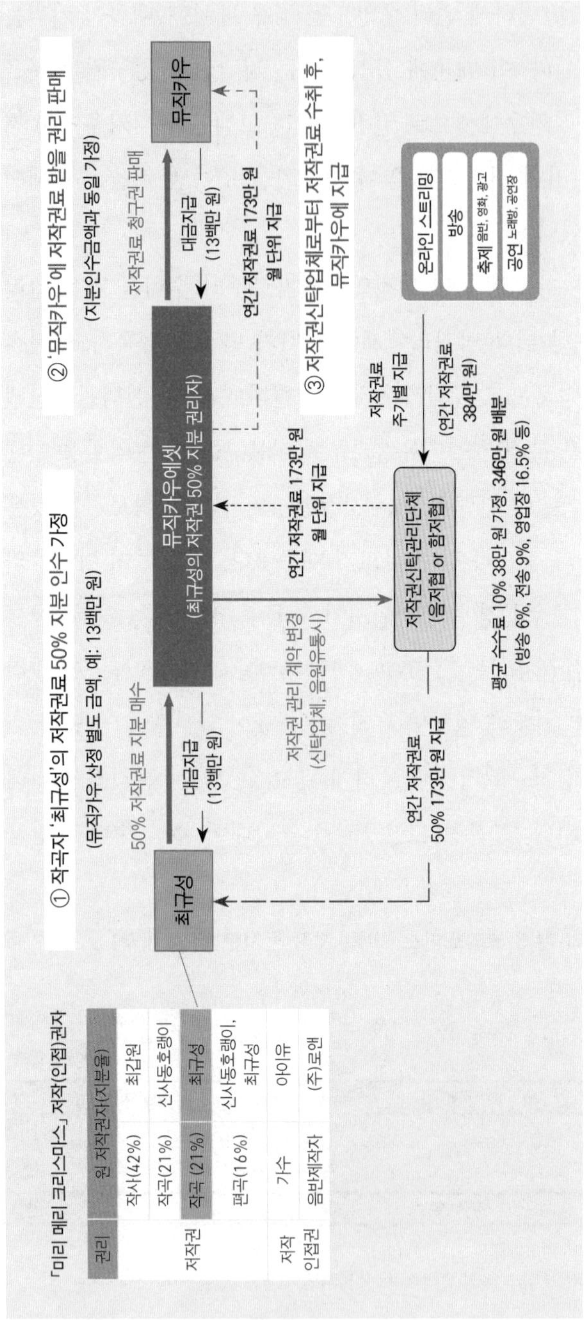

〈그림 8〉 아이유「미리 메리 크리스마스」 사례(예시)

화해서 판매(상장)하고, 매달 수령되는 저작권료를 고객에게 배분한다. 이 과정에서 뮤직카우는 거래 수수료를 받는데, 이것이 핵심 수익이다.

이 과정을 조금 더 세분해보면 다음과 같다.

일단 매수가를 산정하기 위해 음원 가치를 산정하고, 한 주의 가격을 결정한다. 통상적으로 구매자의 지불 능력을 고려하여 1주당 1~3만 원 정도의 가격으로 책정한다. 만약 확보한 음원의 가치를 1,300만 원으로 산정했다면, 거래되는 주식 수에 따라 1주의 가격이 결정된다. 예를 들어 주식 총량을 1,300개로 정하면 한 주의 액면가는 1만 원이 되는 것이고, 주식 총량이 650개라면 한 주의 액면가는 2만 원이 된다. 일단 액면가가 결정되면 그다음은 최초 거래가격인 공모가를 결정해야 한다. 이를 위해 뮤직카우는 일주일간 경매를 진행한다. 그리고 경매의 최저 가격을 거래 시초가인 공모가로 삼는다. 경매 후 액면가보다 공모가가 높을 경우 그 수익의 최대 50%를 원저작자에게 음악 생태계 지원금 명목으로 지급함으로써 원저작권의 권리를 약탈한다는 평가를 받지 않도록 배려하는 시스템을 갖추었다.

아이유의 「미리 메리 크리스마스」의 경매 시작가는 2만 원이었던 것에 비해, 최종 평균 낙찰가는 4만 8천 원으로 시작가 대비 240% 상승했다. 수익의 50%를 원저작자에게 지급했다. 뮤직카우는 상장된 주식이 거래될 때마다 거래금액의 1.2%를 거래 수수료로 부과하되, 상한선은 300원으로 제한해서 약탈적 행위라는 비판에서 벗어나기 위한 장치를 마련했다.

일단 고객이 주식을 구매하게 되면 거래 유무와 상관없이 저작권료 배당이 이루어진다. 음원 IP가 가지는 가장 큰 매력이다. 일반적인 주식거래에서도 배당 수익이 발생하지만, 국내에서는 대부분 연간 단위, 혹은 반년/분기 단위로 이루어질 뿐 월 단위로 진행되는 배당 주식은 거의 없다는 점에서 의미가 있다. 뮤직카우에셋이 수령한 저작권료 중에서 10%의 수

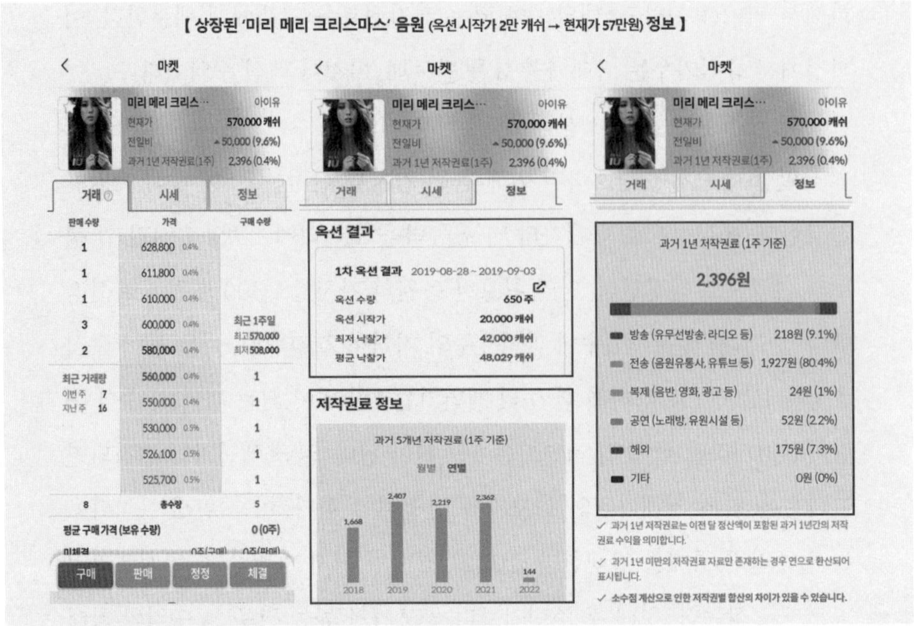

〈그림 9〉 상장된 「미리 메리 크리스마스」 음원(옥션 시작가 2만 캐쉬 → 현재가 57만 원) 정보

수료를 공제하고, 주식을 보유한 고객의 뮤직카우 계좌로 자동 입금 처리된다. 배당금의 입금 주기는 월 1회이나 방송, 무대 공연 등에 따라 저작권료 수익이 달라지기 때문에 배당금액이 균일하지는 않다. 이를 조금 더 구체화한 것이 아래 그림이다.

현재 뮤직카우는 잠정 중단 상태다. 주식 같은 투자성을 띤 금융상품이기 때문에 안전장치를 마련하라는 금감원의 요청*을 받아 이용약관 등을 변경하는 등 조치**를 취했다. 2023년 세계 최초로 음악수익증권을 발

* https://www.fsc.go.kr/no010101/79010?srchCtgry=&curPage=3&srchKey=&srchText=&srchBeginDt=&srchEndDt=

** https://www.fntimes.com/html/view.php?ud=20221021105042643ee0209bd21_18

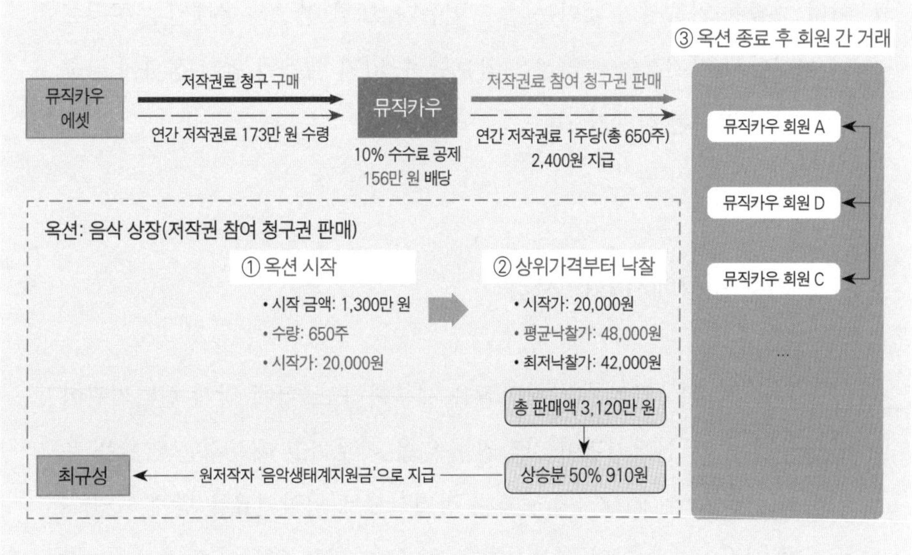

〈그림 10〉 아이유 「미리 메리 크리스마스」 옥션 및 배당금 지급

행하고 서비스를 재개했다. 변경된 서비스가 곧 서비스될 예정이다.

음원 IP 거래가 가능한 이유는 거래 가능한 수량이 압도적으로 많고, 급전이 필요한 IP 보유자의 거래 필요성이 있고, 과거의 노래라도 OST 등을 통해 가치를 높일 방법이 있고, 리메이크 등을 통해 추가 수익화를 노려볼 수 있다는 장점이 있기 때문이다. 반면에 영상은 이런 가능성이 거의 없다. 음악의 경우 연간 신규 등록 건수가 2,200건에 달하고, 누적으로는 110만 건에 달한다. 이에 비해 영화는 연간 200여 편, 방송 드라마는 100여 편에 불과하다. 누적으로 치더라도 영화는 2000년 이후 2,900편, 방송은 1,800여 편에 불과하고, 작가협회에 등록된 신탁 저작물 누적도 25만 건에 불과하다. 자금력 있는 방송사와 투자제작사 등 소수에 저작권이 집중되어 있을 뿐만 아니라, 기술적 진화에 따라 과거의 영상 품질이 떨어져 재활용 가능성이 낮다는 점도 이유다. 또한 영상은 롱테일형 콘텐츠가 아니어서 장기적인 수익성을 담보할 수 없기 때문에 단기 성과에 집중할 수밖에 없다는 한계가 있다.

_ 영상 시장에서의 IP 사업

음악 시장은 일찍부터 저작권을 세분화하고, 이에 맞게 신탁기관이 설립되었다. 각 신탁기관이 저작권 수익을 확보하고 배분하는 역할을 충실히 이행한 덕분에 각 저작권자는 정기적으로 저작권료를 받게 되었다. 하지만 제작비가 높았던 영상시장은 음악시장과는 양상이 달랐다. 「저작권법」 제100조에 "영상제작자와 영상저작물의 제작에 협력할 것을 약정한 자가 그 영상저작물에 대하여 저작권을 취득한 경우 특약이 없는 한 그 영상저작물의 이용을 위하여 필요한 권리는 영상제작자가 이를 양도받은 것으로 추정"하기 때문에 특약을 하지 않고서는 시나리오 작가, 감독, 촬영감독, 미술감독 등 그 누구도 재산권을 행사하지 못한다.

이 경우 해당 영상물의 저작권은 제작사가 가지게 된다. 설사 제작사가 저작권을 가지고 있다고 하더라도 일정한 금액을 받고 양도하는 계약을 체결하게 된다면 저작물로 인한 추가적인 수익을 기대하긴 어렵다. 음악시장은 음악저작권협회 등의 신탁기관이 활성되어 있는 반면에 소수의 제작사를 대상으로 하는 영상시장은 신탁기관이 제대로 설립되지 못했다. 그래서 황동혁 감독은 「오징어 게임」에 대한 저작권을 행사하지 못했고, 제작사도 넷플릭스에 일정 금액을 받고 판매했기 때문에 해당 저작물에 대한 추가 수익을 확보하지 못했다. 제작사가 저작권을 모두 행사할 수 있다고 하더라도 실제로 제작사가 저작권을 행사할 수 있는 상황도 그리 많지 않다는 점 또한 영상시장의 한계다. 과거 드라마 제작사는 사실상 방송국에 전체 권리를 양도하고, 해외 판권 정도만 소유하는 형태로 제작비를 보전해왔다. 그러나 넷플릭스 등 글로벌 스트리밍 서비스가 등장하면서 해외 판권 권리도 온전히 확보하는 것이 쉽지 않게 되었다.

단순화하면 제작사는 두 가지 옵션을 가지게 되었다. 글로벌 유통 사업자인 넷플릭스에 제작비의 110~130% 수준의 대가를 받는 대신에 저작권을 양도하는 경우와 일종의 방영권 계약을 하되 제작비의 60~70%의 대가를 받는 경우다. 자금이 풍부한 일부 사업자를 제외하고 대부분의 제작사는 불만과 아쉬움을 뒤로하고 전체 양도권을 넘기는 선택을 하는 경우가 허다하다. 결국 규모의 경제로 인해 역설적으로 IP를 보유하지 못하게 되었다. IP를 보유하는 선택을 하게 되는 경우도 불확실성은 높아진다. 단위 제작비 규모가 커지면서 IP를 보유했으나 해당 드라마가 실패할 경우 그 결과는 과거보다 훨씬 참담할 것이기 때문이다.

① IP 보유의 명암

국내 드라마 역사상 중소 사업자가 IP를 보유한 경우는 극히 제한적이다. 과거에는 「겨울연가」, 「아이리스」, 「태왕사신기」 등이 IP를 보유했고, 「성균관 스캔들」, 「태왕사신기」, 그리고 최근에는 「지리산」, 「지금 헤어지는 중입니다」, 「라켓소년단」 그리고 「재벌집 막내아들」 등이 IP를 보유한 경우다. 이들 작품은 일본 시장에서 큰 성공을 거두었고, 제작사가 OST 음반 판매, 화보집 등 추가 수익을 거두었다. 해외시장이 커지면 커질수록 IP를 가지고 있는 사업자들이 확보할 수 있는 부가 수익의 규모는 커진다. 「겨울연가」의 IP를 보유했던 팬엔터테인먼트는 드라마 방영권으로 4억

5천만 원, 세트당 3만 4천 엔(34만 원)인 드라마 DVD 타이틀 10만 개를 팔아 340억 원의 매출을 올렸다.* 총제작비 40억 원 중 20억 원 정도를 KBS가 방영권으로 부담했고, 광고 수익으로 50억 원 정도를 벌었다. IP를 보유하지 않았더라면 팬엔터테인먼트는 50억 원 내외의 수익만 확보했을 터다. MBC프로덕션이 IP를 보유한 「대장금」의 경우도 70억 원 정도의 제작비를 투여했지만, 광고비로만 250억 원, 87개국 판권 수출액이 120억 원 정도, 그리고 브랜드 라이선스 비용 등을 다 합쳐서 10년 동안 1천억 원 정도의 수익을 확보했다. 제작비의 10배 이상을 부가 수익으로 확보한 셈이니, IP를 보유하는 것이 너무도 당연한 것처럼 보이기도 한다.

그러나 이 모든 부가 수익은 작품이 성공했기에 가능했다. 「태왕사신기」의 경우 총제작비 400억 원이 들었다. 제작사인 '김종학프로덕션'은 총제작비의 10%인 40억 원만 받고 MBC에 방영권만 판매했다. 일본 사전 수출은 50억 원 정도였고, 나머지는 테마파크 수익으로 확보할 수 있다고 보았다. 그러나 「태왕사신기」는 총제작비의 절반도 벌지 못한 채 사업을 종결해야 했다.** IP를 보유하지 않고 판매했더라면 손실액 규모를 더 줄일 수 있었겠지만, 그렇지 못했다. 김종학프로덕션은 무분별하게 IP를 보유하는 것이 정답은 아닐 수 있다는 사례임에는 명확하지만, 그렇다고 실패가 두려워 IP를 보유하지 않는 것이 정답도 아니다. 물론 IP를 보유하지 않고 생존할 수 있는 규모 정도의 수익만 확보하는 안정적인 선택만 하게 될 경우 여전히 하청 사업자로 남게 될 가능성이 클 뿐 아니라 자신의 생존을 플랫폼 업체의 선택에 맡겨야 한다는 또 다른 의미의 불확실성에 노출될 수

---

* https://www.chosun.com/site/data/html_dir/2004/03/03/2004030370164.html

** https://news.mt.co.kr/mtview.php?no=2013073114535287803

밖에 없다. 당시로서는 직원 수만 200여 명이나 되는 제법 큰 규모로 평가받았던 제작사 올리브나인도 하청 업체에 불과했다. 그래서 1999년 설립되어 2002년 코스닥 상장까지 했던 올리브나인은 2010년 적자 폭이 커지면서 파산할 수밖에 없었다.* 이런 엄연한 현실 앞에서 IP 보유만이 해법이라고 이야기하는 건 쉽지 않다. 결국 제작사가 IP를 보유할 것인지는 산수와 직관, 그리고 미래가 얽힌 복잡한 의사결정이다. 넷플릭스가 등장하기 이전의 일이라고 치부하기에는 2023년의 현실도 녹록지 않다.

당시에는 일본이 있었다. 일본은 DVD 판매 수익, 렌털 수익 등이 지속적으로 발생하는 시장이었다. 다른 나라는 일회성 판권 계약을 맺는 것으로 수익이 끝나지만, 일본은 다양한 방식으로 수익이 창출되던 시장이었다. 그러나 이런 시장은 글로벌 스트리밍 서비스가 등장하면서 사라졌다.

글로벌 스트리밍 시장에서도 새로운 부가 판권 시장이 발생하기도 한다. 드라마 화보집은 일회성 사업이긴 하지만, 적어도 흥행하면 일정 정도 규모가 발생한다. 최근 들어 가장 주목할만한 사업은 OST 음반이다. 음반 자체의 판매 수익도 있지만, 음원 계약 수익이 있다. 이런 계약은 5년, 7년, 10년 단위이기 때문에 계약이 종료된 후에 다시 계약을 통해 수익을 갱신할 수 있는 조건이 생긴다. 삼성, LG 스마트TV를 비롯한 다양한 OTT들에서 소위 구작에 대한 수요가 있다.** 다양한 영상 플랫폼이 생기면서 노출 기회도 늘어났다. 또한 새로운 작품이 흥행하게 되면 해당 배우의 구작이 새롭게 주목받는 경우도 생기면서 덩달아 구작 판매가 늘어나기도 한다. 예를 들어 「태양의 후예」가 흥행하면서 송중기의 신인 때 작품인 「성균

* https://www.enewstoday.co.kr/news/articleView.html?idxno=227113

** https://news.mt.co.kr/mtview.php?no=2022063007500296655

관 스캔들」이 새롭게 주목받으면서 케이블TV 등의 구작 판권 가격이 상승했다. 회당 500만 원밖에 안 되지만 과거에는 없었던 수익이고, 10년이 지나도 조금씩 지속적으로 수익이 발생한다는 장점이 있다. 그러나 그 수익 규모가 방영권만 팔고 부족한 금액을 채우기에 적당한지에 대해서는 실무적인 판단이 있어야 한다.

더구나 방송사와 OTT 업체들 역시 IP를 손쉽게 포기하지 않는다는 점이다. 제작사 입장에서는 방송사와 OTT를 통하지 않고서는 시청자를 만날 수 없다는 점에서 불리한 여건이다. 이런 상황에서 IP를 가지는 경우와 IP를 포기해야 하는 경우를 모두 고려해야 한다. 제작사가 IP를 가질 때는 신중할 수밖에 없는 이유다. 제작사가 단순히 기획 제작사가 필요로 하는 예산 범위 내에서 제작만 담당하는 경우가 아니라 종합스튜디오로 성장하기 위해 IP 보유는 불가피한 선택일 수 있다. 사업의 확장성은 IP를 보유하지 않고서는 방법이 없기 때문이다. 아직은 아주 소수의 스튜디오를 비롯한 제작사들이 IP를 적극적으로 보유하고 있다. 다만 이들 스튜디오들도 모든 작품의 IP를 보유하는 전략은 쓰지 않는다는 점은 명확하다. 그만큼 쉽지 않다는 이야기이기도 하다.

② 영상 IP 확보의 새로운 투자 방식

결국 모든 것은 제작비를 감당할 수 있느냐의 문제다. 1차적으로 과거 대비 연간 편수를 높여서 실패로 인한 파산 가능성을 줄이려는 시도가 다각적으로 진행되고 있다는 점은 긍정적인 신호다. 제작비의 규모가 커진 만큼 사업의 불안 요소가 커진 상황이다 보니 여러 제작사를 보유하고, 연간 제작 편수를 확대해서 기본적인 재무 구조를 탄탄하게 가져가려는 시도가 진행되고 있다. 콘텐트리중앙(Contentree JoongAng)은 17개의 제작사*를 보유하는 스튜디오 체제를 만들었고, 카카오엔터테인먼트도 '글앤그림' 포함 6개의 제작사와 배우 매니지먼트회사를 보유하는 형태로 진화**했다. 스튜디오드래곤 역시 '문화창고'를 포함해서 8개의 제작사***를 보유함으로써 연간 30여 편을 제작할 수 있는 규모를 갖춤으로써 경기 변동과 미디어 시장 환경 변화에 대처할 수 있는 규모를 갖추었다. 시장 성과가 가장 좋을 것으로 판단되는 작품의 IP를 보유할 수 있는 기초체력을 갖춘 셈이다.

그러나 이런 사업자들은 여전히 소수다. 다수의 제작사가 확장 가능성과 추가 수익을 기대할 수 있다는 것을 알고 있으면서도 IP를 포기하는 결정을 하는 것은 높아진 제작비 문제가 크다. 만약 제작비를 합리적인 수준에서 확보할 수 있다면 IP를 보유할 가능성은 커진다.

미국이나 영국 등 자본 시장이 활발한 곳에서는 금융 기관의 도움을 받아 스튜디오 사업자나 제작 사업자들이 개별 콘텐츠 기반의 PF(project financing)를 조성하고 있지만, 국내에서는 규모 있는 움직임이 거의 없다. 하이리스크(High Risk) · 하이리턴(High Return) 시장인 데 비해 투자의 투명성이나 회수 방법이 명확하지 않기 때문이다.

북미에서는 잡스법****이 도입되어 스타트업들이 벤처기업의 자금을 좀 더 용이하게 운용할 수 있게 되었다. 2016년 국내에서도 「자본시장과 금융투자업에 관한 법률」이 개정되면서 기존에는 불가능했던 지분형(증

---

* https://www.contentreej.com/sll

** https://kakaoent.com/business/media

*** http://www.studiodragon.net/front/kr/about/partner

**** Jumpstart Our Business Startups Act. 신생기업들의 자금 조달을 용이하게 하여 일자리를 창출하기 위한 목적의 미국의 신생기업 지원법

권형) 크라우드 펀딩이 가능해졌다. 지분형 크라우드 펀딩은 기존의 후원적 성격이 강했던 크라우드 펀딩과는 다르다. 과거의 크라우드 펀딩은 엄밀한 의미에서 IP를 공동소유하는 형태의 투자가 아니라 후원 및 사전구매 성격이 강했다. 그래서 대부분 얼마의 돈을 내면 영화 티켓과 시사회 혹은 굿즈를 받는 것에 만족해야 했다. 더구나 기존의 크라우드 펀딩은 선결제 후배송하는 시스템이다. 미리 결제부터 하고 두세 달 있다가 투자한 물건을 받을 수 있지만, 가끔은 떼이기도 한다. 투자가 되기 위한 투자와 회수, 이익이라는 실질적인 개념이 없었다. 최근에 펀더풀 등이 도입한 지분형 크라우드 펀딩은 콘텐츠 프로젝트 하나를 일종의 상장사로 개념화하고, 이에 일정 투자를 결정하고 수익이 발생하면 수익을 지분에 따라 나눠가지는 형태로 발전시켰다.

공모란 콘텐츠 투자 상품이 표준화된다는 것을 의미한다. 주식, 채권처럼 정형화되면 사업자들은 이를 활용하기만 하면 된다. 발행 횟수, 규모, 회수 기간을 상품별로 설계하고 고객에게 투자 의사를 물으면 그만이다. 투자자는 여타 펀드처럼 사전에 제공된 다양한 시뮬레이션과 목표 수익 등을 보고 청약 여부를 결정하면 된다. 청약하게 되면 증권이 발행된다. 목표 금액 모금에 실패하면 프로젝트는 청산되고, 투자 금액은 즉시 반환된다. 만약 목표 금액을 달성하게 되면 그다음부터는 수익률 게임이 시작된다. 정해진 기간 동안 해당 콘텐츠로 발생한 이익은 투자 금액의 비율대로 배당된다. 이 모든 과정이 시스템하에서 이루어지고 투명하게 관리되는 것은 또 하나의 장점이다. 이런 경험치가 증가하게 되면 전체 콘텐츠 투자를 금융 플랫폼을 통해 처리하는 것도 가능해질지 모른다.

영화 한 편을 제작하는 데 20여 개의 투자사가 참여할 경우 수십 장의 계약서를 체결해야 하는 것은 물론이고, 투자금의 비용 처리 내역 등을 보

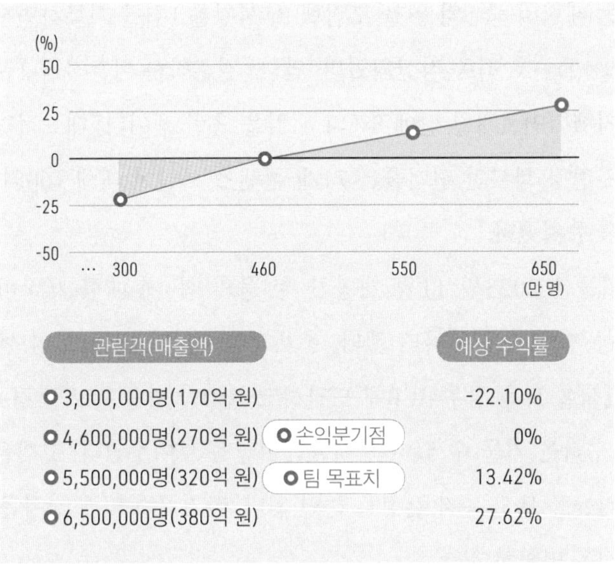

〈그림 11〉 펀더풀이 제시한 특정 영화 관람객 동원별 예상 수익률 제시안

고하고 수익을 정산할 때도 다시 엑셀과 이메일로 일일이 수작업으로 진행되던 것이 관행이라고 한다. 만약 금융 플랫폼을 통해 전체 프로젝트가 관리된다면 기존의 작업이 디지털화되는 것은 물론, 관리비용을 획기적으로 줄일 수 있다.* 절감된 금액만큼 콘텐츠 투자금은 늘어나게 된다.

시스템에 대한 인지도와 경험치가 증가하면 자연히 이용량과 투자 규모, 투자를 의뢰한 기업도 늘 수 있을지 모른다. 다만 아직은 이상과 현실 간의 차이가 분명하다. 기존대로 콘텐츠 투자금을 모으고, 아주 일부만 지분형 크라우드 펀딩을 이용하고 있기 때문이다.

어찌 되었건 일부이긴 하지만 작동되고는 있다. 「결혼작사 이혼작곡

* https://www.kocca.kr/trend/vol34/sub/s41.html

시즌 2」는 제작비 중 5억 원을 모집했고, 시청률 1위를 기록하면서 투자수익률 8%(연 20%)로 최종 정산되었다. 만약 「결혼작사 이혼작곡 2」에 100만 원을 투자했다면 4개월 만에 8%의 수익을 올린 셈이다. 대표적인 지분형 크라우드 펀딩 회사인 펀더풀은 71개 콘텐츠 사업에 대해 160억 원 정도의 투자를 유치했다.*

펀더풀은 2023월 11월 개봉한 「서울의 봄」에 대한 제작비 투자를 영화 개봉 전에 모집하기도 했다. 총제작비 232억 원 규모의 이 영화는 460만 관객을 모을 경우 BEP에 도달하고, 550만 명을 확보할 경우 13.4%의 투자 수익을 거둘 수 있다는 시뮬레이션을 보여주었다. 고객은 투자와 기대 수익률을 보고 투자 결정을 하면 된다. 과거처럼 티켓 장사를 하지 않는다는 점은 명확하다.

| 당위와 현실

IP는 소중하다. 저작물에 대한 재산권을 가진다는 것은 단순히 주인이라는 상징적인 의미가 아니라 해당 저작물이 추가로 벌어들이는 수익에 대한 권리를 가진다는 의미이기 때문이다. 음악시장은 오랫동안 한 개인이 저작권리를 확보하고 유지하기 위해 신탁기관 등 다양한 장치를 마련하기 위해 노력해왔고, 부족하나마 그 결과를 향유하고 있다. 기획사가 등장해서 저작권을 점유하고 양도받기 위해 노력하고 있지만, 실연자의 존

* https://www.hankyung.com/article/2023090559001

재 자체가 음악 자체이기도 하기 때문에 기계적 양도 등은 불가능했다.

그러나 영상시장은 권리를 포기하는 대가와 권리를 가졌을 때의 대가를 매 순간 비교할 것을 강요당한다. 문제는 권리를 포기하는 대가는 현실이지만, 권리를 가졌을 때의 대가는 미래형이라는 점이다. 현재를 포기하고 미래를 선택할 것인지, 현재를 선택하고 미래를 포기할 것인지를 선택해야 하는 시점에서 판단은 대부분 내가 처해 있는 상황과 내 자산의 크기에 따라 결정된다. 중소형 제작사 입장에서는 불확실한 미래보다는 확실한 오늘을 선택할 가능성이 확률적으로 높다. IP를 지켜야 한다는 주장은 내가 할 수 있는 것이 없는 데 대한 아쉬움이다.

다행스러운 것은 한국 영상물의 가치가 높아지고, 일부 사업자이긴 하지만 규모가 커지면서 IP를 양도하기보다는 소유할 수 있는 물리적 조건이 조금씩 생긴다는 점이다. 그럼에도 이런 선택을 할 수 있는 기업이 소수에 불과하다는 점은 앞으로도 IP를 지켜야 한다는 당위가 목소리를 높일 개연성이 크다는 방증이기도 하다. 영상의 성장 방식과 문법이 바뀌면서 과거보다는 IP를 확보해야 하는 당위와 필연은 증가할 수밖에 없다. 그 고단한 길을 개척해야 하는 업계 종사자분들이 생존을 넘어서 성장할 수 있는 IP를 선택적으로 확보해나가길 기대해본다.

OTT 플랫폼의 부상과 한류콘텐츠의 제작변화*

박미영
중앙대학교 영상학과 BK21사업단 연구전담교수

| 서론: OTT 시대 초장르화하는 K드라마

인터넷을 통해 영상을 스트리밍하는 서비스를 통칭하는 OTT(Over-The-Top) 플랫폼들은 단순히 로컬 단위의 문화 생산물을 전 지구적으로 동시에 상영한다는 배급 측면을 넘어 제작 환경에도 영향을 미치고 있다. OTT 기업들이 자체 제작한 다수의 드라마는 대규모 제작비를 투자받고, 영화 제작에 주로 몸담고 있던 감독과 배우들을 기용하면서 전통적인 영화에 버금가는 작품으로 평가받기도 했다.

특히, 「킹덤」(2019), 「오징어 게임」(2021), 「지옥」(2021) 등 넷플릭스 오리지널 한국 드라마들은 'K드라마'라 불리면서 국내외 언론을 통해 한국

* 이 글은 『현대영화연구』 2023년 통권 48호에 게재된 논문 「초-장르(super-genre)로서 시리얼 드라마와 영화적인 것: 연속성과 몽타주를 중심으로」를 수정 · 보완한 것이다.

적인 것과 초국가적인 특징 등으로 설명되었다(Seit, 2020; Placido, 2021; Brzeski, 2021; 정지우, 2021; 박영은, 2021). 우선, 소비의 맥락에서 K드라마들은 사회비판적 서사를 통해 초국가적 근접성, 즉 동시대 자본주의 사회의 고충을 공유하면서 국가 경계를 넘어서는 문화정체성을 형성한다는 점에서 주목받았다. 또한, 산업적인 맥락에서 향후 글로벌 시장에서 우위를 점하기 위한 문화자본으로서 한국 드라마의 특징을 이해하려는 경향이 나타났다. 피에르 부르디외가 제시한 문화자본은 사회적 계층 간의 불평등을 설명하기 위한 개념이지만, 글로벌 커뮤니티 내의 문화적 위계와 문화권력이라는 프레임으로 바라보면서 K드라마를 국가적 차원의 문화자본으로 이해하는 것이다. 같은 맥락에서, 앞서 말한 초국가적 근접성은 자본주의 질서에 저항하는 대안적 문화자본의 가능성을 지닌 것으로 이해할 수 있다.

그러나 이러한 담론의 흐름에서 주목받지 못한 것은 '넷플릭스'라는 새로운 매체이자 거대 투자자본의 등장과 함께 나타난 K드라마의 미학적 경향과 그 의미다. 이에 대한 관심은 주로 영화계와 관련되어 있다. 대중적으로, 그리고 비평적으로 좋은 평가를 받은 넷플릭스 오리지널 K드라마들은 '영화와 드라마의 차이는 무엇인가?'라는 질문을 가져왔다. 그리고 2022년 부천국제판타스틱영화제에서 「오징어 게임」(2021)이 시리즈 영화상을 받은 것에 대한 비판에서 나타나듯이, 이러한 태도는 극장 스크린에 기반하여 영화를 정의하려는 경향에서 비롯된다. 2022년 부산국제영화제에서 주최한 포럼의 다양한 세션을 포괄하는 질문이 '영화란 무엇인가?'라는 점 또한 극장 영화의 위기라는 인식을 반영하고 있다. 이러한 논쟁은 결국 변화된 한국 드라마의 어떤 경향이 매체성과 연결되어 질문될 필요가 있음을 암시한다.

1990년대 후반부터 한국에서 시청률과 관계없이 열렬한 시청자의 지지를 받을 만한 가치 있는, 혹은 '웰메이드' 작품으로 여겨지는 텔레비전 드라마가 등장하기 시작했다. 「우리가 정말 사랑했을까」(1999), 「네 멋대로 해라」(2002), 「다모」(2003), 「미안하다 사랑한다」(2004), 「부활」(2005), 「커피프린스 1호점」(2007), 「싸인」(2011) 등이 그 예다. 이들은 미국 퀄리티 TV 드라마와 유사한 성격을 지니고 있다. 미국 텔레비전 드라마는 '영도 스타일(zero-degree style)'이라 폄하되었지만, 1980년대부터 1990년대 초반까지 「힐 스트리트 블루스(Hill Street Blues)」(1981~1987), 「트윈픽스(Twin Peaks)」(1990~1991) 등 '양질의 텔레비전쇼(quality tv)'라 불리는 드라마들이 등장했다. 로버트 톰슨(Robert Thompson, 2007)에 따르면, 이들은 기존 장르 형식을 취하면서 관습을 깨고, 영화감독 등 다른 예술가들이 제작에 참여하고, 젊고 부유하고 잘 교육받은 시청자를 매혹하며, 때로 방송사의 이익 추구와 대립했다. 또한, 다수의 중심 캐릭터를 중심으로 다층적인 플롯으로 구성되었고, 문화적 레퍼런스를 인용하거나 암시하며, 낙태, 인종주의, 성소수자 등 자유인본주의적 소재와 주제를 다루었다. 톰슨은 이러한 특징들이 2000년대 「엑스파일(The X-Files)」(1993~2018), 「웨스트윙(The West Wing)」(1999~2006) 등 대부분 미국 텔레비전 드라마의 특징으로 자리 잡았고, 나아가 그 스스로 장르 공식을 만들어내는 '초장르(super-genre)'가 되었다고 평가했다.

한국의 경우, 2006년 드라마 · 예능 전문 채널 tvN 개국 이후 OCN 등 케이블 방송사들의 자체 제작 콘텐츠가 증가했고, 2012년 tvN 드라마 「응답하라 1997」의 성공 이후 「별에서 온 그대」(2013), 「시그널」(2016), 「보이스」(2017), 「비밀의 숲」(2017), 「호텔 델루나」(2019) 등 다양한 소재와 주제를 다루고 서사적 복잡성을 띤 드라마들이 다수 등장했다. 특히, 텔레비전 드라마에서 드물게 제작되던 스릴러 장르물이 이 시기에 두드러지지게 나타나는데, 이는 한국 스릴러 영화의 변화와 결을 같이하는 경향을 보인다. 「살인의 추억」(2003) 이후 실화 바탕의 추격 스릴러 영화가 늘어났는데, 「추격자」(2008), 「아저씨」(2010), 「악마를 보았다」(2010)처럼 점차 폭력적이고 잔인한 재현양식이 주를 이루었다. 사실상 2000년대 한국 스릴러 영화는 1997년 외환위기 이후 권위를 상실한 아버지를 애도하고, 남성의 주체성을 회복하고자 하는 경향을 보이다가 2010년 중반부터 「비밀은 없다」(2016)처럼 강한 모성을 통해 사회적 안전망의 붕괴를 극복하려는 모성 스릴러가 다수 제작되었다. 장르영화가 끊임없이 장르적 관습을 수정하고 당대의 사회적 규범에 부응하는 동시에 관객의 욕망을 표출한다는 점을 고려한다면 스릴러 장르의 부흥은 외환위기 이후 한국 사회에 대한 반영이자 반응이라 할 것이다(Steve Neale, 2000).

또한, 사회문화적 맥락에서 호소력이 높아진 한국 스릴러는 2010년 중반 이후부터 「곡성」(2016), 「부산행」(2017)처럼 퇴마, 좀비물과 결합하면서 다양화되었다. 위에서 언급한 드라마들이 보여주듯이, 한국 스릴러 드라마들은 로맨틱코미디, 호러, 타임슬립 등 영화보다 더 다양한 하위 장르와 결합하면서 새로운 장르 서사를 창출하는 초장르적 성격을 보인다. 이러한 초장르화 현상은 스릴러의 리부트로 다시 설명할 수 있다. 리부트는 컴퓨터에 문제가 생겼을 때 껐다가 다시 켜는 것을 말한다. 다니엘 허버트와 콘스탄틴 베레비스(Daniel Herbert and Constantine Verevis, 2020)는 최근 리메이크된 드라마들은 원작의 단순한 부활이 아니라 문제를 개선하여 회생하는 전략을 통해 리부트된 것이라고 말한다. 그러나 여기서 '리부트'는 단순히 컴퓨터 용어의 은유적 표현이 아니다. 그들은 컴퓨터와 디지털 기술 발전 시기의 역사적 중요성을 강조하면서, 개인적이고 사회적인 삶에 스며들어 온 것처럼 디지털 논리가 문화 영역에 이식되고 있음을 주목한다. 따라서 리부트는 디지털 기술의 영향이라는 관점에서 텔레비전과 영화의 변화로 이해될 수 있으며, 담론적 장으로서 일종의 장르라고 할 수 있다.

이러한 관점에서 볼 때, 최근 한국 스릴러 드라마들, 특히 넷플릭스 오리지널 K드라마들은 2010년대 tvN 등 예능 드라마 전문 채널에서 제작한 「비밀의 숲」이나 「보이스」보다 디지털 논리와 미학을 활용한 판타지적 성격을 띤다. 「스위트홈」(2020), 「고요의 바다」(2021), 「지금 우리 학교는」(2022), 「킹덤 1, 2」(2019~2020), 「보건교사 안은영」(2020), 「킹덤: 아신전」(2021), 「오징어 게임」(2021), 「지옥」(2021) 등이 그러하다.

이것이 가능해진 것은 디지털 기술의 발전에 따른 OTT 산업의 성장과도 맞물려 있다. 「오징어 게임」은 오랫동안 영화제작사로부터 외면받았는데, 비현실적인 이야기를 시각화하기 위해 투자되어야 할 비용에 비해 대중성이 약해 수익성이 보장되지 않는다고 판단되었기 때문이다(이지효, 2022). 하지만 넷플릭스는 상영 회차나 기간에 구애받지 않기 때문에 극장 영화나 텔레비전 드라마에 비해 소재에 있어 덜 제약받는다. 게다가 OTT 산업은 신규 회원 유입과 기존 회원 유지를 통해 수익을 창출하기 때문에 이들의 시선을 사로잡아 오랫동안 머물게 할 수 있는 이야기와 시각적 퀄리티가 중요하다. 따라서 넷플릭스는 오리지널 시리즈 제작에 막대한 자금을 투자하고 있다. 예를 들어 「오징어 게임」의 경우, 회당 제작비는 20억 원대를 상회하는 것으로 추정되는데, 대작이라 불리는 한국 텔레비전 드라마 「태조 왕건」(2000)의 회당 제작비가 1~2억 원이었던 것과 비교하면 10배에 달하는 금액이며, 총제작비 측면에서는 「비상선언」(2022)과 「한산: 용의 출현」(2022)에 버금가는 200억 원대 제작비가 투자되었다(오경민, 2022).

그러므로 이 글은 넷플릭스 오리지널 한국 드라마를 디지털 시대 변화하는 매체 기술과 환경 안에서 새롭게 등장한 하나의 장르라는 의미에서 K드라마로 바라보면서, 제작 측면에서 K드라마에 나타난 변화의 의미를 살펴본다. 이것은 한류 드라마를 서구와의 문화적 차이에 기반한 문화적 특수성으로 이해하거나, 자본주의 비판이라는 초국가적 동시대성의 이해와 더불어 디지털 시대 매체성과 관객성을 통해 이해하는 데 기여할 수 있을 것이다. 다음에서, 「킹덤」, 「오징어 게임」, 「지옥」을 중심으로 초장르로 리부트된 판타지 스릴러 드라마들이 던지는 미학적 변화를 논의하기 위해 영화적인 것과 디지털 매체성을 살펴보자.

| 영화적인 것과 OTT 드라마

OTT는 인터넷을 포함한 디지털 매체 발전이 낳은 소비 양식과 연결된다. 그렇다면, '영화적'이라 불리는 OTT 드라마를 과연 매체성이라는 관점에서 설명할 수 있을까? 이 점을 설명하기 위해 텔레비전 드라마와 영화적인 것에 대한 담론들을 간략히 살펴보도록 하겠다.

텔레비전 연구자인 제이슨 미텔(Jason Mittell, 2015)은 데이비드 보드웰(David Bordwell)의 '역사적 시학'이라는 개념을 바탕으로 퀄리티 TV 드라마의 시리즈성(seriality)을 내러티브적 복잡성이라는 측면에서 텔레비전 고유의 매체 특정성을 논의한다. 이것은 생산과 유통이라는 산업적 맥락에서, 그리고 팬덤과의 관계 같은 수용의 맥락에서, 다시 말해 역사적 환경 속에서 영화의 형식적 요소들을 이해하면서 1990년대 후반에서 2000년대 텔레비전 드라마 산업의 변화와 서사 전략을 설명하는 것이다. 하지만 윌리엄 바틀리(William Bartley, 2021)의 지적처럼, 미텔이 주장하는 시리즈적 연속성과 개별 에피소드가 만들어내는 복잡한 스토리텔링은 부분과 전체로 구성되는 보편적 서사의 특징이기도 하다. 따라서 바틀리는 서사적 복잡성을 지닌 "롱폼 서사는 매체 특정성을 보여주는 것이 아니라 오히려 움직이는 이미지와 소설의 관계성의 최신 버전"이라고 말한다(p. 267).

그럼에도 라쉬나 리처드(Rashna Richards, 2021: 9)는 미텔의 시도가 "퀄리티 텔레비전의 발전을 영화적인 것에서 고상한 모조품으로의 선형적 이동"으로 이해하는 데 반대한다는 점을 높이 평가한다. 그리고 영화적인 것(cinematic)과 텔레비전적인 것(televisual)이라는 논쟁 속에 전제된 미학적 위계관계를 벗어나 상호텍스트성을 통해 두 매체의 관계성을 논의한다. 리처드는 줄리아 크리스테바(Julia Kristeva)의 상호텍스트성 개념에 기대면서, 텍스트가 다른 텍스트와의 대화이자 이전 텍스트와 엮여서 의미를 생산한다는 점에 강조한다. 그리고 오마주 혹은 패러디 등이 "의미의 생산에 있어 텍스트의 독립성과 작가의 권위를 해체"하듯이, 텔레비전이 영화의 이미지들을 활용하는 방식에 초점을 두면서 이것이 암시하는 바를 설명하고자 한다(p. 12). 이는 두 매체의 차이를 구분하기보다 미디어라는 개념으로 포괄하는 것이다.

위에서 언급한 입장들은 '영화와 텔레비전의 매체성을 어떻게 정의할 것인가?'라는 질문에 대해 매체가 지닌 물질적 특수성에 대한 고민을 내포한다. 미텔과 리처드의 경우, 텔레비전의 물질성이 설명되기 어렵기 때문에 역사적 시학의 관점을 취하면서 서사적 · 표현적 변화를 통해 우회적으로 매체성을 설명한다. 미텔은 청각적 경험이 강한 텔레비전 시청 방식이 서사적 복잡성을 통해 영화적인 방식으로, 즉 사진적 리얼리즘의 경험을 풍요롭게 만들면서 이야기에 몰입하게 한다는 점을 강조한다. 이것은 사실상 강화된 영화적 연속성이라고 볼 수 있다. 리처드의 경우, 새로운 시리즈 드라마가 영화라는 매체를 환기하면서 주체를 생산하는 방식을 강조하는데, 이는 비평적으로 예술로서 영화가 생산하는 주체의 가능성을 논의하는 방식과 크게 다르지 않다.

그렇다면, 앞으로는 매체성을 어떻게 이해해야 할까? 혹은 미디어라는 개념으로 모두 흡수되어야 할까? 이 지점에서 앞서 논의한 관점들이 간과한 지점을 떠올릴 수 있다. 그것은 관객성의 관점, 즉 영화가 장치로서 극장이라는 공간에서 맺는 시공간의 경험이라는 관점이다. 영화는 무빙 이미지의 생산과 상영방식의 지배적인 양식을 점유해왔다. 영화가 셀룰로이드 필름의 지표적 특징이 생산하는 인과성과 연속성을 제공하는 매체라고 전제한다면, 필름영화가 사라지고 있는 디지털 시대 영화는 죽음을 선언하게 될 것이다. 하지만 데이비드 로도윅(David Rodowick)이 말한 디지털 시대 사진적 리얼리즘에서 지각적 리얼리즘으로의 전환은 극장을 통한 관객의 시공간적 경험을 설명한다는 점에서는 장치로서 영화에 대한 관점을 암시한다.

또한, 영화는 본래 다층적이고 이질적인 속성을 지닌다는 전제하에 우리가 '영화적'이라고 부르는 이미지의 생산 및 전시 방식을 역사적인 현상으로 주장할 수 있다. 이러한 관점에서 영화적 시공간 경험이 생산하는 리얼리티는 당대의 매체 환경 그리고 시공간의 경험과 긴밀하게 관련되어 있다고 설명할 수 있다. 톰 거닝(Tom Gunning, 1997)은 초기 영화연구에서 영화가 관객을 스크린의 세계로 초대하는 것이 아니라, 연속되는 이미지의 과잉을 통해 놀라움을 제공하면서 관객을 매혹하는 것이라고 말한다. 그리고 초기 영화의 매혹은 근대적 미학의 형식이자 산업화되고 소비주의적인 근대사회에서 "일관성과 진정성을 상실한 소외의 경험"에 대한 반응에 상응하는 것이라고 설명한다(p. 128). 여기서 중요한 것은 전시의 방식으로 어두운 극장 안에서 스크린을 보는 지배적 영화 보기의 방식과 달리 초기 영화 관객은 변사를 두고 스크린의 프레임을 인지하며 관람했다는 점이다. 거닝은 이 지점에서 초기 영화 관객이 스크린 위의 인물과 동일시하면서 다른 세계에 대한 몰입을 경험한다기보다 대상의 존재로부터 떨어져나온 텅 빈 사진적 이미지들의 경험을 통해 도시적 삶의 공허함과 마주치고, 몽타주를 통해 도시의 속도감을 경험하면서 근대적 삶의 감각에 매혹된다고 주장한다.

이제 거닝의 논의를 통해 영화적 미학을 연속성과 몽타주의 차원에서 생각해볼 수 있다. 그리고 이렇게 극장영화의 경험을 관객성의 차원에서 역사화한다면, 특정 효과를 만들어내는 장치로서 영화를 이해하는 한계에서 벗어나 관객과 스크린의 관계성을 구성하는 체계, 즉 '디스포지티브(dispositif)'라는 개념으로 영화적인 것을 생각할 수 있다. 프랭크 케슬러(Frank Kessler, 2006: 60-61)는 장루이 보드리(Jean-Louis Baudry)의 장치 이론이 '초역사적 규범'으로서 보기의 방식을 생산하는 물적 기반으로 이해되어 비판받았다고 하면서, 원래 프랑스어 '디스포지티프'가 지닌 '배치(arrangement)' 혹은 '경향(tendency)'의 의미가 영어 단어 '장치(apparatus)'로 번역되면서 누락되었다고 설명한다. 케슬러는 디스포지티프가 함축한 의미를 강조하면서 거닝의 '매혹의 영화' 개념이 "기술, 특정 영화 형식, 그리고 관객 위치의 상호관계성을 역사화"해야 함을 보여준다고 주장한다(p. 61). 영화를 디스포지티프, 즉 기술과 텍스트 그리고 관객과의 관계의 배치 양상이라고 이해한다면, 영화적 경험은 사진적 리얼리즘의 경험에 국한되지 않으며, 매혹을 제공하는 영화적 몽타주들은 역사적 디스포지티프로 이해할 수 있다.

또한, 매혹의 몽타주는 서사영화의 디스포지티프로서 연속성과 상호 작용한다. 영화 「1910 브뤼셀 국제 박람회 화재」는 고몽 버전과 달리 암스테르담 버전에서 화재 당시 찍지 못한 장면들을 추가했는데, 케슬러는 추가된 소방관들의 구조 장면 등이 화재의 스펙터클을 강화하는 것이면서 동시에 기사를 통해 당시 화재 상황이 자세히 알려져 있었기 때문에 이 추가적인 이미지들이 관객의 서사적 이해를 도왔을 것이라고 말한다. 이처럼 매혹의 몽타주와 서사적 연속성은 디스포지티프로서 역사적으로 영화미학을 구성해왔다고 볼 수 있다.

프란체스코 카세티(Francesco Casetti, 2015: 12-13)는 유사한 맥락에서 디지털 시대 전통적인 영화적 경험이 극장이 아닌 다른 스크린 장치들로 이주(relocation)한다고 주장한다. 카세티는 새로운 디바이스들의 스크린은 더 이상 "현현(epiphany)의 장소"가 아니라, "떠돌아다니는(free-floating) 이미지들이 잠시 머무르는, 변형되고 다시 새로운 곳으로 전송되는 전시의 공간"이라고 말한다. 이것은 각 매체의 특징을 분명히 구분하면서 하나의 매체가 다른 매체의 형식 논리를 차용한다는 볼터와 그루신의 재매개와 달리, 푸코적 입장에서 관계성의 구조를 전제하면서도 들뢰즈적 입장에서 아상블라주(assemblage)의 가능성에 무게중심을 둔 설명이라 볼 수 있다. 이런 점에서, 영화적인 경험은 특정 매체의 본질이 아니라 다른 매체 경험과 구분될 만한 특징을 가진 어떤 것(대중매체이자 예술로서 구축되는 시공간의 경험)이라 할 수 있다. 또한, 카세티는 필름영화가 새로운 스크린으로 이주하면서 약간의 특징을 잃어버릴 수 있지만, 여전히 영화적인 것을 유지할 수 있다고 주장한다. 이러한 논의는 우리가 디지털미디어 시대 역사적 보기의 방식으로서 영화적인 것을 과거에 머무르게 하지 않고 현재화할 수 있게 도와준다. 결국, 이것은 영화적인 것을 사진적 리얼리즘에 기반한 과거의 지배적 양식으로 국한하거나, 미학적 위계관계를 전제하면서 다른 영상기술 매체와의 구분을 시도하는 것이라기보다 사실상 영화를 무빙 이미지의 역사에서 지배적인 디스포지티프로 다루려는 노력이라 하겠다.

따라서 OTT 시리얼 드라마의 시리즈성 혹은 서사적 복잡성은 텔레비전이나 디지털 기술의 특수성이라기보다 매혹과 연속성의 몽타주를 중심으로 영화적 디스포지티프의 디지털 스크린으로의 배치로 볼 수 있다. 그러므로 'OTT의 K드라마가 영화적인가?'라는 질문을 '이들이 영화적 경험을 (어떻게) 바꾸었는가?' 혹은 '새로운 스크린이 촉발하는 관객성이 영화적인 것을 어떻게 재발명하는가?'라는 질문으로 바꿔볼 수 있다. 다음에서는 연속성과 몽타주를 중심으로 새로운 관객성을 요청하는 넷플릭스의 오리지널 K드라마 「킹덤」, 「오징어 게임」, 「지옥」을 살펴보도록 하겠다.

| K드라마와 영화적인 것의 재발명

_ 트랜스미디어적 연속성(Transmedial Continuity)

판타지 스릴러물의 시리즈성은 롱폼 내러티브로 이해될 수도 있지만, 하나의 이야기가 다른 매체에서 실천되는 트랜스미디어적 스토리텔링 전략이기도 하다. 트랜스미디어 스토리텔링은 동일한 이야기의 반복으로서 리메이크처럼 이해되기 쉽다. 그러나 헨리 젠킨스(Henry Jenkins, 2006)에 따르면, 트랜스미디어 스토리텔링은 미디어 컨버전스 시대 이익을 최대화하려는 산업적 욕구와 연결되어있지만, 동시에 정서적 애착을 바탕으로 하나의 이야기를 여러 매체를 통해 확장하면서 이야기의 시너지를 만들어낸다. 즉, 이것은 내러티브 요소를 공유하면서 기존 내러티브를 확장하거나 주해를 더하여 이야기 세계에 기여하는 방식이다. 그리고 젠킨스는 관객이 다양한 매체를 통해 캐릭터 관계성이나 복잡한 플롯 라인에 관련된 추가적인 정보를 찾게 하는 "트랜스미디어적 충동"이 동시대 미디어 컨버전스 문화의 핵심에 있다고 말한다(p. 129).

트랜스미디어적 스토리텔링은 같은 이야기가 다른 매체로 이동하면서 변주되는 트랜스픽셔널리티(transfictionality)와는 차이가 있다. 마리-로르 라이언(Marie-Laure Ryan, 2015)은 돈키호테 이야기처럼 트랜스픽셔널리티가 이야기를 시리즈물로 확장하고, 주인공의 운명이나 이야기의 결말을 변형시키며, 플롯을 새로운 세팅으로 이식하는 반면, 트랜스미디어 스토리텔링은 확장의 특징만 지닌다고 설명한다. 또한, 트랜스픽셔널리티에서 다른 매체의 표현 양식을 활용하는 복합적 내레이션(multimodal narration)은 기호적으로 긴밀히 연결되어있어 어떤 특정 기호가 작동하지 않으면 전체 내용에 상당한 손실을 끼치게 된다. 하지만 트랜스미디어 스토리텔링에서 다른 매체적 표현 양식은 개별적으로 소비될 수 있는 일종의 데이터베이스 역할을 한다. 따라서 라이언에 따르면, 트랜스미디어 스토리텔링은 관객이 하나의 이야기에서 설명되지 않은 정보를 찾아내어 기존의 이야기 세계에 정통하고자 하는 열망을 충족시키는 여정이다. 트랜스미디어 스토리텔링은 단순히 이야기의 변주가 아니라 트랜스미디어적 세계-만들기(world-building)인 것이다. 달리 말하자면, 영화적인 것이라 여겨지는 내러티브적 연속성은 다양한 매체 실천을 통해 이야기 세계를 구축하는 연속성으로 확장된다.

같은 맥락에서, 젠킨스는 영화 「매트릭스」가 트랜스미디어적 실천을 보여준다고 설명하지만, 한편으로 게임의 경우 원작의 이야기에 지나치게 의존하기 때문에 유저들이 게임으로서의 독자적인 특성이 부족하다고 느낀다는 점에서 실패한 측면이 있다고 말한다. 이것은 확장으로서 세계-만들기에 실패한 것이라 할 수 있다. 젠킨스는 세계-만들기로서 트랜스미디어 스토리텔링이 실상 원작 안에 숨겨진 가능성을 찾아내려는 지적 욕망과 이를 온라인 공간에서 지식을 공유하고 확장된 세계를 구축하는 동시대 지식문화(knowledge culture)와 연결되어있다고 주장한다. 판타지 스릴러가 초장르로 리부트될 수 있었던 것은 관객이 캐내고 싶은 비밀과 암시된 세계관의 특징과 연결되기 때문이다. 따라서 OTT의 판타지 스릴러물이 시즌제를 채택하고, 게임이나 웹툰 등으로 다각화하는 것은 산업적 욕구와 맞닿아 있지만, 그 원동력은 원천 소스가 지닌 이야기 세계의 확장 가능성에 있다. 즉, 대중 예술로서 영화가 만들어내는 인물과의 동일시와 사건의 인과성에 기반한 닫힌 결말을 지닌 내러티브적 연속성이 아니라 새로운 캐릭터와 이야기를 가능하게 하는 열린 결말을 특징으로 트랜스미디어적 연속성을 만들어낸다.

이런 점에서 드라마 「킹덤」을 다시 이해할 수 있다. 「킹덤」은 김은희 작가가 자신이 이전에 스토리를 쓴 만화 「신의 나라」를 원작으로 탄생한 작품이다. 「신의 나라」는 기획 단계부터 글로벌 만화 시장을 노리고 이후 영상화하겠다는 계획을 가지고 있었다(김기윤, 2019). 「신의 나라」는 「킹덤」과 조선 시대 좀비라는 소재와 권력다툼으로 위기에 처한 세자가 지율헌에서 후일을 도모하는 캐릭터를 공유한다. 그리고 드라마는 원작 만화에서 암시된 '백성을 생각하는 왕'이라는 주제 의식을 굶주림에 인육을 먹고 좀비가 된다는 배경 설정을 통해 구체화한다. 조선 시대 좀비는 그저 없애야 할 위협적인 대상이 아니라 백성을 구하기 위해 풀어야 할 비밀이 되면서 「신의 나라」가 보여준 세계를 확장한다. 또한, 물과 불을 싫어하고 온도에 민감한 좀비라는 설정을 추가하여 새로운 좀비 세계의 존재 방식을 만들어낸다. 그리고 「킹덤: 아신전」은 드라마의 스핀오프이자 프리퀄로, 생사초의 유래와 좀비의 탄생이라는 연결지점을 유지하면서 여진족 아신이라는 새로운 캐릭터를 통해 드라마의 공간을 조선과 중국의 경계 지역까지 확장한다. 이처럼 드라마 「킹덤」은 원작의 주제 의식과 설정을 공유하면서 조선 시대 좀비의 세계에 새로운 정보의 층을 추가하여 트랜스미디어적 연속성을 만들어낸 한 예다.

게다가 이 드라마는 「킹덤: 왕가의 피」 RPG게임으로도 제작되어 2022년 7월 트레일러가 공개되었고, 2023년 8월 현재 베타 테스트 중이다. 제작자들은 드라마의 기본 콘셉트인 조선 시대 좀비와 왕세자의 이야기를 따라가면서 전투 체험에 중점을 두었다고 말한다(윤서호, 2022). 드라마에서처럼 피 냄새에 반응하고 온도에 민감한 좀비들은 학습을 통해 전투 방식을 다양화할 수 있다. 또한 자동 전투가 아닌 수동 전투로 문경새재 등 스테이지 10개를 통과해야 하는 돌파 모드, 왜구를 물리치고 지역을 지켜야 하는 점령 모드, 여러 플레이어가 함께 보스 몬스터와 싸우는 멀티 모드를 제공한다. 테스트 참가자들은 이러한 수동 액션의 경험에 높은 점수를 주었다(이도원, 2023). 이처럼 게임으로의 확장은 인과론에 기반한 이야기의 시간이 연장되는 것이 아니라, 드라마에서 암시되었으나 재현되지 않은 전투를 통해 좀비 세계를 신체적으로 경험하면서 이야기 세계를 확장한다는 의미에서 드라마적 세계의 연속성을 생산할 수 있다.

「킹덤」의 경우처럼 판타지스릴러 K드라마는 서사의 변형이나 차용보다 확장에 중심을 둔 다양한 매체 실천을 통해 트랜스미디어적 연속성을 추구한다. 이것은 단지 이윤 극대화를 노리는 산업적 논리에 의한 것만이 아니라 디지털미디어 시대 관객성, 즉 지식문화와 그 실천 양식과 연계하여 이해될 수 있을 것이다. 다시 말해, K드라마는 매체들을 가로지르면서 인과적 · 신체적 경험의 차원에서 이야기 세계를 구축하는 트랜스미디어적 연속성으로 확장 가능성을 내포한다.

_ 인터미디어적 몽타주(Intermedial Montage)

판타지스릴러 드라마들은 서사적 측면뿐만 아니라 스타일적 측면에서도 새로운 시도를 하고 있다. 「지옥」이나 「오징어 게임」의 경우, 인터미디어적 몽타주들이 눈에 띈다. 이본느 스필만(Yvonne Spielmann, 2001)에 따르면, 인터미디어성은 다양한 미디어가 자신의 특성을 유지한 채 연결되는 멀티미디어성이나 하나의 미디어적 특성이 다른 미디어에 통합되는 혼합미디어와 다르다. 또한, 스필만은 인터미디어성이 텍스트들 사이의 관계성을 드러내는 상호텍스트성과 달리, 인터미디어적 관계성을 매개하는 예술 형식 체계의 기준틀 자체가 변형 과정에 포함된다고 설명한다. 다시 말해, 각 미디어가 자신의 매체성을 고수하면서 새로운 매체 환경 속에서 올드미디어나 뉴미디어를 재매개하는 것이 아니라, 두 가지 이상의 미디어가 자기반영적인 이미지의 형식을 창조한다는 것이다. 스필만은 이 지점에서 시간적인 특성을 만들어내는 영화적 몽타주가 인터미디어적 몽타주로 전환되면서 간격(interval)의 개념이 공간적 밀도(spatial intensity)와 동시성으로 바뀐다고 말한다.

이것은 레프 마노비치(Lev Manovich, 1999)가 디지털 기술과 함께 강조된 표현 양식이라 설명한 '공간적 몽타주'라고도 할 수 있다. 마노비치가 보기에 공간적 몽타주는 움직이는 이미지의 예술로서 1920년대 소비에트 몽타주 실험이 추구한 예술로서 영화의 가능성이 실현된 것이다. 특히, 지가 베르토프(Dziga Vertov)가 카메라를 통해 인간의 지각능력을 넘어서는 시각성을 창조하려 했던 것이 그러하다. 마그다 드라구(Magda Dragu, 2020)는 베르토프의 「카메라를 든 사나이」(1929)의 분할 쇼트들로 구성된 엔딩 장면이나 영화 속에 등장하는 영화 포스터들이 큐비즘 회화의 시도와 연결된다는 점에서 인터미디어적이라고 주장한다. 이 공간적 몽타주가 전체 서사에 통합되면서 멈춤을 유발하여 의미를 발생시키고, 동시에 움직이는 이미지(영화)와 정지된 이미지(사진)의 매체적 의미를 생각하게 한다는 점에서 인터미디어적이라는 것이다. 드라구의 주장을 다시 생각해보면, 결국 인터미디어성은 매체적 특수성을 모호하게 한다는 점에서 매체성의 개념을 다시 생각해보게 한다.

또한, 드라구는 에이젠슈타인의 지적 몽타주를 인터미디어적이라고 주장한다. 드라구는 「10월」에서 '신과 국가의 이름으로' 시퀀스를 예로 들면서, 다양한 신의 조각상 몽타주는 이미지의 기호적 차원에서 만들어내는 개별 신들의 의미와는 상관없이 재현의 관습적인 측면과 기호의 임의성을 가시화하여 영화적 문법의 차원에서 '신이란 무엇인가?'라는 의미를 만들어낸다. 따라서 비록 이 시퀀스는 영화라는 하나의 매체 안에서 이루어진 몽타주임에도 드라구는 이것이 영화의 문법이라는 매체적 상징체계 차원에서 의미를 생성하기 때문에 인터미디어적이라고 주장하는 것이다.

드라마 「지옥」과 「오징어 게임」의 재현양식은 자기반영의 형식을 창조하는 인터미디어적 관점에서 다시 생각하게 한다. 연상호 감독과 최규석 작가가 함께 작업한 동명의 웹툰을 원작으로 하는 「지옥」은 지옥행을 고지받은 사람들이 죽음의 사자(使者)에게 살해되는 일이 발생하면서 혼란에 빠진 사람들과 이를 기회로 삼아 권력을 잡으려는 신흥 종교 세력 새진리회와 지옥행 고지의 진실을 찾아내려는 사람들의 이야기다. 불가사의한 초현실적 사건을 재현하면서 컴퓨터그래픽을 사용하고 있는데, 대낮의 대로에서 벌어지는 지옥행 시연 오프닝 시퀀스에 등장하는 사자들은 게임 캐릭터처럼 보인다. 혹자는 이것이 사진적 이미지처럼 보이지 않기 때문에 기술적 부족함을 지적할지도 모른다. 하지만 전체 서사와 재현의 측면에서 생각해보면 컴퓨터그래픽적 캐릭터의 재현 방식은 다르게 해석될 수 있다. 「지옥」의 서사에서 극적 긴장감을 만들어내는 것은 단지 초자연적인 죽음에 있는 것이 아니라 그 죽음이 공개된다는 점에 있다. 이러한 시연은 이해될 수 없는, 인지할 수 없는 것이 가시화되는 것이다. 사자들이 실제 사람으로 의인화되지 않고 컴퓨터그래픽적 캐릭터로 재현되면서, 불가지의 영역이 시각적으로 정보화된다. 그리고 초현실적인 지옥행 고지와 시연이 텔레비전과 모바일 스크린을 통해 전해지는 장면들은 매개된 이미지들이 사람들의 행동과 사회 윤리 그리고 신의 의미에 영향을 미친다는 서사로 이어지면서 동시대 매체 환경과 현실의 관계를 암시한다. 이렇게 그래픽적으로 만들어진 사자와 천사의 이미지는 영화 「에일리언」처럼 존재하지 않는 존재를 보여주기 위해 특수분장을 사용하여 촬영하는 것과 달리 매체성을 지시할 수 있다. 일종의 인터미디어적 몽타주로서 그래픽이미지의 이질감은 매체를 통해 구성되는 신의 뜻이라는 서사에 통합된다.

또한, 화살촉의 유튜브 방송 장면에서 프레임 내에 컴퓨터그래픽으로 채팅창과 광고 배너를 배치하면서 현실감을 만들어낸다. 「지옥」은 넷플릭스 오리지널로 만들어졌기 때문에 컴퓨터화된 스크린을 통해 보게 되는데, 이 때문에 화살촉의 방송 장면에서 갑자기 광고 배너가 나타날 때 관객은 자신도 모르게 광고 창을 끄기 위해 스크린을 터치할지도 모른다. 같은 장면을 극장에서 관람했다면 이 장면은 거대한 스크린으로 인해 컴퓨터 스크린을 재현했음을 드러내는 몽타주로 이해하겠지만, 컴퓨터 스크린으로 관람할 때 관객은 이 스크린에 내재한 사용자-관객의 행동양식을 취하면서 상호작용할 수 없음을 깨닫게 된다. 즉, 배너 창을 끄기 위해 터치 혹은 마우스를 건드리는 순간, 이 장면이 영화적으로 재현된 장면임을 인식하게 되는 것이다. 컴퓨터그래픽으로 만들어진 광고 배너 이미지는 컴퓨터 스크린의 시각적 양식을 매개하면서 서사적으로 통합되지만, 다른 한편으로 컴퓨터 스크린으로서 작동할 수 없어 영화적인 경험의 의미를 떠올리게 한다. 결국, 광고 배너의 공간적 몽타주는 각각의 매체성을 유지한 채 대비되는 것이 아니라, 매체 문법의 차원에 영화적인 재현이 포섭할 수 없는 컴퓨터 스크린의 매체성을 환기하는 것이다. 이처럼 「지옥」의 인터미디어적 몽타주는 영화적이라거나 디지털적인 것을 구분하면서 둘 사이의 차이를 드러내는 것이 아니라, 디지털 시대 매체 환경을 환기하면서 서사에 통합된다. 이는 동시대 디스포지티프로서 컴퓨터 스크린의 가능성을 영화적으로 표현함과 동시에 그 스크린의 불가능성을 깨닫게 하는 새로운 표현 전략이며, 영화가 컴퓨터 스크린으로 이주하면서 발생시키는 표현적 가능성이다.

다음으로, 「오징어 게임」은 수억 혹은 수십억대 채무에 시달리는 사람들이 외딴 섬에 모여 456억 원의 상금을 두고 벌이는 서바이벌 게임을 다루고 있다. 무궁화꽃이 피었습니다, 달고나 뽑기, 줄다리기, 공기놀이 등 매회 어린 시절 추억의 게임을 활용하여 목숨을 건 경쟁이라는 전체 서사에 기여하면서 개별 에피소드가 각자의 주제를 가지고 이야기가 진행되는 구조다. 따라서 이미 주요 인물들이 시즌 1에서 사망했지만, 새로운 게임을 중심으로 시즌 2가 제작될 예정이다. 이것은 미텔이 말한 서사의 복잡성과 일맥상통하는 특징이라 할 것이다.

이 서사적 복잡성과 함께 두드러지는 것은 인공적인 미장센이다. '무궁화꽃이 피었습니다' 게임을 하는 운동장의 외벽 그림이라든지 초현실주의 화가 마우리츠 코르넬리스 에셔(Maurits Cornelis Escher)의 그림을 연상케 하는 미로 계단, 그리고 거대한 돼지저금통이 내려오는 숙소 등 기괴하고 유아적인 공간들은 실제 미술팀이 만든 세트장을 컴퓨터그래픽으로 연장하거나, 완전히 그래픽적으로 구현되었다. 이것은 「트루먼 쇼」(1998)처럼 세트장이 현실 공간을 모방하고 있거나, 「매트릭스」(1999)처럼 가상공간이 현실 세계를 완전히 압도하여 모든 공간을 가상의 공간으로 재현하지 않는다. 이 때문에 「오징어 게임」의 공간은 실제 세계와 그래픽적 허구의 세계가 몽타주된 것처럼 보인다. 예를 들면, 그림자가 거의 없거나 인공조명으로 만들어진 그림자가 보여주는 그래픽적 실내 공간은 외부 세계의 자연스러운 빛의 감각과 대조를 이룬다. 오직 캐릭터의 죽음만이 이 가상적인 공간이 실제임을 증명해준다. 특히, 실내 게임 공간은 끊임없이 게임을 하게 만들기 위해 세상을 바라보게 하는 창문, 나 자신을 바라보게 하는 거울, 그리고 시간의 흐름을 감지하게 하는 시계를 제거한 카지노 공간을 환기하면서, 게임이라는 가상의 규칙이 현실-삶과 죽음의 결과로 이어짐을 경험하게 한다.

이것은 동시에 경계를 가늠할 수 없는 컴퓨터그래픽과 실제의 공존이 만들어내는 과잉된 매체성의 언캐니(uncanny)함이기도 하다. 「오징어 게임」이 구축하는 이러한 인터미디어적 몽타주의 의미는 「배틀로얄」(2000)이나 「헝거 게임」(2012)과 비교할 때 더욱 분명해진다. 세 텍스트 모두 생존을 위해 게임을 해야 한다는 설정으로 시작한다. 하지만 군대의 힘을 앞세워 강제로 사람들을 게임에 참가시키는 「배틀로얄」이나 「헝거 게임」과 달리, 「오징어 게임」은 참가자들이 이 게임을 누가 기획한 것인지 그 목적이 무엇인지 알지 못한 채 자신의 채무를 갚을 기회라고 생각하고 스스로 참여한다는 점에서 차이를 보인다. 한편으로 이것은 노동 유연화를 중심으로 시장의 자율성을 주장하는 신자유주의적 체제와 유사하다. 다른 한편으로, 이러한 서사적 지점은 인터미디어적 몽타주와 만나면서 이미 프로그래밍된 컴퓨터 체제 안에서 자율성을 경험하는 디지털 시대 삶의 양식을 환기한다. 나아가 몸/목숨을 담보로 투자하는, 다시 말해 리셋되지 않는다는 점에서 자율적 참여라는 가상 세계의 논리가 죽음이라는 실존적 결과로 이어지면서 디지털미디어와 현실 세계의 삼투 현상을 언캐니하게 경험하게 하는 스릴러적 표현 양식이 된다. 이처럼 판타지스릴러 K드라마에 나타난 인터미디어적 몽타주는 그래픽적 이미지와 사진적 이미지 사이에서 영화와 디지털 매체의 의미 생산 체제를 환기하고, 가상과 실제 세계의 관계성을 재고하게 하는 미학적 양식이 된다.

| 결론: K드라마와 디지털 문화자본

디지털 시대 OTT 서비스의 급부상과 함께 K드라마는 시간차 없이 국가 경계를 넘어 시청자의 주목을 받고 있다. K드라마의 초국가적 성공은 국내외 언론을 통해 한국의 문화적 특수성이나 초국가적 특성으로 분석되었다. 이러한 담론들은 종종 국가적 문화자본으로 연결되는 경향을 보이는데, 여기서 'K'라는 접두어는 산업적 맥락에서 글로벌 문화 지형의 권력 형성을 위한 문화자본의 의미를 지니게 된다.

이 글에서는 디지털 매체의 하나인 OTT라는 디스포지티프에서 영화적인 것을 재발명하는 판타지스릴러 K드라마의 미학적 특징을 살펴보았다. K드라마는 초국가적으로 공감할 수 있는 사회비판적 메시지와 함께 새로운 미학적 시도들을 포함한다. 미텔 같은 텔레비전 연구자들은 서사적 복잡성을 근거로 퀄리티 TV쇼를 분석하면서 텔레비전의 매체성을 설명하지만, 시리즈물로 만들어진 영화들의 경우를 생각해본다면, 전체 서사와 개별 에피소드의 복잡한 관계는 매체적 특정성을 보여준다고 설명하기 어렵다. K드라마의 시리즈성이 영화적인 것과 비교된다는 것은 오히려 미학적 측면에서 그러하다고 볼 수 있을 것이다. 따라서 매체성을 보기의 방식으로서 관객성과 연결 지어 생각할 필요가 있다. 특정 보기의 방식을 생산하는 닫힌 체계로서 매체를 규정하는 것이 아니라, 지배적인 특정 보기의 방식 체계인 디스포지티프로서 매체를 이해하는 것이다. 이 글에서는 대중적인 영상 문법으로서 영화적인 것의 특징이라 볼 수 있는 연속성과 매혹의 몽타주를 중심으로 '디지털 기술과 함께 초장르적으로 리부트된 OTT 판타지스릴러물이 영화적인 보기의 방식을 어떻게 재발명하는가?'라는 질문을 통해 넷플릭스 오리지널 K드라마가 디지털 관객성과 조우하고 있음을 논의했다.

「킹덤」의 사례처럼 서사적 변형이나 차용이 아닌 지속적으로 확장 가능한 열린 서사를 지향하면서 다양한 매체를 통해 세계-만들기를 실천한다. 이러한 트랜스미디어적 연속성은 수익의 극대화를 추구하는 산업적 욕망뿐만 아니라 디지털 시대 지식 생산과 소비를 추구하는 관객성에 부응한다. 「지옥」과 「오징어 게임」의 경우는 디지털적인 것과 영화적인 것이 서로의 경계를 뚜렷이 세우면서 서로의 특징을 흡수하거나 대비하는 것이 아니라, 디지털 매체의 경험이 지배적인 동시대 관객에게 완고한 매체성의 개념에 대해 다시금 질문을 던지는 인터미디어적 몽타주를 실천한다. 이것은 디지털 매체의 영화적 표현이 지닌 가능성과 한계를 환기하고, 디지털미디어와 현실 세계의 관계성을 과잉된 매체성을 통해 언캐니하게 마주하게 하는 새로운 표현 전략이 될 수 있음을 보여준다. 이처럼 OTT 오리지널 K드라마가 '영화의 범주에 포함되어야 하는가 혹은 영화는 사라지는가?'라는 질문을 넘어서, 영화적인 것이 다양한 스크린을 가로지르면서 어떤 새로운 영상 문법과 실천을 만들어낼 수 있는지 고민할 필요가 있다. 이 세 작품의 사례가 초장르화하는 OTT 오리지널 K드라마를 모두 아우를 수는 없을 것이다. 다만, 디지털 시대 매혹과 연속성의 몽타주로서 영화적인 것이 재발명되는 방식을 재고할 수 있다. 이를 통해 영화적인 것을 구원하는 게 아니라 K드라마를 통해 동시대에 등장하는 새로운 시청각적 경험의 '새로움'을 이해하기 위한 접근법을 상상하는 데 기여할 수 있기를 바란다.

참고문헌

김기윤. "윤인완 작가 '내 꿈은 한국형 마블… 영화화 고려해 웹툰 제작'". 『동아일보』, 2019. 3. 29. https://www.donga.com/news/Culture/article/all/20190329/94792734/1. 2022. 08. 10.

노광우. "오징어 게임이 '영화상'을 받는 게 맞는 일일까". 『NEWSTOPF』, 2022. 7. 18. https://www.newstof.com/news/articleView.html?idxno=12679. 2022. 09. 12.

박영은. "세계적 현상이 된 K콘텐츠의 힘 한국적 심미적, 초국가적 스토리텔링이 먹혔다". 『동아비즈니스리뷰』 12월 Issue 2, 2021. https://dbr.donga.com/article/view/total/article_no/10283/ac/a_view, 2022. 09. 12.

오경민. "'한산' 280억, '외계+인' 330억 … 한국영화 제작비, 200억원 훌쩍 넘어선 이유?". 『경향신문』, 2022. 8. 4. https://m.khan.co.kr/culture/culture-general/article/202208041453001, 2022. 09. 12.

윤서호. "[인터뷰] 모바일 액션 명가가 재해석한 '킹덤: 왕가의 피'". 『INVEN』, 2022. 7. 18. https://www.inven.co.kr/webzine/news/?news=274157&vtype=pc, 2022. 09. 12.

윤지영. "회당 2억원 넘는 드라마까지 등장". 『PD저널』, 2002. 10. 11. http://www.pdjournal.com/news/articleView.html?idxno=4547, 2022. 09. 12.

이도원. "액션스퀘어 신작 '킹덤: 왕가의 피', 원스토어 테스트 종료 드라마 킹덤 IP 계승작 … 액션성 등에 호평". 『ZDNET Korea』, 2023. 08. 22. https://zdnet.co.kr/view/?no=20230822101722, 2023. 08. 28.

이지효. "오징어게임이 넷플릭스로 간 이유". 『한국경제TV』, 2022. 4. 8. https://www.wowtv.co.kr/NewsCenter/News/Read?articleId=A202203230159, 2022. 09. 12.

정지우. "넷플릭스 '오징어게임'의 5가지 흥행 이유". 오마이뉴스, 2021. 10. 06. https://star.ohmynews.com/NWS_Web/OhmyStar/at_pg.aspx?CNTN_CD=A0002778156, 2022. 09. 12.

Bartley, William. "What Is Long-Form Television? An Answer to Jason Mittell's Complex TV." Canadian Review of American Studies 51, no. 3 (2021): 261-275.

Brzeski, Patrick. 'Squid Game': Netflix's Top Exec in Asia Explains the Show's Huge Global Appeal, The Hollywood Reporter, October 11, 2021.

https://www.hollywoodreporter.com/tv/tv-news/squid-game-secret-to-global-success-1235030008, 2022. 09. 21.

Casetti, Francesco. The Lumière Galaxy: Seven Key Words for the Cinema to Come.

Columbia University Press, 2015.

Dragu, Magda. Form and Meaning in Avant-Garde Collage and Montage. Routledge, 2020.

Gunning, Tom. "An Aesthetic of Astonishment." In Viewinga Positions: Ways of Seeing Film, 114-133. Edited by Linda Williams, Rutgers University Press, 1997.

Herbert, Daniel and Constantine Verevis. "Introduction: Film Reboots." In Film Reboots. Edited by Daniel Herbert and Constantine Verevis, Edinburgh University Press, 2020.

Jenkins, Henry. Convergence Culture: Where Old and New Media Collide. New York University Press, 2006.

Kesseler, Frank. "The Cinema of Attractions as Dispositif." In The Cinema of Attractions Reloaded, 57-69. Edited by Wanda Strauven, Amsterdam University Press, 2006.

Mittell, Jason. Complex TV: The Poetics of Contemporary Television Storytelling. NYU Press, 2015.

Neale, Steve. Genre and Hollywood, Routledge, 2000.

Placido, Dani Di. The Secret To The Success Of 'Squid Game,' Forbes, October 6, 2021. https://www.forbes.com/sites/danidiplacido/2021/10/06/the-secret-to-squid-games-success-explained/, 2022. 09. 21.

Richards, Rashna. Cinematic TV Serial Drama Goes to the Movies. Oxford University Press, 2021.

Rodowick, D. N. The Virtual Life of Film, Harvard University Press, 2007.

Ryan, Marie-Laure. "Transmedia storytelling: industry buzzword or new narrative experience?". Storyworlds: A Journal of Narrative Studies, Volume 7, Number 2, Winter (2015): 1-19.

Seit, Matt Zoller. 'Kingdom Feels Like a Nightmare of Now', Vurture, July 9, 2020.

https://www.vulture.com/article/kingdom-netflix-review.html, 2022. 09. 21.

Spielmann, Yvonne. "Intermedia in Electronic Images", Leonardo, Volume 34, Number 1, February (2001): 55-61.

Thompson, Robert. "Preface." In Quality TV: Contemporary American Television and Beyond. xvii-xx. Edited by Janet McCabe and Kim Akass, I. B. Tauris, 2007.

아이돌 문화자본 형성 메커니즘

이종임
서울과학기술대학교
IT정책전문대학원 외래교수

| 들어가며

"아이돌 고시"(권란, 2011. 7. 4), "아이돌 연습생 백만 명 시대"(이종임, 2023. 6. 2) 같은 아이돌 문화를 표현하는 언론보도는 국내의 아이돌 데뷔를 원하는 10대들이 얼마나 많은지 짐작하게 한다. 명확한 데이터는 없지만, '백만 명'이라는 수치는 기사에서 종종 제시된다. 구체적 데이터가 부재함에도 이러한 표현이 계속 쓰이는 이유는 아이돌 연습생이 되고 아이돌 육성 시스템에 유입되길 원하는 10대들이 지난 몇 년 동안 기하급수적으로 늘어났기 때문이다. 필자가 2018년과 2019년 해외 기자들과 만났을 때, 기자들은 일본과 싱가포르에서 아이돌이 되기 위해 학업을 중단하고 한국으로 오는 10대들이 늘어나고 있다고 설명했다. 인터뷰의 목적은 '왜 10대들이 한국을 찾는지' 그 이유를 찾기 위함이었다.

이를 증명하듯이, 국내 토크쇼나 리얼리티 프로그램에 출연한 연예인 대부분은 데뷔 전 아이돌 연습생 생활을 했다고 고백한다. 한국의 엔터테인먼트 산업구조에 아이돌 육성 시스템이 미치는 영향력이 크다는 것을 알 수 있다.

엔터테인먼트 산업구조는 미디어 기술의 빠른 변화에도 영향을 받게 되었다. 오늘날 미디어 기술의 발전은 문화의 접촉면을 확장했기 때문이다. 대중은 디지털 플랫폼과 모바일 디바이스 등을 자유롭게 활용한다. 문화의 세계화, 미디어에 기반한 지역 간 수용 방식의 변화, 정보의 이동성이 가속화되었다.

이러한 흐름으로 문화콘텐츠의 특성도 변화했다. 한국의 대중문화인 케이팝을 중심으로 문화적 혼종성과 잡종적인 스타일이 구현되고 있기 때문이다. 아이돌이 주도하는 대중음악은 아이돌 음악으로 대표되는 한류가 발현하는 '탈지역적 흐름'을 이끌어가는 가시적인 동인의 기능을 수행하면서 대중음악 영역 내에서도 공고한 현상을 점유하고 있다. 아이돌 문화는 문화다양성 추구가 상업적 이익을 고려하면서 확산되기도 하고, 다국적 팬덤 현상이나 지역적인 경계를 넘어선 수많은 수용자가 내는 참여의 목소리여서 상업적 흐름에 포섭되지 않고 문화적 자율성과 비상업적인 상호작용의 흐름을 보여준다(이기형, 2018: 14-15).

필자가 강의에서 만난 한 대중음악 작곡가는 아이돌 음악을 전문가적 시선에서 노골적으로 비판했다. 하지만 이러한 시각이 오늘날 국내외 아이돌 팬덤 문화를 설명할 수 있을까. 물론 대중음악산업 영역에서 많은 팬이 있다고 해서 아이돌을 비판했던 그의 논리가 틀렸다는 것은 아니다. 다만 아이돌은 어떤 한 가지 요소가 아닌 대중음악 생산 및 소비양식의 전반적인 변화와 함께 등장했고, 하나의 기준만으로는 설명하기 어려운 특징을 지닌다. 대중문화 현상으로서의 아이돌은 그 자체가 상품이자 문화현상이다.

한국 사회에서 '고시'는 누구나 동등한 조건에서 경쟁에 참여할 수 있으며, 자신의 실력만으로 승부를 볼 수 있다는 것을 상징했다. 하지만 시간이 지날수록 학력자본이나 문화자본은 개인의 노력만으로 획득하기 어려운 것이 되었다. 이제 신체자본과 매력자본은 연예산업 구성에 중요한 기반이다. 수많은 10대들이 아이돌의 매력자본에 매료되었고, 자신도 아이돌이 되기를 희망하고 있기 때문이다.

아이돌이 되길 희망하는 10대들의 희망, 상업적 흐름에 포섭되지 않으려 노력하는 팬덤 활동의 근원 역시 '믿음'일 것이다. 이를 분석하기 위해서는 부르디외의 논의를 살펴볼 필요가 있다. 믿음은 우리가 보통 그 단어에 부여하는 뜻보다 훨씬 더 심층적이며 제거 불가능한 것이라고 설명한다. 사회세계는 사회에 속해있는 사람들에 의해 당연하게 받아들여지는 것, 거기에 속하고 싶어 하는 사람들의 눈에 가치 있다고 여겨지는 것이다. 이 모든 것은 결국 사회세계의 구조와 지각범주 사이의 즉각적인 일치에 기초하고 있다. 이러한 일치는 사회세계를 당연한 자연적 세계로 보게 하는 지각인 독사(doxa),* 후설이 말했던 근원적 독사(proto-doxa)를 구성한다. 어떤 형태를 취하고 있든지 간에 모든 자본은 자본으로서의 진실을 오인

---

* 아리스토텔레스가 합리적 선택과 비교하는 세 번째 영역은 믿음(doxa)이다. 이 비교에서는 지금까지의 비교와는 다른 성격의 논점이 뚜렷하게 드러난다. 대상 차원의 비교, 즉 합리적 선택의 대상은 우리의 힘이 미칠 수 있는 것들이지만 믿음 혹은 견해는 영원한 것들이나 불가능한 것들에 대해서도 가질 수 있다는 지적은 다른 논의와 큰 차이가 없다. 큰 차이는 믿음들이 참과 거짓을 기준으로 나눠지는 데 반해 합리적 선택의 경우 좋음과 나쁨을 기준으로 나눠진다는 것, 또 어떤 합리적 선택을 하느냐의 문제는 어떤 믿음 혹은 견해를 가지고 있느냐의 문제와 달리 한 인간의 도덕적 성질에 직접적인 관련을 갖는다는 것이다. 믿음은 주로 진리가 문제되는 영역이라면 합리적 선택은 좋고 나쁨 같은 윤리적 영역에 속한다는 지적으로 보인다. 아리스토텔레스, 김남두 · 김재홍 · 강상진 · 이창우 역, 『니코마코스 윤리학』, 길, 2004 참고.

받자마자 상징폭력을 행사하며 인정을 불러일으키는 권위로서 스스로를 부과한다. 믿음은 믿음이 그 대상에 투여하는 신용의 오인에 의해 정의된다. 그리고 신용의 오인은 이 대상이 믿음에 대해 지니는 권력, 즉 고귀함, 신망, 악명, 위세, 명망, 명예, 명성 혹은 재능, 지성, 문화, 탁월성, 취향에 이바지한다. 이 모든 것은 믿음이 그 대상의 본성 안에서 발견한다고 믿는 집단적 믿음의 투사물이다. 속물근성이나 허세는 믿는 자들이 가지고 있는 성향이다. 이들은 언제나 품위의 결여라든지 품행상의 잘못을 드러낼지 모른다는 두려움, 좋은 취향에 반하는 과오를 저지를지 모른다는 공포에 사로잡혀 있으며, 초월적 권력에 의해 어쩔 수 없이 지배당한다. 이들은 그러한 권력, 곧 예술, 문화, 문학, 고급 패션 혹은 상류사회의 다른 물신들을 인정한다는 그 사실만으로 그러한 권력에 굴복한다. 이들은 또 그러한 권력의 집행자들, 즉 고상함의 자의적인 감식가들인 패션 디자이너, 화가, 작가, 혹은 비평가에 의해 지배당한다(피에르 부르디외, 이상길 역, 2013). '신용의 오역'이라는 부분을 아이돌의 매력자본이나 문화자본에 적용해보자면, 10대들의 아이돌 연습생 지원율, 신화화되는 아이돌의 라이프스타일은 집단적 투사물이라고 볼 수 있다. 최근 국내 아이돌 멤버들이 글로벌 명품 브랜드 앰버서더로 활동하고 있는 부분은 브랜드적 가치가 아이돌의 이미지와 동일시되는 것이라 볼 수 있다. 지금의 명품이 일반적인 대중의 접근을 보편화시키면서도 고가 정책을 통해 쉽게 다가갈 수 없음을 각인시키는 이중전략을 활용하고 있기 때문이다. 여기에 아이돌의 이미지는 소셜미디어 플랫폼을 통해 다수의 대중에게 일상적으로 노출된다. 계급의 구별 짓기로서의 아이돌은 명품 브랜드 앰버서더뿐 아니라 해외 국빈 만찬에도 자주 등장한다.

아이돌은 '연습생'이라는 사회적 자격에서 끊임없이 구분된다. 팬들의 지지를 통해 연습생은 데뷔 가능한 자격을 얻게 된다. 결국 이러한 사회적 자격은 대중의 믿음과 참여를 통해 이뤄진다. '사회적 자격'의 변화는 국내 음악 순위, 미국 빌보드 순위, 그리고 명품 브랜드 앰버서더, 글로벌 콘서트, 국제기구 혹은 국빈 만찬 모임 등으로 계속 확장되고 있다.

따라서 이 장에서는 아이돌 형성에 영향을 미친 대중음악 생산 및 소비양식의 변화를 논의하고자 한다. 아이돌의 탄생 배경과 과정, 아이돌 산업에 대한 대중 담론과 팬덤 문화의 특징, 국내 기획사가 전 세계에 영향을 미치게 된 글로벌 기획사로 부상하면서 나타난 대중음악 산업구조의 변화와 그 변화가 담고 있는 문화정치적 의미 등을 살펴보고자 한다.

| 아이돌 형성의 배경

아이돌은 현재의 상징자본을 유지하기 위해 기획사의 철저한 트레이닝과 관리가 필요한 특수한 문화산업 영역이다. 아이돌이 지닌 완벽에 가까운 전문성은 특별한 관리와 연습이 필요하기 때문이다. 10세 미만부터 자신만의 전문성을 갖기 위해 많은 시간 연습을 하는 시스템은 '완벽한 무대'를 선사하지만, 소수에게만 주어지고 성공의 가치가 주를 이룬다는 특징을 지닌다. 물론 현대사회에서는 모든 분야가 '소수만이 성공한다'는 어려움에 놓여있다. 하지만 아이돌 산업의 특수성은 가정과 학교 시스템에서 벗어나 기획사의 트레이닝 시스템에서만 가능하다는 특징을 지닌다. 지난 30여 년의 기간 동안 아이돌 문화의 특별함과 문화생산의 힘을 우리 모두 확인했지만, 동시에 해결해야 할 문제들도 많이 발생했다.

대중 역시 아이돌 산업이 갖는 문제를 알고 있지만, 현재의 아이돌 문화의 가치 등 인기를 유지하기 위해서는 철저한 자기관리와 연습에 매진해야 한다고 믿는다. 우리는 그러한 노력의 결과를 지켜봐왔고, 특별한 해결방안은 찾지 못했다. 그리고 아이돌 문화자본이 갖는 힘이 얼마나 강력한지도 알고 있다.

이러한 모순적 상황에도 불구하고 아이돌 문화가 여전히 강력한 힘을 가질 수 있었던 이유는 팬들이 아이돌 관련 문제에 대해 기획사와 적극적으로 협상을 벌여왔기 때문이다. 문제해결을 위해 팬들이 할 수 있는 것은 상업적 가치에 포섭되지 않고 생산적인 대중문화 형성을 위해 노력하는 것이었다. 일례로 아이돌의 부당한 계약 문제에 반기를 들고, 과도한 스케줄을 문제 삼기도 했으며, 여성주의적 시선에서 창작과정에서 발생한 문제들을 지적하기도 했다. 바로 이러한 지점이 아이돌산업과 아이돌문화가 경제적 가치뿐만 아니라 정치적 · 사회적 가치도 가질 수 있는 이유다.

팬들이 이렇게 아이돌문화를 구성하는 데 적극적일 수 있는 동기나 근거는 아이돌 멤버들의 성실함과 좋은 관계, 그리고 개인으로서의 철저한 자기관리 등이다. 말 그대로 '우상'이 되어야 하는 아이돌은 오랫동안 미디어를 통해 자신의 매력을 발산하고 그 과정을 중계해왔다. 따라서 오디션 프로그램을 통해 선발된 우승자들도 선발 과정에서의 미성숙함은 관심을 받을 수 있지만, 데뷔 이후에는 실력의 완벽함을 계속 유지해야 한다.

실제로 방송사의 가수 선발 오디션 프로그램에서 최종 우승을 해도 솔로 활동을 하기보다 대부분 기획사와 계약을 맺고 트레이닝을 받거나 이미지를 바꾸는 방법을 선택하는 것도 대중의 요구에 부합하기 위함이다. 국내 오디션 프로그램 Mnet 「슈퍼스타K」 시리즈나 지상파 방송사의 오디션 프로그램 우승자와 인기를 얻은 지원자들 모두 기획사와 다시 계약했다. 대중의 인지도를 얻으면서 데뷔하지만, 아이러니하게도 가수로 자리 잡기 위해서는 기획사의 관리가 필요하고 기획사를 통해 전문성을 체화한다.

아이돌 산업에 대한 관심이 높아지면서 방송사들은 기획사와의 협업을 통해 소속된 아이돌 연습생들 간의 경쟁을 다루는 오디션 프로그램을 제작했다. 2013년 YG 소속 연습생 오디션 「WIN: Who is next?」와 2015년 방송된 JYP 소속 연습생들 간의 경쟁을 다룬 「SIXTEEN」이 방송되었다. 그동안 아이돌 연습생들은 기획사의 자산으로 데뷔 전까지는 공개하지 않는 것이 원칙이었지만, 연습생 시절부터 팬덤을 형성하기 위한 방법으로 방송 오디션 프로그램을 통해 선발 과정을 공개하기 시작했다. 이후 아이돌 산업이 성장하고 기획사 수도 늘어나면서 2016년 1월부터 Mnet에서 방송된 오디션 프로그램 「프로듀스101」 시리즈가 방송되었다. 101명의 아이돌 연습생이 한 무대에서 춤을 추고, 최종 1인을 뽑기 위해 경쟁하는 모습은 또 다른 스펙터클을 대중에게 선사했다.

「프로듀스101」 오디션 방송을 통해 '아이돌 되기'의 과정이 미디어를 통해 중계되면서 공식화되었다. 이후 10대들은 자신과 비슷한 또래들의 경쟁 과정을 지켜보면서 아이돌 연습생이 되기 위한 '결심'을 하게 되었고, 아이돌이 될 수 있다는 '믿음'은 대중적으로 받아들여졌다. 학업이나 스포츠 분야가 아닌 엔터테인먼트 분야에 진출하기를 희망하는 10대들은 더욱 늘어났고, 아이돌 산업이 갖는 상징자본을 획득하길 원하는 바람도 더욱 강해졌다.

이후 아이돌이 되기를 원하는 지원자와 팬들도 모두 눈에 띄게 늘어났다. 특히, 문화흡수력이 뛰어난 청소년의 참여가 늘어나면서 대중문화의 주요 생산자 · 소비자로 10대들이 부상했다. 10대들은 아이돌 문화에 대한 관심뿐 아니라 디지털 문화를 생산하고 소비하는 다중적 역할을 수행하는 주체다. 따라서 아이돌 연습생과 아이돌은 자기 또래의 문화이자 '나'의 문제가 되기도 한다. 아이돌은 자신의 꿈을 대신 이뤄주는 대상이기도 하고, 아이돌문화는 즉각적 소통이 가능한 중요한 또래문화가 된다. 따라서 이러한 사회적 배경하에서 「프로듀스101」 오디션 프로그램이 탄생할 수 있었던 것이다. 이후 101명의 경쟁 과정은 다양한 볼거리를 제공했다. 지원자들의 국적도, 개인의 실력과 사연도 다양했다. 10대들뿐 아니라 다양한 연령대의 팬덤이 구성되었다. 아이돌 연습생과 기획사가 대중적 인지도를 얻는 데 방송 오디션이 중요한 역할을 했다.

이러한 오디션 프로그램을 통해 대중에게 아이돌 연습생은 친근감 있는 셀럽으로 다가갔다. 아이돌은 연습생이라는 신분을 얻는 것에서 공식적 준비가 시작된다는 것도 알 수 있게 되었다. 오디션 프로그램 「프로듀스101」이 제작되면서부터는 아이돌 연습생의 신분을 얻기 위한 사교육시장도 크게 성장했는데, 대학입시제도와 크게 다르지 않은 것으로 알려져 있다. 단과학원과 종합학원, 기숙학원 등이 존재하는 것처럼 보컬, 음악, 연기 등의 세분화된 분야를 통해 재능을 학습하고, 기획사의 오디션 기회를 얻을 수 있는 학원형 기획사로 이동한다. 학원형 기획사에서는 좀 더 다양한 분야의 트레이닝을 받는다. 여기에서 대형 기획사의 오디션 정보를 얻고, 관련 트레이닝을 받는다. 아이돌이 되기 위해 학업을 중단하고 기획사 연습생 자격을 얻기 위해 노력하는 10대들도 늘어났다. SM엔터테인먼트는 제도화된 아이돌 연습생 시스템을 구성했다. 2023년 한국 사회 사교육의 1번지라 불리는 대치동에 SM유니버스 학원을 개원했는데, SM이 사교육시장에 본격적으로 뛰어든 것이라 볼 수 있다. 커리큘럼을 만들고 3년 과정으로 매년 한국인과 외국인 120명을 선발해 교육하고 있다. 법적으로는 학원이지만 사실상 학교처럼 운영하기 때문에 SM유니버스에 합격하면 다니던 학교를 자퇴해야 한다. 그 대신 학원에서 국어, 영어, 수학, 역사 수업 등을 받는다. 대입 준비 학원과 협업한 이유다. 관련 기사에서 수강생들은 일반 고등학교에 다닐 때 지루했는데 여기서는 시간 낭비를 하지 않아도 된다는 것에 만족도가 높은 것으로 나타났다. 검정고시 프로그램이 커리큘럼 안에 포함되어 있지만 학원 수강생들은 연습생 자격이 주어지지 않는다. 학원에 다니는 수강생일 뿐이다(이후연, 2023. 4. 4). 한국에서만 존재하는 아이돌 연습생 시스템, 기획사의 육성 시스템은 세계적인 성과를 이뤄낸 기반이기도 하지만, 동시에 데뷔하지 못한 많은 10대들이 적지 않다는 점은 당연히 문제가 된다. 학교와 기획사 연습생을 병행하면서 결국에는 자퇴하기도 하고 학교를 옮기는 선택을 하기도 한다. 하지만 청소년의 권리인 학습권, 건강권, 인격권 등의 보호를 받지 못하는 상황에 놓이게 된다는 비판으로부터도 자유롭지 못하다. SM은 학원을 대안으로 개설하기도 했지만, 아이돌 연습생이나 준비하는 청소년들을 고려했을 때 별다른 대안이 되지 못한다.

그럼에도 아이돌이 되기를 희망하는 10대들은 다양한 형태의 기획사 오디션, 학원뿐 아니라 유튜브, 인터넷 커뮤니티 등을 통해 관련 정보를 수집한다. 1990년대부터 시작된 기획사 중심의 아이돌 육성 시스템으로 지금까지 30여 년의 기간 동안 수많은 아이돌 연습생이 존재하지만 소수만 데뷔하는 구조 속에서 아이돌 연습생 경력이 있는 청년들이 청소년들을 대상으로 하는 채널을 개설해 활동하고 있다. 기존에는 방송을 통해 중계되었던 오디션 과정은 소셜미디어 플랫폼을 통해 다양한 이슈들이 중계되고 있는 상황이다.

| 아이돌/문화자본

문화자본은 수준과 양식의 차이만 있을 뿐 모든 사람에게 부여된다. 일상생활에서 축적된 문화자본은 문화, 예술의 실천적 능력에서부터 학력과 언어, 주거와 음식, 그리고 취미생활과 여가에 이르기까지 다양하게 나타난다. 문화자본은 화폐자본과 달리 개인의 감성적이고 정신적인 가치에 영향을 주는 만큼 상징적인 의미를 갖는다. 문화자본의 일상적 아비투스는 개인의 일정한 행동 속에서 내면화되고 육화된 성향체계를 지칭한다. 아비투스는 개인이 사회적 주체로 성장하는 과정에서 부여되는 경제, 교육, 언어, 혈통, 지역 등의 요소들이 신체에 축적된 기술의 총체다. 아비투스는 그런 점에서 개인들의 사회적 성향을 이해하는 데 있어 경험적이면서도 구조적이며, 주관적이면서도 객관적인 상호성을 갖는다. 아비투스는 문화자본에 의해 형성된 개인의 독특한 삶의 기질을 나타내고, 특히 문화적 취향이 어떻게 사회적 관계 속에서 구조화되는지를 이해하는 데 중요한 키워드다(이동연, 2010: 169-170).

존 스토리(Story, 2006: 4)에 의하면 "대중문화에 대한 가장 일반적인 정의는 많은 사람들에 의해 널리, 그리고 선호되는 문화"다. 하위문화가 기존 문화에 대한 저항성을 가진다면, 상업성과 선정성을 내세운 문화는 진정한 의미의 하위문화를 포함할 수 없다. 최근 아이돌 문화는 해외에서는 하위문화로 읽히기도 했지만, 가장 상업적인 영역에 놓여있다는 아이러니한 특징을 지닌다. 인터넷 커뮤니티를 통해 아이돌 관련 정보를 공유하던 팬덤은 기획사의 부당한 계약이나 무리한 스케줄에 대해 비판하기도 한다. 유튜브 등의 소셜미디어 플랫폼이 대중화된 이후 뮤직비디오를 즐겨 보고, 라이브 방송에 참여해 직접 소통하기도 한다. 아이돌이 되기를 원하는

10대들이 점차 늘어나는 이유는 대중의 인기를 통해 짧은 시간 내에 경제적 성취를 이룬 범주의 우상이 될 수 있기 때문이며, 아이돌 그룹을 선별된 집단이라 규정하기도 한다(이수안, 2010). 이제 지리적인 경계와 권역을 넘어서 구성되고 있는 대중문화의 광활하고 복잡한 정경 속에서 지배와 전유, 균열과 모순, 굴절과 결연, 혼합과 절충 등의 가시적이면서 기존의 인식을 해체하기도 하는 새롭고 대안적인 흐름이 불균등하게 생성되고 있는 상황(이기형, 2018: 15)으로서 아이돌문화가 존재한다.

우리나라에는 아이돌 이전에 포크, 발라드, 록, 트로트 등 여러 장르가 이미 오래전부터 소비되었다. 아이돌 음악 역시 복합장르라 할 만큼 실험적인 요소들이 많은데, 기존 국내 대중음악 장르, 미국과 일본 등의 해외 음악 유입, 해외 팬들의 기호에 맞춰 음악 장르가 형성되어왔다. 하지만 왜 오늘날에는 아이돌 음악이 다른 장르보다 비교할 수 없을 만큼 큰 영향력을 갖게 되었을까? 김창남(1992)은 그 답으로 한국 대중음악 생산과정에 대해 정치 · 경제적 구조 논리의 변화가 크게 작용했기 때문이라고 보았다. 1970년대부터 1990년대 초반까지 젊은 층의 문화는 이념, 정치와 권력에 대한 일종의 저항으로서 기성세대 및 주류문화와 긴장관계를 유지했다는 것이다. 하지만 이러한 젊은 층의 대중문화, 청년문화는 1990년대 들어 저항의 대상이었던 정치와 권력이 약화되면서 대중문화 내의 주변부로 밀려나게 된다(김창남, 2004). 반민주적 정치권력은 시장과 자본의 힘에 대체되었고, 저항적 청년문화가 신세대의 소비문화에 의해 채워졌다. 이 시기부터 10대들이 소비계층으로 부상하기 시작했다.

1984년 보스턴의 유명 프로듀서 모리스 스타에 의해 결성된 미국의 아이돌 그룹 '뉴키즈 온 더 블록'이 한국에서 공연한 시기는 1992년이다. 같은 해에 '서태지와 아이들'이 데뷔했다. 힙합, 댄스, 록 등 당시 젊은 세대의 음악을 본격적으로 보여주었던 그룹이라 할 수 있다. 이후 본격적으로 10대 중심의 그룹을 결성하는 기획사 시스템이 만들어진다. 미국의 대중음악, 일본의 대중음악 등 문화교류가 활발하게 이뤄지면서, 한국의 아이돌 1세대로 불리는 그룹 H.O.T.가 1996년 데뷔한다. 이때부터 문화산업과 대중문화에는 10대가 중요한 역할을 하는 주체로 부상했다. 따라서 아이돌 산업이 본격화되었던 1990년대는 기획사 간 경쟁, 인터넷의 대중화, 소비 주체로서 10대들의 부상, 대중음악 관련 산업구조 등이 형성된 시기다. 삼촌팬, 이모팬 등 아이돌 팬덤 연령의 다양함도 화제가 되곤 했지만, 아이돌 문화는 주로 10대들이 문화를 만들어나가는 주체로 주목을 받게 되었다. 그러면서 아이돌산업 구성논리는 중요해졌고, 육성 시스템은 중요한 가치를 갖게 되었다.

기존 음악산업과의 차이점은 아이돌 음악이 음악 생산자와 텍스트의 분리가 새로운 방식으로 이뤄졌다는 점이다. 이전까지는 노래를 만드는 사람이 작사가와 작곡가, 노래를 부르는 사람이 가수, 이것을 동시에 소비하는 사람이 뮤지션이었다면, 아이돌 시스템은 대중문화상품을 생산하는 프로듀서나 기획사가 생산자가 되고 아이돌 자체가 텍스트가 된다. 아이돌이 대중음악 산업에서 주류가 되었다는 것은 대중음악산업의 가수 생산체제 대부분이 아이돌 시스템으로 전환되었다는 것을 의미한다(김창남, 2006: 60).

지금의 대중음악 시장은 개인의 능력이 뛰어나다고 해도 기획사와 프로듀서의 뒷받침이 없으면 대중의 관심을 받기 어렵다. 아이돌의 경우, 이미지를 구성하고 그에 맞는 선곡을 할 수 있는 기획사의 기획력이라는 뒷받침이 없다면 대중음악 시장에서 성공하기 어려운 것이 현실이다. 방송 프로그램을 통해 데뷔전을 치른 아이돌을 대대적으로 홍보할 수 있는 것도 소수의 대형 기획사다. 아이돌 시스템이 고도로 발전할수록 상품으로서의 아이돌을 기획 · 생산 · 마케팅하는 비용은 점점 늘어나고 있기 때문이다. 언론보도에 의하면 연습생 1인당 기획사가 투자하는 비용은 약 1억 원 수준까지 올랐다. 2천만 원에서 4천만 원의 비용이 든 것으로 기록된 10년 전과 비교했을 때, 크게 상승했다(김소연, 2021. 4. 17). 본격적으로 그룹 활동을 하게 되면 아이돌 관리 비용은 더 상승할 것이다. 아이돌문화가 팬덤의 관여도가 높은 영역이기도 하지만, 동시에 음악 생산 시스템이 기획사 주도로 이뤄지게 되면서 경제적 가치의 중요성도 더욱 커지게 되었다.

| 팬덤의 실천이 형성하는 아이돌문화

1990년대 후반, 아이돌 팬덤은 10대 중심의 활동이 주를 이루었다. 지금은 다양한 세대가 팬덤 활동을 활발하게 하고 있지만, 당시는 생소한 현상이었다. 사회가 용인했던 10대 청소년의 문화 활동에 팬덤 활동은 해당하지 않았다. 따라서 많은 사회구성원은 10대의 활동을 부정적으로 평가했다. 하지만 다양한 연령대의 소비자가 대중문화 생산에 중요한 주체로 부상하게 되었고, 디지털 시대가 도래하면서 10대의 역할은 더욱 커졌다. 과거 2000년대 드라마 「겨울연가」가 일본에서 큰 인기를 끌면서 중년 여성들의 팬덤 활동이 생소한 현상이었듯이 아이돌 팬덤이 형성하는 문화의 힘이 컸는데, 팬들이 만들어내는 문화의 생산성과 상호작용성이 특히 주목을 받았다.

아이돌 팬덤의 영향력이 커지면서, 기획사들은 팬덤문화에 큰 관심을 갖기 시작했다. 아시아에서 높은 관심을 받으면서, 서구 음악시장에도 관심을 갖기 시작했다. 그러면서 2008년 SM의 가수 보아, 2009년에는 YG의 세븐과 JYP의 걸그룹 원더걸스 등 국내 대표적 대형 기획사들은 미국 음악시장 진출을 시도했다. 당시 그들의 다짐은 기자회견을 열 만큼 '도전'으로 인식되었다. 자본과 시간을 투자해 아시아가 아닌 새로운 시장으로서 미국의 문을 두드렸다는 것은 한국의 대중문화에서는 없었던 일이기 때문이다. 하지만 한국의 대중음악은 여전히 생소하고 소수의 그룹들만이 즐겨듣는 음악으로 인지되었던 탓인지 큰 주목을 받지 못했다.

아이돌 음악은 아시아지역에서만 성공 가능할 것이라는 인식은 이후 3세대 아이돌이 서구사회에서도 주목을 받으면서, 국내 문화산업도 변화를 겪게 되었다. 2010년대 중반부터 국내 아이돌 가수의 해외에서의 활발한 활동이 이어지고 있기 때문이다. BTS, 블랙핑크, 세븐틴, NCT, 에스파, 그리고 뉴진스 등이 발표하는 음원은 바로 국내외 음원 차트에서 1위를 차지하거나 오랜 기간 해외 차트 순위에 머무르고 있다. 아이돌 콘서트에 수많은 글로벌 팬들이 참여하는 것도, 미국 음악 시상식에서 수상하는 것도 '특별한 사건'이었지만, 지금은 자연스러운 일이 되었다. 아이돌 그룹의 활동이나 기록이 어디까지 가능할지 기대하는 것도 팬들뿐 아니라 국내 대중도 궁금해할 정도가 되었다.

이러한 아이돌 음악의 성공은 해외에서도 아이돌이 되기를 희망하는 10대들이 늘어나는 이유일 것이다. 아이돌 멤버가 대부분 10대지만, 현실에서의 10대와는 차원이 다른 평가를 받는다. 경제적으로도 사회적으로도 높은 가치를 지니기 때문이다. 아이돌의 가장 큰 특징은 기획사의 체계적인 관리 시스템과 통제하에 만들어진 스타라는 점이다. 기획사의 체계적 관리 시스템에 의해 양성된 아이돌은 무대 위의 퍼포먼스나 외모, 10대라는 특성으로 인해 비현실적인 스타일을 구현하는 대상으로서의 매력을 지닌다.

아이돌은 대중문화/시장에서 팬들에게 수많은 상징적 기호들을 제공한다. 공연중심의 상징물들은 자본주의적 속성과 빠르게 결합하면서 소비 메커니즘을 확대 재생산한다. 팬들이 자발적으로 생산했던 아이돌의 이미지 상품들은 기획사 주도의 굿즈로 재탄생한다. 그리고 팬이 소비하는 아이돌의 상징적 이미지는 다양한 형태로 소유할 수 있게 되었다. 그 중심에는 디지털 기술이 있다. 물질적 상품으로서의 음반과 굿즈가 존재하지만, 현재는 모바일 기기를 통해 언제든지 아이돌과 메시지를 주고받거나 라이브 방송에 참여할 수 있기 때문이다. '우상'으로서의 아이돌은 대중/팬의 일상생활 모든 곳에 존재하는 대상이 되었다.

공연이나 사진, 영상 등의 이미지는 디지털 생태계가 도래한 후 언제든지 만날 수 있는 '욕망하는 대상'으로 '영원히' 존재하기 때문이다. 아이돌이 갖는 특수성 중 하나가 바로 자본의 가치로 즉각 환원된다는 점이다. 따라서 대중음악산업 내에서 '대중문화상품'은 춤과 노래뿐 아니라 아이돌 자체이고, 이들의 상품 변화는 아이돌의 생산과 소비를 둘러싼 경제 · 사회 · 문화의 변화와 함께한다(이동연, 2011; 김호영 · 윤태진, 2012).

연예기획사의 연예상품화에서 가장 큰 특징은 공개오디션과 연습생 훈련체계를 통해 아이돌 연습생들을 경쟁시킨다는 점이다. 연예산업은 연예인의 활동에 기초해 경제적 가치를 창출하는 산업으로서 연예 용역 제공과 상품 가치의 창출 및 유지에 연관된 산업으로 정의된다(김민규, 2012: 79). 자본주의 사회는 경제를 좁은 의미의 논리에 가두고, 문화는 외부에 있는 창조, 자유, 순수성 등의 영역으로 본다. 그 결과 경제와는 별개의 대상으로 문화를 바라보는 이데올로기를 생산한다. 연예인과 연예기획사가 주축을 이루는 연예산업이 콘텐츠 제작자나 유통 플랫폼을 빼고는 논의하기 어려운 특징을 갖는다. 두 주체 간의 관계는 매우 밀접한 연관성을 지니기 때문이다. 연예 시장의 매출은 주로 연예인이 자신의 실연노동을 콘텐츠 제작자에게 제공하고 받는 대가로 이루어지고, 연예인이 축적하는 상징자본의 재생산과정에서 제작사와 미디어는 결정적인 권력을 행사하기 때문이다. 제작사와 미디어는 연예인의 가시성 자본을 구성하는 데 중요한 역할을 한다. 미디어는 연예인의 상징자본을 형성하는 데 가장 중요한 역할을 한다(이상길, 2018: 263). 제작사와 함께 방송사도 상징자본을 형성하는 데 중요한 역할을 했지만, 현재는 글로벌 미디어 플랫폼, 인터넷 포털 사이트, 기획사가 운영하는 플랫폼 등이 동시적으로 작용한다.

글로벌 플랫폼의 영향력이 커지면서 아이돌을 포함한 연예인들이 생산하는 경제적 규모와 사회문화적 의미는 점점 더 커지고 있다. 대중문화산업의 작동 원리는 여전히 경제적 논리에 따라 그 가치가 평가되고 있지만, 감정 네트워크로 구성되는 아이돌 팬덤의 활동과 그 효과까지 고려한다면, 사회적이고 정치적 이슈들로까지 확장된다. 지금의 아이돌 가수들은 글로벌 팬덤을 보유하고 있기 때문에 팬덤의 인종, 문화, 국가적 관계성, 젠더 등의 요소들도 고려해야 할 중요한 기준이 되고 있다. 이러한 요소에 대한 고려는 기획사의 전략이 아니라 팬들의 요구에 따라 수용되었다는 점도 주목할만한 점이다. 이상길(2018)은 연예인의 상징자본은 신체 활동의 가시성, 시각성과 긴밀하게 연결되어 있다고 설명한다. 소셜미디어 플랫폼이 구현하는 네트워크는 그 어느 때보다 촘촘하다. 상징자본은 경제자본, 문화자본과 달리 타자에 의해 부여되는 자원으로서 타자 의존성이 매우 높다는 것이다(이상길, 2018: 269). 다른 영역도 비슷한 상황인데, 1인 기업으로서 활동하는 유튜버나 인플루언서 등도 이러한 타자 의존성에 의해 상징자본이 축적된다. 아이돌의 경우도 다르지 않은데, 다만 경쟁이 치열하고, 성공의 불확실성이 높으며, 수요 영역의 소비자/팬들의 결정력이 그 어느 때보다 중요해졌다.

따라서 아이돌문화를 형성하는 데 팬덤의 역할은 중요하다.* 시간이 흐르면서 팬은 특정된 인물이나 분야를 열정적으로 좋아하고 몰입하여 그 속에 푹 빠져 있는 사람을 가리키는 용어로 사용되기도 한다(홍종윤, 2014: 5). 정민우와 이나영(2009)은 1990년대를 1세대 팬덤, 2000년대를 2세대 팬덤이라고 정의한다. 이전의 1세대 팬덤이 자기표현적이자 하위문화적 성격이 강했다면, 최근에는 스타를 유동적으로 선택하고 향유하는 고객의 정체성과 아이돌을 육성하고 관리하는 매니저와 유사한 '엄마'의 정체성으로 변모했다고 설명한다. 하지만 여전히 기획사의 관리하에 있는 아이돌을 인정하고 그 안에서 팬덤의 역할을 규정한다는 점에서 능동적이라 규정할 수 있는지는 논의가 필요하다. 상업적 가치로부터 포섭되지 않기 위해 팬들은 계속 노력하지만, 소셜미디어 플랫폼의 활용, 기획사 규모의 증가, 아이돌 인지도의 변화 등으로 인해 기존의 방식으로 팬덤문화를 유지하기 어려워졌다. 아이돌 팬덤이 10대 중심이기는 하지만, 인터넷과 소셜미디어 플랫폼이 대중화되면서 팬덤 활동은 더욱 다양한 연령대의 구성원들이 참여할 수 있게 되었다. 김호영 · 윤태진(2012)은 2000년대 중반 이후 아이돌 시장의 수용층은 10대를 넘어 어른층을 포함한 대중으로 확장된 2세대 팬덤이라고 보았다. 1세대 팬의 자연스러운 성장, 아이돌 가요를 수용하는 정서의 확대, 기획사들의 의식적 전략 등이 그 원인이라는 것이

* '팬덤'이라는 단어의 사전적인 의미를 보면 '열광적 혹은 광신적인 사람'을 뜻한다. 이는 '퍼내틱(fanatic)'의 팬(fan)에 '영지(領地)' 등을 뜻하는 '덤(-dom)'의 합성어다. '퍼내틱'은 라틴어 '파나티쿠스(fanaticus)'로서 교회에서 금전적 욕구 없이 헌신적인 마인드로 봉사하는 사람을 가리킨다. 홍종윤, 『팬덤 문화』, 2014, 5-6쪽.

다(김호영 · 윤태진, 2012: 59). 팬덤 논의는 국내 아이돌 팬덤 중심으로 이뤄졌지만, 케이팝 팬덤이 점차 늘어나면서 해외 팬들의 반응을 조사한 논문도 늘어났다(원용진 · 방희경 · 이준형 · 마리사 럭키, 2020; 베르비기에 마티유 · 조영한, 2017).

해외 팬덤의 역할을 주목하게 만든 존재가 바로 BTS의 팬덤 아미일 것이다. BTS의 성장에는 「강남스타일」의 인기, 유튜브, 인스타그램, 트위터 등의 플랫폼을 적극적으로 이용하는 팬덤, K컬처 페스티벌로 2012년부터 매년 개최되는 케이콘(K-CON)의 영향도 컸다. 미국 시장에서 BTS의 행보는 기존의 아이돌과 차이를 보였는데, 한국에서의 인지도가 미미했던 2014 케이콘의 퍼포머로 참가해 미국 내 인지도를 높였다. 이후 2015년부터 미국 내 투어를 시작했다. 그러다가 2017년부터 빌보드 등 미국 현지 미디어들의 주목을 받기 시작했다. 빌보드 뮤직어워드 수상, 2018년에는 톱 소셜 아티스트상 등을 수상하면서 본격적인 글로벌 행보를 시작했다. BTS의 미국 내 성공은 기존의 국내 대형 엔터테인먼트사의 전략과 많이 벗어나 있다는 평이 지배적이다. 기획사의 전략은 케이팝의 초국가적 진출, 현지화에 중점을 두어왔다. 앞서 대형 기획사의 미국 대중음악 시장 진출의 실패 이후 아이돌 그룹 구성원의 캐릭터, 국적, 구성원들 간의 관계성 등에 중점을 두었다. 케이팝은 마니아층이 즐겨듣는 하위문화적 성격이 강했다(김영대, 2018; 원용진 · 방희경 · 이준형 · 마리사 럭키, 2020).

BTS의 경우 기존의 케이팝 아이돌 그룹과는 차이점이 있는데, '정치적 올바름(political correctness)'에 대해 목소리를 내고 관련 자리에서 발언해왔다는 점이다. 글로벌 팬덤의 형성 요인은 BTS 음악이 지향하는 세계관, 젊은 세대들의 정치적 올바름에 대한 요구 등 복합적 요소들이 작용했다. 팬들의 '감정 네트워크'는 소셜미디어 플랫폼을 통해 아이돌과 즉각적으로 소통할 수 있는 '장'이 마련된 것도 작용했다. 이들은 UN 연설, 웸블리 공연, 사우디 무대, 비틀스 오마주 등을 통해 대중의 상상 속에 존재했던 지리적이고 문화적인 한계를 넘어서고 있다. 원용진 외(2020)는 이러한 상황을 '사회적 상상'이라고 명명한다(원용진 외, 2020: 473). 사회적 상상은 개념과 이미지의 형태로 존재하지만, 정치적 · 문화적 변화의 토대가 된다는 점에서 중요한 의미를 갖는다는 테일러의 논의를 기반으로 한다(Taylor, 2004; 2010). 그리고 BTS의 인기로 인해 미국 사회 내에서 아시아계 남성에 대한 고정관념이 균열을 내기 시작했다는 점에도 주목했다. 일종의 마이너리티 담론이 긍정적이라기보다 아시아계에 대한 인종적 편견으로 연결되곤 했음을 지적한다. 아시아계 남성은 공부를 잘하고 똑똑하지만, 성적으로 무력하고 사교성과 재미가 없으며 공붓벌레 같다는 공통의 인식이 만들어졌다는 것이다(이숙희, 2007). 그러다가 BTS 팬덤 형성으로 인해 아시아계 남성에 대한 인식의 변화를 가져왔다는 것이다. 앞서 살펴봤듯이 원더걸스나 소녀시대 등의 걸그룹이 미국 대중음악 시장 진출을 시도했지만 실패했던 이유를 과도하게 순응적이고 미성숙해 보이는 이미지라고 분석되기도 했다. BTS의 인기로 인해 아시아계에 대한 인식의 변화도 나타났다는 평도 있지만, 동시에 '코리아부(Koreaboo)' 현상도 나타났다. 미국 사회에서 아시아적인 것을 추구하는 과정에 너그러운 시선뿐 아니라 한국인이 못 되어 안달이 난 한류의 열광팬이라고도 지칭하는 여론이 있다는 것이다(Seabrook, 2012; 원용진 외, 2020).* 연구자들은 '코리아부' 현상은 케이팝의 트랜스내셔널한 여정이 가져온 변화라고 규정한다. 아이돌의 활동이 형성하

* '코리아부'는 '위아부'로부터 파생되었다. 코리아부라는 용어는 이전에 등장한 것이지만 그 쓰임새가 확대된 것은 BTS의 인기와 ARMY의 등장과 연관된다. 인터뷰 응답자들은 코리아부라는 용어의 쓰임이 확대된 것은 미국 사회가 K-pop을 도전으로 받아들이면서부터였다고 설명한다. '팝의 종주국'으로 여겨지는 미국 사회는 '콧대 높은' 자세를 유지하며 문화적 다양성을 내세우면서도 실제로는 백인우월주의를 공고히 해왔다(원용진 외, 2020: 483).

는 문화현상은 음악산업의 성과뿐 아니라 인종 갈등 같은 '사회적인 것'에 주목하고 해결하기 위해 노력하는 능동성을 이끌어내는 데도 영향을 미치고 있다.

1990년대 후반부터 시작된 국내 음악산업의 성장은 아이돌 중심의 대중음악 시장을 형성했지만, 아시아 시장 중심의 활동이 대부분이었다. 비슷한 문화적 환경과 인종적 특징이 케이팝의 인기 요인이라는 평가가 주를 이뤘다. 하지만 서구사회에서의 하위문화로서의 주목을 받게 되었고, 미디어 플랫폼을 통해 접근성이 강화되면서, 케이팝을 즐겨듣는 이용자들도 늘어났다. 음악 생산은 개인의 자발적이고 우연한 기회로 만들어지는 것이 아니라 계획을 갖고 준비한 결과물로서의 전문성을 가진 아티스트만이 대중음악 시장에서 주목받았다. 방송사도 이러한 전문성을 중계하고 대중화시키는 데 중요한 매개적 역할을 했다.

팬 구성의 변화뿐 아니라 아이돌의 성장만큼 아이돌을 육성하는 대형 기획사들의 활동반경도 넓어졌고, 한국 사회에서 영향력도 커졌다. 사회정치적 이슈에도 목소리를 내는 아이돌이 등장할 만큼 대중은 아이돌에게 많은 것을 기대하게 되었다. 유엔에서의 연설이나 청(소)년세대의 고민을 노래로 이야기하는 BTS가 대표적인 아이돌 그룹이다. BTS의 성장으로 소속사인 빅히트엔터테인먼트도 변화를 겪게 되었다. BTS의 성공 이후 빅히트에서 하이브엔터테인먼트로 이름을 바꾸고, 글로벌 레이블을 구성하며, 해외 가수들도 영입하게 되었다. 한국의 대중음악 시장은 때로는 음악의 다양성의 부족으로 비판을 받기도 하지만, 아이돌 음악의 실험성, 팬들의 적극적 활동 등은 여러 기대를 하게 만든다. 특히, 아이돌 음악을 스스로 찾아 듣고, 아티스트를 지지했던 팬덤이 만들었던 것은 '자유로움과 서브컬처'다. 팬들은 여전히 문화다양성에 목소리를 높이고, 기후위기나 인종차별에 대해서도 적극적으로 대항한다. 한국인 멤버로만 구성된 그룹이었던 BTS는 다른 기획사의 해외 진출전략과는 차별화된 행보를 보였고, 큰 성공을 거두었다. 인종차별이나 기후위기 등에 대해서도 발언하고, 청년세대의 고민에 공감함으로써 글로벌 인기를 얻는 데 성공했다. 미국과 유럽, 아시아 등 세계 투어에 성공했고, 음악 페스티벌에도 적극적으로 참여했다. 국내 언론에서 주목했던 아이돌 그룹의 성장사와 성공사는 여전히 많은 기대를 하게 만들었다. 기존에는 없었던 행보를 계속 보였기 때문이다.

이와 동시에 기획사 중심의 한국 아이돌 육성 시스템에 대한 해외의 관심도 높아졌다. 국내로 유입되는 해외 10대들의 증가, 국내 아이돌 육성 시스템의 해외 수출, 그리고 최근에는 대형기획사들이 글로벌 아이돌 그룹을 론칭하는 행보를 보이고 있다. 아이돌 육성 시스템에 대한 해외의 관심은 비판으로 이어지기도 했지만, 육성 시스템 수출에 대한 논의도 꾸준히 있었다. 2023년 7월 JYP는 글로벌 걸그룹 론칭 프로젝트 A2K를 통해 데뷔조를 공개했다. 유니버설뮤직 산하 레이블인 리퍼블릭레코드가 합작한 초대형 프로젝트 오디션 전 회차는 유튜브를 통해 5천만 뷰 이상을 기록했다. 이 프로그램을 통해 데뷔한 걸그룹 VCHA는 미국 최초 K팝 트레이닝 시스템을 기반으로 제작되었다. 하이브엔터테인먼트는 미국 현지화 K팝 그룹을 제작했다. 또한 미국의 대형 음반사 게펜레코드와 함께 글로벌 오디션 프로젝트인 '더 데뷔: 드림 아카데미'를 진행하고 있다. 전 세계 12개 도시에서 오디션을 진행하여 6천 대 1의 경쟁을 거쳐 결선 참가자 20명을 선발했다. 데뷔 전이지만, 한국에서 팬미팅을 개최했다(김세아, 2023. 10. 9).

대형 기획사들은 경제적 수익을 얻기 위해 다양한 도전을 해왔다. 디지털 기술을 적극적으로 전유하고 플랫폼을 운영하기도 한다. 현재 아이돌 육성 시스템은 수출할 수 있는 상품이자 기획사의 해외진출 방식의 변화를 갖게 했다. 아이돌 그룹의 해외 활동에서 머무르지 않고, 육성 시스템을 통해 다양한 수익구조를 시도하고 있다. 이미 대형 기획사들은 굿즈, 여행상품, 체험 등 팬들이 한국을 계속 방문할 수 있는 동기를 제공해왔다. 해외 시장 진출의 성공을 위해 많은 기획사들은 다국적 그룹으로 구성된 아이돌을 선보였다. 그리고 이제는 한국인 멤버가 없는 아이돌 그룹의 육성까지 시도되고 있다.

| 나가며

현재의 아이돌 산업/문화를 살펴보면, 기획사가 주도하는 육성 시스템의 성공과 경제적 가치는 더욱 높게 평가되고 있다. 데뷔 초 몇 년 동안 국내 음악 프로그램이나 예능 프로그램에서 볼 수 있었던 아이돌 그룹은 이제 해외 음악 시상식이나 콘서트, 패션쇼에서의 환대, 여러 광고 이미지로 더 자주 만나게 된다. 아이돌의 문화자본은 더욱 정교하고 복잡한 방식으로 획득되고 있다.

미디어를 통해 구성되는 아이돌의 이미지는 수익구조와 직결된다. 주식 가치 평가 기준이 아이돌의 인지도와 이미지에 따라 결정된다. 아이돌의 대중적 인지도는 신체자본과 매력자본으로 구성되는데, 이러한 자본의 희소성과 우연성, 지속적 노력 등 복합적 시스템으로 구성되는 것이 아이돌의 문화자본이다. 또한 팬들의 참여를 이끌어내야 하며, 이를 위해서는

'믿음'으로서의 상징자본을 끊임없이 획득해야 한다. 지난 30여 년의 시간 동안 기획사 시스템뿐 아니라 팬덤도 구성된 특징을 지닌다. 아시아에서 아이돌 활동의 성공은 미국 시장 진출을 목표로 하고 다양한 전략을 구사하며 노력했지만, 「강남스타일」을 확산시켰던 플랫폼의 우연성과 속도성을 따라가기는 어려웠다. 서구사회에서 아이돌의 이미지는 너무 순종적이거나 로봇 같다는 평도 있었고 하위문화로 인지되었지만, 한국인 멤버로 구성된 BTS에 의해 인식은 달라졌다. 기획사들은 언어, 문화 등을 고려해 다국적 멤버로 구성된 아이돌 그룹을 선보였지만, BTS만큼 성공하지는 못했다.

원인에 대해서는 사실 명확하게 설명하기 어렵다. 아이돌문화, 케이팝이 갖는 매력자본, 아이돌 멤버들이 형성하는 친밀감과 관계성 등이 대중의 요구와 만나면서 만들어지는 '시너지' 등으로 설명되곤 한다. 소셜미디어 플랫폼을 적극적으로 향유하는 지금의 팬덤이 갖는 미디어 이용방식과 참여방식의 특징도 반영되었을 것이다. 세부적인 구분과 차이는 존재하겠지만, 아이돌이 해외에서 인기를 끄는 이유를 정리하면, 한국의 대중문화 산업 구조의 변화, 디지털미디어 생태계 구축, 이용자의 능동성 등이다.

한국 사회에서 1990년대부터 이뤄진 문화개방과 방송시스템의 변화, 인터넷의 대중화 등이 결합되면서 아이돌이 탄생했고, 디지털화된 음악 시장의 구성도 아날로그 시장의 쇠락, 빠른 수익을 이끌어낼 수 있는 음악 장르로 아이돌 음악이 선택된 방식 등이 영향을 미쳤을 것이다. 아이돌 산업 시스템에 대한 국내외 비판적 담론에 대해 여전히 많은 관심을 가질 수밖에 없는 이유는 케이팝이 초국적 소비에 대한 산업 및 기업의 대응이 있다고 하지만, 상호문화에 대한 이해보다 경제논리에 의해 좌우되기 때문이다.

현재의 아이돌 음악이 글로벌 팬덤과 다양한 음악 활동을 보여주고 있지만, 변하지 않는 것은 '7년 징스크'다. 아이돌 재계약 시점에서 매번 그룹 해체나 멤버 교체 등으로 결론이 나곤 한다. 아이돌 데뷔를 꿈꾸는 사람들이 많지만, 아이돌로 활동하는 당사자들은 기획사의 통제와 무리한 스케줄, 개인 생활의 부재, 합숙 생활 등으로 이전 7년 동안의 생활을 다시 하겠다고 마음먹기가 쉽지 않은 듯하다. 경제적 관계, 수익구조 등으로 인해 재계약하는 경우도 있지만, 소수 그룹에 해당하는 이야기다. 글로벌 팬덤의 인기만큼 아이돌 그룹들은 해외 콘서트나 페스티벌, 다양한 행사에 참여하는데, 해외 활동이 늘어날수록 아이돌을 철저하게 관리한다는 것은 의미가 달라졌다. 예전 같은 데뷔 초의 방식으로 관리할 수 없기 때문이다.*

7년 징크스가 존재하지만, 대형 기획사들은 새로운 아이돌을 데뷔시키는 방법으로 수익구조를 유지해왔는데, 지금은 국내뿐 아니라 해외 현지의 음반 관계자들과 협업하는 방법을 선택하고 있다. 글로벌 팬덤을 가진 아이돌 그룹들의 음악은 이미 한국어가 아닌 영어로 녹음된다. 작사와 작곡자뿐 아니라 뮤직비디오 감독과 스태프, 무대 위의 댄서 등 다양한 국적의 전문가가 참여하고 있다. 또한, 아이돌 구성 멤버들이 꼭 한국인이어야 하는지, 혹은 한국인 멤버가 있어야 한다는 주장도 설득력을 얻지 못하고 있다. 유창한 한국어를 구사하는 외국인 멤버들도 많고, 아이돌이 되고 싶어 하는 해외 지원자들도 한국어는 진입장벽이 되지 않는다. 팬덤의 규모와 역할도 글로벌화되면서 변화를 겪고 있다.

---

* 블랙핑크 멤버 리사가 공연한 '크레이지 호스'는 '물랑 루즈', '리도'와 함께 프랑스 파리를 대표하는 3대 쇼로 불린다. 여성 나체에 빛과 조명을 비춰 이뤄지는 공연이라는 점에서 선정성 논란이 뒤따른다. 이진욱, "블랙핑크 리사 '누드쇼' 논란 정면돌파 … '언제든 불러달라'", 「노컷뉴스」, 2023. 10. 5.

그와 동시에, 유튜브 등의 플랫폼을 이용하는 팬들이 늘어남에 따라 이미 발표된 음악이 새롭게 주목받기도 한다. 팬덤은 케이팝 문화를 재전유하고, 재생산하는 데 적극적이다. 걸그룹 '브레이브걸스'는 2021년 유튜브 채널을 통해 '역주행'의 주인공이 되었다. 한 유튜버가 업로드한 '브레이브걸스 롤린 댓글 모음' 영상을 통해 인기를 얻게 되었고, 음원 차트 1위를 차지하기도 했다. 이 영상은 군 위문 공연 영상 위의 댓글이 여러 가지 공감을 이끌어냈다(김영규, 2021. 6. 28). 브레이브걸스는 2011년 데뷔한 걸그룹이다. 오랜 시간 활동했지만 큰 주목을 받지 못했고, 해체 직전까지 간 상황에 놓였지만, 유튜브 채널의 영상을 통해 재기에 성공했다. 걸그룹의 극적인 이야기는 유튜브 이용자들의 공감을 이끌어냈다. 오디션 지원자들의 절절한 사연에 지지를 보내는 것처럼 해체 직전의 어려움에 직면한 걸그룹은 이용자들의 관심으로 다시 재기할 수 있게 되었다.

그 외에 아이돌 팬덤이 보여주는 능동성은 사회 이슈에서도 나타나고 있다. 기획사의 불공정한 계약관리 등에 문제를 제기하고, 콘서트에서 아이돌 가수를 위해 여러 이벤트를 기획하는 등 아이돌 산업 육성을 위한 역할도 충실히 하지만, 여성주의, 기후위기 등의 이슈에 대해서도 적극적으로 목소리를 낸다. 대형 기획사인 YG, SM은 기후위기 관련 팬들의 요구에 답하며 반응했다. 지구를 위한 'Kpop4Planet(케이팝포플래닛)'은 전 세계 K팝 팬들이 모여 기후 행동을 하는 플랫폼으로 2021년 3월 출범했는데, 인도네시아 전자상거래 업체에 2030년까지 100% 재생에너지를 사용하라는 청원을 했고, '지속가능한 K팝'을 위해 엔터테인먼트사에 친환경 앨범 제작을 제안했다. 다른 환경단체와 함께 방탄소년단의 앨범 배경이 된 강원도 삼척의 맹방해변에서 석탄발전소 반대운동을 하기도 했다(김한솔, 2021. 10. 5).

아이돌을 매개로 한 팬덤의 여러 사회적 이슈에 참여가 가능한 이유는 팬 구성원들이 갖는 다양성 때문일 것이다. 팬들은 인종, 젠더, 문화, 국적 등은 다르지만, 아이돌이라는 공통의 관심사로 모여 '덕질'을 한다. 소셜미디어 플랫폼, 디지털 커뮤니티, 콘서트, 아이돌과의 일대일 채팅 등은 일상에서 언제든지 만날 수 있는 환경에서 팬덤 활동을 할 수 있기에 개개인들은 서로 다른 공간에 존재하지만 아이돌을 매개로 '네트워크'를 형성한다. 한유희(2022)는 "아이돌 팬덤은 취향의 공동체로, 공동체가 해체되고 있는 현대사회에서 서로의 관계 맺음을 통해 공동체의 가치를 일깨우고 연대하는 집단으로서의 가치를 명확히 한다"고 설명한다. 아이돌 팬덤을 이루는 개인들은 개별자로 존재하면서도 스스로를 연대하는 공동체의 일원으로서 인정투쟁을 감행하고 있다는 것이다.

팬 커뮤니티 내에서 아이돌은 정치적 · 사회적 이슈에 발언하기보다는 중립을 지켜야 한다는 것에 모두가 암묵적으로 동의한다. 하지만 2017년 미투운동, 2020년 블랙 라이브즈 매터(Black Lives Matter) 운동 등 국내외에서 사회운동이 일어나면서 아이돌 문화 내에서도 사회적 발언이 이뤄졌다. 페미니즘 이슈는 여전히 논쟁적이지만, 인종차별 반대 등의 사회적 주제에는 팬과 아이돌 모두 지지 발언을 해왔다. 물론 미디어를 통해 재생산되는 아이돌의 이미지에 문제가 되지 않는 선에서만 가능하다는 것은 아이돌 산업이 갖는 한계일 것이다. 아이돌의 표정, 목소리, 글, 생각까지도 경제적 가치로 평가되는 지금의 상황에서 아이돌의 사회적 발언은 여전히 논쟁적이다.

아이돌 문화가 디지털 미디어플랫폼을 통해 다양한 국적, 인종, 세대의 참여를 가능하게 했고, 팬들의 '믿음'이 구성하는 상징자본은 친근함과 독보적 재능을 통해 감정적 네트워크를 구성하게 하지만, 끊임없이 구별

짓기를 하고 고급문화를 지향하는 형태로 확장되고 있다. 미국과 영국의 음악순위 차트에서 높은 순위를 나타내거나, 글로벌 행사에서 중요한 역할을 하는 모습을 보여주기도 하며, 누구도 따라 할 수 없는 매력자본을 가진 아이돌의 능력을 보여주기도 한다. 팬들은 자본의 가치로부터 포섭되지 않기 위해 끊임없이 협상을 하지만, 팬들의 협상 기록과 과정은 동시에 아이돌의 문화자본을 축적하는 데 중요한 기반이 된다. 이러한 관계가 형성하는 문화자본의 가치는 범위가 아시아에서 글로벌로 확장되고, 아이돌의 전문성과 상징자본 역시 확장되는 추세다. 아이돌의 정치적 발언보다 일상적 삶을 담은 이미지가 전달해주는 친근함은 아이돌이 되기를 원하고 아이돌의 성공을 지지하는 팬들의 믿음을 더욱 강화시키는 결과를 가져오고 있다.

참고문헌

강신규. 「커뮤니케이션을 소비하는 팬덤: 아이돌 팬 플랫폼과 팬덤의 재구성」. 『한국언론학보』 66(5), 2022, 5-56.

권란. "'아이돌 고시' 시대". SBS뉴스, 2011. 7. 4.https://news.sbs.co.kr/news/endPage.do?news_id=N1000942409&plink=COPYPASTE&cooper=SBSNEWSEND

김세아. "'K팝 시스템을 수출합니다' JYP와 하이브의 도전이 의미있는 이유". 『텐아시아』, 2023. 10. 9. https://tenasia.hankyung.com/topic/article/2023100611244

김소연. "'데뷔 후 3년 동안 20만원 정산' … 연습생에 드는 돈 얼마길래". 『한국경제』, 2021. 4. 17. https://www.hankyung.com/article/202104161516H

김수아. 「팬덤의 능동적 참여와 소비자-권리주의」. 『문학동네』 28(2), 2021, 274-292.

김영규. "브레이브걸스 3천만뷰, 역주행 인기 계속". 『국제뉴스』, 2021. 6. 28. https://www.gukjenews.com/news/articleView.html?idxno=2254101

김호영 · 윤태진. 「한국 대중문화의 아이돌(idol) 시스템 작동방식: 아이돌문화 생산 · 소비의 이중적 구조에 대한 탐색적 연구」. 『방송과 커뮤니케이션』 13(4), 2012, 45-82.

박성모. 「자본주의 사회에서 나타나는 아이돌 그룹의 소외」. 『사회과학연구』 31, 2015, 275-301.

박주초. 「아비투스 중첩에 의한 문화적 양각 현상 변화:〈빈 필 신년음악회〉와 〈미스터트롯〉의 소비를 중심으로」. 『아시아문화연구』 56, 2021, 7-30.

방희경 · 오현주. 「아이돌 정동노동(affective labor)과 노동윤리:리얼리티 쇼 〈프로듀스101〉을 중심으로」. 『한국언론정보학보』 91, 2018, 76-117.

베르비기에 마티유 · 조영한. 「케이팝(K-pop)의 한국팬덤에 대한 연구:해외 팬들에 대한 인식을 중심으로」. 『한국언론정보학보』 81, 2017, 272-298.

원용진 · 방희경 · 이준형 · 마리사 럭키. 「'코리아부(Koreaboo)': BTS Universe가 미운 퍼즐 한 조각」. 『한국언론학보』. 2020, 471-499.

이동연. 「한국인의 일상과 문화 아비투스」. 『문화과학』 61, 2010, 169-195.

이수안. 「대중문화 연예상품에서 문화적, 사회적 자본의 동원 메커니즘: 아이돌 스타의 경우를 중심으로」. 『사회과학연구』 18(2), 2010, 206-241.

이상길. 「대중문화산업의 상징경제:국내 연예 산업의 사례를 중심으로」. 이기형 외 지음. 『문화연구의 렌즈로 대중문화를 읽다』, 서울: 컬처룩, 2018.

이시림 · 이수현. 「한국 아이돌, 그들은 어떻게 살아남는가?: 한국 아이돌 산업 생태계의 생존과 성공 요인」. 『미디어, 젠더&문화』 34(2), 2019, 52-98.

이오현. 「케이팝(K-pop)의 해외수용 문화가 지닌 문화정치적 함의에 대한 연구: K-pop Random Play Dance를 중심으로」. 『한국언론학보』 65(5), 2021, 127-170.

이은주. “美 빌보드, K팝 차트 신설”. 『서울신문』, 2011. 8. 27. https://en.seoul.co.kr/news/newsView.php?id=20110827023019

이종임. 『신한류와 문화이동의 지형학』. 논형, 2013.

______. 『문화산업의 노동구조와 아이돌』. 북코리아, 2018.

______. “김완선 시대와 다른 아이돌? 더 보호받아야 할 존재다”. 『프레시안』, 2023. 6. 2. https://www.pressian.com/pages/articles/2023060115282724570

이진욱. “블랙핑크 리사 ‘누드쇼’ 논란 정면돌파 … ‘언제든 불러달라’”. 『노컷뉴스』, 2023. 10. 5. https://www.nocutnews.co.kr/news/6023291

이후연. “입학 조건이 학교 자퇴 … SM, 사교육 1번지에 만든 학원 정체”. 『중앙일보』, 2023. 4. 4. https://www.joongang.co.kr/article/25152350

장혜지 · 장혜미 · 김재범(2023). 「한국의 문화자본 연구에 대한 비판적 고찰:계급/계층과 취향을 중심으로」. 『문화경제연구』 26(2), 3-29.

전범수 · 이상길(2004). 「영화장르의 사회적 소비 구조」. 『한국방송학보』 18(3), 554-597.

조은수 · 윤아영(2020). 「BTS ARMY에서 페미니스트 팬으로:3세대 K-POP 아이돌 팬의 페미니즘 실천과 한계」. 『미디어, 젠더&문화』 35(3), 5-59.

피에르 부르디외. 이상길 역. 「상징자본과 사회계급」. 『언론과 사회』 21(2), 2013, 10-33.

한유희. 「새로운 취향의 공동체: 아이돌-팬덤의 인정투쟁」. 『인문콘텐츠』 67, 2022. 127-147.

______. 아이돌, 인간 명품이 되다. 르몽드 디플로마티크, 2023. 6. 30. https://www.ilemonde.com/news/articleView.html?idxno=17313

홍종윤. 『팬덤문화』. 커뮤니케이션북스, 2014.

Jenkins, H. (2006a). Fans, bloggers, and gamers :exploring participatory culture. 정현진 역. 『팬, 블로거, 게이머: 참여문화에 대한 탐색』. 서울: 비즈앤비즈, 2008.

______(2006b). Convergence culture: where old and new media collide. 김정희원 · 김동신 역. 『컨버전스 컬처: 올드미디어와 뉴 미디어의 충돌』. 서울: 비즈앤비즈, 2008.

Livia Albeck-Ripka. Moonbin, Member of K-Pop Band ASTRO, Dies at 25: The K-pop star was found dead on Wednesday at his home in Seoul. NewYorkTimes. 2023. 4. 19. https://www.nytimes.com/2023/04/19/arts/music/moonbin-kpop-astro-dead.html

제2부

한류와 문화 내셔널리즘의 형성

한류와 문화내셔널리즘: 이론적 검토

이동준
홍콩링난대 방문조교수

| 들어가며

> "역사를 잊은 민족에게 미래는 없다."
>
> - 신채호

위 문구는 MBC 예능 프로그램 「무한도전」의 한국사 특집방송에서 사용되면서 인기를 얻었다. 그러나 "가짜명언 팩트체크"(박강수, 2021. 1. 27)에 따르면, 신채호는 이와 같은 말을 한 적이 없다고 한다. 그러나 여기서 신채호가 정말 그러한 말을 했는지는 쟁점이 아니다. 주목할 점은 이 문구가 대중에게 널리 알려지면서 2013년 한일전 축구 경기의 현수막에도 등장했다는 것이다. 이는 대중문화와 미디어에서 민족주의적 감성이 활발히 이용되고 있음을 보여준다. 한류와 민족주의 담론이 교차하고 결합하는 과정에서도 유사한 서사가 목격된다.

한류는 한국 문화와 대중문화의 세계적 확산을 의미한다.* 하지만 한류는 종종 본질주의와 보편주의에 도전하는 극단적 민족주의의 한 현상으로 이해되기도 한다. 국내뿐만 아니라 해외에서도 한류는 민족주의 갈등의 표현 수단으로 주목받고 있다. 따라서 정부 · 언론 · 대중 간의 민족주의적 소비와 수용의 다차원적 층위 분석이 필요하다. 한류 연구의 관점에서 민족주의 담론은 복잡하게 발전해왔으며, 그 과정에서 한국이라는 특정 지역 문화가 어떻게 서구 중심의 근대화와 문화 다양성 논의 속에서 재평가될 수 있는지에 대한 문제가 대두되었다. 따라서 민족주의의 과거 담론의 비판적 해석과 미래지향적 한류를 위한 대안적 개념으로서 '문화내셔널리즘'을 제안한다.

현대 한국 사회의 문화 정체성 맥락에서 보편성과 특수성 사이의 긴장이 존재하며, 한류는 지역적 · 국제적 횡단점에서 본질주의와 보편주의에 도전하는 형태로 발현되기도 한다. 예를 들어, 한류를 수용하는 대상의 국적, 인종, 그리고 문화적 다양성은 한류 현상을 이해하는 데 중요한 변수로 작용한다. 한류의 확산과 수용에서 인종과 민족의 역할을 이해해야 하며, 한류가 지역적 또는 국제적 공간에서 어떻게 해석될 수 있는지에 대한 새로운 이론적 접근법이 요구된다.** 한류 연구의 역사적 맥락과 시대적 이론 경향을 살펴보는 것은 담론 형성, 전환 및 갈등을 이해하는 데 기여한다. 한류가 지식으로 전환되기 위해 '현상으로서 한류'에서 나아가 '연구(이

* 한류의 엄밀한 정의에 대한 논쟁이 존재하나 이 글에서는 다루지 않는다. 한류 개념의 복잡성에 대해서는 다음 논문을 참조하기 바란다. 이동준, 「한류정책을 위한 패러다임 전환: 2020 신한류 정책담론을 중심으로」, 『문화와 융합』 44(3), 2022.

** 이 장은 고정된 정의나 개념을 제시하는 대신, 시대적 의미와 학문적 충돌 및 흡수 과정에 초점을 두었다.

론)로서의 한류' 논의를 시작해야 한다. 이를 위해 다양한 학문적 경계와 국가적 경계를 넘어 한류와 민족주의 이론의 관계를 조명할 필요가 있다.

따라서 민족주의를 둘러싼 기존 이론과 담론을 재인식하고 재발견하는 경계화 과정에서 일정한 학문적 토대를 형성할 수 있다. 이 과정에서 한류를 타자화할 수 있는 문화적 특수성과 보편성에 대한 담론적 한계를 극복하고, 탈식민주의적 이론과 한류의 학문적 체계에 대한 초학제적인 시작점을 마련할 수 있다.

| 민족주의 이론의 특징과 한계: 한국적 내셔널리즘

민족주의(nationalism)의 개념은 근대 국가 형성과 함께 강조되었다. 그러므로 근대성(modernity) 논의는 (정치적) 민족주의와 (정체성 중심) 내셔널리즘을 구분하는 데 핵심적이다(윤선희, 2013). 유럽 중심 내셔널리즘은 동일한 국가나 지역으로 유사한 특성을 가진 외국인들이 모여 형성된 집단으로서 서구 유럽의 근대화 기간의 민족 형성 과정을 반영한다(김영명, 2002). 이러한 이유로 민족주의의 이론적 논의를 위해서는 시대적 배경과 지역성을 이해하는 것이 중요하다. 한국과 서구의 근대적 민족 개념은 민족 형성 과정의 차이점 때문에 서로 다르다. 한국의 근대화 과정은 이주의 형태와 원인, 그리고 그 역사적 통합이 서유럽과 다른 방식으로 이루어졌다. 그러므로 민족주의의 이해에 있어서 토착적 역사성을 무시해서는 안 된다. 이와 같이 한국적 민족주의 이론은 근대화 시기 한국의 정치적 맥락을 담아내야 하는 문제가 있다.

민족/국가(nation) 공동체는 주로 언어, 문화, 감정 그리고 의식 등을 공유하며 형성되는데, 이는 원시적인 소속감에 중점을 둔다.* 따라서 민족은 족류/종족 집단(ethnic community)으로서의 정체성을 형성하며, 이를 통해 국가주의적인 성격을 발전시킨다. 족류 집단의 자아 인식 및 상호작용의 토대는 국가가 민족이나 인류 공동체를 넘어 정치적 · 문화적으로 통합된 구조를 형성하는 데 중요하다. 이러한 민족 개념은 근대화 과정을 거치며 국민을 대표하고 국가의 이익을 지키는 정치적 목적으로도 활용되고 있다(Gellner, 1983). 민족주의는 감정적인 면에 기반을 두고 있어서 인권, 민주주의 같은 보편적인 가치보다 더욱 강한 이념적 특성을 가졌다고 주장되기도 한다(김동춘, 2007). 이념(이데올로기)의 형태로 인식된다는 것은 단순한 개념의 오인과 오용이 그 이상의 확대 해석과 편향성을 야기할 수 있다는 것을 의미한다.

민족주의 이론은 그 지역적 특성이나 역사적 맥락뿐만 아니라 개념적 한계를 가진다. 내셔널리즘을 번역하는 과정에서 발생 가능한 문제로 더욱 이론화하기 어렵다. 예를 들어 내셔널리즘은 한국에서 '민족주의', '국민주의', '국가주의'로 번역되며, 각각 다른 의미를 내포한다(김영명, 2016).**

* 이 장에서는 이론적 이해와 서술에 혼란을 주지 않는 범위에서 인용한 기존 논문에서 사용하는 용어를 존중하되 때때로 민족주의와 내셔널리즘을 중첩하여 사용한다. 민족-종족(ethnicity)과 (민족)국가(nation-state), 그리고 원어로서의 nation에 해당하는 근대적 맥락에서의 민족주의 또는 내셔널리즘 사이의 용어 구분을 명확히 하는 것은 이 글의 주된 목적이 아니다. 물론 역사적 관점에서의 명칭과 배경은 중요하지만, 민족, 인종, 국가라는 개념들에 대한 해석과 민족주의의 용어 사용에 대한 심층적 해석은 이후의 연구에서 논의하기로 한다. 이미 많은 논문에서 교차하여 사용한 상황에서 명료한 정의를 내리는 것은 자칫 한국적 맥락의 민족주의 담론을 배제하거나 탈민족주의적 움직임을 단순화할 수 있다.

** 김영명(2016)의 분류에 따르면, 민족주의는 민족을 단위로 하여 이상과 목표를 실현하려는 이념, 국민주의는 근대 국가 형성 과정에서 흩어져 있던 민족이 모여 국민으로 탄생하고 발전을 목표로 하는 이념, 그리고 국가주의는 국가의 발전과 성장이 국민 개인의 권리나 이익보다 우

이러한 역사적 특성 때문에 내셔널리즘 연구는 극단적인 민족주의와 국가주의를 구분하지 않고 모두 '민족주의'로 일반화하는 경향이 있다. 따라서 용어의 복잡성과 유동성을 이해하는 것이 중요하다(박찬승, 2008).* 나아가 민족주의 담론은 단순히 번역의 개념적 모호성 이상의 문제를 가지고 있다. 정체성의 유동성과 세계화는 전통적인 민족 개념에 도전하며, 개인과 공동체가 국경을 넘어 상호 연결되는 현상과 관련이 있다. 감정적 유대감 또한 민족의 정체성을 강화하는 중요한 구성요소로 작동한다. 박정수(2013)에 따르면, 한국과 중국의 민족주의는 종족적 특성을 고려하면서도 중요한 차이를 보인다고 한다. 예를 들어, 한국의 종족적 민족주의는 주로 혈연과 고유문화에 초점을 두며 민족의 형성을 설명하는 반면, 중화 민족주의는 문화를 강조하여 다양한 민족을 아우르는 포괄적인 개념을 가지고 있다. 이로 인해 중화 민족주의는 문화적 정체성을 중시하며 민족 형성에 큰 영향을 미치는 특징을 가지고 있다는 것이다.

민족주의는 문화의 영토화 또는 재영토화를 포함하는 "문화적 경계의 구축"에 초점을 맞추고 있다. 반면에 세계화는 문화의 '탈영토화'를 촉진하는데, 이는 존 톰린슨이 설명한 바와 같이 문화와 지리적 또는 사회적 영토 사이의 연결이 약화되는 것을 의미한다(박정수, 2013 재인용; Tomlinson, 1991). 따라서 담론적으로 세계화는 경계를 느슨하게 하는 반면, 민족주의

선되는 이념이라고 한다.

* 1907년 이후 량치차오의 민족론에 영향을 받아 '민족'이라는 용어가 한국에서 널리 사용되었는데, 3.1운동 이후에는 독립운동에서 주로 사용되었다고 한다. 단일민족론은 한국 사회에서 주류 시각이었으나, 최근 연구에서는 단일민족론은 허상이라고 주장된다. 한국에서의 민족주의를 둘러싼 담론은 1) 세계시민과 보편이념을 지향하는 탈민족주의론 2) 신자유주의 입장에 선 탈민족 · 신국가주의론(뉴라이트 계열), 3) 열린 민족주의를 표방하는 시민적 민족주의 혹은 시민적 애국주의론, 4) 신자유주의와 탈민족주의를 비판하는 민중적 · 통일지향적 민족주의론 등으로 분류된다고 한다(박찬승, 2008, 2009, 2010).

는 그 경계를 선명하게 한다고 여겨진다. 한국의 경우 해방 이후 민족주의는 반공주의와 독재 정권의 억압적 정치 성향과 결합하여 권력의 집중과 통제 위주의 국가주의로 왜곡되었다고 한다(김동노, 2012). 이러한 권력과 민족국가(nation-state)와의 역사적 분쟁 속 정치적 기억이 민족주의 담론에 상당한 영향을 주었다. 그러므로 한국적 맥락에서 해방과 독립 이후의 민족주의 담론은 특유의 권위주의와 억압의 감성을 자극하고 있다는 점에서 저항서사적 의미가 있다.

민족주의 담론은 그 주체와 대상, 의도와 방식에 따라 유동적 특성을 가진다. 1960년대 이후 한국의 민족주의는 발전주의적 민족주의와 저항적 민족주의로 나눌 수 있다. 발전주의적 민족주의는 전통을 개선하여 문제를 해결하겠다는 입장을 취하며, 저항적 민족주의는 외국의 지배에 대항하고 민족의 통일과 강대국에 대한 저항을 강조한다(박해남, 2020). 세계화로 인해 촉발된 문화적 갈등은 주로 문화 제국주의에 의해 보편적 문화로 여겨지는 미국 문화와 비서구 문화 간의 갈등을 중심으로 논의되어왔다. 이러한 고찰은 세계화의 맥락에서 보편주의와 특수주의 사이의 긴장과 자국의 특수한 문화를 보호하려는 민족주의적 저항을 이해하는 데 중요한 역할을 했다.

민족주의는 사회적 통합과 분열을 모두 초래하며, 다양성과 모순을 내포하고 국가주의의 형태로 왜곡될 수 있으며, 한국 근대 역사의 서사 속에서 변형되거나 토착화된 민족주의는 억압과 폭력을 강조하며 전통의 특수 가치를 중요시하는 경향이 있다. 이러한 억압 속의 중앙집권적인 지배 이념으로서의 민족주의는 이후 민주화 물결 속에서 부정적 기억으로 저장되고 상징되었다. 따라서 한국의 근대 민족주의는 문화적 경계의 구축과 세계화의 긴장을 강조하며 민족주의와 국민주의 속에서 한편으로는 저항의 의미로, 다른 한편으로는 억압의 의미로 해방과 속박의 기로에서 다양한 담론으로 구성되었던 것으로 보인다. 다시 말해 '민족'과 '민족주의', 그리고 '국가'의 개념은 문화적 · 역사적 맥락에 따라 다양한 의미로 해석될 수 있다. 결국 연구주제로서 내셔널리즘은 한국과 서구의 관점 차이 속에서 이해해야 하며, 맥락적 · 개념적 · 담론적 한계를 고려해야 한다.

| 초기 한류와 내셔널리즘: 민족문화 또는 문화민족주의

한류 초기 연구의 민족주의 이론에 대한 분석은 동아시아와 서구의 이론적 경합과 침투 과정에서 그 뿌리를 찾아가는 과정이다. 한국의 민족주의는 "문화적 측면의 특수성을 강조하는 성격"을 가지고 있는 만큼 "문화적 민족주의"로 불리기도 했다(양경미, 2010). 한국적 맥락에서 문화적 민족주의에 대한 개념은 국수주의(ultra-nationalism)적 측면에서 묘사되거나 자민족의 우월성을 기반으로 하는 배타주의로 주장되기도 했다(홍기돈, 2022). 그리고 전통에 대한 강조가 민족주의적인 것으로 해석되는 현상을 보이기도 했다(김영명, 2016). 초기 한류 연구가 취하는 민족문화의 우월성을 한류의 성공 원인으로 보는 입장이나 과도한 전통성의 강조가 민족주의적이라고 보는 입장에 대한 동의 여부를 떠나 한류가 민족 정체성과 국가 정체성을 재현한다는 점에는 반론을 펼치기 어렵다. 이 점에서 민족(국가)적 정체성과 문화적 정체성은 긴밀하게 연결되면서도 각 국가의 역사적 맥락 속에서 다른 형태의 민족주의적 해석으로 발현된다(Tomlinson, 1999). 민족 정체성(national identity)은 언어, 감정, 상징체계를 포괄하며, 상징체계는 민족과 그 정체성을 묶는 역할을 한다(Smith, 1991). 앤서니 스미스는 민족과 민족주의가 근대적인 현상임을 인정하면서도 민족주의 연구에서는 전근대와 근대 사이의 연속성, 즉 장기지속적인 관점을 통해 민족이 보이는 문화적 · 상징적 연속성을 연구해야 한다고 강조한다(김지욱, 2013). 한류라는 상징체계가 민족문화로 해석되는 경향과 문화민족주의의 일환으로 해석되는 입장과 태도로 분류하면 한류가 민족주의 이론과 교차하는 지점을 파악할 수 있다.

한국에서 민족주의는 근대적 정치 역사의 권위주의와 세계화의 흐름 속에서 대중의 기억과 감정으로서 토착적 특징과 지역적 역사성을 가지고 있으나 실제로 후기 근대 맥락에서의 민족주의 용어는 대부분 서구 중심적인 내셔널리즘으로 해석된다. 한국의 근대 이후 논의에서 문화민족주의와 정체성 연구 담론은 두 가지로 구분할 수 있다. 하나의 관점은 민족문화의 우수성을 강조하고, 다른 하나는 동아시아 문화권의 역사와 지리적 특성에 기반을 두어 민족문화를 해석한다. 민족문화는 민족적 정체성을 구축하기 위한 노력이자 문화적 자긍심을 고취하려는 출구였으며, 서구에 비해 다문화적 사회로의 이행이 이뤄지지 않은 상태였기 때문에 타자화의 논쟁에서 비켜나 있으며, 동아시아의 국제정치적 상황에서 민족적 자립을 위한 국가 주도의 시민운동이라고 볼 수 있다. 이처럼 한국적 맥락에서 민족주의는 아시아 내 권력투쟁과 체제 경쟁 속에서 정치 구조, 정치지리학, 글로벌 패권 관계, 식민주의, 자본주의의 맥락 속에서 축적되었다. 따라서 국가 정체성과 문화 정체성, 민족주의와 내셔널리즘을 구분하는 방법을 통해 한류 연구에 대안적 해석의 틀을 제공할 수 있다.

로널드 로버트슨(1992)에 따르면 민족주의는 "현대적 특수주의의 가장 전형적인 형태"로 간주된다. 이런 점에서 로버트슨이 제시한 "보편주의의 특수화(particularization of universalism)" 과정은 '민족주의의 보편화' 과정으로 이해할 수 있다(박정수, 2013). 따라서 한류의 학문적 특성상 한국 문화의 유행과 대중문화의 인기는 본질주의 논쟁과 떨어질 수 없고 자국 중심주의나 문화적 우월성에 대한 강조를 민족주의적 해석으로 병치하기 쉽다.

한편, 한국의 정치적 발전과정을 톺아보면 문화적 민족주의는 이중적인 성격을 보인다. 박정희는 전통문화를 강조하고 국가 영웅들을 찬양하여 민족적 정체성을 강화했다. 이는 주로 장기 통치를 용이하게 하기 위한 이념적 수단이었지만, 동시에 국가 문화와 전통의 발전에 대한 대중의 관심을 증가시켰다. 반면, 김대중 시기의 민족주의와 세계주의를 연구한 김동노(2012)는 민족주의에서 '우리' 민족을 강조하는 것이 특수성을 나타내지만, 이것은 열린 민족주의와 세계주의로의 전환 가능성을 내포하는 '보편주의 속에서 나타난 독특한 특수주의의 요소'로 해석할 수 있다고 한다.*

한류의 문화현상은 국내에서도 다양한 형태로 수용되고 재생산된다. 민족(또는 국수)주의적 찬사나 비하도 여기에 포함된다. 한류의 정체성 구축에서 정부 및 언론의 역할도 매우 중요했다.** 더불어 정부와의 관계에 대한 연구 역시 중요한 연구 주제였다. 한류의 산업적 기능과 가능성을 강조하는 연구와 함께 민족주의적 한류에 대한 원인을 정부의 개입으로부터 찾기도 한다. 일례로 김수정(2011)은 1990년대 "민족 발전을 위한 세계화"라는 정부 기조를 한류를 비롯한 문화 현상에 대한 자아도취적 태도라

* '보편주의의 특수화'와 '특수주의의 보편화'를 통한 문화의 공존에 대한 논의는 문화의 상호보완성을 강조하는 동시에 새로운 문화적 갈등과 특정 민족주의의 충돌 가능성을 강조하고 있다. 저항적 민족주의는 이와 대조되며, 민족을 유기적인 통합체로 보고 개인의 자유와 관용을 강조하며, 폭력보다는 관용을 중시한다고 한다(김동노, 2012).

** 정부 주도의 한류 사업이나 관련 문화정책이 주된 대상이지만, 단순히 정부역할론이나 국가정체성의 논의를 넘어서는 한류 이해관계자로서의 역할을 말한다.

고 비판하며 민주주의를 압박하는 장치로 민족주의를 이용한 지배계층의 탄압으로 해석한다. 한편, 한류에 대한 논의에서 두드러지는 것은 한류의 민족문화적 해석이다.* 한류는 문화 수입국에서 문화 생산국으로의 이행이라는 근대적 경제 성장에 이은 문화적 성장에 따른 문화적 자긍심의 발현으로 해석되기도 한다. 따라서 이 시기 한류 연구는 '지리적'으로 제한되었을 뿐만 아니라 '사회적'으로도 크게 제한된 의미를 가진다(조한혜정 외, 2003). 다만 한국인의 민족적 · 문화적 정체성에 대한 폭넓은 고민이 이뤄졌다는 점에서 한류의 민족문화적 인식과 민족주의적 해석은 다학제적 이론 형성에 기여하기도 한다.

한류 드라마와 문화적 근접성, 동아시아 맥락에서의 민족주의

1990년대 후반 중화권이나 일본 등 근접 국가에서 시작된 한류 현상에 대한 논의는 대개 드라마 장르를 대상으로 이뤄졌다. 이 시기의 한류는 동아시아 중심의 드라마 신드롬으로, 아시아적인 근대성과 문화적인 우수성을 강조하며, 민족주의적인 담론과 관련하여 민족 정체성 강화 정책과 애국심을 연결한다. 문화근접성(cultural proximity)에 대한 논의 역시 문화 민족주의 담론과 다양한 지점에서 결합되었다(Straubhaar, 1991). 아시아의 특정 지역에만 국한되는 문화현상을 보편적이고 일반적인 의미로 해석하는

* 이는 이후 등장하는 한류의 민족주의적 해석과 구별된다.

데는 한계가 있기 때문이다. 따라서 관련 연구 역시 민족 또는 국가의 발전론 혹은 아시아라는 공간, 그것도 동(남)아시아라는 관계성을 중심으로 진행되었다. 중국과 일본의 문화적 영향과 한국 대중문화의 상호작용은 한류 현상에서 중요한 역할을 했다. 그러나 초기의 문화적 근접성 연구는 아시아에서의 한류 소비의 계급적 특성과 문화산업적 측면을 간과하는 면이 있었고, 문화가 고정적이고 본질을 유지하는 것으로 가정하는 면이 있다(진종헌 · 박순찬, 2013). 따라서 이 시기의 한류를 둘러싼 문화내셔널리즘 담론은 동아시아의 문화정치적 상황에 대한 민족문화로서의 정체성 구축과 인식에 기반하고 있다고 볼 수 있다.

문화근접성 이론 연구에서는 한자문화권이나 유교문화권, 아시아적 가치 등의 주제들이 다루어지며, 특히 문화적 유사성과 지리적 근접성을 통한 이해는 동아시아, 즉 중국과 일본에서의 한류 현상을 설명할 때 부분적으로 타당성을 지닌다(유세경 · 이경숙, 2001). 이러한 한류 논의는 '동(남)아시아' 지역에서 특별히 나타난 현상으로서, 한국 드라마와 대중음악 같은 특정 장르에서 한국 문화 제품의 대중적인 인기를 가족주의 같은 전통성으로 해석한 결과다(박승우, 2015; 김윤미, 2017). 한류는 한국 대중문화 상품에 내재된 보편성, 진보성, 기술적 세련미와 함께 서구 문화에 대한 아시아인의 갈망을 반영한다고 한다(진종헌 · 박순찬, 2013). 한-중-일 국제관계의 맥락에서 한류의 민족주의적 특성은 필연적으로 도구화 · 정치화될 수밖에 없다. 따라서 이 시기 동아시아 국가들은 미디어와 대중문화를 통해 환상적인 아시아 근대화 서사 속 각국의 발전한 사회를 묘사하면서 드라마를 통해 경쟁한 것으로도 평가할 수 있다.

후기 식민주의적 관점에서 한류 스타들에게 애국주의적 영웅심과 자부심을 강요하는 식으로 민족주의가 발현되기도 한다(Fedorenko, 2017). 국민적 자부심의 무의식 속에는 오랫동안 체화된 식민지 문화 콤플렉스의 억압 기제와 혼종 문화의 해방 기제가 서로 갈등하고 경합하는 정서 구조가 숨어 있다고 한다(이동연, 2022). 정치적인 색채가 짙어지고 동아시아 일부 국가에서는 한류에 내재된 민족주의적인 요소로 인해 반한류나 혐한류 같은 현상이 두드러졌다(이동윤 · 안민아, 2007). 반한류 현상은 특수문화의 보편화로 인해 주변 특수문화와의 갈등 현상으로 이해된다(박정수, 2013). 조한혜정(2003)의 연구에 따르면, 문화민족주의 관점은 문화를 해석할 때 내적인 동질성과 지속성을 강조하는 본질주의에 기초한다. 한류는 문화적인 우수성으로서의 문화민족주의와 본질주의적인 접근을 가지며, 자문화중심주의와 정부개입을 통해 전통문화를 접목한 새로운 K-Culture(한국 문화) 정책 개발과 사업을 지지하기도 한다. 이러한 관점에서 정부 주도 한류 산업화의 대상이 전통문화나 역사문화에 초점을 맞춘 것으로 볼 수 있다. 예를 들어, 100대 한류 디자인 문화를 선정하고 국내외에 알리며 산업적 활용 방안을 제시해야 한다는 초기 정부 정책들이 가진 입장이 이를 대변한다(서주환 외, 2006).

한편, 미디어나 정부 주도적 담론을 통해 외부로 표출되는 한류는 민족주의적 관점에서의 국가주의라고 인식되기 쉽다.* 이는 종종 자국 중심주의나 타국 배타주의와 혼합되거나 혼동된다. 따라서 일본과 중국은 종종 한국의 대중문화가 지나치게 우세하다는 비판을 제기하기도 한다(Chen, 2017). 한류 연구는 한류의 본질과 특이성을 동아시아의 문화적 유사성으로 보는 한편, 반대로 반본질주의적 요소를 강조하여 보편성을 추구해야

---

* 한류에 대한 문화내셔널리즘 관점과 구분하기 위해 '국가주의(또는 국가주의적 민족주의)'라는 용어를 사용하는 것이 더 적절할 수 있다.

한다는 주장으로 전개되기도 했다. 한류의 원인과 그 실체를 민족적 특성에서 더 나아가 문화적 유전자 또는 고대 유물과의 연계성에서 찾으려는 문화민족주의적 시도가 이뤄지기도 했다(이동연, 2021). 이러한 주장의 인식론적 배경에는 한류의 초기 지배적인 담론이었던 '민족문화로서의 한류'가 중요한 역할을 한다고 볼 수 있다.

민족 정체성 중심의 비판적 한류 연구는 문화근접성 이론의 쇠퇴와 함께 문화교류 및 소프트파워 연구로 대체되고 있지만, 지리적 근접성이나 문화적 유사성의 논의는 여전히 동아시아라는 국제 지형에서 중요한 함의를 가진다. 한-중-일 세 나라에서 문화민족주의는 동아시아와의 관계 속에서 자신의 모습을 드러내고 있다. 중국의 문화적 중화주의와 일본 문화의 계속된 진출 등의 상황 속에서 한류는 배타적이고 민족주의적일 수밖에 없다고 한다(이동연, 2005). 더불어 일본인이나 중국인(혹은 아시아인)이 한류의 팬(범)아시아적 담론 차원에서 전통과 미학적 근거를 추적할 때 한류가 한국의 (특수한) 것이 아니라는 주장과 결합하기도 한다(Lie, 2012). 게다가 대중문화를 중심으로 한 국가 브랜딩 전략은 오히려 국제적인 반감을 강화시키고 동아시아 국가 간의 소프트파워 경쟁을 더욱 심화시킨다고 한다(Iwabuchi, 2015).

한류의 문화정체성은 본질적으로 민족주의(민족정체성)와 국가정체성 추구로서의 정부와 언론의 미디어적 기제, 대중의 민족주의적 인식과 수용 태도(민족주의적 한류)로 구분될 수 있을 것이다. 이때의 민족주의나 국가주의는 과거 민족문화의 본질적 우월성을 강조하는 태도, 즉 한류 이전의 문화민족주의적 관점과는 분명히 다르다. 따라서 이 시기 한류 연구의 이론적 특징은 동아시아적 맥락에서의 한류와 문화내셔널리즘이 한국적 정체성을 국가 및 민족 정체성과 결부 짓는 관점과 근대성과 세계화에서 찾는 관점이 대립한 점이라고 할 수 있겠다.

| 현대 한류와 탈민족주의: K-pop과 문화혼종성 이론

2010년 이후 점차 나타나기 시작한 한류의 '탈아시아' 현상은 단순한 지리적 확대를 넘어서 좀 더 한국 대중문화에 대한 보편적 해석을 요구했다. 다시 말해, 한류라는 문화현상에 대해 이전보다 보편적인 의미를 부여하는 것이 가능해졌으며, 이와 함께 다문화주의(multi-culturalism)와 초국적주의(trans-nationalism)의 부상으로 다중 정체성과 혼종성(hybridity) 또는 혼종문화(hybridized culture) 이론 역시 한류 연구의 한 축을 담당했다. 특히 K-pop의 해석에 활용된 문화혼종화(cultural hybridization) 이론은 문화적 상호작용을 거쳐 다른 문화와 혼종 문화를 창출하거나 새로운 문화로 진화한다는 후기 식민주의 연구에서 주장된다(Canclini, 1995; Kraidy, 2012; 김수정, 2012). 세계는 소위 근대화를 거치며 필연적으로 다인종화되고 있다. 다문화주의는 본질적으로 다양한 문화의 정체성을 기반으로 구축되며, 민족이라는 개념 역시 궁극적으로는 문화적 정체성에 근거한다. 따라서 민족 정체성은 단순히 부정이나 해체될 수 있는 추상적 개념이 아니라 정치적, 사회적 그리고 문화적 실체라고 볼 수 있다(김다원, 2015). 그럼에도 문화의 생산과 소비의 지구화 속에서 문화적 정체성과 민족적 정체성은 여러 지점에서 충돌하며 파열음을 냈고 혼종이론이 대안적으로 인기를 얻었다. 한류 연구도 이러한 이론적 흐름을 적극적으로 반영하고 있다. 대표적으로 음악 장르의 혼종적 특징은 지구화와 관련된 다양한 문화적 현상을 해명하는 핵심 개념으로 부각되었다(신현준, 2005; 이수안, 2012).

특히 이 시기 K-pop의 초국적 수용은 한류에 대한 글로벌한 관심이 집단적 국가 정체성과 민족주의를 확인하는 데 중요한 매개로 작동한다(Yoon, 2017). 국내 한류 연구의 경우 민족주의 이론에 대한 논의가 급격하게 줄어들고 한류의 서구권 소비가 증가하면서 관련 연구가 수용자 중심으로 전환되고 있다고 한다(손승혜, 2009, 2011). K-pop의 문화적 정체성에 있어 민족 정체성을 부인하는 관점에서는 한국 문화의 국적성을 강조하는 것이 K-pop의 본질을 이해하는 데 방해가 되며, 언론과 대중의 애국주의적 욕망에 흡수될 수 있다고 본다(이동연, 2011; 신현준, 2013). 이러한 연구는 K-pop의 음악적 특성이 지닌 혼종적 성격을 강조하는 데 한류 드라마 연구에서 차용되었던 문화근접성 이론을 문화 혼종 이론이 대체하는 듯한 모습을 보인다.

따라서 K-pop이 음악/장르적 차원에서 민족 정체성이 뚜렷하지 않을 수 있으나 정치사회적 특성으로 그 문화적 정체성을 해석한다면 다른 주장이 가능하다. 탈민족주의 논쟁은 한민족의 근대적 형성, 후기 근대성과 권력의 이데올로기 같은 민족주의적 담론과 실질적 차원에서의 민족주의 비판 등을 중심으로 펼쳐졌다(전재호, 2018). 이는 서구가 만들어낸 '중심-주변' 이분법의 렌즈를 통해 한류를 이해하고 정체성을 부여하려는 시도라고 할 수 있다. 물론 엄밀히 말하면 혼종성 이론과 근접성 이론이 대척관계에 있는 것은 아니지만, 한류의 문화적 정체성을 구성하는 관점에서 비교가 가능하다. 예를 들어, 김수정과 김수아의 연구(2015)는 혼종이론이 문화본질주의적인 인식에 대한 비판을 하는 것이지 문화적 정체성을 부정하는 것은 아니라고 한다. 그들은 K-pop 산업의 논리가 한국식으로 자본화된 도덕주의라고 보고, 이를 애국주의와 연결한다. 이와 같이 한류 연구는 동시대의 다양한 민족주의 이론을 차용하는 방식에서 특징을 보인다.

한편, 해외 학자를 중심으로 발전하고 있는 최근 한류 연구는 기존의 민족주의나 비판적 문화이론에서 더 넓은 초국적(trans-national) 문화 흐름으로서의 미디어 커뮤니케이션 연구로 진화한 것으로 해석된다(Jin & Yoon, 2016). 해외의 한류 연구 증가는 수용자 연구의 필요성을 충족시키는 동시에 아시아적 국제관계를 넘어 서구 학계의 미디어 연구적 맥락으로 한류를 재위치시키는 기능을 했다. 그러나 한류가 가진 보편적 가치를 인기의 원인으로 파악하거나 특수한 미학적 우수성을 그 원인으로 찾거나 하는 연구는 이론적으로 일종의 패러독스에 빠지기 쉽다.* 동아시아에서 문화 출처 논쟁은 정치적 국제관계와 결합하여 힘의 논리로 확대되었다. 중국의 문화 중화주의와 일본의 문화 선진화를 넘어서 미국과 서구 국가들, 전 지구적으로 소비되는 한류 속 사드 사태, 혐한, 한한령 등이 중요한 주제가 되었다.

민족 정체성의 산업화는 세계화의 보편화 과정에서도 차별화된 문화를 공급하여 문화적 다양성을 유지할 수 있는 반면, 민족주의적 성향이 강한 국가들 사이에서는 문화갈등의 중요한 원인이 될 수 있기 때문에 지역 내 공동체의 생성을 저해한다는 주장도 있다(박정수, 2013). 이는 정부의 일방적인 홍보적 성격의 한류 사업들과 강한 개입에 대한 감성적 저항으로 표출되기도 하며 정부를 국가주의적 민족주의의 주체로서 인식하는 경향성으로 발현되기도 한다.** 그럼에도 문화내셔널리즘은 전통문화나 대중

---

* 앞서 언급한 바와 같이 한류 연구가 추구하는 한류의 원인 규명에서 혼종성 이론이나 반본질주의적 관점은 결국 한류의 한국적인 것(한국적 문화 정체성)에 대한 부정과 맞닿아 있기 때문이다. 물론 그 반대의 경우도 유사하다.

** 한류의 전 지구화 속의 국제적 특성은 문화적 충돌을 초래할 수 있다. 이는 중국의 온라인 민족

문화를 통해 해석되는 것이 아니라 커뮤니케이션 수단과 방법에서 자국 중심주의나 타문화 오해로 인한 문화적 · 산업적 · 정치적 분쟁을 비판하고 반성하는 방법론이 될 수 있다.

| 지속가능한 미래 한류, 문화내셔널리즘 그리고 탈식민성

한류는 동아시아적 긴장관계의 맥락을 넘어 글로벌 미디어 환경에서 서구의 지속적인 미디어 지배나 불평등한 권력관계와 공존하고 있다. 문화적 특수성과 본질주의에 대한 논의가 재점화되면서 혼종성을 과하게 강조하는 '한국적이지 않은' 전략은 논란을 일으키기도 한다.* 그러나 K의 문화적 정체성에 대한 공유된 이해가 없는 상황에서 'K 없는 K-pop' 같은 문구는 실체 없는 외침이 되기 십상이다. 더불어 한류의 성공 분석 연구에서 인용되는 한국성(Korean-ness) 역시 시대적으로 달리 볼 수 있다. '한국다움'이나 'K'스러운 것이 한류에 긍정적 문화 요소라고 주장되곤 하지만 한국적인 것 또는 한국의 문화는 시대에 따라 경계를 판단하기 어려운 회색지대가 많고, 근현대사에서 여러 사건과 고통의 역사를 생각하면 한류를 '한(恨)'이나 '근면' 같은 단순한 국민성이나 민족성으로 치환해서는 안 된

주의와 대항하여 또 다른 국가 간 문화 본질주의적 분쟁으로 표출되고 있다. 특히, 한한령 이후 중국 내 K-pop 팬덤에서 강조되는 온라인 민족주의적 경향은 국내 팬덤에서도 나타나며, 이는 K-pop 산업이 문화 다양성을 개선했다고 단정 지을 수 없게 만든다. 민족주의가 마케팅과 브랜딩에 투영된 K-pop의 산업 구조라고 할 수 있다.

* 최근 하이브가 추구하는 글로벌 전략은 K-pop의 표면적인 세계화 감성을 넘어서서 자본과 인종, 문화적으로도 K를 벗어나려는 시도라고 볼 수 있다.

다. 유사한 관점에서, 한류 디아스포라와 한류의 코스모폴리탄 다양성이 한국 사회 맥락에서 한류의 내부적 문화 다양성을 의미하는 것은 아니다. 예컨대, 영국 K-pop 팬들의 대안적 가치는 근대와 전통문화, 서구 대비 동아시아, 유럽 대 아시아 등 이분된 집단적 대결이나 후기 식민주의적 정체성을 기반으로 한 것은 아니라고 한다(윤선희, 2013).

한류의 정체성을 이해하는 데는 문화적(또는 미학적) 접근법보다 '중심-주변'의 불균형한 힘의 관계에 대한 (정치적) 국제관계의 맥락이 더 중요하다. 유럽 중심적 본질주의, 또는 반본질주의적인 이해에 도전하고, 역동적이며 혼성적인 특성을 강조하는 문화내셔널리즘의 관점은 현대 한국 사회의 복잡성을 더욱 정확하게 반영할 수 있지만 세계화와 탈세계화라는 경계에서 민족주의적인 요소와 그 대안에 관한 심층적인 논의가 요구된다. 게다가 한류 현상은 정치적인 분쟁 유발 또는 해결 도구로 사용되기도 하며, 문화산업은 외교 분쟁의 희생양이 되기도 한다. 그리고 초국적 K-pop 소비에 대한 산업과 기업의 대응은 경제적 논리에 의해 좌우되며, 상호 문화 이해와 협상보다는 주주의 이익을 우선시한다. 예컨대 K-pop 산업에서 민족주의적 감성이 마케팅과 브랜딩에 활용되는 경향이 있다. 이는 '소비주의적 민족주의'로서 미디어 기업의 전략적 커뮤니케이션인 측면이 강하다. 이는 K-pop의 글로벌화나 수용의 다양성이 확장되는 과정에서 한동안 외면받았던 K-pop의 민족주의적 성격이 그동안 자본의 논리와 산업의 경제적 선택으로 재정립되었다는 것을 의미한다. 그러므로 현대의 특성을 전통적 민족주의 이론으로 등치하는 것은 적절치 않다.*

* K-pop 산업과 기업은 초국적인 소비에 대해 상호 문화 이해와 협상보다는 경제적인 이익과 손실을 고려하여 대처한다. 이 때문에 아이돌은 문제해결 과정에서 희생될 수 있다. 예를 들어, 트와이스 쯔위의 '국기 사건'은 대만 선거와 맞물려 중국에서 큰 논란이 되었다. 중국 시장

한류의 세계화에 대한 민족주의의 이론적 또는 개념적 혼용과 이해의 불균형이 이 시기 한류 연구에서 특히 빈번히 발견된다. 김수정(2012)이 지적했듯, 일본의 혼종주의(hybridism) 이론과 탈식민지론에서 주장하는 혼종성은 다르기 때문에 혼종성을 무국적성이나 초국적성과 같은 개념으로 오해하면 탈식민지론의 개념적 · 논리적인 문제가 발생할 수 있다. 한국 정부가 일본 대중문화를 금지한 것은 반민족주의적으로 해석될 수 있다는 주장도 있다(천정환, 2007). 민족주의적인 것이 본질주의적인 한류의 특성과 어떻게 충돌하는지 넷플릭스의 '오징어게임' 성공과 함께 다시금 재조명되고 있다. 그러므로 내셔널리즘에 대한 서구적 포스트모던 연구 관점을 아시아 맥락에서 어떻게 적용할지 섬세한 접근이 필요하다.

K 담론은 한류를 넘어서 문화적 정체성의 형성과 변화에 관심을 끌고 있다. 이들은 고정된 '한국적' 정체성에 대해 비판적으로 바라보고 있다(박소정, 2022; Jin, 2024). 지금의 한국 사회는 단일 민족성이 강조되었던 사회적 풍토를 극복하고 인종적 다양성과 다문화적 현실도 반영해야 하는 딜레마에 직면했다. 한류가 글로벌 보편으로 이행하고 있다는 인식과 달리 내부의 인종적 다양성과 초국적인 K-pop 문화수용을 어떻게 한국적인 것으로 바라봐야 할지에 대한 문제는 더욱 어려워졌다. 한국 대중문화의 성과에 대한 과도한 찬사는 한류에 대한 거부감을 조성하기도 한다. 한국 내에서 문화적 형태로 나타나는 민족주의는 종종 '국뽕'이라는 멸시적 표현으로 지칭되기도 한다. "두 유 노 김치?"나 "두 유 노 박지성?" 같은 일상의 표현은 비판의 대상이 되기도 했다. 이러한 자조적 용어의 사용은 한류 내

을 무시할 수 없었던 JYP엔터테인먼트는 국내 팬덤의 저항에도 쯔위를 직접 등장시킴으로써 '하나의 중국'에 대한 지지를 명확히 했다.

부에 존재하는 민족주의적 요소를 단순화할 수 있다. 이러한 접근법은 한국의 문화와 정체성을 오리엔탈리즘적인 프레임으로 재생산할 위험이 있다(Kim, 2021). 그보다 '국뽕'이 단순한 민족주의적 감성에 대한 거부감이나 냉소적 민족주의의 표현에 그치지 않고, 상업주의에 기반하여 새로운 방식의 문화 정체성, 유동적 민족주의를 내포하는 현상으로 발전하고 있음에 주목할 필요가 있다.*

한류의 이해에 있어 문화상품이 국민 통합과 국가 정체성의 상징으로 작동한 과거 발전주의 속 애국주의 서사를 부인할 수 없다. 'K'라는 상상된 집단적 실재를 부정하는 것이 아니라, 타자와 주체의 이분법적 구도의 기존 패러다임을 비판적으로 재검토해야 한다. 한류 현상은 문화적 정체성의 방법론으로도 작용하고, 민족문화로서의 한류의 특성도 유지하고 있다. 예를 들어, 2009년 2PM 재범의 탈퇴 사건과 같이 한국 대중문화는 민족적 불안을 드러내는 동시에, 민족정체성의 모순과 균열 속에서 민족주의를 상업적으로 이용하는 다양한 모습으로 재생산되기도 한다(정민우, 2010).** 음악 시장의 국제화는 K-pop 산업의 경쟁 구도를 복잡하게 만들고, 다양한 아이돌 형태를 등장시키고 있다. '국가', '민족', '종교' 같은 개념은 사회 구조나 인간 심리에 근거한 것뿐만 아니라, 복잡한 시스템과 상

---

* 국뽕 유튜브가 성장하고 국뽕도 하나의 문화상품으로 진화하고 있다. 다만 이러한 현상이 민족주의를 뛰어넘어 세계시민주의로 이어진 것으로 간주할 수는 없다. 게다가 국뽕 같은 문화적 자부심에 대한 냉소나 비판이 문화 다양성이나 다른 문화에 대한 존중을 끌어올린 것으로 해석하기는 어렵다. 이러한 사회의 특수성은 문화 다양성의 중요성과 함께 사회 통합 논의에 반영되어야 한다.

** K-pop 아이돌의 다양성은 문화적 다양성을 의미하는 것이 아니라, 오히려 민족주의의 표현으로 해석될 수 있다. 대다수 아이돌은 한국이나 아시아 출신이며, 중국 출신 아이돌에 대한 혐오 역시 여전히 존재한다. 세계 음악 시장의 글로벌화 동향을 고려할 때, 빌보드 차트나 영미권 대형 페스티벌 참가나 공연은 K-pop의 세계적인 인지도로 국가 정체성과 민족주의를 확인하는 중요한 지표로 여겨진다.

호작용하고 가치를 갖는 현상이기도 하다. 아티스트의 국적이나 인종으로 K-pop의 본질을 규정하기 어렵다는 점도 부각되고 있다. 여기서 해외 팬덤의 정치참여와 행동주의가 국내 팬덤의 주체적 문화수용으로 연결되는지 고민하게 된다.* 초국적 한류 연구는 해외의 디아스포라적 문화수용에 집중하는 경향이 있어 국내 한류의 소비와 수용의 내셔널리즘적 이해에는 적합하지 않을 수 있다. 따라서 국가 정체성이나 문화적 우월성을 넘어서 시장주의적이고 신자유주의적인 한국 현대사회의 정서 구조를 반영하는 대안적이고 탈이분법적 이론이 요구된다. 예를 들어 K 담론이 일상용어로 확대된 시민 참여적 용어의 특성을 가진다는 점에서 또 다른 정치·사회적 분석이 필요하다고 할 수 있다(이동준, 2022). 이는 과거 한류의 민족주의적 해석을 비판적으로 인식하는 포스트 한류 담론 논의로 확대될 수 있을 것이다.

결론

한류는 놀랄 만큼 성장했고 그에 따라 많은 연구가 이뤄졌다. 그러나 역설적으로, 유럽중심주의에 기반을 둔 국가 정체성과 문화 정체성에 대한 연구와 비평이 한류를 타자화한 것은 아닌지 의문이다. 현대사회에서 한국인의 정체성은 유동적인 개념이며, 한류의 민족주의적 특성을 강조하

* 해외 팬덤과 한국 팬덤이 인식하거나 추구하는 다양성은 다른 맥락이며, 한국 시장에서의 소비 다양성이 사회에 긍정적인 효과를 낸다고 단정할 수 없다.

는 것은 한류의 확산을 방해하는 요소로 인식되었다. 그럼에도 민족주의적 관점은 여전히 여러 시사점을 가진다. 한류의 발전과정에서 나타나는 민족주의 담론의 불일치와 불안정은 한국과 아시아의 국가 · 문화 정체성에 대한 서구적 해석과 국내 연구 맥락과의 단절을 의미한다. 반면, 연구(이론)으로서 한류의 궤적은 서구적 해석과 국내 연구 맥락과의 단절을 인식하는 방법론으로 사용될 수 있다. 탈식민지 지식의 한 형태이자 코스모폴리탄 정체성의 반영으로서 한류의 역설은 넷플릭스 시대에 더욱 복잡하게 얽혀 있다. 게다가 유튜브의 국뽕 콘텐츠 같은 민족주의적 감성을 통한 상업주의는 이를 지지한다.

내셔널리즘을 둘러싼 이론적 · 학문적 불안정은 한류 연구에서 민족주의의 다양한 해석을 가능하게 했다. 따라서 한류 연구의 맥락에서 민족주의와 내셔널리즘을 명확히 구분하고, 한류가 단순한 민족주의적 감성의 수출이 아니라 다양한 문화와의 상호작용을 통해 성장하는 복잡한 현상임을 인식하는 것이 필요하다. 뿐만 아니라 민족주의적 감성은 대중문화와 미디어라는 매개를 통해 일상적으로 재생산되고 있다. 따라서 우리 사회가 공유하는 민족주의의 감성적 차원에 대한 분석은 '한류 문화내셔널리즘'이라는 이론의 발전에 중요한 기반을 제공한다. 비록 민족주의에 대한 기존의 관점이 오리엔탈리즘, 국수주의 같은 한류에 대한 부정적 해석에 영향을 줄 수 있으나, 한류의 다양한 측면을 깊이 있게 이해하고 해석하기 위해서는 민족주의적 관점을 넘어서 문화산업과 그에 따른 수용자 중심의 접근법을 병행해야 한다.

한국과 동아시아, 그리고 팬아시아적 민족주의와 서구 중심의 근대화 이론이 어떻게 충돌하고 통합되는지에 대한 문화적 비평을 통해 유럽 중심의 해석 방식에 대한 비판적 시각을 제시할 수 있다. 물론, 영토적 토착성과 지리적 경계 속에서 유지 · 주장 · 인지되어온 단일 민족성과 유럽의 근대화 속 국가 형성 맥락과의 차이를 감안하는 것도 중요하다. 단순히 민족 · 종족 · 국가의 개념 분리의 필요성을 소구하거나 서구 관점의 내셔널리즘을 한국 맥락의 민족주의와 구별해야 한다는 주장으로 끝나서는 안 된다. 동아시아적 맥락과 서구적 맥락의 경합 및 침투 자체가 한류 문화내셔널리즘의 일부이기 때문이다.

앞서 살펴본 바와 같이 한류 문화내셔널리즘의 이론적 개발을 위해 국가, 민족, 정체성의 차원과 사회 변화의 맥락에서 한국 대중문화의 초국적 현상, 그리고 한류에 대한 현대적 이해에서 한국 사회의 '지금, 여기'라는 지역성(locality)에 주목할 필요가 있다. 앤더슨의 상상의 공동체 개념이 동시대 한류에 시사하는 바는 'nation'이라는 실체를 부정하기보다 상상이라는 현상에 주목해야 한다는 것이다.* 한류를 통해 우리가 상상하는 것은 무엇인가?**

* 앤더슨은 nation을 '발명품'으로 지칭하면서도 nationalism은 nation이 없는 곳에서 nation을 발명한다는 겔너의 주장을 인용하여 nation이 '조작된 것'이고 '가짜'로 오해되는 문제가 있다고 지적한다. 앤더슨은 공동체가 가짜인지 진짜인지를 판단하기 어렵다며, 공동체가 상상되는 내용에 따라 판단되어야 한다고 주장한다(김인중, 2011).

** 탈식민주의적 관점을 채택하면 사회 · 정치 · 문화 시스템 내의 권력 역학관계와 변화를 조명할 수 있다. 그럼에도 문화내셔널리즘에 대한 이론적 논의를 중심으로 하고 있어 신자유주의와 탈식민주의 등의 주변 이론에 대한 포괄적인 논의가 아직 부족하다는 점은 연구의 한계라 할 수 있다. 이 부분은 추후 다른 연구에서 보완할 예정이다.

참고문헌

김다원. 「민족은 상상의 공동체인가?: 베네딕트 앤더슨, 상상의 공동체: 민족주의의 기원과 전파에 대한 성찰」. 『인간연구』 28, 2015, 155-166쪽.

김동노. 「민족주의의 다원화와 이념 갈등」. 『동방학지』 159, 2012, 367-420쪽.

김동춘. 「사회로서의 민족, 사회이념으로서 민족주의」. 『공간과 사회』 28, 2007, 66-97쪽.

김수정. 「한국 리얼리티 프로그램의 정서구조와 문화정치학」. 『방송문화연구』 23(2), 2011, 37-72쪽.

______. 「동남아에서 한류의 특성과 문화취향의 초국가적 흐름」. 『방송과 커뮤니케이션』 13(1), 2012, 5-54쪽.

김수정 · 김수아. 「'집단적 도덕주의' 에토스혼종적 케이팝의 한국적 문화정체성」. 『언론과 사회』 23(3), 2015, 5-52쪽.

김영명. 「세계화와 민족주의」. 『한국정치학회보』 36(2), 2002, 367-384쪽.

______. 「한국 민족주의의 쟁점: 개념과 과제」. 『한국정치외교사논총』 38(1), 2016, 217-247쪽.

김윤미. 「한류드라마와 동아시아 문화정체성: SBS 드라마 '별에서 온 그대'를 중심으로」. 『드라마연구』 53, 2017, 71-98쪽.

김인중. 「민족과 민족주의: 겔너와 스미스를 중심으로」. 『숭실사학』 26, 2011, 359-389쪽.

김지욱. 「민족과 민족주의에 대한 역사학적 접근방식: 족류-상징주의(Ethno-symbolism)를 중심으로」. 『숭실사학』 31(31), 2013, 357-413쪽.

나종석. 「민족주의와 세계시민주의: 자유주의적 민족주의를 중심으로」. 『헤겔연구』 26, 2009, 169-196쪽.

박강수 기자. "[가짜명언 팩트체크] 역사를 잊은 민족에게 미래는 없다? 무한도전이 퍼뜨린 가짜 신채호 명언", 『뉴스톱』 2021. 1. 27.https://www.newstof.com/news/articleView.html?idxno=2154, 2023. 9. 30.

박소정. 「확장하고 경합하는 K: 국내 언론 보도를 통해 본 K 담론에 대한 분석」. 『한국언론학보』 66(4), 2022, 148-177쪽.

박승우. 「동아시아 3국의 한류: 한국, 중국, 일본 수용자 분석을 중심으로」. 『커뮤니케이션학 연구』 23(1), 2015, 41-77쪽.

박정수. 「세계화와 민족주의의 문화갈등: 한중(韓中) 간 한류와 반한류의 사례분석」. 『중소연구』 37(1), 2013, 271-307쪽.

박찬승. 「한국에서의 '민족' 개념의 형성」. 『개념과 소통』 1, 2008, 79-120쪽.

______. 「한국 민족주의와 종족적 민족주의의 해석」. 『역사와 현실』 72, 2009, 339-349쪽.

______. 『민족 · 민족주의』. 소화, 2010.

박해남. 「1990년대의 국제화 · 세계화와 대중 민족주의」. 『한국민족문화』 77, 2020, 469-513쪽.

서주환 · 윤민희 · 김수중 · 여화선. 「100대 한류(韓流) 디자인문화 분류 및 산업적 활용방안」. 『한국디자인문화학회지』 12(4), 2006, 77-90쪽.

손승혜. 「학술논문의 메타분석을 통해 본 한류 10년」. 『언론과 사회』 17(4), 2009.

______. 「유럽의 한류와 K-pop 팬덤 형성 과정과 그 의미: Korean Connection의 활동 사례를 중심으로」. 『한국언론학회 심포지움 및 세미나』. 2011, 77-98쪽.

신현준. 『가요, 케이팝, 그리고 그 너머』. 서울: 돌베개. 2013.

양경미. 「한국 민족주의 영화의 흐름과 특성」. 『영화연구』 46, 2010, 57-92쪽.

유세경 · 이경숙. 「동북아시아 3국의 텔레비전 드라마에 나타난 문화적 근접성」. 한국언론학보 45(3), 2001, 230-267쪽.

윤선희. 「케이 팝의 유럽적 수용과 문화 확산의 청소년 수용전략」. 『한국언론학보』 57(3), 2013, 135-161쪽.

이동연. 「한류 문화자본의 형성과 문화민족주의」. 『문화과학』 42, 2005.

______. 「케이팝(K-pop): 신자유주의 시대 초국적 국민문화의 아이콘」. 『내일을 여는 역사』 45, 2011, 234-252쪽.

______. 「예술한류의 형성과 문화정체성: '이날치' 현상을 통해서 본 문화세계화」. 『한국예술연구』 32, 2021, 53-74쪽.

______. 「한류는 문화민족주의의 산물인가?」. 『황해문화』, 2022, 56-75쪽.

이동윤 · 안민아. 「동아시아에서 한류의 확산과 문제점: 문화와 민족주의를 중심으로」. 『세계지역연구논총』 25(1), 2007, 99-126쪽.

이동준. 「한류정책을 위한 패러다임 전환: 2020 신한류 정책담론을 중심으로」. 『문화와융합』 44(3), 2022, 725-748쪽.

이수안. 「유럽의 '한류'를 통해 본 문화혼종화: K-pop 열풍을 중심으로」. 『한독사회과학논총』 22(1), 2012, 117-146쪽.

전재호. 「2000년대 한국의 '탈민족주의' 논쟁 연구: 주요 쟁점과 기여」. 『한국과 국제정치』 34(3), 2018, 33-64쪽.

정민우. 「초/국적 시대 민족주의 정치학과 대중문화의 역학 : '재범 사건'의 의미 구성을 중심으로」. 『언론과 사회』 18(3), 2010, 35-70쪽.

조한혜정 외. 「글로벌 지각변동의 징후로 읽는 '한류열풍'」. 『한류와 아시아의 대중문화』, 2003.

진종헌 · 박순찬. 「한류의 문화지리학: 한류의 지리적 재편과 문화담론의 재구성에 대한 시론」. 『문화역사지리』 25(3), 2013, 132-153쪽.

천정환. 「2002년 이후의 한일 문화교류와 민족주의의 행로」. 『공간과 사회』 28, 2007, 122-151쪽.

홍기돈. 「트랜스내셔널리즘과 민족의식의 통일로 마련된 민족문학의 자리: 식민지시기 임화, 김동리의 민족문학론 검토」. 『영주어문』 52, 2022, 223-251쪽.

Anderson, B. Imagined communities: Reflections on the origin and spread of nationalism. In: The new social theory reader. Routledge, 2020. pp. 282-288.

Canclini, N. G. "Hybrid Cultures." Minneapolis: University of Minnesota Press, 1995.

Chen, L. "Chinese Fans of Japanese and Korean Pop Culture: Nationalistic Narratives and International Fandom," Routledge, 2017.

Fedorenko, O. "Korean-Wave Celebrities Between Global Capital and Regional Nationalisms." Inter-Asia Cultural Studies, 18(4), 2017, pp. 498-517.

Gellner, E. Nations and Nationalism. Basil Blackwell, 1983.

Iwabuchi, K. "Pop-culture diplomacy in Japan: Soft power, nation branding and the question of 'international cultural exchange'." International Journal of Cultural Policy 21(4), 2015, pp. 419-432.

Jin, D. Y. and Yoon, K. "The Social Mediascape of Transnational Korean Pop Culture: Hallyu 2.0 as Spreadable Media Practice," New Media and Society, 18(7), 2016, pp. 1277 - 1292.

Jin, D. Y. Understanding the Korean Wave: Transnational Korean Pop Culture and Digital Technologies. Routledge, 2024.

Kim, T. "The State's Roles in the Development of Cultural Industries: Korean Cultural Industry Policies from 1993 to 2021." PhD thesis, Vancouver: Simon Fraser University, 2021.

Kraidy, M. "Hybridity in Cultural Globalization." Communication Theory, 12(3), 2002, pp. 316-339.

Lie, J. "What is the K in K-pop? South Korean Popular Music, the Culture Industry, and National Identity." Korea Observer, 43, no. 3, 2012: 339-363.

Lyan, I. 'Welcome to Korea Day: From Diasporic to Hallyu Fan-Nationalism', International Journal of Communication, 13, 2019, pp. 3764 - 3780.

Pieterse, J. N. "Globalization as Hybridization." In M. Featherstone, S. Lash, and R. Robertson (eds.) Global Modernities, 1995, pp. 45-68. London: Sage.

Robertson, Roland. Globalization: Social theory and Global Culture. London: Sage, 1992.

Smith, A. D. National Identity, 1991.

Straubhaar, J. "Beyond Media Imperialism: Asymmetrical Interdependence and Cultural

Proximity." Critical Studies in Mass Communication, 8/1, 1991, pp. 39–59
Tomlinson, J. Globalisation and Culture, Polity Press: Cambridge, 1999.
Yoon, K. "Postcolonial Production and Consumption of Global K-pop." In The Korean Wave: Evolution, Fandom, and Transnationality, 2017, pp. 109–126.

K컬처는 지속가능한가?: 담론적 탈구, 성장의 한계, 그리고 아시아적 관점

김성윤
한국예술종합학교 한국예술학과 강사

| 담론적 신호와 지속가능성의 의문

K컬처에 대한 의심은 먼저 담론상으로 포착된다. 한류가 K컬처가 됐다는 사실은 기호학적으로 보면 의미심장한 일일 수 있다. 대략 2020년 이후를 한류 4.0 국면으로 보는데, 특별히 이 시기를 '신한류' 또는 'K컬처 국면'으로 지칭하기도 한다(과거에는 3.0 시기를 '신한류'라 지칭하기도 했다). 그런 점에서 'K컬처'라는 표현은 한류의 특정한 국면을 내포하는 것이라 할 수 있다. K라는 접두어를 얻음으로써 한류는 좀 더 직관적인 브랜드를 갖춘 것처럼 보인다. 그러나 그와 동시에 K는 대체 가능한 용어가 됐다는 의미를 동반하기도 한다. 접두어 K의 시작이 사실은 J팝, J리그 등 J를 흉내 낸 결과였음은 (기성세대들에게는) 퍽 익숙한 기억이다. 일반적인 한류 담론이 표면상 '한국적인 것'의 가치를 내세우는 것에 비해 'K컬처'라는 표현은 K스러운 것이 다른 기표들과의 체계 속에서만 의미값을 가진다는 사실을 더욱

명확히 한다. 그런 까닭에 K는 그 말이 만들어짐과 동시에 스스로 탈구될 운명, 미끄러질 운명에 처해 있음을 여실히 드러내는 셈이다.

온갖 이상함과 과잉이 도처에서 나타난다. 이따금씩 방송사와 공공기관이 공동주최하여 세계 곳곳에서 K팝 합동 콘서트를 개최하는 것은 대표적인 진풍경이다. 그런가 하면 2023년 5월 열린 'K브랜드 문화 축제'처럼 정체를 알 수 없는 행사들이 열리기도 한다. 'K브랜드방송진흥원'이라는 괴상망측한 조직이 주관한 행사였는데, 이 '진흥원'은 소년소녀가장돕기 등 자원봉사 활동을 하던 조직으로 출발해 비교적 덜 알려진 패션 행사나 모델 선발대회 등을 주최·대행하고 있는 민간업체다. 이날 행사에는 세계평화봉사사절단 미인대회, K-브랜드 대상 시상식, 소년소녀가장돕기 장학금 전달식, K팝 대상 어워즈, 언론인 대상 어워즈, 한류 인플루언서 대상 어워즈, 소사벌 오케스트라 초청공연, K팝 공연 등이 열렸다. 무슨 권위와 자신감에서 기획되고 종합된 것인지 전혀 알 수 없는 이 행사는 K에 얼마나 많은 것이 들러붙을 수 있는지, 그리하여 얼마나 우스꽝스러워질 수 있는지를 보여주는 단적인 징후였다.

이런 크고 작은 사례들이 반복될수록 K는 실제로 그런 것이 된다. 경제학 용어 '밴드왜건'은 별다른 실체가 없어도 기표와 상징 그리고 열광의 연출만으로도 문화적 현상이 만들어질 수 있음을 가리킨다. 충동과 유행, 합리성과는 거리가 먼 것들이 때로는 우리 사회를 움직이는 핵심 동력이 된다. 박근혜-최순실 게이트 당시의 'K-스타일 허브' 구축 사업과 '문화창조벤처단지' 조성 사업 등은 K의 근간에 비리와 외설스러움이 자리하고 있음을 보여주지만, 동시에 한식을 중심으로 오늘날 우리가 아는 K를 만들어낸 사업들이기도 하다. 이런 것들이 하나의 리듬이 되어 지속된다면 우리 사이에서는 K스러운 어떤 것이 존재할 것이라는 상상계가 작동하게 되고, 그에 준하는 행동들이 조직되어 마침내 현실의 일부를 이루게 된다.

그런 점에서 K는 일종의 사회적 증상인 셈이다. 민족주의의 시효가 마감되고 신자유주의의 압력이 노골화된 세계라지만 우리는 전체주의의 추세에서 결코 자유롭지 못하다. 'K방역'이라는 말이 등장했을 때 이것은 권력이 그 대상을 전체화하고 있음을 드러낸 것이었으며, 그와 동시에 K라는 표상을 통해 우리 사이에 여전히 동질적인 어떤 것이 가능할 것이라는 상상을 자극하는 것이기도 했다. 민족주의 이후를 살고 있지만 우리는 여전히, 어쩌면 그 어느 때보다도 절실히 사회라는 성스러운 환상을 필요로 한다. 그런 점에서 'K'라는 발명품은 상업적 브랜드를 통해서라도 집합표상과 집합의식을 창출하고자 하는 우리 시대의 욕망을 담고 있다. K 운운하는 희극과 부조리극의 반복은 우리가 언제나 환상을 필요로 한다는 사실을 증명하고 있는 셈이다.

물론 그것의 최종적 효과가 언제나 유효적절할 리는 만무하다. 접두어 K는 우리 시대에 일종의 대리보충(supplément)으로도 기능하는 셈인데, 따라서 그 효과는 언제나 적정수준에 못 미치거나 아예 차고 넘칠 따름이다. K를 둘러싼 담론의 질서는 흡사 복마전과도 같다. 이 안에는 여러 욕망이 교차하고 있고, 때때로 모순과 경합을 일으키기도 한다. 첫째, K는 J의 파생물이자 거울 이미지로서 탄생했고 그렇기에 아시아 내에서의 국가 간 체계에 각인된 기호다(K리그, K팝, K드라마 등). 둘째, K는 기존의 한류 콘텐츠 지형에서 유래한 것으로서, 한국문화 및 연관산업 전반을 핵심으로 하는 한류 4.0 또는 신한류의 새로운 국면을 지칭한다(K뷰티, K코믹스, K푸드 등). 셋째, 급기야 K는 이른바 소프트파워를 중심으로 전개되는 내셔널리즘의 과열 현상을 반영한다(K방역, K국방 등). 넷째, 그런가 하면 K는 '한국형'이라는 수식어를 대체하는 것이자 문화적 자조를 동반하는 인터넷 밈이기도 하다(K장녀, K비리, K잼민이 등). 요컨대, K는 끝없이 미끄러지는 기표이며, 따라서 그 자체로 K컬처의 취약성을 드러내는 징표다.

이 글은 이와 같은 과잉 현상에 대한 비평적 경계심을 공유하면서 K컬처의 지속가능성에 대해 탐문하고자 한다. K컬처와 그 담론에 다양한 지류가 존재하는 이상 무엇이 지속가능하고 불가능한지, 그리고 무엇이 지속되어야 하고 또 무엇이 지속되어서는 안 될 것인지를 준별할 필요가 있을 것이다. 사실 한류의 지속가능성에 대한 물음은 초창기였던 2000년대 초·중반부터 제기된 바 있었다. 1990년대 후반 「사랑이 뭐길래」와 2000년대 초반 「겨울연가」를 통한 한류의 시작은 분명히 돌발적이었다. '국뽕'이라는 말로 부를 정도로 자극적이고 고무적이지만, 그만큼 한순간에 휘발되어 각성의 순간이 찾아와도 이상할 게 전혀 없다. 식민지 콤플렉스가 집합적 무의식으로 자리 잡았을 상당수 한국인으로서는 이 흐름을 조금이라도 더 붙잡고 싶은 보상심리 같은 마음이 있었을 것이다. 심지어 2020년대인 지금 시점에도 이 글은 동일한 질문을 제기하고 있지 않은가. 'K컬처는 지속가능한가.' 그사이 한류는 'K컬처'라는 새 이름을 얻기도 했지만, 우리가 던지는 의문문의 술어는 여전하다.

이렇게 패턴이 일정하다면 우리는 생각을 바꿔야 할지도 모른다. 한류는 늘 재생산의 위기에 처해 있다는 것이다. 적어도 지속가능성에 대한 이러한 의심만큼은 지속가능하다는 것. 사실 그동안 의심의 대가들이 제시했던 예측은 비교적 적확했다. 한류 저변을 맴도는 아제국주의 성향, 전자본주의적 요소들, 독과점 경향 등은 언제든 걸림돌이 될 것이었고 노예계약, 경영권 다툼, 비리와 스캔들 등 각종 사건사고에서 확인되듯 여전히 한류의 발목을 붙잡고 있다. 문화제국주의를 답습하면 안 된다는 경고에도 불구하고 한국의 대중은 별 성찰이 없었고(비록 한류 때문만은 아니겠지만),

결국 '혐한'이라는 백래시를 맞았다. 산업의 전근대적이고 전자본주의적 요소들을 시정해야 한다는 것이 중론이었지만, (팬덤과 전문가들의 노력에도 불구하고) 한국 문화산업의 생산체제는 각국 비평가들의 가장 대표적인 쟁점이 됐다. 또한 시장 독과점에 대한 우려가 적지 않았지만, 오히려 한국 문화산업의 현재 상황은 금융화와 플랫폼 비즈니스 물결을 수용하여 자본의 집중은 물론 단기수익성 중심 경영 관행으로 업계 전반에 리스크를 키우고 있다. 이런 상황에서 산업적으로든 양식적으로든 쇄신과 혁신이 없으면 안 된다는 위기의식은 커질 수밖에 없다.

이른바 한류 4.0까지 오기는 했지만, 그 지속성에 대한 의문 또는 호기심에는 그동안 여러 이해관심사가 교차해왔다. 분석적으로 보면 다음과 같은 관심사들일 터다. 첫째 시장기회에 대한 상업적 관심, 둘째 감정적 향유로서 내셔널리즘적 관심, 셋째 이해당사자들의 주관적 동기에 대한 해석학적 관심, 넷째 과열 양상에 대한 비평적 관심 등. 현실에서 이 모든 사안은 서로 얽혀 있다. 한류 소비자가 없었다면 산업 발전도 없었을 것이고, 상업적 성공이 없었다면 민족주의적인 감정적 도취도 없었을 것이며, 세간의 과열 반응이 없었다면 산업 진흥도 없었을 것이고, 양질의 콘텐츠 제작이 없었다면 한류 콘텐츠 소비자도 없었을 것이다. 그런데 이 모든 방면에서 지속가능성에 대한 질문이 제기된다는 데는 의미심장한 구석이 있다. 계속해서 상업적으로 성공할 수 있을까. 한국의 소프트파워는 지속할 수 있을까. K컬처의 팬층은 유지될 수 있을까. 그리고 마니악한(또는 대중적인) 열광 역시 이어질 수 있을까.

그러나 어떤 측면의 지속가능성이어야 하는지에 관한 질문들은 좀처럼 제기되지 않는다. 이것은 한류의 어떤 측면에 주안점을 둘 것인가의 문제와도 연결된다. 아마도 성공과 인기에 대한 관심이 가장 대중적이고 보편적인 강조점일 것이다. 그러나 문화적 국민경제론이나 아제국주의로부터 거리를 두면서 동일한 질문들은 던진다면 그 답변은 분명히 달라질 것이다. 아시아 및 글로벌 수준에서의 문화 교류, 나아가 초국적인 생산과 소비 현상을 통해 발생하는 문화변동 같은 것들이 중요한 비평적 관심사로 부상할 수 있기 때문이다. K컬처라는 지점에 와서 우리는 무엇이 지속되거나 종료되며 또 무엇이 변형될지를 묻게 된다.

| 성장 지체의 시나리오

한류 1.0에서 지금에 이르는 과정을 되돌아보면 한류는 핵심 분야와 소비층 그리고 소비지역을 확산시키며 지속가능성의 위기를 (극복했다기보다는) 유예해왔다. 2000년대 중반까지 한류 1.0은 드라마 중심으로 아시아의 소수 마니아층과 공명했다. 2010년대 초반까지 한류 2.0에서는 대중음악을 중심으로 일본과 중남미 그리고 서남아시아와 서구 지역 청(소)년층이 주 소비층이 되었다. 2010년대 후반까지의 3.0 국면에서 한류 콘텐츠는 대중문화산업 전반으로 소비되기 시작했는데, 세계화되었다고 할 수 있을 만큼 그리고 세대, 성별, 계층을 가로지르며 말 그대로 전역적으로 확산되었다. 즉, 결과적으로 본다면 이제까지 위기에 대한 대응은 시장 팽창이었던 셈이다. 1997년 외환위기 이후 국내시장의 침체 속에서 한류가 해외로의 팽창이라는 출구가 됐던 것처럼 한류 이래로 한국 문화산업은 외부 세계를 향한 움직임을 통해 위기를 관리해왔다.

그리고 2020년대 이후 'K컬처'라는 말이 보편화된 지금의 4.0 시기에 도달했는데, 아직 현재진행형이라 단언하기는 어렵지만 일반적으로는 대중문화로부터 K뷰티와 K푸드 등 유관 산업으로까지 영역이 확대되고 전략적인 비즈니스와 세계시민적인 맞춤형 접근이 특징적이라 여겨지곤 한다. 산업이 고도화된 만큼 더 이상 돌발성에 의존하지 않고 의도된 기획을 수립하며, 소비층과의 감정경제 구축이 관건인 만큼 세계시민주의적인 눈높이에 맞추는 방향성이 나타난다는 것이다. 그런데 이러한 패턴은 지금까지의 한류와는 확연히 이질적이다. '팽창'이라는 문법이 더 이상은 관찰되지 않기 때문이다. 유일한 확장 문법은 핵심 분야로 뷰티, 한식, 웹툰 등이 부상했다는 데서 볼 수 있는데, 이마저도 상품의 다양화를 의미하는 것이지 시장의 확장을 의미하는 것은 아니다. 그러니까 지속가능성이라는 질문은 여전하지만 K컬처의 답변은 이제까지의 한류와 다르게 팽창의 한계라는 전제에서 제기될 수밖에 없다.

한국국제문화교류진흥원이 매년 발표하는 『해외한류실태조사』 결과 보고서*는 한류에 대한 관심도와 긍정적 인식에도 불구하고 한류의 지속성은 불투명하다는 결과를 시사한 바 있다. K팝, K드라마 등 비교적 전통적인 한류 콘텐츠에서부터 K뷰티와 K웹툰 그리고 K푸드에 이르기까지 한류에 대한 호감도와 상품 유료 구매 의향 등은 지속적으로 상승해왔다. 세계 각지의 응답자들은 2014년 조사 당시 업종별로 20~40% 정도만 한류에 호감을 표했지만, 2020년에는 전 분야에 걸쳐 70% 이상의 호감도를 보였다. 단순 호감도 이상의 유료 구매 의향 역시 계속 상승해왔다. 2018년에는 20~30% 수준이었던 데 반해 2020년부터는 30~50%, 2021년에는 (음식에 한정해) 60% 수준까지 올라갔다. 이렇게 수치로만 보면 한류 문화와

* 문화체육관광부 · 한국국제문화교류진흥원(KOFICE), 『2023 해외한류실태조사』, 2023.

한류 산업의 글로벌한 성장세는 분명히 부정할 수 없다.

그러나 한류 4.0을 이야기해왔던 지난 몇 년 동안 성장세의 둔화 또한 관찰된다. 이 조사에서는 응답자의 한국 문화콘텐츠 소비 지출 의향이 1년 전에 비해 얼마나 늘어났는지 그리고 현재 대비 1년 후에는 어떻게 될지를 물었는데, 2022년의 경우(2023년 발표) 1년 전에 비해 증가했다는 답변은 2018년 조사와 동일한 수준인 41.8%였고 1년 후 증가할 것이라는 응답은 2018년 조사에 비해 겨우 0.3% 늘어난 43.2%였다. 이러한 조사 결과는 한류의 산업적 팽창이 서서히 한계에 이르고 있음을 가리킨다. 즉 한류 콘텐츠 소비가 늘고 있는 것처럼 보이지만, 그 증가율은 답보 상태에 있다. 어쩌면 한류 소비는 지금이 정점인 것일까. 더 이상은 소비할 사람도 소비할 거리도 없는 것처럼 보인다. 동북아시아에서 아시아 전역으로, 그리고 세계 전역으로 팽창한 한류에 더 이상 외부는 없는 것만 같다.

한류가 굳건해 보이지만 얼마 안 가 끝날 것이라는 비관적 전망이 나오기도 한다.* 특히 2022년의 응답 결과는 (2018년과 비슷하기는 하지만) 전년도인 2021년 조사 결과에 비해 눈에 띄게 저조한 편이었는데, 보고서는 이를 두고 2022년에는 2021년을 뛰어넘는 히트작이 없었기 때문이라고 해석하기도 했다. 그러니까 BTS, 「기생충」, 「오징어 게임」 등 시장선도적인 히트작의 생산이 끊기자 열풍이 훈풍 정도로 약화된 것이다. 문제는 히트작의 부재가 일시적인 현상만은 아니라는 점에 있다. 조만간 또 다른 흥행작이나 화제작이 나오지 않을까 기대되기는 하지만, 그런 바람이 한류 콘텐츠의 생산체계에서 언제든 실현 가능한 것으로 보증된 것은 아니기 때문이다.

---

* 「한국무역신문」, "한류열풍 '이상 무' … 해외선 '1~4년이면 끝' 지적도", 2020년 3월 5일자.

요컨대 K컬처에 대한 열광이 절정에 이르기는 했는데, 그래서 관광객이나 유학생도 많이 찾아오고 해외로부터 투자 유치도 잘되고 있고 덩달아 수출 실적에도 긍정적인 영향을 준다는 분석이 나오기는 하지만, 사실 앞으로도 더 좋아질 것이라 볼 수 있는 근거는 희박하다. 그렇다면 기대할 수 있는 시나리오는 몇 가지로 좁혀지는데, 또 한 번의 돌발적 상황이 생겨서 새로운 출구가 열릴 것이라 낙관하거나, 이제는 내려갈 일만 남았으니 가급적이면 연착륙을 할 수 있는 길을 찾아야 한다고 접근하는 것이다. 그런데 살펴봤던 것처럼 더 이상의 시장 팽창을 기대하기 어려운 상황이라면 가장 현실적인 접근은 두 번째 시나리오, 즉 연착륙 시나리오를 그리는 것처럼 보인다.

최근의 국내적 상황은 비관적 시나리오의 수립을 부추긴다. 기록적인 인구 감소와 저성장 기조 등 이른바 '뉴노멀' 양상은 K컬처의 장기적인 전망 자체를 불투명하게 만든다. 그동안 K팝이나 K드라마에서 한국어나 한국인 같은 뚜렷한 미학적 실체가 동반됐던 것에 비춰봤을 때 출생률 저하 추세는 한류의 근간을 동요시키는 요인 중 하나가 된다. 악명 높은 트레이닝 시스템이 건재하더라도 그 전제가 되는 대량의 연습생 공급이 뒷받침되어야 하지만 지금으로서는 그 전망이 결코 밝지 못하다. 실제로 '한국인 없는 K팝' 같은 일들이 곳곳에서 실현되는 중인데, 우리는 어쩌면 여기서 한류의 묘한 소실점을 발견하게 될지 모른다. 어디 양적인 측면만 그럴까. 이런 상황에 더해 대중 서사에서든 현실 논리에서든 새로운 세대가 출현할수록 사회 전체적으로 실존 추구가 어려워진다는 점은 한류 콘텐츠에 얼마간 기여했던 비판의식과 창조성마저 희박해질 가능성을 시사한다. 한류 콘텐츠들의 미학적 · 정치적 심도가 더 깊어진다거나 더 예리해질 것이라는 예측이 어려운 것이다. 요컨대 콘텐츠 생산체계의 장기지속성이 담보되지 않는다.

구조적으로는 또 어떤가. K브랜드 운운하기는 하지만 사실 문화상품의 국적성이 구매의 기준이 된다는 것, 무엇보다 그 원산지가 세계체계의 중심지(패권 국가 또는 그 라이벌 국가)가 아니라 한국 같은 반주변부라는 사실은 언제나 한류의 팽창 전망을 어둡게 만드는 구조적 요인이다. 미국 문화가 주도하는 문화 획일화 추세에 반기를 들었다는 점에서 분명히 환영할 만한 현상이기는 했지만, 정확히 그런 이유 때문에 그동안 한류 현상을 이해할 때는 별도의 가설들이 등장할 수밖에 없었다. 초창기 아시아 지역의 한류 소비 원인으로 이른바 '문화할인' 가설이 제기됐던 것이 대표적이다. 미국 문화의 직접적 수용으로 인해 발생할 수 있는 문화적 부담감이 한국적인 습속과 재현을 통해 얼마간 여과될 수 있었다는 해석이었다. 나아가 한류가 지구적으로 확산할 때도 마찬가지로 '이례적인' 설명들이 필요했다. 그렇게 해서 동원된 '문화다식자' 모델, 즉 '옴니보어(omnivore)' 가설은 이른바 '한국빠(Korea Boo)'가 탄생하게 된 초국적 배경으로서 모종의 문화적 세계체계의 작동을 시사하게 되었다.* 즉, 미국 헤게모니의 동요(그리고 그것의 상관물인 각종 문화적 논리들의 동요) 위에서 우연히 창출된 상황이 한류인 이상, 홍콩문화처럼 언제 저물어도 이상하지 않은 것이 한류이며 오히려 이토록 오래 지속되는 것이야말로 이상한 것이 한류라는 이야기다.

* 홍석경, 「세계화 과정 속 디지털 문화 현상으로서의 한류」, 『언론정보연구』 50(1), 2013.

| 지속가능성의 시나리오

이런 비관은 어떻게 해야 극복될 수 있을까. 한류의 지속가능성에 대한 기존 문헌들은 헤아릴 수 없을 정도로 양산되어 있다. 그럼에도 일반적으로는 그동안의 성공 요인이 무엇이었는지 추적하고, 현재의 위협 요소가 무엇인지 분석한 뒤 앞으로의 지속성을 확보하기 위한 전략과 방안을 제시하는, 비교적 표준화된 절차를 보여주는 편이다. 아래는 생성형 AI 챗GPT에게 '한류의 지속가능성 조건'을 질의한 결과값(2023년 10월 4일 실행)을 재정리한 것으로, 여기에는 웹에서 접근할 수 있는 한류의 지속가능성 조건에 관한 우리 사회 다수의 의견이 담겨 있다고 할 수 있다.

> ① 글로벌 시장 이해: 해외 시장의 문화, 선호도, 트렌드 등을 정확히 파악하고 그에 맞춰 콘텐츠를 제작하거나 수정하는 능력이 필요합니다.
>
> ② 지속적인 투자와 지원: 한류 산업에 대한 정부와 기업의 지속적인 투자와 지원이 필요합니다. 이는 연구, 교육, 인프라 구축 등 다양한 분야에서 이루어져야 합니다.
>
> ③ 기술적 발전과 적응: 디지털 시대에 맞춰 새로운 기술과 플랫폼에 빠르게 적응하고, 이를 활용하여 콘텐츠를 전파해야 합니다.
>
> ④ 지속적인 연구와 교육: 한류 관련 연구와 교육을 통해 산업의 전문성과 지속성을 높일 수 있습니다.
>
> ⑤ 창작의 자유와 다양성: 새로운 콘텐츠와 아이디어를 계속해서 제공해야 합니다. 이를 위해 창작자와 아티스트들의 자유와 창의력을 존중하고 지원해야 합니다.

⑥ 고품질 콘텐츠: 지속적인 투자와 연구를 통해 고품질의 콘텐츠를 제작해야 합니다. 영화, 드라마, 음악 등 모든 분야에서의 품질 관리가 필요합니다.
⑦ 언어와 문화의 접근성: 자막, 더빙, 번역 등을 통해 다양한 국가와 문화의 관객이 콘텐츠에 쉽게 접근하고 이해할 수 있도록 해야 합니다.
⑧ 팬 커뮤니티와의 상호작용: 팬들과의 지속적인 소통과 상호작용은 한류의 성장과 지속성에 큰 역할을 합니다. 팬들의 의견을 듣고 반영하는 것이 중요합니다.
⑨ 윤리적 행동: 스캔들, 불법행위 등 윤리적 문제가 발생할 경우, 한류의 이미지가 크게 손상될 수 있습니다. 따라서 윤리적인 행동과 투명성을 유지하는 것이 중요합니다.
⑩ 문화 교류 활동: 다양한 국가나 문화와의 상호 교류 활동을 통해 한국 문화의 이해와 인기를 높일 수 있습니다.

이상과 같은 항목들이 실현될 수 있다면 우리는 K컬처의 미래를 낙관할 수 있을지 모른다. 산업적 · 문화적 하부구조를 강화하는 한편(①~④번), 콘텐츠 품질 관리에 성공하고(⑤~⑦번), 소비자와 긍정적인 상호작용(⑧~⑩번)을 창출할 수 있다면 K컬처의 지속적인 성장과 인기는 어느 정도 확보하는 셈이기 때문이다. 사실 한류를 둘러싼 비즈니스 환경이 고도화되고 금융경제와 맞물림에 따라 주요 기업들을 중심으로 하여 그 어느 때보다 시장 및 기술 동향에 민감한 수준을 보이고 있다. 정부나 학계 역시 트렌드 학습과 적용 등에서 이미 높은 수용성을 보여준다는 점에서 K컬처의 제도적 토대는 흠잡기 어려운 수준이라 할 수 있다. 그렇다면 쟁점은 이 모든 항목이 실현 가능한지, 그리고 이 외의 다른 사안들이 더 검토되어야 하는 것은 아닌지 등의 문제가 될 것이다.

한류에 대한 정책적 의도성과 거리를 둔다면 좀 더 현실적인 접근과 토론을 해볼 여지는 있다. 첫째, 콘텐츠 품질 측면에서 이제껏 있어온 수준 이상으로 스타일 쇄신이 이뤄질 수 있을지는 낙관하기 쉽지 않다. 가령 그동안은 한류 콘텐츠의 표현 양식과 이야기 내용 등이 다양한 국가와 문화적 배경을 가진 사람들에게 공감과 접근성을 제공한다는 것이 중요한 성공 요인 중 하나였지만, 그와 같은 유연성과 다양성의 유리한 입지가 콘텐츠 이용자에게 더 이상 새로운 것으로 수용되지 않을 상황이 무르익고 있다는 점은 분명히 재고의 여지가 있기 때문이다. 그동안 한류가 보여준 어떤 혁신성(K팝의 감정노동, K드라마의 감정적 빌드업 등)이 시장이 확장되는 과정에서 유의미성이 연장됐지만, 이제는 글로벌한 수준에서 유효기간의 끝이 점점 더 임박하고 있다. 앞으로는 내용적 변주만 있을 뿐 양식적 혁신이 있을 것이라 보기에는 무리가 있다.

둘째, 한국문화산업의 우월적 지위가 합리성과 선진적 측면에서 온 것처럼 보이지만, 사실 여기에 쉽사리 제거되지 않는, 교과서적이지 않은 측면들이 결부되어 있음은 주지의 사실이다. 예컨대 노동 착취, 시장 독점, 금융 지배, 심지어 자유주의적 합리성과는 아예 거리가 멀어 보이는 폭력과 협잡, 외설 등에 이르기까지 K컬처의 핵심 동인 중 하나로 산업 구조 이면의 비합리성을 꼽는 것이 전혀 이상한 생각만은 아니다. 지속가능한 산업 모델을 꿈꾸지만, 산업의 맨얼굴이 드러나면 토론이 복잡해질 수밖에 없다. 가령 아이돌의 노동 착취를 금하고 연습생의 사회적 삶을 보장한다면 K팝이 계속해서 우리가 알던 K팝일 수 있을까. 노동력을 갈아 넣음으로써 가능했던 유희적 · 미학적 '떡밥'들이 있었고, 그로 인해 팬들과 문화적 공명을 창출할 수 있었는데 이게 없다면 K팝은 과연 지속가능할까. 그 반대의 경우도 마찬가지다. 그렇다고 해서 한국문화산업이 가장 많이 비판받는 부분인 비합리성과 비정상성을 방치한다면 산업과 문화 전반에 리스크가 누적되고 우리의 논제는 지속가능성이 아니라 위기에 관한 쟁점이 돼버릴 것이기 때문이다. 다시 말해, 한국문화산업과 한류 현상의 조건 자체가 지속가능성과는 거리가 먼 방식으로 형성됐다는 점을 눈여겨봐야 한다.

셋째, K컬처가 이른바 글로벌 스탠더드에 근접할수록 국제사회적으로 윤리와 투명성에 관한 요청이 증대하게 되는데 이 부분 역시 토론의 여지를 남긴다. 특히나 윤리적인 문제는 한류 콘텐츠가 그동안 보여줬던 (전통과 현대성, 서구문화와 토착문화 등의 사이에서) 아슬아슬한 도덕적 균형 감각과 신뢰에 관한 쟁점이기에 주목해볼 만하다. 특히나 점증하는 초국적 상황에서 발발한 화이트워싱과 문화적 전용 논란 등은 K컬처 생태계에 자연화된 민족주의 및 인종주의 감각 그리고 서구 중심적인 (물론 그 자체로 완성된 것은 아닌) 정치적 올바름의 문법이 서로 맞부딪치는 것이기에 때때로 K컬처에 대한 '취소'나 보이콧의 빌미가 되기도 한다.* 이 부분은 한류 소비층이 세계시민 전반으로 확장되는 상황에서 가장 큰 난제가 됐다고 할 수 있겠는데, 문제는 이런 쟁점들에 능동적으로 대처할 만한 어떠한 프로토콜도 관찰하기 어렵다는 점에 있다. 감정경제의 속성을 지닌 이상 팬 기반 커뮤니티를 활성화하고 상호작용하는 것이 관건인데, 세계적 규모의 상호작용 상황에 준하는 사회문화적 대응이나 개선은 나타나지 않고 있다.

이상과 같은 논점들은 오늘날의 한류가 시장 팽창을 기회 삼아 당면한 문제들을 봉합하고 유예하는 방식으로는 더 이상 지속될 수 없다는 점

---

* 박소정, 『미백: 피부색의 문화 정치』, 컬처룩, 2022.

을 말해준다. 한류가 아시아에서 지구적 현상이 됨에 따라 역으로 지속가능성에 대한 불안이 강화된다는 사실은 K컬처가 대중화되고 성장할수록 그 한계에 대한 고민도 동반하게 된다는 점을 뜻한다. K컬처는 그 말이 나온 시점인 2010년대 후반부터 쇠퇴도 고속성장도 아닌 답보 상태에서 성장의 한계를 드러내면서, 컬트와 파퓰러 사이쯤에서 어중간하게 대중화된 상태에 도달해 있었다.* 이전의 시장 팽창 논리와는 다르게 (플랫폼 생태계 구축 및 수익구조 다각화와 더불어) 글로컬화나 커스터마이징 같이 전략적인 접근이 필요하다는 주장**이 나온 것도 바로 그 때문일 것이다. 실제로 2019년 정부는 "공정한 문화산업과 착한 한류"를 캐치프레이즈로 내걸기도 했는데, 이는 한류 콘텐츠의 독특함을 '지속'적으로 가져가기 위해서는 다양성, 공정성, 윤리 등 기존과는 다른 경제 논리가 필요하다는 문제의식의 소산이었다.

몇 가지 쟁점만 해결하면 될 것도 같은데 지속가능성의 문제는 여전히 쉽지 않다. 구상 가능한 조건들을 채우기도 쉽지 않을뿐더러 그런 사안들을 해결한다고 해서 여태까지의 성장세와 인기가 꾸준히 활성화될 것이라 확신하기도 어렵기 때문이다. 그런 가운데 한류가 맞닿는 면적은 점점 넓어지고 그럴수록 그동안 문제시되지 않던 잠재적 문제들이 더 많이 노출되거나 관찰되고 있다. 여기서 거의 유일한 탈출구처럼 보이는 공정하고 착한 한류가 성공의 돌파구가 될 수 있을까. 이쯤에서 우리는 성공 같은 관념이 아닌 다른 문법을 끌어들이고 있는 것은 아닌지 재고해볼 필요가 있다. 한류 4.0에서의 강조점은 확실히 이전 시기와 다른 맥락에서 제출되

---

* 문화체육관광부 · 한국국제문화교류진흥원(KOFICE), 『2018 해외한류실태조사』, 2019.

** 박종천 · 이재수, 「지속가능한 한류를 위한 문화콘텐츠 전략: K-Comics의 사례를 중심으로」, 『국학연구』 36, 2018.

고 있기 때문이다.

| '아시아적인 것'이라는 또 다른 지속가능성

지금으로서는 성장과 인기의 단물이 빠질 일만 남은 것처럼 보인다. 그 시점이 정확히 언제인지 예측하기는 어렵지만, K컬처의 지위가 무한하지 않다는 것은 더 이상 회피할 수 없는 사실이다. 더 이상 팽창 가능한 외부가 부재하다면 K컬처의 존재 형식 또는 형성 원리 자체를 다시 써 내려갈 필요 또한 있을 것이다.

최근 'K'라는 기표의 균열은 극적인 면이 있다. K팝과 K드라마의 인기가 짧지 않은 기간 유지되면서 급기야 장르화 조짐까지 나타나게 된 것이다. 어떤 표현 양식이 장르로 자리 잡기 위해서는 몇 가지 조건이 필요하다. 먼저 스타일, 테마, 구조 등 공유되는 특징이 있어야 하고, 대중이 특정 작품을 동일한 범주로 인식해야 하며, 생산자들이 따르는 암묵적인 규칙이나 전통이 있어야 하고, 특정한 역사적 · 사회적 맥락 속에서 발전한 것이어야 한다. 그 외에도 특정 기술적 발전이나 혁신과 연결될 수 있으며, 상업적 성공을 통해 확고한 입지를 다질 수도 있다. 한류 대중음악과 드라마 역시 산업이 성장하는 동안 그와 같은 유형들을 충족시켜왔는데, 해외의 중대형 음반 매장에 K팝 코너가 따로 상설되어 있는 것은 물론이고, 소비자는 저마다 한류 콘텐츠를 통해 유무형의 양식적 특성들을 감지해내곤 한다. K드라마의 클리셰 같은 것이 해외 시청자에게 회자된다거나 국적이나 성장 배경과는 무관하게 K팝을 표방하는 해외 가수들이 등장하는 등

장르적 속성이 폭넓게 인정받고 있다.*

그런 가운데 최근에는 한국인과 한국어 없는 K컬처의 사례가 점점 더 빈번해지고 있다. BTS와 블랙핑크는 영어 가사 비중이 많아지더니 결국 영어로만 된 K팝을 불렀고, JYP에서 제작하고 소니에서 투자하여 일본인으로만 이뤄진 아이돌 그룹 니쥬는 J팝인지 K팝인지 질문하게 만들었으며, 중국의 K팝 팬들은 이 현상이 범아시아적이니 앞으로는 'A팝'이라 부르자 하고, K팝으로 직간접적인 영향을 받은 필리핀이나 베트남 가수들은 P팝과 V팝으로 토착화를 꾀하고 있다. 각각 고유한 의미를 가지는 현상들이지만, 공히 K스러운 것에 초국적인 균열이 나타났다는 방증들이다. 이로써 기묘한 경험과 의미들이 관찰되기도 한다. 한국의 대중문화 이용자가 초국적 경험을 통해 민족주의적인 관성을 변형시키는 동안 아시아의 다른 지역들에서는 K컬처를 전거 삼아 혼종성과 국민 정체성을 동시에 추구하는 또 다른 경험을 하고 있기 때문이다.**

이러한 추세들, 즉 한국적이기는 한데 한국적인 것이 없는 K컬처는 모종의 지속불가능성을 가리키는 것일까. K컬처가 쉽게 쇠퇴할 것이라 억측하는 것은 결코 아니다. 지속가능성에 대한 구조적인 모호성에도 불구하고 K컬처의 명맥을 유지하기 위한 기업, 아티스트, 정부, 학계, 그리고 팬덤의 반작용 운동은 다양한 방식으로 나타날 수 있으며 그에 따라 위기를 또 한 번 유예하거나 지연시킬 수도 있을 것이다. 다른 한편 연착륙의 장소가 어딘가에 따라 시나리오가 분기될 수도 있는데, 이를테면 K컬처에

* 이형은, 「글로벌 장르로서의 한류: KDrama와 KPop의 글로벌 장르화 가능성에 대한 연구」, 서울대학교 석사학위논문, 2017.

** 신정원, 「케이팝의 현지화와 토착화: 필리핀의 SB19 사례를 중심으로」, 서울대학교 석사학위논문, 2023.

서 K팝과 K드라마 등이 흥미로운 방식으로 산화하는 대신 K뷰티나 K푸드처럼 대중문화 유관 산업 중심으로 명맥을 유지하는 방식도 있을 수 있다. 그 경우 한류의 애초 출발점이 대중문화였다는 점에서 한류 없는 한류라는 이색적인 정착지가 나타날 수도 있을 것이다. 실제로 한류 콘텐츠 소비자가 뷰티와 푸드 부문에서 지속적으로 높은 호감도와 구매 의향을 밝힌다는 점을 생각해보면 충분히 불가능하지만은 않은 시나리오인 셈이다.*

어쨌든 'K'라는 접두어가 빈번하게 사용되고 그만큼 현실적 소구력을 가질수록 K컬처가 묘한 방식으로 초국적인 지평 안으로 들어가게 되는 것만큼은 분명해 보인다. 우리는 이미 그와 같은 상황들을 목도하고 있다. 콘텐츠 제작 단계에서 해외 투자와 합작이 이뤄지고, 때로는 인수합병 절차를 통해 자본의 국제적 이동이 이뤄진다. 초고속 디지털 환경에서 IP 커머스는 미디어와 국경을 횡단하면서 K컬처의 이해관계자 범주에 수많은 국적자를 받아들이고 있다. 대중문화의 영향력이 커질수록 국외로부터 관광객, 유학생, 아이돌 지망생 등 기존의 민족주의적 시야로 포착할 수 없던 형상들이 늘어나는 것은 이미 일상이 되었다. 그뿐만 아니라 그동안 잠재해 있던 문화론적 의제들이 초국적 팬덤을 통해 제기되고 있으며, 각지의 문화적 체계들이 K컬처의 수용과 활용을 통해 영향을 받는 일 또한 생기기도 한다. 이런 상황들은 'K'라는 접두어의 권한이 일정 부분 한국인의 손에서 떨어져 나가고 있음을 시사한다. 국적을 중심으로 하는 엄격한 영향력 통제는 불가능한 상황이라는 이야기다. 물론 이런 상황이 특별히 과장될 이유는 없다. K컬처에 '한국적인 것'이라는 한정성이 쉽사리 부정될 수는 없기 때문이다. 하지만 그렇다고 해서 오늘날의 초국적 상황이 간단히

* 문화체육관광부 · 한국국제문화교류진흥원(KOFICE), 『2023 해외한류실태조사』, 2023.

간과되어야 할 사안도 아니다. 이것은 누군가에게는 시장지배력을 유지하기 위한 소비 동향과 심리에 관한 문제일 수 있으며, 또 다른 누군가에게는 그동안 발견해내지 못했던 문화적 의미들이 터져 나오게 되는 문제일 수도 있기 때문이다.

K팝이라는 장르가 한국적이라는 근거 중 하나는 '한국인'이다. 마치 샹송이나 칸초네에서 프랑스어와 이탈리아어가 필수적인 것처럼, 그리고 흑인 음악에서 소울이나 스웩 같은 어떤 분위기가 특징적인 것처럼, 시각성을 핵심으로 하는 K팝에 한국인스러운 신체성(나는 이 용어를 신체 그 자체와 더불어 신체로부터 연장되는 몸가짐이나 행동거지 일체를 가리키는 의미로 사용한다)은 가장 핵심적인 요소 중 하나다. K팝이라는 단어를 '게이팝'이라 듣거나 그렇게 조롱하는 관행이 있는 것처럼, 보이그룹이라면 이마를 덮은 앞머리, 모이스처라이징된 얼굴, 예리한 턱선, 그리고 (서구적 신체 미학에서는) 인지부조화를 일으킬 만한 슬림한 몸매와 빨래판 복근이 기대된다. 또한 팬덤을 위한 '떡밥'을 제공하기 위해서라도 애교를 비롯한 각종 감정노동은 이 영역에서 흔한 일상이 되었다.

그런데 이런 기준에서 본다면 한국인이라는 국적성은 얼마든지 연장될 수 있다. K팝의 역사는 그 자체로 초국적인 형식이 강화된 역사이기도 했는데, 아이돌 멤버 구성만 봐도 초창기의 재외교포에서 시작해서 훗날 중국인과 일본인으로 그 외에도 태국인과 대만인 그리고 베트남인 등으로 다원화되어왔다. 이런 상황이 허용될 수 있었던 것은 한국인스러운 신체성이 사실상 아시아적인 신체성에 기반해 있는 사정과 관계가 있다. 아시아적인 남성성, 아시아적인 걸크러시, 아시아적인 자매애적 연대 등은 말 그대로 아시아적인 어떤 것들을 통해 글로벌한 인종적 · 젠더적 질서를 일부 퀴어링하면서 K컬처의 문화론적 함의를 더욱 농축시키고 있다. 이런

식으로 본다면 K컬처의 'K'는 아시아적 대중문화 현상에서 한국이 가지고 있는 산업적 이니셔티브를 가리킬 뿐 문화론적으로는 언제든 소실되거나 대체될 수 있는 기표에 다름이 아니라 할 수 있을 것이다.

사실 한류를 아시아적인 현상으로 바라볼 것을 요청한 논점들은 그동안 다수의 문화연구자들을 통해 제기되어온 것이기도 하다. 민족주의 인식을 교정하고 한류를 문화 교류의 기회로 간주하여 (동)아시아를 재생성하는 기획으로 삼아야 한다는 이야기들이었다.* 물론 이때의 아시아라는 것은 어떤 실체적 장소를 한정하는 것에 대한 관심이라기보다 문화적 세계체계에서의 특정한 실천적 효과 또는 전략적 발화 위치를 포착하는 것에서 나온 소산이다. 가령 홍콩문화와 일본문화는 과거의 우월적 지위는 사라졌을지 몰라도 아시아적인 것에 대한 대중적 발견의 기점이었고, 동아시아 문화구성체를 상상하는 출발점을 제공한 것이기도 했다. 이런 논점은 국적성의 관점에서는 절대 관찰할 수 없는 지점이며 한류에 대해 사고할 때도 중요한 시사점이 될 수 있다. 한류가 K컬처가 되는 동안 여기에는 무수히 많은 일이 있었고, 그만큼 많은 모순과 리스크가 응축되기에 이르렀다. 지속해서는 안 될 것을 청산하고 지속해야 할 것을 수행한다면 이론적으로는 또 한 번의 성공과 인기의 기회를 모색할 수도 있을 것이다. 하지만 이것은 말 그대로 이상적인 생각일 뿐이며 이제 현실적으로 한류 4.0 담론이 가리키는 것(다양성, 공정성, 윤리 등)처럼 연착륙을 도모해야 하는 시점

---

* 김현미, 『한류 아시아의 대중문화』, 연세대학교 출판부, 2003; 이기형, 「탈지역적으로 수용되는 대중문화의 부상과 '한류현상'을 둘러싼 문화정치」, 『언론과 사회』 13(2), 2005; 이동연, 『아시아문화연구를 상상하기』, 그린비, 2006; 이동후, 「한일 합작드라마의 '초국적 상상력'(transnational imaginations): 그 가능성과 한계」, 『한국방송학보』 18(4), 2004; 조한혜정, 「동/서양 정체성의 해체와 재구성: 글로벌 지각 변동의 징후로 읽는 '한류열풍'」, 『한국문화인류학』 35(1), 2003.

에 이른 것이 사실이다.

'어떻게 지속가능하게 할 것인가'라는 질문을 이제는 '어떻게 잘 산화할 것인가'라는 질문으로 교체할 준비를 해야 하지 않을까. '지속가능성'이라는 표현이 자본주의의 위기와 더불어 제기된 단어이자 통념이라는 사실을 염두에 둘 필요가 있겠다. 그렇지만 동시에 자본주의가 무르익지 않았다면 지속해야 한다는 언술은 나오지도 않았을 것이다. 즉 이것은 재생산의 문제의식을 포함하는 질문이며, 이런 질문들 자체가 오늘날 우리가 재생산의 위기 시대에 살고 있다는 표식인 셈이다. 한류에서의 지속가능성이라는 질문 역시 마찬가지일 것이다. 여기에는 한류의 성숙과 절정이라는 자부심이 투사된 것 같다는 느낌이 들기도 한다. 한류 4.0 시대에 제기되는 정책적 시도들은 은연중 한류의 연착륙을 시사한다. 특히나 정책적 흐름을 보면 기존의 지위를 이어나가기 위해서는 성공과 성장의 문법을 얼마간 후퇴시키고 시장적 합리성과 사회적 정의를 추구함으로써 문화적 존중을 받고자 하는 방향성이 감지될 정도다. 문화해석학적인 보고들에서 제기하는 논점들 역시 마찬가지다. 이런 추세로 보면 앞으로도 'K'라는 기표에 균열이 나고 있다는 소식은 줄기차게 들려올 것이다.

K컬처는 어느 순간 A스러운 것으로 산화할지 모른다. 만약 민족주의의 함정에 매몰된다면 이 순간을 비극으로 받아들이게 될 테지만, 초국적 상황을 탄력적으로 수용한다면 우리는 여기서 새로운 이론적이고 문화적인 전기를 마련할 수도 있을 것이다. 여기서 '초국적'이라 함은 민족들 사이의 교차성뿐 아니라 초국가적인(supra-national) 것과 민족적인(national) 것을 양자택일적으로 받아들이지 않는다는 의도를 담고 있다. 사실 K팝이 라틴팝처럼 아시안팝으로 쉽게 이전할 리는 없다. 민족주의와 국가주의의 경계가 상대적으로 강한 지역들에서 일순간에 'A'라는 기표가 보편적으로

소구될 가능성은 떨어지기 때문이다. 또한 'K'라는 기표가 다른 기표들로 분화 및 대체되더라도 이것이 K컬처 콘텐츠의 소멸이나 폐지를 가리키는 것 또한 아니다. 그럼에도 우리는 K컬처가 제공한 이 초국적 상황이 각 지역의 젠더 질서뿐 아니라 민족주의와 마주침으로써 발생하는 문화변동 상황, 그리고 K 기표의 균열을 통해 민족주의와 시장주의에 나타나는 일정한 변형들을 가볍게 넘겨서는 안 될 것이다.

한류가 됐든 K컬처가 됐든 거기서 민족주의적 편향을 접어둘 수 있다면 우리는 그것의 지속가능성에 대한 완전히 새로운 논점을 받아들이게 될 것이다. 이를테면 한류가 애초부터 아시아적인 것의 문제들에서 제기된 것이라는 점을 상기해보자. 앞으로 K컬처가 아시아적인 어떤 것들로 분화되거나 소실되더라도 그것은 K컬처의 단순한 소멸이 절대 아니다. 그보다는 아시아적인 어떤 것의 또 한 번의 변형일 수 있으며, 그런 점에서 글로벌 문화질서에 균열을 내는 아시아적인 도전은 여전히 지속될 것이다.

참고문헌

김새미. 「뉴미디어와 한류 콘텐츠 지원 정책 연구: 동남아시아 지역을 중심으로」. 『국제학논총』 33, 2021, 203-237.

김성민 · 이훈. 「텍스트 마이닝 기법을 활용한 한류 영상물 매체 이용자 인식 분석: 잠재 한류 관광객을 중심으로」. 『관광연구논총』 32(4), 2020, 153-179.

김수아. 「K-POP과 신한류에 대한 텔레비전 담론: 다큐멘터리 프로그램의 글로벌 성공 이야기 구조를 중심으로」. 『언론정보연구』 50(1), 2013, 45-83.

김수철 · 강정수, 「대중음악(K-Pop) 산업에서의 트랜스미디어 전략: '강남스타일' 사례를 중심으로」. 『한국언론학회 2012년 가을철 정기학술대회 발표논문집』, 〈동아시아 대중문화와 크로스미디어/트랜스미디어 전략〉, 2012, 3-21.

김은준 · 김수정. 「일본과 중국 언론인들의 반한류 인식」. 『한국콘텐츠학회논문지』 16(6), 2016, 802-813.

김정은. 「포스트 한한령 시기 중국 내 한류 콘텐츠의 힘과 지속가능성: 〈오징어 게임〉의 웨이보 게시물 분석을 중심으로」. 『한중언어문화연구』 63, 2022, 151-175.

김현미. 『한류 아시아의 대중문화』. 연세대학교 출판부, 2003.

문효진. 「한류의 위기 요인 탐색과 해소 방안에 관한 연구: 문화콘텐츠 전문가 조사를 중심으로」. 『미래사회』 12(2), 2021, 21-36.

박대민 · 이규탁. 「한류의 산업화, 금융화, 그리고 스타트업화: 한류와 K-POP 보도 21년치 뉴스 빅데이터 분석을 중심으로」. 『한국언론정보학보』 112, 2022, 7-66.

박소정. 『미백: 피부색의 문화 정치』. 컬처룩, 2022a.

______. 「확장하고 경합하는 K: 국내 언론 보도를 통해 본 K 담론에 대한 분석」. 『한국언론학보』 66(4), 2022b, 144-186.

박소정 · 홍석경. 「K-뷰티의 미백 문화에 대한 인종과 젠더의 상호교차적 연구를 위한 시론: 화이트워싱/옐로우워싱 논쟁을 중심으로」. 『언론정보연구』 56(2), 2019, 43-78.

박종천 · 이재수. 「지속가능한 한류를 위한 문화콘텐츠 전략: K-Comics의 사례를 중심으로」. 『국학연구』 36, 2018.

배소영. 「지속가능한 한류 문화콘텐츠와 관광을 위한 정책 방향」. 『한국관광정책』 86, 2021, 71-76.

백원담. 『동아시아의 문화 선택: 한류』. 펜타그램, 2005.

송지윤. 「중국에서의 초기 한국 대중음악 붐 현상 연구: 민간 기획사의 공헌을 중심으로」. 『중어중문학』 89, 2022, 365-389.

신정원. 「케이팝의 현지화와 토착화: 필리핀의 SB19 사례를 중심으로」. 서울대학교 석사학위논문, 2023.

신혜영. 「미국 대중매체에 나타난 아시아 남성의 이미지: 편견과 문제점에 대한 고찰」. 『한국학연구』 36, 2011, 33-57.

원용진. 「동아시아 정체성 형성과 '한류'」. 『문화와 정치』 2(2), 2015, 1-25.

윤조원. 「'꽃미남'과 '씩스팩': 대중문화 속 오늘의 남성성」. 『안과밖』 28, 2010, 278-302.

이규탁. 「BTS: 새로운 세대의 새로운 소통 방식, 그리고 감정노동」. 『문화/과학』 2018년 봄호.

______. 『갈등하는 케이, 팝 한국적인 동시에 세계적인 음악』. 서울: 스리체어스, 2020.

이기형. 「탈지역적으로 수용되는 대중문화의 부상과 '한류현상'을 둘러싼 문화정치」. 『언론과 사회』 13(2), 2005.

이동연. 『아시아문화연구를 상상하기』. 그린비, 2006.

______. 「케이팝(K-pop): 신자유주의 시대 초국적 국민문화의 아이콘」. 『내일을 여는 역사』 45, 2011, 234-252.

______. 「케이팝의 스타일: 네 가지 문화 코드」. 『대중음악』 9, 2012, 167-181.

이동후. 「한일 합작드라마의 '초국적 상상력'(transnational imaginations): 그 가능성과 한계」. 『한국방송학보』 18(4), 2004.

이수연. 『한류 드라마와 아시아 여성의 욕망』. 커뮤니케이션북스, 2008.

이수영. 「아시아계(械) vs 미국인(人): 〈리얼스틸〉을 통해 살펴본 백인미국남성성의 회복과 테크노 오리엔탈리즘」. 『인문학논총』 39, 2015, 43-68.

이현진. 「k-pop의 성장 지속화 방안: 가수 싸이(PSY) 성공요인을 중심으로」. 세종대학교 석사학위논문, 2014.

이형은. 「글로벌 장르로서의 한류: KDrama 와 KPop의 글로벌 장르화 가능성에 대한 연구」. 서울대학교 석사학위논문, 2017.

이혜정. 「서구 속의 동아시아 남성성-영국에 거주하는 한국 남성 이민자들의 남성정체성 연구」. 『공간과 사회』 26, 2006, 220-252.

정길화. 「브라질의 케이팝 팬덤에 대한 현장연구」. 한국외국어대학교 박사학위논문, 2016.

조한혜정. 「동/서양 정체성의 해체와 재구성: 글로벌 지각 변동의 징후로 읽는 '한류열풍'」. 『한국문화인류학』 35(1), 2003.

주정민. 「한류 콘텐츠의 확산 및 지체 요인과 지속가능성」. 『디아스포라연구』 10(2), 2016, 321-345.

홍석경. 「세계화 과정 속 디지털 문화 현상으로서의 한류」. 『언론정보연구』 50(1), 2013.

______. 「프랑스의 한국 드라마 수용」. 한국프랑스학회 학술발표회, 2014, 23-44.

한류 팬덤, 초국적 팬덤인가 vs. 새로운 문화내셔널리즘인가

이지행
동아대학교 젠더 · 어펙트연구소 전임연구원

| 한류 팬덤의 트랜스내셔널한 성격

자본과 노동의 전 지구적 이동과 유동성으로 정의할 수 있는 세계화(globalization), 그리고 세계화가 가져온 전 지구적 현실은 정치경제 영역에서뿐만 아니라 문화적으로도 활발히 전개되고 있다. 문화제국주의 관점에서 보자면 문화의 세계화는 경제적으로 발달한 자본주의 국가가 상대적으로 성장이 미흡한 국가로 문화적 침투를 통해 지배와 종속의 관계가 구축되는 과정으로 볼 수 있다.* 그러나 실제로 세계화 과정에서 일어난 문화적 마주침은 글로벌 요소와 로컬적 요소가 혼재하는 상태를 만들어냈다. 타자의 것과 자신의 이질성을 혼합하거나 혹은 전통과 근대, 서구 및 비서구

* 존 톰린슨, 『문화제국주의』, 강대인 역, 나남출판, 1994.

의 혼합이라는 문화적 경험을 통해 새로운 정체성을 낳았다.* 외부로부터 들어온 문화가 수용자에 의해 재해석되고 재가공되는 상태가 생겨나는 것이다.

일반적으로 국경을 넘는 다양한 현상과 행위 수행의 차원을 지칭하는 것으로 이해되는 '트랜스내셔널'은 종종 '글로벌'과 동의어로 사용되고는 한다. 아이와 옹에 따르면, 트랜스내셔널 개념의 의미망은 어간인 '내셔널'이 아니라 접두어인 '트랜스'에서 찾아야 하며 이는 '횡단하는(transversal),' '과정적인(transactional),' '번역의(translational),' '위반하는(transgressive)' 등의 의미를 포괄하는 합성어로 이해할 수 있다.** 오경환은 현재 다수의 학문 영역에서 트랜스내셔널에 대한 이해가 심화된 글로벌에 머물러 있는 상태를 지적하며, 유의미한 '트랜스내셔널'을 사유하기 위해서는 '트랜스'가 횡단과 번역, 전유와 과정, 위반의 의미를 지니고 있는 것으로 '문제화(problematized)'되어야 하는 것처럼 '내셔널' 또는 '네이션' 역시 충분히 문제화되어야 한다고 말한다.*** 트랜스내셔널이라는 인식론적 범주를 통해 국가-민족에 근거한 오래된 정치적 상상을 해체할 수 있을 때 비로소 근대성에 대한 비판적 이해가 가능해지리라 믿기 때문이다. 트랜스내셔널의 개념은 자본이 주도하는 세계화의 영향 속에서 탄생한 것이기는 하지만, 문화적 측면에서 들여다보면 일국적인 국가-민족의 경계를 뛰어넘는 실천을 통해 포착되는 비본질적이고 구성적인 것이기도 하다. 따라서 '과정'

* 사문 · 차희원, 「해외수용자의 문화적 근접성 인식이 케이팝 이미지와 한국 국가 이미지에 미치는 영향: 아시아권 수용자와 서구권 수용자 비교」, 『한국언론학보』 59, 2015, 274-275쪽.

** Aihwa Ong, Flexible Citizenship: The Cultural Logics of Transnationality, Duke Univeristy Press, 1999, pp. 4-7; 오경환, 「로컬, 글로벌, 트랜스내셔널: 로컬의 트랜스내셔널한 구축을 위하여」, 『로컬리티 인문학』 16, 2016, 219쪽에서 재인용.

*** 오경환, 위의 글, 220쪽.

중에 일어나는 다양한 종류의 '횡단'적 실천에 주목해야 한다.

한류 팬덤의 존재론적이고 실천적 층위에서의 '트랜스내셔널리티'를 다루고자 하는 이 글은 초국적 한류 팬덤*의 다양한 종류의 횡단적 실천을 살펴봄과 동시에 이 과정에서 '트랜스내셔널'에 함유된 '내셔널'이 불러온 효과에 유의하여 검토할 것이다. 이런 목적 아래, 이 글은 트랜스내셔널과 내셔널의 확고한 개념 규정을 기반으로 이에 따른 실천을 분류하는 것이 아니라, 역으로 개별적 실천 과정에 대한 실증적 관찰을 경유하여 개념으로 나아가고자 한다.

_ 트랜스내셔널 축구 팬덤

세계화와 미디어 기술의 발전에 힘입어 국경을 뛰어넘는 문화적 현상과 실천은 오늘날 지구 곳곳에서 일상적으로 관찰된다. 이러한 트랜스내셔널 문화 현상의 한 축에는 뉴미디어를 통해 국경을 뛰어넘어 새로운 수용자 문화를 만들어가고 있는 트랜스내셔널 팬덤이 자리하고 있다. 리천윙은 영국 프리미어리그(EPL) 축구클럽의 홍콩 팬덤에 대한 연구에서, 외국의 축구 팬들이 서구 명문 축구클럽들의 주요(core) 수용자층으로 자리 잡은 연유로 미디어에 의한 노출(media exposure)을 첫손에 꼽는다.** 스

* 이 글에서는 '초국적 팬덤'과 '트랜스내셔널 팬덤'을 종종 구분해서 사용하는 경우가 있다. 자의적인 분류이기는 하지만, 글에서 트랜스내셔널 팬덤 대신 '초국적 팬덤'이라는 용어를 사용하는 경우는 다양한 국가의 팬 집합체라는 개념을 부각하고자 할 때임을 밝힌다.

** Chun Wing Lee, How do Hong Kong fans choose their favourite overseas football club? Origins of transnational fandom in late modernity, International Review for the Sociology of Sport 58(3), 2023, pp. 512-514.

칸디나비아 팬들이 영국 프리미어리그 축구클럽을 응원하고 아시아 등 타 대륙의 팬들이 영국 축구클럽의 열렬한 서포터가 된 맥락에는 어린 시절부터 TV 시청과 인터넷을 통해 영국 프리미어리그를 보면서 퇴적되어 온 익숙함이 있었기 때문이다. 그는 또 외국 팬들이 다양한 프리미어리그 구단 가운데서도 저마다 특정 구단의 서포터를 자처하게 되는 것은 주변인이나 가족의 영향보다는 개인적이고 임의적인 취향에 따른다고 기술하면서, 샌드보스*의 논의를 이어받아 이것이 후기 근대의 특성인 개인화(individualization) 경향과 무관하지 않음을 주장한다. 홍콩 팬들이 영국 프리미어리그의 팬이 된 또 다른 이유로는 홍콩의 역사적 과정이 만들어낸 홍콩인의 코스모폴리타니즘적 성향을 들 수 있다. 영국이 식민 통치하던 시절의 홍콩에서 가장 대중적인 인기 스포츠는 축구였다. 이후 세계대전이 끝나고 1970년대부터는 해외리그 축구 경기가 홍콩에서 방영되었는데, 식민지 경험에 따른 영어 친연성 때문에 타 국가 리그 경기에 비해 접근성이 높았다. 후에 영국의 축구선수들이 홍콩 구단으로 다수 트레이드되는 등 영국 프리미어리그에 대한 홍콩의 친밀성은 지속적으로 유지되었고 이에 비례하듯 팬덤도 강하게 존속되었다.

---

* Cornel Sandvoss, A Game of Two Halves: Football, Television and Globalization, New York: Routledge, 2003.

— 한류의 트랜스내셔널한 전개와 수용

축구 같은 근대 스포츠가 국경을 뛰어넘어 다양한 국가에서 적극적으로 수용된 배경을 보면, 초기에는 식민지 경험을 통해 보급되고 이후에는 국가 간 경쟁의 수단으로 이용되는 등 제국주의와 내셔널리즘이라는 특정한 역사적 · 정치적 맥락에 위치하고 있는 것을 알 수 있다. 그러나 이 글에서 다루는 한류의 트랜스내셔널한 수용은 역사적이고 이데올로기적인 차원으로는 설명하기 어렵다.* 그렇다면 한류의 트랜스내셔널한 수용은 어떤 경로를 통해 이루어졌을까?

세계화로 인해 탈영토화가 진행되면서 사회적 공간은 더 이상 물리적 장소와 거리, 경계의 제한을 받지 않게 되었다. 이에 따라 많은 사람이 초국가적 이슈에 더 관심을 갖게 되었다. 그러나 이러한 세계화에도 불구하고 특정 문화는 특정 지역에만 영향을 끼치는 문화 근접성(cultural proximity) 현상이 여전히 존재한다. 1980년대에 전성기를 맞은 홍콩영화는 주로 동아시아 지역에서 열렬한 반응을 얻었고, 전 세계에서 미국음악 다음으로 많은 수용자층을 자랑하는 라틴음악 역시 라틴아메리카나 미국 내 라틴 인구들 사이에서만 인기를 얻는 상황은 이런 맥락에서 설명된다.**

초창기 한류도 1990년대 말 같은 동아시아 권역인 중국과 일본에서의 '한국 드라마' 인기로부터 시작되었다. 1997년 「사랑이 뭐길래」와 「별

* 한류의 초국적 수용은 북반구에서 남반구로 문화적 헤게모니가 침투하며 지배와 종속의 관계가 구축된다는 '문화제국주의' 논리에 해당하지도, 비슷한 문화적 특성을 공유하는 지역에서의 적극적 수용을 의미하는 '문화 근접성 이론'으로도 설명할 수 없는 흥미로운 지점에 놓여있다.

** 김은기, 「문화의 글로컬라이제이션과 한류」, 『한류와 역류: 문화외교의 가능성과 한계』, 한국학중앙연구원 출판부, 2020, 17쪽.

은 내 가슴에」 같은 한국 드라마가 중화권에서 인기를 끌면서 중국 일간지 『베이징 청년보』 기사에 '한류'라는 용어가 처음으로 등장했다. 드라마에 대한 관심은 자연스레 드라마 OST로, 나아가 당시 유행하던 댄스그룹의 인기로 이어졌다. 1998년에는 중국에서 H.O.T. 음반이 처음으로 출시됐으며, 이후 클론 등 한국의 댄스음악이 중화권에서 인기를 얻었다. 일본에서는 2003년 드라마 「겨울연가」가 NHK에서 방송되면서 경이적인 시청률과 함께 '욘사마 신드롬'을 불러일으켰다. 이 드라마는 이후 중국, 싱가포르, 말레이시아, 홍콩, 베트남, 태국 등 아시아권 전역으로 수출되었다. 2007년 이란에서 방영 당시 평균 시청률 90%라는 신드롬적 인기를 구가한 드라마 「대장금」은 선한 주인공이 온갖 난관을 극복하고 결국 승리한다는 권선징악적 스토리 라인, 순종하고 희생하는 전통적 가치관에 대한 공감에 힘입어 아시아를 넘어 중동, 중앙아시아, 남미 등 총 91개국에 수출되면서 한류의 지역적 확장에 크게 기여했다.

드라마로 촉발된 초창기 한류는 2000년대 중 · 후반 동방신기, 비, 빅뱅, 소녀시대 등의 케이팝 아이돌 그룹을 중심으로 아시아 전역에 본격적인 팬덤을 형성한 2.0. 시기를 맞이했다. 중년 시청자가 주를 이룬 초창기 한류 수용 유형에서 벗어나 케이팝 아이돌 팬인 좀 더 젊은 팬층이 주를 이루기 시작했다. 실질적으로 한류의 트랜스내셔널 팬덤이 탄생한 순간이다. 초국적 케이팝 팬덤은 유튜브 같은 비디오 스트리밍 서비스와 트위터, 페이스북 등 소셜미디어의 붐이 일던 2000년대 후반의 디지털 문화 속에서 탄생했다.

전 세계를 휩쓴 팬데믹이 시작된 2020년은 아이러니하게도 한류가 새로운 국면을 맞이하게 된 시점이기도 하다. BTS가 대중음악의 글로벌한 지표라 할 수 있는 빌보드 핫 100 차트에서 1위를 하고, 영화 「기생충」이 아카데미 작품상과 감독상을 수상한 해이기 때문이다. 이듬해인 2021년에는 배우 윤여정이 영화 「미나리」로 아카데미 여우조연상을 수상했고, 「오징어 게임」이 넷플릭스 역대 최다 시청 드라마 자리에 올랐다. 한국의 대중음악, 영화, 드라마가 영어권 콘텐츠가 가진 헤게모니를 뚫고 서구 대중문화산업 지표에서 유의미한 성취를 이룸으로써 한류가 글로벌 시장의 주목과 대중의 관심을 한꺼번에 받는 새로운 국면에 들어선 것이다. 현재의 단계는 한국 엔터테인먼트의 선전으로 인해 K뷰티, K푸드 등 한국적 라이프스타일까지 전 세계에서 소구되는 한류 3.0 시기로 정의되기도 한다.

_ 트랜스내셔널 한류 팬덤의 참여문화적 양식

한류 유행의 세 단계 중에서도 트랜스내셔널한 팬덤의 형성이 뚜렷하게 나타난 시기는 케이팝의 유행과 함께 시작된 한류 2.0이다. 이 시기 케이팝 팬덤의 특성을 이야기할 때, 단순히 케이팝에 호감을 가지거나 애호하는 수용자를 '팬'이라고 규정하기는 어렵다. 2000년대 이후 인터넷이 광범위하게 확산하면서 나타난 커뮤니케이션 방식의 변화는 팬들의 미디어 소비와 참여 방식에도 커다란 변화를 가져왔다. 젠킨스는 디지털미디어 지형에서 미디어 이용자가 적극적으로 미디어를 변형하고 공유하며 정보를 추구하는 현상을 가리켜 '컨버전스(convergence)'라고 개념화했는데, 컨버전스의 확산으로 인해 참여문화(participatory culture)의 특성이 더 부각된다.*

* Henry Jenkins, Confronting the Challenges of Participatory Culture: Media Education for the 21st Century, MacArthur Foundation, 2006; 김수아, 「소셜 웹 시대 팬덤 문화의 변화」, 『사이버커뮤니케이션학보』 31(1), 2014, 51쪽에서 재인용.

디지털미디어 환경에서 팬들의 문화적 생산은 이러한 참여문화 안에서 이루어진다. 팬들은 다양한 미디어 플랫폼이나 온라인 커뮤니티에 공식 또는 비공식으로 '소속(affiliations)'되어 디지털 샘플링, 매시업, 팬 비디오 등 기존의 미디어를 전유한 새로운 창작 '표현(expression)'을 생산한다. '집단적 문제해결(collective problem-solving)'을 통해 작업을 완료하거나 새로운 지식을 생산하며, 팟캐스트나 블로그 등의 개인 미디어를 통해 생산물을 소통하고 '배포(circulation)'한다.* 디지털미디어 환경에 적응할 수 있는 사회적 기술과 문화적 능력, 즉 새로운 리터러시를 습득한 팬덤은 디지털 이용자 집단의 대표 주자로서 참여문화를 통해 새로운 지식 생산, 창작, 배포 등에 적극적으로 참여해왔다.**

① 팬 번역

바루크***는 참여문화로서의 팬 번역에 대한 연구에서 팬들이 자발적으로 실행하는 디지털 무료 노동이 이들에게 대안적 가치와 새로운 정체성을 부여한다고 설명한다. 2010년 론칭한 동영상 스트리밍 사이트 비키(Viki.com)는 한국을 포함한 아시아 드라마를 영어 자막을 통해 감상할 수 있는 플랫폼이다. OTT 서비스가 본격화되기 전 서구 팬들이 한국 드라마를 접할 수 있는 가장 큰 공식 창구였던 이 사이트에서 드라마의 외국어 자막은 팬 번역가들의 자발적인 참여를 통해 만들어진다. 자막 번역이 드라

* 소속, 표현, 집단적 문제해결, 배포는 헨리 젠킨스가 개념화한 참여문화의 네 가지 개념이다. Henry Jenkins, 위의 책.

** 이지행, 「팬덤 실천을 통한 초국적 기억정치에의 개입과 정동의 작동: 'BTS 원폭티셔츠 논란'을 중심으로」, 『인문콘텐츠』 69, 2023, 225쪽.

*** Felicitas Baruch, "Transnational Fandom: Creating Alternative Values and New Identities through Digital Labor," Television & New Media 22(6), 2021, pp. 687-702.

마 팬덤에 의한 일종의 참여문화적 협력 과정으로 이루어진 것이다.

바루크는 이러한 노동이 비록 경제적인 보상을 주지는 않지만, 자원봉사로서의 팬 번역에 참여하는 팬 주체들이 시장경제 원리에 포섭되지 않는 대안경제의 행위자적 정체성을 수립하도록 하는 재주체화의 기회를 제공한다고 평가한다. 또한 이들의 노동에 대한 비경제적 보상의 측면을 눈여겨봐야 한다고 주장한다. 팬 개개인의 수고로 만들어진 번역 자막을 팬 커뮤니티 안에서 공유함으로써 얻어지는 상호 연결 감각과 공동체적 의식이 바로 그것이다. 국가와 언어, 인종 등 상이한 배경을 가진 주체들이 팬 번역이라는 참여문화적 실천을 통해 트랜스내셔널한 팬덤으로서의 정체성을 수립한다는 바루크의 연구는 참여문화와 트랜스내셔널 팬덤의 관계성에 새로운 의미를 부여한다.

② 대항담론적 실천

미국 중심으로 이루어진 글로벌 음악시장에서 한국의 아티스트가 지속성을 가지고 스타덤을 유지하고 있는 첫 번째 사례로 방탄소년단(이하, BTS)을 꼽는다. 이러한 BTS의 영향력이 A.R.M.Y.(Adorable Representative M. C. for Youth)라고 하는 그들의 강력한 초국적 팬덤으로부터 비롯되었다는 것은 익히 잘 알려진 사실이다. 이 팬덤은 온 · 오프라인에서의 지속적이고 열정적인 노력을 통해 BTS의 산업적 기록을 만들어냈을 뿐만 아니라, 서구 주류 담론 아래서 철저하게 타자일 수밖에 없는 BTS의 안정적 생존을 위해 그들에게 가해지는 편견을 분쇄하고 긍정적인 담론을 입히는, 이른바 대항담론 생산에도 각별한 노력을 기울여왔다.* 초창기에는 '노네임'인

* 이지행, 「서구미디어의 지배담론에 대한 방탄소년단 글로벌 팬덤의 대항담론적 실천 연구」,

BTS를 서구에 알리기 위해 영향력 있는 서구 미디어 및 비평가들과 타협하는 전략을 취했지만, BTS가 어느 정도 인지도를 가지게 된 이후에도 여전히 서구 아티스트와는 다른 '타자'로 간주되는 것을 보고, 이들은 더 이상 타협이 아닌 담론장에서의 경쟁이 이루어져야 한다는 것을 깨달았다.

지배담론과 경합하기 위해 팬들이 선택한 것은 언술적 생산으로 이루어진 대항담론적 실천이었다. 팬들은 타래 홍보와 학술적 접근을 통해 BTS의 성장 서사와 음악에 의미를 부여함으로써 BTS의 진지한 음악성을 담론화했고, 영어로 된 노래가 아니면 성공할 수 없다는 서구 음악계의 좁은 시야를 깨기 위해 적극적으로 한글을 배우고 이를 통해 한글 가사의 의미에 힘을 실어주었다. 팬덤 전체를 어린 여성으로 일반화하고 이들의 주장을 무력화시키는 외부 시선에 맞서 자신들의 인구적 다양성을 설득하기 위해 소셜미디어에 집단적으로 얼굴을 드러냈으며, 자체적으로 전 세계 팬덤을 대상으로 한 대규모 인구조사를 실시했다. 서구 미디어의 지배담론 지형을 변화시키기 위해 (주로) 온라인에서 BTS 팬덤이 행해온 이 같은 대항담론적 실천은 과정 자체가 특정 아티스트를 지지하는 팬덤의 공유된 정체성을 강화하는 역할을 한다.

특히, 한국 이외의 외국 팬들의 경우 낯선 언어로 노래하는 가수를 좋아하게 된 시점부터 자신이 위치한 트랜스내셔널 팬덤 정체성에 대한 의식의 시작이라고 볼 수 있다. 아무런 노력 없이도 쉽게 이해할 수 있는 노래를 수동적으로 듣는 것이 아니라, 직접 의지적으로 번역물을 찾아 나서야 하기 때문이다. 외국 팬들은 한 번역 계정의 번역만 보는 것이 아니라 여러 번역 계정의 다양한 버전을 보면서 가사의 뉘앙스를 통합적으로 이

『여성문학연구』 50, 2020, 79-114쪽.

해해나간다. BTS의 외국 팬이 된다는 것은 이런 의지적인 행위를 자발적으로 실천한다는 뜻이다. 특히나 제1세계 시민으로서의 우월한 문화적 지위를 당연히 누리고 살아왔던 서구 영어권 팬들은 BTS의 팬이 됨으로써 문화적 지위가 역전되는 순간들을 마주한다. 이런 순간들은 "이 세계에서 자신의 위치와 타 문화에 대해 성찰할 계기"*를 주면서 이들에게 트랜스내셔널한 팬덤으로서의 정체성을 재기입한다.

_ 트랜스내셔널 디아스포라 주체성과 한류

케이팝 수용과 관련한 디아스포라 청소년 문화를 다룬 윤경에 따르면 코리안 디아스포라 청소년들이 성인이 되는 과정에서 채택하는 정체성 전략은 크게 두 가지로 나뉜다. 주변으로부터의 놀림이나 조롱을 줄이기 위해 한국인이라는 정체성을 경시하고 숨기거나 혹은 한국인 정체성을 피난처이자 위로로 삼는 것이다. 한국인 정체성을 경시하는 것은 어린 시절에 많이 사용하는 전략이고, 20대가 되면 오히려 한국적 정체성을 찾게 되는 시기가 온다는 것이다. 2010년대 이후 케이팝의 문화적 유행이 시작되면서 많은 코리안 디아스포라 청소년들이 케이팝 팬으로 입문하기 시작했다. 유튜브를 통해 케이팝 뮤직비디오를 보면서 '영어로 표현될 수 없는' 한국적 표현을 자신은 알아듣는다는 만족감은 디아스포라 청소년들이 케이팝을 통해 모국의 정체성과 연결되는 계기를 제공해주었다. 동시에 민족적 측면에서가 아닌 케이팝을 일종의 트렌디한 글로벌 유행으로 받아들

* 이지행, 『BTS와 아미컬처』, 커뮤니케이션북스, 2019, 111쪽.

이는 태도도 존재한다. 이런 태도에는 높은 제작 퀄리티의 뮤직비디오와 글로벌한 사운드, 힙한 댄스 안무로 무장한 케이팝이 자신의 모국에서 출현한 문화적 유행이라는 사실에 대한 자랑스러움이 포함된다. 디아스포라적 맥락에서 볼 때, 결국 케이팝은 디아스포라 청소년들에게 자신의 에스닉한 정체성과 전략을 협상할 수 있는 일종의 문화적 자원으로 간주될 수 있다.*

1세대나 1.5세대 이민자 팬들에게 케이팝이 갖는 의미는 2, 3세대 청소년 팬들과는 결이 다르다. 이민 사회에 완벽히 통합되지 못하고 이방인으로서의 위축감을 늘 한켠에 지닌 채 살아가던 그들에게 BTS를 위시로 한 케이팝의 글로벌한 성공은 우리의 생각보다 큰 의미를 가진다. 특히 BTS의 북미권 코리안 디아스포라 팬들은 BTS가 미국 방송에 나와 부르는 한국어 가사를 미국 팬들이 따라 부르고, 토크쇼에 출연한 BTS가 한국말로 대답하면 친절하게 영어 자막이 깔리는 모습을 보면서, 그러한 예외적인 대우가 마치 자신이 미국 사회에서 대우받는 기분을 느끼게 해 감격스럽기까지 하다고 말한다. 그동안 이방인으로서 당당하게 모국의 정체성을 내놓지 못하고 살아온 시절이 보상받는 느낌이라는 것이다. 문화라는 공유된 관심사를 통해 주류 사회 구성원들에게 좀 더 친근하게 다가갈 수 있는 것은 물론, 높아진 한국과 한국인의 위상 변화가 그들의 이민 생활에 실질적인 도움으로까지 작용한다고 전한다.**

---

* Kyong Yoon, "Diasporic Youth Culture of K-pop," Journal of Youth Studies 22(1), 2018, p. 144.

** 케이팝과 한류가 유행하면서 해외에서 한국 음식에 대한 높은 관심이 생겨나자, 주로 이민자들이 운영하는 한국 음식점이 호황을 맞았다. 외국인 대상 한국어 전문 교육기관인 세종학당의 경우 2007년 첫 개설 당시에는 불과 3개국에서 운영했던 것이 한류의 인기로 인해 2020년대에는 82개국으로 폭발적 증가세를 보였다. 최근 몇 년간 한국어는 미국 대학에서 채택하는 제2 외국어 중 가장 높은 수강률 증가 폭을 보여주고 있다.

케이팝 해외 팬덤은 비록 오랜 시간 존재해왔으나, 국내 팬덤과 해외 팬덤 사이에 트랜스내셔널한 소통이 이루어질 만큼의 교류라고 할 만한 것들은 미미했다. 국내 팬과 해외 팬이 서로의 존재를 적극적으로 인지하고 협력하며, 다양한 프로젝트의 실행을 통해 공동체적 의식을 일궈낸 최초의 사례는 BTS 팬덤 아미일 것이다. 아미라는 트랜스내셔널 팬덤을 이야기할 때, 국내 팬과 외국 팬의 정체성을 모두 가진 채 중간에서 교량 역할을 담당하는 코리안 디아스포라 팬의 존재를 언급하지 않을 수 없다. 현재 BTS 팬덤 안에서 적극적으로 활동하는 한국어-영어 팬 번역가는 약 10명 남짓으로 이들은 새로 출시된 노래 가사, 아티스트 라이브 방송, 인터뷰 기사 등을 실시간으로 번역한다. 비영어권 외국 팬들은 이들의 영어 번역을 다시 자국어로 번역해 자국 팬들에게 전달한다. 노래 가사의 경우 기획사가 뮤직비디오 출시와 함께 영어 가사를 공개하긴 하지만, 가사의 한국어 뉘앙스를 최대한 섬세하게 풀어내어 다양한 각도로 전달하는 디아스포라 팬 번역가들이 없었다면, 해외 팬들이 BTS의 최고의 장점으로 가사의 아름다움을 꼽는 지금 같은 상황이 만들어지기는 어려웠을 것이다. 또, 아티스트가 장시간 한국어로 라이브 방송을 할 때 무슨 말인지 알아듣지 못한 채 최소 하루 이상을 기획사 공식 자막을 기다려야 하는 해외 팬들의 입장에서 소셜미디어를 통해 실시간으로 영어 번역을 제공해주는 팬 번역가의 존재는 그야말로 단비 같은 존재라 할 수 있다. 번역 과정에서 필연적으로 발생할 수밖에 없는 노이즈 및 압력을 감수하면서 팬들을 위해 실시간으로 엄청난 양의 번역을 무료로 제공하는 이들의 존재는 BTS 팬덤이 트랜스내셔널한 공동체로서 공유된 연대감을 생산하는 데 있어 가장 중추적인 역할을 담당한 행위자로 불림이 마땅하다.

| 한류 팬덤과 내셔널리즘 사이의 긴장

_ 한류 팬덤의 문화제국주의

현재 한류 팬덤을 이끌고 있는 케이팝 팬덤의 인구 구성은 팬덤의 트랜스내셔널한 경향을 단적으로 보여준다. BTS 팬덤이 2년마다 실시하고 있는 아미 인구조사(ARMY Census)의 2022년도 결과를 보면, 팬덤을 구성하는 상위 20개국 중 북아메리카와 남아메리카가 10개국을 차지하고, 아시아가 8개국, 유럽 1개국, 중동 1개국 순이다.* 이렇듯 실체적 다양성이 존재하는 한류 팬덤의 외피 속에는 무분별한 문화적 전유에 대한 비판, 외국팬에 대한 혐오 발화,** 아티스트 이미지에 대한 화이트워싱 논란을 두고 불거진 인종적 갈등에 이르기까지 초국적 팬덤 내부의 주도적 팬덤과 주변부 팬덤 사이의 균열을 엿볼 수 있는 사례들이 상존한다. 이러한 갈등에 한류 종주국인 한국 팬들의 외부 및 타자에 대한 태도가 주요한 요인으로 작용하고 있다는 다수의 지적은 진지하게 되짚어봐야 할 지점이다. 한류 팬덤 안에서 종주국 팬으로서 한국 팬들이 갖는 권리 의식과 그로 인해 불거진 태도는 한국이라는 정체성으로 묶인 국내외의 주체들이 한류에 대해 느끼는 '국뽕' 정서와 흡사하다. 윤광은에 따르면 한국인이 한류에 대해 갖

---

* BTS 팬덤 아미는 팬덤 다양성을 객관적으로 지표화할 수 있는 방법으로 2020년부터 자체적으로 인구조사를 시행해오고 있다. 2020년 7월 9일 팬덤 창립 7주년을 맞아 발족되어 2년마다 한 번씩 전 세계 팬을 대상으로 대규모 인구조사를 실시하는 아미 인구조사의 홈페이지 주소는 btsarmycensus.com이다.

** 외국 팬들을 '외퀴', 즉 외국인과 바퀴벌레의 합성어인 멸칭으로 부르는 관행은 케이팝 국내 팬커뮤니티에서 자주 나타난다.

는 '국뽕' 정서는 자부심과 피해자 의식이라는 내셔널리즘의 양극단이 동시에 감지되는 비틀린 장소다.

> 한국 '국뽕'의 핵심은 과거의 식민지 국가가 'K컬처'의 전파를 통해 새로운 문화제국으로 등극했다는 세계관의 역전이 주는 카타르시스다. 서구는 세계의 표준으로서 이 서사의 사실 여부를 인준해주는 큰 타자다. 이 구도를 기준으로 한국인의 자의식은 자부심과 피해자 의식의 양 극지에서 널뛴다. 한국이 강대국이 되었다고 감격하면서도 그 인정 욕구가 '리액션 비디오'를 얻는 데 실패하면 돌연 식민지 국가, 약소민족의 자의식으로 후퇴해 분노하곤 한다. (중략) 해외 시장은 'K컬처'의 영향력에 복속된 영토처럼 간주되는 정서가 있는 것 같다. 세계의 지배적 질서에 편입했다고 믿는 탈식민지 국가가 기성 '제국'들에 죄의식을 요구하며 인정투쟁을 벌이고 도덕적 우위를 점하는 수단으로 피해자 정체성이 소환되는 것이다. 이것을 '피해자 의식 소제국주의'라고 부를 수 있을까.*

윤광은이 식민지 경험으로 인한 피해자 의식과 역전된 문화제국주의에 대한 욕망이 뒤섞인 '국뽕'의 내셔널한 함의 속에서 '피해자 의식 소제국주의'의 위험성을 읽어낸 바대로, 지금 한류의 문화적 영향권에 위치한 나라들에서는 '한류 백래시(backlash)'의 가능성이 현실로 드러나고 있다.

---

* 윤광은, "BTS RM의 엘 파이스 인터뷰에 대한 생각", 『미디어스』, 2023년 3월 25일자. http://www.mediaus.co.kr/news/articleView.html?idxno=304323

— 동남아의 한류 백래시

현재 한류는 동남아시아에서 세련되고 모던한 동아시아 문화의 표상으로 유행을 끌고 있다. 한류의 거센 영향 속에서 한국 드라마, 케이팝에 이어 한국 화장품과 식료품까지 인기를 끌고 있으며, 현재 이 지역에서 한류는 문화적으로 지배적인 위치를 점하고 있다. 동남아시아에서 한류에 대한 백래시 가능성을 주장한 연구*에 따르면, 한류의 인기는 자칫 동남아시아를 부유하고 지배적인 동아시아 국가의 세련미와 현대성을 갈망하는 열등한 버전으로 포지셔닝할 수 있다는 우려를 내포하고 있다. 벌써 태국, 말레이시아, 필리핀 등 동남아시아 선진국에서는 한류 제품에 대한 거부감과 적대감이 나타나고 있으며, 자국에 한국 제품이 많이 들어오는 것에 대해 의문을 품고 불만을 표출하는 소비자 역시 늘고 있다.

아인슬리가 연구 대상으로 삼은 말레이시아, 필리핀, 태국 한류 소비자의 응답에 따르면, 동남아 지역에서 한류에 대한 부정적인 감정은 한류 상품이 식민주의와 오리엔탈리즘을 반영하는 경향에서 비롯된 것으로 나타났다. 동남아시아 소비자에게 한류의 포장과 홍보 및 확산은 한국의 국익을 노골적으로 드러내는 역할을 하며, 이러한 대중문화가 매우 노골적인 국가 의제를 추진하는 데 사용된다는 점에서 부정적인 정서를 불러일으켰다. 실제로 동남아 지역에서 한국 상품의 브랜딩 전략은 대부분 한류 스타를 브랜드의 얼굴로 기용하는 방식으로 이루어진다. 한류 스타의 얼굴을 통해 한국을 국제화된 우월한 이미지로 구축하려는 브랜딩 경향은

* Mary J. Ainslie et al., "Understanding the Hallyu Backlash in Southeast Asia," Television & New Media 22(6), 2017, pp. 687-702.

한국을 차별화하고 한류 상품을 소비하는 국가를 우월한 국가로 구별 짓는 방향성을 가진다. 다시 말해, 과거 유럽의 이국주의와 불평등 담론을 영속화하는 '재오리엔탈리즘(re-orientalism)'의 한 형태가 되는 것이다.* 이러한 한국판 우월성과 완벽성에 대한 대대적인 홍보는 오랫동안 다양한 형태의 식민지배를 받아온 이 지역의 소비자에 의해 문화제국주의에 대한 비난으로 빠르게 전환될 가능성을 가진다. 한류는 이전의 서구 문화 헤게모니에 도전하는 새로운 형태의 아시아 문화 정체성으로 해석되기도 했지만,** 일부 동남아시아 소비자에게 한류와 한류의 공격적인 홍보는 식민지 정신을 강화하고 현지 문화를 빼앗는 것은 물론 동남아를 우월한 한국에 대비해 가난한 아시아의 '타자'로 구성하는 위험성을 가진다. 한류의 홍보는 초창기 아시아 소비자의 주요 매력이었던 서구 문화 지배에 대항하는 아시아 기반의 정체성을 제공한다는 점이 아니라 오히려 현지 문화를 빼앗는 식민지성을 강화하는 포지셔닝을 갖게 되면서, 동남아 소비자에게 한류가 자국 문화에 미치는 영향을 의식하게 되고 위협을 느끼게 한다.***

동남아 소비자 사이의 한류에 대한 이와 같은 인식은 장기적으로 해당 지역의 한류 팬덤에도 부정적 영향을 미치게 된다. 우선, 자국 내 한류에 대한 부정적인 시각으로 인해 팬 활동의 위축이 있을 것이다. 또한, 한류 팬덤 안에서 국내 팬덤이 갖는 자의식과 소패권주의 및 영어권 팬들이 갖는 독보적 가시성에 비해 동남아 팬덤은 상대적으로 '타자화'되어 존재

---

* Lisa Lau & Ana Cristina Mendes eds., Re-Orientalism and South Asian Identity Politics: The Oriental Other Within, Routledge, 2011.

** Iwabuchi Koichi, "Cultural Globalization and Asian Media Connections." Feeling Asian Modernities: Transnational Consumption of Japanese TV Dramas, edited by Iwabuchi Koichi, Hong Kong: UP, 2004, pp. 1-22.

*** Mary J. Ainslie et al., 앞의 글, p. 76.

한다. 이런 동남아 팬덤의 타자화된 위치성이 한류의 문화제국주의적 위협이라는 외부적 맥락과 연결됐을 때, 이것이 미칠 자각의 여파는 결코 작지 않을 것이다.

_ 한류와 동북아의 애국주의적 내셔널리즘

동남아 지역에서 한류의 유행이 '재오리엔탈리즘'의 형태로 현지의 불평등을 가속화하고 문화제국주의의 함의를 지닌다는 비판을 받는다면, 동북아에서 한류 및 한류 팬덤은 역사적인 민족적 갈등에 동원되어 종종 내셔널리즘의 전장으로 전화(轉化)된다. 주한 미군의 고고도미사일방어(사드, THAAD) 체계에 대한 보복 조치로 2016년 이후 시작된 중국의 한한령(限韓令), 일명 한류 금지령은 비록 사드 배치가 구실이 되었지만 그 속내는 한류의 일방적 문화 수출 기조로 인해 중국의 문화자본이 약탈당하고 있다는 위기의식으로부터 출현했다. 이러한 위기의식은 중국 대중민족주의와 영합해 중국의 동북공정(東北工程)식 역사관을 한국 콘텐츠에 대입해 주장*하면서 한국 대중 및 팬들과 갈등을 빚어왔다. 그뿐만 아니라 한한령에도 불구하고 한국 콘텐츠를 소비하고 적극적으로 팬덤 활동에 참여하는 중국의 한류 팬덤에 대해서는 공공연하게 매국노라 비난한다. 국내 팬덤도 이에 대응해 케이팝 그룹 내 중국 멤버들에 대한 원색적인 비하와 분노를 표출하는 등 한류를 둘러싼 민족주의적 마찰은 쌍방향으로 진행 중이다.

---

* 최근 몇 년간 중국의 애국주의 네티즌들은 한국의 김치, 갓, 한복 등 전통문화가 중국에 근원을 두고 있으며 원래 중국의 것이었다는 주장을 전개하며 국내 네티즌들과 지속적인 온라인 충돌을 빚고 있다.

한편, 일본에서는 한류의 확산으로 인한 일본 극우의 위기감이 혐한류(嫌韓流)로 표출되고 있다. 전후 일본 사회에 팽배하게 깔려 있던 한국에 대한 우월감을 바탕으로 경기 침체와 한국의 경제 성장에 대한 위기의식, 반복된 외교 마찰에 대한 피로가 더해져 일본 사회 전반에는 혐한의 감정이 만연해 있었다. 혐한 감정은 위안부 문제나 독도 문제 등 주로 역사 및 영토 문제 분쟁과 결부되어 표출되어왔는데, 최근 일본 극우가 가장 관심을 기울이는 것이 바로 한국 대중문화인 한류에 대한 공격이다. 이들은 일본 내 한국 문화 및 한류 콘텐츠 유통 증가에 대해 큰 불만을 가지고 있는데, 그 이유가 한류 확산으로 인한 한국의 급격한 경제적 · 문화적 부상에 거부감을 갖기 때문이다.* 이를 지체시키기 위해 넷우익은 온라인에서 다양한 활동을 전개하고 있다. 2018년의 'BTS 원폭 티셔츠 논란'은 넷우익이 BTS 멤버의 원폭 티셔츠 착용을 빌미 삼아 이를 원폭 피해자에 대한 조롱으로 프레임화한 사건이다. 일본 국내 여론이 자신들을 지지하기 시작하자 이들은 멤버들의 과거 트윗("역사를 잊은 민족에게 미래는 없다")이나 위안부 지지 브랜드 착용(멤버 중 일부가 위안부 피해자 후원 브랜드인 마리몬드를 착용함) 등을 거론하면서 이들의 반일 행적을 비난했다. 넷우익은 이러한 행동이 모두 한국의 반일 교육에서 비롯된 것이라는 주장을 펼치며, "그런 교육을 받고 자라 반일 사상을 가진 한국 아티스트가 일본에 돈을 벌기 위해 오는 행위를 용납할 수 없다"**고 선동했다. 당시 이 사태로 인한 넷우익의 결집은 양국 간의 역사적 앙금과 무관하게 취향으로서의 한류를 즐기던 일본의 한류 팬덤이 자국 내 비난 여론 속에서 한류에 대한 지지를 철회하거나 침

---

* 이원경, 「일본 인터넷 민족주의의 전개와 한국에 대한 함의」, 『동아연구』 32(2), 2013, 156쪽.

** 이지행, 앞의 글, 219-245쪽.

묵하는 효과를 가져왔다.

팬덤과 민족주의의 연계를 관찰할 수 있는 또 한 가지 사례로는 팬덤 정체성을 지닌 온라인 대중이 애국주의적 성격을 표방하며 이른바 '팬덤 민족주의'로 발현되는 경우다. 대표적 사례로 중국의 애국주의 청년 네티즌 소분홍(小粉紅)의 경우를 들 수 있다. 평소 정치나 민족주의에 별로 관심이 없고 케이팝이나 웹소설 등 온라인 하위문화를 즐기는 평범한 문화 소비자였던 소분홍은 반중(反中) 독립 성향의 차이잉원이 새 타이완 총통으로 당선된 직후 차이잉원과 독립 성향 언론사들의 페이스북 페이지로 '출정'하여 댓글 테러로 페이지를 도배하고 '게시판 털기'로 서버를 다운시켰다. 이 사건은 '디바 출정(Diba Expedition)'이라고 불렸다.* 정치적 정체성을 보이지 않던 이들이 신세대 온라인 민족주의자로 스스로를 정체화한 것에 대해서는 온라인에서의 활동을 계기로 '중국인 됨'을 맞닥뜨리고 강한 국가 정체성으로 스스로의 경계를 강화시켰기 때문이라는 '사이버 발칸화'** 에 근거한 분석이 있다.*** 한편, 이혜수는 팬덤과 민족주의와의 관계에 대해 문화적 마이너리티로서의 팬덤이 주류문화와 더불어 살아갈 수 있는 새로운 집단 정체성을 확보하는 과정에서 민족주의를 전략적으로 활용한

---

* 김태연, 「소분홍(小粉紅)과 사이버 민족주의의 새로운 경향」, 『중국학보』 100, 2022, 335-352쪽.

** '사이버 발칸화'란 지리적 경계를 초월한 온라인이 일종의 '세계시민적' 공동체의 감각을 형성하는 것 같지만, 사실상 온라인에서 사람들은 "같은 문화, 종족, 언어, 계급, 특정 정치적 입장에 기반한 경계를 강화"하고 "자신과 정치적 · 문화적 · 경제적 관점과 입장이 비슷한 사람들끼리 공동체를 형성"하고 상대를 적대하는 "'발칸화'의 위험"을 만들어낸다는 주장이다. Marshall Van Alstyne & Erik Brynjolfsson, "Electronic Communities: Global Villiage or Cyberbalkans?" presented at MIT Sloan School, March 1997; 백지운, 「전지구화시대 중국의 '인터넷 민족주의'」, 『중국현대문학』 34, 2005, 271쪽에서 재인용.

*** 이지행(2023), 앞의 글.

다는 분석을 제시한다.* 팬덤이 같은 정체성을 공유하는 공동체로서 사회에 비치는 인상을 관리하고 있다는 것이다. 소분홍의 '디바 출정'은 그 대표적인 사례로 볼 수 있다.

| 나가며

지금까지 본문을 통해 문화적 팬덤인 한류 팬덤의 형성과 수행적 실천의 차원을 통해 한류 팬덤의 트랜스내셔널한 측면을 살펴보았다. 이와 함께, 트랜스내셔널에 함유된 내셔널 효과로서의 '문화제국주의'와 '민족주의'에 팬덤이 어떻게 결부되고 영향 받는지에 대해서도 살펴보았다. 문화적 근접성 이론에 구애받지 않고 아시아를 벗어나 전 세계로 확장된 한류 팬덤은 디지털미디어 시대의 대표적인 팬덤답게 참여문화를 경유한 실천을 통해 트랜스내셔널한 정체성을 형성하고 재확인해왔다. 그러나 이러한 트랜스내셔널 팬덤도 내셔널리즘의 자장 안에서 끊임없이 영향받는다. 팬덤 정체성 안에 자국 정체성을 끌어들여 국가 간 갈등에 (적극적 또는 소극적으로) 휘말리기도 하며, 주도권을 지닌 국내 팬덤의 자의식이 소패권주의로 번져 문화제국주의의 맥락과 연결되기도 한다. 그렇다면 한류 팬덤이 '횡단'하고 '번역'하며 '위반'하는 '트랜스내셔널'의 의미망 안에서 진정한 트랜스내셔널 팬덤이 되기 위해서는 그 안의 '네이션'이 종국에는 해체되

---

* 이혜수, 「한국 팬덤의 민족주의 정체성 전략에 관한 연구」, 『사회사상과 문화』 22(2), 2019, 237-268쪽.

어야 하는 것일까? 문화의 영역에서 전적으로 '네이션'을 제거한다는 것은 가능한가?

"문화는 얼굴을 즉시 드러내지 않는 민족 간의 헤게모니 싸움이다"* 라는 말처럼, 문화는 본래 가치중립적으로 작용하지 않는다. 미국의 서부 개척 시대를 배경으로 한 모험 서사를 보여주는 서부극(웨스턴)은 땅의 원래 주인인 아메리칸 인디언들을 '사람의 머리가죽을 벗기는' 잔인한 악당으로 설정하고 침략자인 백인을 주인공 영웅으로 내세우는 전형적인 선악 구도를 통해 미국의 패권주의를 옹호한다. 서부극의 역할은 서부 개척사를 백인에 의해 이루어진 위대한 미국 역사로 호명하고, 상대적으로 짧은 역사를 가진 미국에 일종의 신화적 서사를 부여하는 것이다. 이후, 고전 서부극의 백인 패권적 이데올로기에 의문을 제기하고, 서부극 속 전형적인 백인-원주민의 선악 구도를 부정하는 수정주의 서부극이 등장하기까지는 꽤 오랜 시간이 필요했다.

한류와 한류를 둘러싼 팬덤 현상 역시 가치중립적이거나 기존의 사회적 체계로부터 축적된 갈등에서 자유롭기는 어렵다. 문화는 정치, 사회, 역사와 동떨어져 존재하는 별개의 영역이 아니라, 사회적 삶에 대한 의미 부여이며 가치 및 신념의 영역이기도 하기 때문이다. 오늘날 미디어 기술의 발전이 초래한 담론장의 변동과 확장으로 인해 현대의 팬덤은 세계시민주의에 기반한 공동체적 유대감을 과거 어느 때보다 신속하고 광범위하게 키워냈다. 다양한 정체성의 집합으로 이루어진 이 같은 트랜스내셔널 공동체는 '공동의 목표'를 향해 힘을 모을 때 집단지성이 지닌 가장 긍정적 결과를 이끌어낸다. 그러나 각자가 지닌 기존의 정체성과 부딪히는 문제

* 장희권, 「문화연구와 내셔널리즘1」, 『오늘의 문예비평』 56, 2005, 224쪽.

가 터졌을 때 생겨나는 파열음은 자못 날카롭다. 특히 '네이션(민족-국가)'이라는 정체성을 건드리는 문제에 이르러서는 더욱 그러하다. 팬덤 내부의 주도권을 가진 중심부 팬덤과 주변부 팬덤 사이의 차이와 긴장은 '네이션'이라는 압력을 만났을 때 언제든지 터질 수 있는 뇌관과도 같다. 트랜스내셔널의 '트랜스'가 '횡단하는(transversal)', '번역의(translational)'라는 의미 외에도 '과정적인(transactional)'이라는 의미를 포괄한다는 아이와 옹의 주장을 다시 한번 상기한다면, 트랜스내셔널은 이행이 완료된 상태가 아니라 트랜스내셔널 속에서 '내셔널'이 이행하는 과정을 의미한다고 볼 수 있다. 미디어 기술 발전과 문화적 세계화, 그리고 후기 근대의 개인화 경향으로 인해 형성된 트랜스내셔널 팬덤이 어떻게 근대적 개념인 내셔널의 압력과 긴장을 협상하며 이행해나가는지 지켜보는 것이 우리에게 남겨진 과제일 것이다.

참고문헌

김수아. 「소셜 웹 시대 팬덤 문화의 변화」. 『사이버커뮤니케이션학보』 31(1), 2014, 45-94쪽.

김은기. 「문화의 글로컬라이제이션과 한류」. 『한류와 역류: 문화외교의 가능성과 한계』, 한국학중앙연구원 출판부, 2020.

김태연. 「소분홍(小粉紅)과 사이버 민족주의의 새로운 경향」. 『중국학보』 100, 2022, 335-352쪽.

백지운. 「전지구화시대 중국의 '인터넷 민족주의'」. 『중국현대문학』 34, 2005, 235-376쪽.

사문 · 차희원. 「해외수용자의 문화적 근접성 인식이 케이팝 이미지와 한국 국가 이미지에 미치는 영향: 아시아권 수용자와 서구권 수용자 비교」. 『한국언론학보』 59, 2015, 267-300쪽.

윤광은. "BTS RM의 엘 파이스 인터뷰에 대한 생각". 『미디어스』, 2023년 3월 25일자. http://www.mediaus.co.kr/news/articleView.html?idxno=304323

오경환. 「로컬, 글로벌, 트랜스내셔널: 로컬의 트랜스내셔널한 구축을 위하여」. 『로컬리티 인문학』 16, 2016, 205-232쪽.

이원경. 「일본 인터넷 민족주의의 전개와 한국에 대한 함의」. 『동아연구』 32(2), 2013, 135-171쪽.

이지행. 「팬덤 실천을 통한 초국적 기억정치에의 개입과 정동의 작동: 'BTS 원폭티셔츠 논란'을 중심으로」. 『인문콘텐츠』 69, 2023, 219-245쪽.

______. 「서구미디어의 지배담론에 대한 방탄소년단 글로벌 팬덤의 대항담론적 실천 연구」. 『여성문학연구』 50, 2020, 79-114쪽.

______. 『BTS와 아미컬처』. 커뮤니케이션북스, 2019.

이혜수, 「한국 팬덤의 민족주의 정체성 전략에 관한 연구」, 『사회사상과 문화』 22(2), 2019, 237-268쪽.

장희권, 「문화연구와 내셔널리즘1」, 『오늘의 문예비평』 56, 2005, 222-231쪽.

존 톰린슨. 『문화제국주의』, 강대인 역. 나남출판, 1994.

Aihwa Ong. Flexible Citizenship: The Cultural Logics of Transnationality. Duke Univeristy Press, 1999.

Chun Wing Lee. "How do Hong Kong fans choose their favourite overseas football club? Origins of transnational fandom in late modernity." International Review for the Sociology of Sport 58(3), 2023, pp. 511-530.

Cornel Sandvoss, A Game of Two Halves: Football, Television and Globalization. New York: Routledge, 2003.

Felicitas Baruch. "Transnational Fandom: Creating Alternative Values and New

Identities through Digital Labor." Television & New Media 22(6), 2021, pp. 687-702.

Henry Jenkins. Confronting the Challenges of Participatory Culture: Media Education for the 21st Century. MacArthur Foundation, 2006.

Iwabuchi Koichi. "Cultural Globalization and Asian Media Connections." Feeling Asian Modernities: Transnational Consumption of Japanese TV Dramas, edited by Iwabuchi Koichi, Hong Kong: UP, 2004.

Kyong Yoon. "Diasporic Youth Culture of K-pop." Journal of Youth Studies 22(1), pp. 138-152.

Lisa Lau & Ana Cristina Mendes eds. Re-Orientalism and South Asian Identity Politics: The Oriental Other Within. Routledge, 2011.

Marshall Van Alstyne & Erik Brynjolfsson, "Electronic Communities: Global Villiage or Cyberbalkans?" presented at MIT Sloan School. March, 1997.

Mary J. Ainslie et al. "Understanding the Hallyu Backlash in Southeast Asia." Television & New Media 22(6), 2017, pp. 687-702.

국뽕, 유튜브, 그리고 일상 민족주의: 플랫폼이 매개하는 애국적 나르시시즘

이해수
고려대학교 미디어학교육연구단 연구교수

| "주모, 여기 국뽕 한 사발 추가요!" 외친 순간들

한국인의 국가 자부심(national pride)이 그 어느 때보다 고양된 시대를 살고 있다. 아이돌 그룹 BTS를 필두로 한 'K팝'의 세계적 인기와 아카데미상을 휩쓴 봉준호 감독의 영화 「기생충」, 1조 원 이상의 수익을 올리며 넷플릭스의 최고 흥행작이 된 드라마 「오징어 게임」 등은 한류에 대한 국민의 자긍심을 고취하기에 충분했다. 최근 몇 년 사이에 대한민국 국민으로서의 일체감과 자부심이 상승한 데는 소위 'K방역'의 성과도 한몫했다. 이후 'K(orea)'라는 접두사가 한국의 선도적인 입지를 뜻하는 의미로 확장되어 교육, 의료, 정책 등 다양한 영역에 붙여지면서 한국인은 저마다 마음속에 태극기를 펄럭이기 시작했다. 피식민지인으로서의 트라우마와 열패감을 민족적 감정으로 공유하고 있던 시절과 1980년대 세계 10위권의 경제대국으로 올라서고도 한국의 문화 수준이 그에 미치지 못해 스스로를 '중진국', '변방'이라 규정했던 시절과는 사뭇 다른 분위기다. "한국은 이미 선진국"이라는 확신이 좀처럼 사그라질 줄 모른다.* 오랫동안 바닥을 쳤던 집단적 자존감 또한 높아져 '일류 국민'이라는 자긍심이 차고 넘친다.

K의 범람 속에서 '국뽕'은 국가 효능감과 그에 따른 국민 됨(nationhood)을 매개하는 정동으로 부상했다. 국뽕은 '국가'와 마약의 일종인 '히로뽕(필로폰)'의 합성어로, 국가에 대한 자부심에 도취된 상태를 가리키는 신조어다. 이 용어는 2000년대 후반 온라인 커뮤니티 '디시인사이드' 역사 갤러리에서 처음 사용되었는데, 당시만 해도 '뽕'을 맞은 것처럼 상황을 객관적으로 보지 못하고 비합리적인 수준으로 한국을 찬양하는 이들을 비꼬기 위한 은어였다. '반만년'으로 운위되는 오랜 민족사를 과도하게 자랑하거나 "한민족이 메소포타미아 문명을 건설했다", "고조선이 대륙을 지배했다" 등으로 근거 없이 고대사를 과장하는 행태가 그 예다. 이후 내한한 유명 인사에게 취재진이 '두유노' 질문을 연발하며 한국에 대한 세계의 관심과 애정을 확인하는 모습은 조롱의 대상이 되었고,** 국뽕은 한국인의 각

---

* 한국인의 국가에 대한 강한 자부심은 다양한 여론조사에서도 확인된다. 2020년 동아시아연구원이 실시한 '국가정체성 조사'에서는 응답자의 90%가 자신이 "대한민국 국민이라고 느끼고 있다"고 답했으며, "다시 태어나도 대한민국 국민이 되고 싶다"는 응답 또한 80%를 기록해 주목받았다(강원택, 2020). 문화체육관광부가 매년 실시하는 '한국인의 인식 · 가치관 조사'에 따르면, 2022년 기준 국민 10명 중 7명은 "한국은 이미 선진국 수준"이라고 생각하는 것으로 나타났으며, 대부분이 한류와 코로나 대응 성과에 대해 큰 자부심을 갖고 있었다. "한국 사람이라는 것이 자랑스럽다", "우리나라는 살기 좋은 곳이다"라는 응답 또한 각각 89.8%, 90.4%로 조사 이래 가장 높은 수치를 보였다(문화체육관광부, 2022).

** 2013년 미국 국무부의 일일 정례 브리핑에 참석한 한국인 기자가 국무부 대변인에게 "싸이와 강남 스타일을 아느냐(Do you know Psy? Do you know Gangnam style?)"고 묻는 영상이 인터넷을 통해 퍼지면서 '두유노'는 국뽕을 자조하는 밈(meme)이 되었다. 방한한 해외 스타들에게도 두유노 질문은 피할 수 없는 통과의례다. 한편 국가에 대한 애정을 강요하는 한국인을 차단하는 방법으로 외국인이 "나는 싸이의 강남스타일, 독도, 김치, 박지성, 김연아를 알고 있다"가 적힌 티셔츠를 입은 합성사진이 등장해 실소를 자아냈다.

별하다 못해 맹목적인 애국심을 비판하는 용어로 쓰였다.

소수 인터넷 사용자 사이에서 나타났던 국뽕은 점차 한국 사회 전반에 확대되며 긍정적인 의미가 부여되기 시작했다. 대한민국 또는 한국인이 세계적인 반향을 일으키면 사람들은 "국뽕에 취한다"고 말하며 자랑스러워하고, 사극에서 기분 좋은 일이 있으면 주막에서 주모를 찾던 장면에 빗대 "주모! 여기 국뽕 한 사발 추가요!"를 외친다. 국뽕은 '한국(인)의 우수성'이 증명되었을 때 이를 기념하고자 국가에서 전 국민에게 무상으로 배분하는 마약인 셈이다. 국뽕은 한국 사회 현실을 지옥에 비유하는 '헬조선' 담론에 대한 안티테제이자, 일종의 보상심리라고도 할 수 있다. 기성세대는 헬조선 담론을 일부 청년의 배부른 투정쯤으로 치부하고, 이전에 경험하지 못했던 국가 효능감에 취한 젊은 세대들은 "이 맛에 한국인 한다"라며 흘러넘치는 국뽕을 드러내는 데 주저하지 않는다.

국뽕 유튜브 채널의 등장은 K신드롬의 자연스러운 귀결이라 할 수 있다. 뒤에서 자세히 살펴보겠지만, 국뽕 코드가 더해진 영상 콘텐츠는 인정욕구에 목마른 한국인의 갈증을 해소해주면서 단기간에 높은 조회 수와 수익을 올릴 수 있는 가성비 좋은 아이템이다. 유튜브에서 가장 인기 있는 국뽕 콘텐츠는 K팝 아이돌의 무대 영상을 보며 눈물 흘리는 외국 팬들의 리액션, 한국의 번영을 우러러보는 선진국의 시선, 위기의 순간에 발휘되는 한국인의 자발적인 덕성에 찬사와 경탄을 늘어놓는 영상 등이며 "전 세계가 한국에 열광하는 이유", "유명인 ○○가 한국의 ○○에 경악한 이유" 등의 자극적인 제목과 섬네일(thumbnail, 미리보기 화면)이 붙는다. 이 같은 영상은 늘 수백만, 수천만의 조회 수를 기록한다. "BTS 음악 깔고 불닭볶음면 먹으면서 일본 욕하는 영상 만들면 조회 수 100만 넘는다"*는 이야기가 나올 정도로 국뽕은 유튜브의 대표적인 비즈니스 모델로 자리 잡았다.

이 글은 국뽕 유튜브를 한국적 민족주의(nationalism)**의 반영물로 이해하는 것으로부터 출발한다. 국뽕은 통상적으로 온라인 커뮤니티, 소셜미디어 등 미시적인 영역에서 이야기되므로 민족주의와 결부하는 것은 언뜻 환원적인 것처럼 보일 수 있다. 민족주의는 국가와 엘리트로부터 발신된 거대 서사이자 정치적 기획으로 보는 것이 일반적이고, 집단적 행동을 통해 의식적으로 '함께 기념될 때(co-memorated)' 촉발된다고 여겨지기 때문이다(Billig, 1995: 42). 독립이나 해방 운동, 국경일, 올림픽을 포함한 각종 메가 이벤트와 공식 기념제들이 민족주의의 범례들이다. 민족주의를 정치적 격변과 사건이 도래했을 때 나타나는 뜨거운 정념으로 이해한다면, 유튜브 플랫폼이 펼쳐내는 국뽕이라는 정동은 사소하고 진부한 수준에서 휘발되는 것처럼 느껴진다. 그러나 오늘날 민족주의는 단지 추상적인 이데올로기가 아닌 구체적인 일상의 경험으로 현전되고 있으며(Gellner, 1996: 123), 유튜브는 민족주의를 국뽕이라는 정동으로 (재)생산하고 유통·소비하는 장으로 기능하고 있다.

---

* 유튜버 '소련여자'가 한국인의 선호와 특성을 파악해 그 입맛에 맞는 영상을 제작하여 수익을 올리는 외국인 유튜버를 풍자한 말이다.

** 네이션(nation)은 우리말로 '민족' 또는 '국민'으로 번역되며, 이 글은 문맥에 따라 둘을 혼용하여 사용한다. 19세기 말 서구로부터 네이션 개념이 도입되었을 때는 "동일한 통치권 아래 국가를 조직하는 정치공동체의 성원"이라는 의미로 '국민'이 사용되었지만, 네이션을 '국민'으로 번역할 경우 한국 사회의 뿌리 깊은 '혈연공동체'로서 '민족'의 의미를 포괄하지 못한다. 물론 혈통에 근거한 한민족의 성격이 약해지고 있긴 하지만, 식민 경험과 분단 상황으로 인해 형성된 혈연(그리고 운명) 공동체 의식은 여전히 한국인 정체성의 근간을 이루는 심층부로 작용하고 있다. 오늘날 한국의 민족주의는 좁은 의미의 종족적 민족주의라기보다는 그것과 국가주의, 국민주의를 포괄하는 넓은 의미의 민족주의라고 해야 할 것이다. 이와 관련한 논의는 진태원의 연구(2011)를 참고하라.

이에 이 글은 국뽕을 추동하는 유튜브 플랫폼에 주목하여 민족주의 담론이 온라인 공간에서 확대재생산되는 현상을 탐구하고자 한다. 국가의 영향력이 최소화된 이 공간에서 대중이 길어낸 민족주의적 정동이 지극히 평범하고 일상적인 방식으로 순환되는 과정을 '일상적 민족주의'로 파악할 것이다. 국뽕 콘텐츠가 어떻게 민족주의 담론 및 실천들과 접합되며 추상적인 이데올로기를 어떠한 형태로 구체화하는지, 그 콘텐츠를 시청하는 소비 행위를 통해 국민·국가 정체성과 유대가 어떻게 작동하는지 드러내고자 한다. 국뽕 콘텐츠의 생산-유통-소비가 이루어지는 과정에서 배타적 민족주의와 우리-타자 간의 이분법적 논리가 강화되는 양상을 좇아 그 의미를 분석하고, 국뽕 정동이 유튜브 플랫폼이 갖는 매체 기술적 속성과 만나 어떻게 배치·전개되는지, 그것이 야기하는 문제가 무엇인지 비판적으로 살펴보고자 한다.

| 국뽕 없이 즐길 수 없는 스포츠와 대중문화

유튜브에 국뽕 콘텐츠가 폭발적으로 증식하는 시점은 축구 경기가 끝난 후다. 영국 프리미어리그(EPL)에서 뛰는 손흥민의 경기가 있는 날이면 사람들은 국뽕 한 사발 내올 주모를 찾는다. 특히 손흥민이 경기에서 '특급 활약'을 펼친 날 유튜브에는 '손흥민에 대한 영국 반응', '현지 반응' 등의 영상이 순회한다. 영상을 빽빽하게 채운 알록달록한 글자와 그의 사진으로 범벅된 섬네일은 원초적인 애국심을 여과 없이 내보내고, 국뽕 그물망에 낚인 축구 팬과 시청자는 애국심을 간증하듯 댓글과 대댓글을 이어가며 대한민국(인)을 찬미한다.

스포츠 경기가 애국심을 고양하기 좋은 소재이자 유튜브에서 '떡상'* 하기 좋은 콘텐츠로 이용되는 것은 결코 우연이 아니다. 스포츠는 민족주의가 강렬하게 표출되는 대표적인 이벤트이고, 한국 정부 또한 위기의 순간마다 스포츠를 통해 국민을 통합하고자 했다. 미국 프로야구와 골프에서 두각을 드러낸 박찬호와 박세리는 '애국지사'로 호명되었으며, 그들의 성공은 IMF 외환위기로 실의에 빠져있던 한국인에게 카타르시스를 제공하는 역할을 했다. 박세리가 물에 빠진 공을 걷어 올려 우승하는 장면은 국난 극복의 희망으로 대리되며 국민통합 이데올로기 장치로 활용되었다. 한편, 한국과 일본의 축구 경기는 역사적 설움에 대한 보상이자 국가의 미래가 걸린 '순교자들의 예식'으로 수용되었다. 한국 선수들은 한일전만큼은 져서는 안 된다는 사명을 등에 업은 '태극전사'로 재현되었고, 한일전 승리에 대한 국민의 염원은 애국적 정체성을 연결하는 기제로 작용했다(이동연, 2009. 3. 30).

오늘날 해외파 선수들의 성취를 과장하는 콘텐츠가 난무하는 것은 이러한 역사적 경험의 축적 때문이다. 그러나 국뽕 콘텐츠가 스포츠 민족주의를 소환하는 방식은 과거의 것과 다르다. 강력한 민족의 기표로서 손흥민에게는 서구 열강에 대한 동경과 열등감도, 일본의 억압과 수탈에 대한 되갚음이라는 과거 회귀적인 감정도 투영되지 않는다. 그 기저에 있는 것은 한국의 국제적 지위 상승에 기초한 민족적 자부심이다. 가령 국뽕 영상에는 손흥민을 세계적으로 알려진 선수들과 나란히 언급하는 경향을 보이

* 암호화폐 시장에서 주가가 급격하게 상승하는 것을 의미하는 속어였으나, 최근에는 투자자산에 한정하지 않고 무엇이든 가치가 상승했을 때 사용되는 단어로 의미가 확장되었다.

며 그들과 친하게 지내는 모습이 지속적으로 생산되는데, 국뽕 영상 속 선수들은 손흥민을 "그 모든 순간마다 압도적인 선수"라며 입을 모으고, 모두가 손흥민의 오래된 팬이자 성덕으로 표상된다. 그는 해외 팀 동료들에게 "뛰어난 공격수일 뿐만 아니라 성품마저 월드클래스"인 '친구'다. "세계 최고"의 스트라이커 해리 케인은 '쏘니(sonny, 손흥민에 대한 애칭)'의 '단짝'으로서 그가 손흥민을 언급하는 인터뷰는 국뽕 콘텐츠의 단골 소재이며, 그를 극찬하는 감독과 동료들의 말들을 모은 영상은 국뽕 '입문편', '통합편', '치사량 주의(편)' 등 나날이 버전을 갱신하며 개방된 플랫폼에 우후죽순 늘어난다. 이로써 "대한민국의 국보"인 손흥민의 위상은 '세계 속 한국'의 위상으로, 그의 연봉은 한국의 경쟁력 지표로 연결되며, 그의 활약은 '나'의 성취인 양 "가슴이 웅장해진다". 손흥민은 한국 대중에게 자부심을 느끼게 하는 민족주의적 의미자원이자, 세계화 흐름과 발맞춰나가는 한국인의 새로운 국민 정체성을 담지한 "상징적 개인(emblematic individuals)"(Braudy, 1997: 601)이다.

글로벌한 영향력을 행사하고 있는 한국의 대중문화 또한 국뽕을 보충하기에 탁월한 연료다. 2000년대 한류가 견인하는 애국적 반응도 과거 스포츠 민족주의와 다르지 않았다. 보아의 일본 오리콘 차트 석권이나 「겨울연가」 신드롬은 식민지 지배에 대한 문화 콤플렉스의 대항 개념으로 의미화되었다(이동연, 2006: 189). 그러나 국뽕 유튜브에 흐르는 정동은 식민지 콤플렉스에 대한 반작용이라기보다는 K컬처의 질적 우수성과 경쟁력에 대한 자신감이다. 물론 한국 대중문화가 국경을 초월해 괄목할 만한 성과를 내며 국내 문화산업의 불황을 메꿀 수 있는 경제적 동인이 된 것은 사실이지만, 국뽕 영상에서는 수치로 설명할 수 없는 과장된 수사로 성과가 부풀려진다. "할리우드 스타가 K발라드에 오열한 이유", "눈물 콸콸 36개국 팬들의 K팝 떼창", "세계는 K컬처앓이 중", "전 세계를 뒤집은 BTS의 한마디", "블랙핑크 공연 중 5초 뒤 벌어진 태국 역사상 초유의 광경" 등 감정을 증폭시키는 언어들은 국가주의적 혹은 자민족중심주의(ethnocentrism)의 성격을 띠고 있음이 분명하다.

사람들이 자기도 모르게 K컬처 국뽕 콘텐츠를 소비하는 이유는 그것이 주는 전복적 쾌감이 있기 때문이다(김서윤, 2021. 11. 11). 오랫동안 한국인에게 대한민국은 스스로 넘어서야 할 한계인 동시에 그 자체가 뒤처져 있는 바로미터로 인식되었다. 가령 한국 가요 안 듣고, 한국 영화 안 본다는 선언은 조금이나마 문화적 소양이 있다는 이들의 자부심 같은 것이었다. 그러나 오늘날 미국 대중문화가 그동안 누려온 독보적인 지위와 파급력을 K컬처가 획득했다는 것, 그것을 넘어섰다는 쾌감은 '이 좁고 작은 나라'에 대한 열등감을 '작지만 강한 나라'라는 자신감으로 치환하고, 국제사회에 좌지우지되던 '소국'에서 영향력 있는 '대국'의 반열에 올랐다는 확신을 선사한다. 이러한 이유로 국뽕 영상에서는 한국 대중문화가 문화적 · 경제적 모방 국가로 신화화되기도 한다. "한국 따라잡겠다던 일본 신인 그룹, 신곡 공개하자마자 개망신당한 이유", "중국은 왜 돈을 써도 K팝을 못 따라올까", "잘나가던 태국 아이돌 한국으로 유학 온 이유" 등이 예다. 이처럼 오늘날 국뽕을 추동하는 정동은 후발주자로서의 자격지심이 아니라 선진국과 어깨를 나란히 하는 경쟁자로서의 한국이라는 자의식, 여느 선진국보다 우월하다는 감각이다.

위와 같은 풍경은 "민족주의의 질적 전환 국면"(송은영, 2020)을 여실히 드러낸다. 많은 논자는 '세계화'라는 거스를 수 없는 흐름에서 '민족주의'라는 낡은 개념은 곧 사멸될 것이라 진단했다. 민족주의는 세계화 시대에 없어져야 할 유산, 퇴행적인 이데올로기로 여겨졌다. 그도 그러할 것이 국뽕 콘텐츠 중에서도 '한민족의 종족적 순수성'과 '혈연', '뿌리'를 강조하는 영상도 있는데, 그것은 좀처럼 대중에게 소구되지 않고 되레 반감을 키운다. 댓글에는 "이런 게 자랑인 줄 아는 틀딱충",* "꼴통들", "지성 있는, 건강한 국뽕 합시다", "환빠" 또는 "환쟁이"** 등 조롱과 혐오성 발언이 만연하다. 그러한 영상이 실제 중장년층을 시청 타깃으로 제작되는지는 알 수 없으나, 부정적인 반응은 과거의 역사에서 민족적 자긍심의 근거를 찾는 것이 구태적이고 후진적인 것으로 이해되고 있음을 방증한다.

그러나 오늘날 민족주의는 세계화와 반대 방향에 있는 것이 아니라 긴밀하게 결부되어 과거와는 다른 방식으로 지속·재생산된다. 동일한 역사와 언어를 공유하는 단일민족, 혈연공동체가 아닌 현재의 경험에 토대를 둔 '대한민국 국가 정체성'의 민족주의 이데올로기가 강화되고 있다(강원택, 2007). 이는 '국뽕코인'***에 탑승하고자 하는 유튜버들이 역사적 전통이 아닌 지금-여기, 국제적 무대에서 한국인의 활약에 더 많은 관심을 기울이는 이유로 연결된다. 국뽕 유튜버들은 "세계가 할 수 없었던 것을 보란 듯이 성공하는" 오늘의 대한민국을, "눈부시게 성장해 세계 정상에 깃발을 꽂는 국민"의 이미지를 끊임없이 발굴한다. 이들 담론에서 국뽕은 세계화와 대립점에 위치하는 것이 아니라 긴밀하게 접합되어 국가 정체성을 새로이 구성하는 정동으로 작동한다. 동시에 세계화는 한국의 경쟁력을

* 틀니가 '딱딱' 소리를 내며 서로 부딪히는 것을 표현한 의성어에 벌레 충(蟲)을 결합한 말로, 노인을 비하하는 혐오 표현이다.

** 환단고기(桓檀古記)를 추종하는 역사학자들을 낮잡아 부르는 말이었으나, 최근에는 한국사나 우리 전통문화의 우수성을 과도하게 찬양하는 국뽕 콘텐츠에 대한 반감을 표출하는 용어로도 쓰인다.

*** '국뽕'과 '코인(coin)'의 합성어다. 비트코인이 단기간에 자산을 증식하는 수단으로 각광받는 추세와 맞물려 국뽕 영상 콘텐츠를 제작해 큰 수익을 벌어들이는 유튜버들이 많아지면서 만들어진 속칭이다.

강화하는 국뽕의 충전제로 전용된다.

국뽕을 동력으로 삼아 자화자찬하는 한국은 더 이상 외부 시선에 연연하지 않는 듯 보인다. 하지만 역설적으로, 국뽕이 견인하는 무한 자긍심 근저에는 외부의 시선으로부터 대한민국의 존재감을 확인하고픈 인정 욕구가 강하게 작용하고 있다. 한국은 뒤늦게 근대화에 진입하며 겪은 열등감을 선진국의 인정으로 극복하고자 고투해왔고, 국제사회로부터 국가의 능력과 지위를 인정받는 것을 국가 발전의 노선으로 채택해왔다. 산업화 과정에서 심어진 경쟁의식과 성장주의는 국가를 넘어 대중에게 내면화되어 지위 · 등수를 중시하는 문화정서적 경향성으로 나타나고 있다(지주형, 2021). 외국인을 대상으로 한식이나 대중문화, IT 기술, 뷰티 상품 등을 경험하게 하고 이에 대한 호의적인 반응에 자부심을 느끼는 한국인의 모습은 인정 욕구의 충족에서 일렬종대로 줄 세우기가 익숙한 한국 사회의 모습과 매우 닮아있다. 그러한 영상들은 '그들' 시선에 어떻게 '우리'가 비치고 있는지, 그들로부터 인정받고 있는지 확인하고픈 우리네 심리를 반영하고 있기 때문이다.

소위 '외국인 리액션'으로 분류되는 국뽕 콘텐츠에는 정형화된 외국인 이미지, 즉 서구형 외모에 선진국이라 알려진 북미나 유럽 국적을 가진 이들이 출연한다. 이들은 표면적으로 자국에 한국을 소개한다고 하지만, 주 시청층은 한국인이다. '타자'로서 외국인이 한국 드라마와 뮤직비디오를 보며 손뼉 치는 모습, 한식을 먹고 긍정적인 반응을 보이는 모습, 나아가 '우리'도 미처 인지하지 못했던 한국의 우수한 일면들을 소개하며 홍보대사를 자처하는 모습의 영상은 매회 높은 조회 수를 갱신한다.* 이들이 한

* 이 중 단연 선두에 있는 유튜브 채널은 조슈아 캐럿(이하 '조쉬')이 운영하는 '영국 남자'다.

국어에 능통하고 한국인처럼 행동하며, 한국에 동화된 모습을 적극적으로 드러낼 때 국뽕코인은 더욱 큰 폭으로 상승한다. 물론 한국문화에 대한 호기심과 애정을 보이는 외국인의 반응 자체를 국뽕 장사치라 폄하할 수는 없다. 그러나 그 내용이 대다수 한국인의 자부심을 고취하기 위한 측면이 강하다는 점, '그들'의 인정을 곧 '우리'에 대한 인정으로 상상하며 한국의 위상을 경합적으로 형성해간다는 점, 한국 사회에 '잘' 동화되어 있는 외국인에게 정서적 감응과 유대감을 보인다는 점에서 '외국인 리액션' 영상 또한 민족주의적 성격을 노정한다고 볼 수 있다.

국제사회의 인정에 대한 한국인의 갈망은 해외의 반응을 속속들이 알아야 한다는 강박으로 이어진다. 유튜버들은 해외에서 인기를 얻은 한국발 문화 콘텐츠의 우수성을 입증하기 위해 외신 보도와 소셜미디어 내 반응을 살피며 국뽕 영상을 제작한다. 「기생충」, 「미나리」, 「오징어 게임」 등 한국 영화에 대한 호평이 이어질 때마다 유튜버들은 해외 반응을 번역하고 국뽕 코드를 가미해 실어 나른다. 봉준호 감독의 "오스카는 로컬한 축제일 뿐"이라는 말은 세계 영화산업을 지배해온 할리우드에 대한 문제 제기였지만, 국뽕 코드와 결합하면 "가장 한국적인 것이 가장 세계적인 것"*

채널 개설 초기에는 어학교육그룹 YBM의 협찬을 받아 기초회화나 영국 문화를 소개하는 영상을 주로 제작했다. 그러나 2014년 그의 불닭볶음면 먹방이 크게 주목받으면서 조쉬는 주변 지인들에게도 한국 음식을 소개하고 그들의 반응을 공유하기 시작했다. 2023년 8월 기준, 가장 높은 조회 수를 기록한 영상은 월트디즈니컴퍼니코리아와 공동 기획한 '[실화] 처음 김밥을 먹어본 어벤져스 배우들의 반응?!' 2,956만 회, '삼겹살을 처음 먹어본 외국인들의 반응!?!' 2,397만 회로 확인된다. 전체 영상의 총 조회 수는 약 20억 6,680만 뷰다. 최근에는 영국의 중·고등학생들에게 삼겹살, 한국 과자, 분식, 급식 등을 제공하고 이들의 반응을 담는 영상이 조회 수 1,500만 회를 웃돌며 인기를 끌고 있다.

* 1993년 영화 「서편제」의 흥행을 두고 임권택 감독이 한 말이지만, 당시 김영삼 대통령이 이 영화를 관람한 후 널리 회자되면서 문화적 국가 정체성을 상징하는 표어로 사용되기 시작했다. 이와 연계되어 광고에 등장한 "우리 것이 좋은 것이여" 대사와 배일호의 노래 「신토불이(身土

으로 굴절된다. 여기에 국뽕이 치사량 수준으로 주입되면 "(내가) 오직 한없이 가지고 싶은 것은 높은 문화의 힘이다"라는 백범 김구의 문화강국론까지 소환된다.

한국에 대한 자부심이 개별적으로 진행되던 심리적 현상은 유튜브 플랫폼을 통해 확대재생산되며 "민족적 대중상품 스펙터클(mass national commodity spectacle)"(McClintock, 1996: 273)을 이루고 있다. 국뽕 영상이 비추는 대한민국은 미국이 인정하며 유럽연합이 감동하고, 일본이 경악하며 중국이 질투하는 국가다. 대서특필한 섬네일만 보면 전 세계가 한국의 매일을 예의주시하고 K컬처에 매료되어 헤어나오지 못하고 있는 듯하다. 그러나 우리 사회가 1등만 인정받는 극한 경쟁으로 늘 지쳐있듯이 한국의 성과를 과장해 선전하는 영상은 피로감을 가중시킨다. 그뿐만 아니라 국뽕코인에 안착하기 위한 포맷 베끼기와 자기복제의 반복이 이어지면서 "지나친 국뽕은 지겹다"는 여론이 모아지기 시작했다. 외국인 리액션 유튜버들이 한국을 홍보하겠다는 명분으로 공적 자금을 투자받으면서 반감을 샀고(유원영, 2020. 5. 4), 과도한 자부심을 조장하는 국뽕 유튜브 채널은 점차 검색 상위 순위권에서 사라졌다. 이후 국가 효능감을 고취하는 내용을 중심으로 제작되던 국뽕 영상은 더욱 다양한 대상과 맥락을 포괄하는 형태로 변화하기 시작했다. 시청자의 주목을 끌 수 있는 차별화된 소재와 구성이 필요하게 된 것이다.

不二)」가 유행하며 '한국문화', '한국 전통'의 생산이 가속화되었다. 이 같은 현상은 문화산업이 민족주의 이데올로기와 어떻게 결합될 수 있는가를 상징적으로 보여준다(권숙인, 1998).

| 일상 속 애국적 나르시시즘의 깃발들

민족주의에 관한 연구는 대부분 국가 엘리트 집단이 주조하는 지배 이데올로기로 보고 그들이 생산하는 공적 담론과 대규모 행사, 의례의 역할에 집중해왔다. 그러나 마이클 빌리그(Michael Billig)는 이러한 관점이 민족을 둘러싼 정치적 허구를 밝혀내는 데 기여했지만, 보통 사람들의 세속적 사유들, 말과 행동으로 발현되는 민족주의를 간과해왔음을 지적한다. 나아가 그는 민족주의를 새로운 국가를 창조하려는 사람들의 열광적 행동과 비이성적 헌신, 파시스트 운동 같은 극우파 정치로 한정하는 경향에 대해 비판하면서, 오늘날 민족주의는 역사적 사건이나 강렬하게 표현되는 애국적 결심이 아닌 일상적이고 관습적인 관행들에 의해 실천되는 것이라고 말한다. 이에 창안한 '일상적 민족주의(banal nationalism)'는 국가와 민족이 삶 곳곳에 구체화된 습관에 의해 진부하리만큼 일상적이고 친숙한 방식으로 재생산되는 민족주의의 작동방식을 추적하는 개념이다(Billig, 1995).

'깃발(flag)'은 빌리그가 일상의 영역에서 환기되는 민족주의를 설명하기 위해 차용하는 모티브다. 극단적인 민족주의가 열정적으로 흔들리는 깃발이라면, 일상의 습관과 경험에 의해 게양되는 민족주의는 '흔들리지 않는 깃발(unwaved flag)'에 가깝다. 흔들리지 않는 깃발은 눈에 띄지도 않고 너무도 쉽게 잊히지만, 우리 무의식에 자연스럽게 스며들어 국가로의 귀속 의식과 국민 정체성을 상기시킨다(Billig, 1995: 39-43). 그 깃발에는 우리에게 친숙한 공간, 대중문화물의 재현, 국내/국외를 구분하는 지시어와 수사 등이 포함된다. 그것은 흔들리지도, 알아차려지지도 못하지만 애국을 선동하는 정치인들의 깃발보다 훨씬 더 넓게 확산된다. 빌리그의 논의는 '일상적 국민 됨(everyday nationhood)'(Fox & Miller-Idriss, 2008), '개인적 민족주의(personal nationalism)'(Cohen, 1996), 아래로부터의 '대중 민족주의(popular nationalism)'(Anderson, 1983) 등의 개념과 공명하며 민족주의가 일상에서 구성되고 정당화되는 방식을 탐구하는 분석틀로 활용되고 있다.

빌리그의 통찰은 '국뽕'으로 명명되는 민족주의가 게양되는 유튜브 플랫폼에서도 관찰된다. 애국심을 노골적으로 드러내거나 리액션이 과해 인위적인 느낌을 주는 콘텐츠가 소구력을 잃자, 그전에는 보이지 않았던 국뽕 코드가 등장했다. '우리'와 '그들'을 구분 짓게 하는 '한국인의 국민성(Koreanness)', '우리 정서', '우리 성격' 같은 본질화된 개념에 기대어 민족적 자긍심과 소속감을 고취하는 콘텐츠다. 국위 선양한 메달리스트나 한류 확산의 주역들과 같이 예우받은 깃발들이 아닌, 평범한 삶 속 '우리 자신'의 고유한 특질을 발견해 우월한 가치를 부여하는 방식으로 전환된 것이다. 가령 국뽕 유튜브를 통해 유통되는 한국인의 국민성은 카페에 고가의 물건이나 지갑을 놓고 자리를 비워도 훔쳐 가지 않는 모습, 과일 트럭이 전복됐을 때 사람들이 발 벗고 나서서 도와주는 모습, 도로에 쏟아진 소주병을 자발적으로 수거하는 모습 등 사소한 것들로 재현된다. 팬데믹 국면에서 한국식 방역이 성공할 수 있었던 것 또한 "위기가 닥치면 똘똘 뭉치는 한국인의 특별한 저력"과 "질서정연하면서도 일사불란하게" 움직이는 시민의식 덕분이다. 이러한 메시지들은 3.1 독립운동, 삼성중공업 원유 유출 사고 당시의 봉사활동 사진 등과 병치되며 "나라로부터 받은 은혜도 없으면서 위기가 닥치면 떨쳐 일어나는 독특한 유전자를 가진 민족들이 화답하여 일어나 싸웠다"라는 유머로 소비된다(이세희, 2021).

특히 '정(情)'은 '한국인'의 특성을 말할 때 상징 자원으로 동원되는 국뽕 코드다. 유튜브에는 외국인이 한국인에게 조건 없이 받은 배려와 친절함에 감탄했다는 에피소드가 줄을 잇는다. 식당 가면 밑반찬이 후하고, 닭

갈비를 먹은 다음에는 볶음밥이 나오며, 회의 때 누가 시키지 않아도 인원 수에 맞춰 커피를 사오고, 이방인인 나에게 자신의 휴대폰을 기꺼이 내어주며 추석 명절에 음식을 공유하는 습속은 "한국인이기에 가능한 것"으로 이야기된다. 이때 정 많은 한국인의 특질은 부정적 준거집단과의 비교를 통해 더욱 높게 평가된다. '정'은 "자신의 옳음을 우기다 못해 윽박지르기까지 하는" 중국인의 무례함과 다르다. 일본인은 부탁받을 때 시종일관 친절하게 웃어도 끝까지 거절하지만, 한국인은 처음에는 짜증을 내다가 못 이기는 척 들어준다. 이처럼 "다른 언어로 결코 번역되지 않는" '정'은 한편으로 익숙한 일상의 자연스러운 한국적 정서이자 '그들'과는 다른 한국인의 정체성을 통합하는 기제이면서, "전 세계인이 존경하는 숭고한 행실"로 찬양된다.

한편 '부정적 타자'와의 구별 짓기는 중국과 일본 등 국경을 맞대고 있는 국가로 그치지 않는다. 국뽕 영상에서 미국은 정치 · 경제적으로 부강한 국가이지만, 정신문명 차원에서는 한국보다 한 단계 낮은 수준의 것으로 재현된다. 미국에서 "두 손 두 발 다 든 최악의 망나니였던" 자녀를 한국에 보냈더니 "부모조차 못 알아볼 정도로" 태도가 교정되었다거나, 따돌림을 받던 자녀가 태권도를 통해 예절을 배우고 "모든 이들에게 사랑을 받게 되었다"는 이야기, 한인타운에 거주하는 미국인이 부모에게 효도하는 한국 자녀를 부러워한다는 내용과 한국인의 공손한 행동에 "미국방송이 기겁"하고, "예의라곤 모르던 미국 명문대 학생들"이 "한국식 인성교육"을 배우고 개과천선했다는 등은 오늘날 국뽕 콘텐츠에서 자주 사용되는 소재다. 초기 국뽕 콘텐츠가 한류 열풍으로 위시되는 한국의 비약적인 경제성장과 국제무대에서의 가시적 성과에 초점을 맞췄다면, 최근에는 서구의 물질문명의 정형으로 대표되는 미국의 한계를 지적하면서 예의 도덕을 중시하는 한국의 정신문화가 우수하다는 자부심을 드러내는 방식으로 대체되고 있다. 이로써 한국(인)의 정체성은 물질적 풍요와 부강한 문명만으로는 설명할 수 없는 문화적 · 정신적 차원의 문명을 이룩한 것으로 자리매김하게 된다.

'우리'나 '그들'과 같이 내부와 외부를 경계 짓는 발화들은 '애국적 나르시시즘(patriotic narcissism)'(김하늘, 2019)의 발현태로 설명할 수 있을 것이다. 잘 알려져 있듯이 나르시시즘은 애정의 방향이 자신에게 과도하게 집중되어 자신에 대해 비정상적으로 긍정적인 평가 태도를 가지게 되는 병리적인(morbid) 심리상태를 말한다. 나르시시즘의 또 다른 자기관계적 구성요소는 보통 사람과 다르다는 특권의식인데, 그렇기 때문에 나르시시즘적 '거대자아(grandiose self)'는 끊임없이 작은 차이를 만들어 자신에게만 적용되는 특별한 기준을 세운다. 프로이트는 이를 "사소한 차이들에 의한 나르시시즘(narcissism of minor differences)"이라고 불렀다(Freud, 1953: 191). 남들 보기에 별것 아닌 차이에 과도한 의미를 부여해 자기애적 정체성을 확인받는 것이다. 민족주의는 어느 시대든 스스로 찬양하는 논리를 갖기 마련이지만, 앞서 국뽕 영상에서 재현되는 한국인의 자발적인 덕성, 따뜻한 정, 친절과 호의가 마치 다른 나라에는 없는 '한국인다움'으로 강조되며, 때로 한국이라는 렌즈를 통해 타 공동체를 구별 짓고 위계화한다는 점에서 작은 차이의 나르시시즘 메커니즘이 작동하고 있다고 볼 수 있다.

한국인으로서 '우리'와 '그들'의 도덕성을 저울질하는 자문화 중심주의적 사고는 자연스럽게 '한국'이라는 국가 정체성으로 귀속된다. 서울의 쾌적한 지하철역과 공중화장실, 도심 풍경은 담배꽁초가 나뒹구는 뉴욕과 파리의 길거리, 음침하게 방치된 슬럼가의 건물들과 대비를 이루며 국뽕 영상의 주요한 재현 문법이 된다. 술에 취한 채 밤에 돌아다녀도 걱정 없는 한국 사회의 치안은 배낭을 앞으로 메고 다녀야 하는 소매치기 왕국 이탈리아와 비교된다. 한국의 빠르고 편리한 인터넷 서비스는 모든 시스템이 느리게 움직이는 독일의 본보기이며, 전 국민에게 차별 없이 적용되는 건강보험과 의료시스템은 선진국의 부러움을 산다. 스마트폰 하나로 유명 맛집 음식이나 필요한 물건을 언제 어디서나 받아볼 수 있는 배달문화와 당일 택배, 총알 배송은 다른 국가와 견줄 수 없는 "한국의 위엄"을 보여준다. 이쯤 되면 한국에서 한국인으로 사는 것 자체가 위대한 성공담처럼 느껴진다. 하지만 비교군으로 제시되는 '우리'와 '그들'이 한국인과 외국인을 상상하는 것뿐만 아니라 국제적 맥락과 질서를 상상하는 것을 포함한다면, 국뽕은 '꽤 괜찮은 나라'에 살고 있다는 자기위안(노영은 · 류웅재, 2020: 26)을 넘어 다른 형태의 국수주의(ultranationalism)를 배태할 수 있다는 점을 부정하기 어렵다.

민족주의가 타자화의 과정에서 이루어진다는 것은 주지의 사실이다. 그러나 한국적인 것을 우월하게 여기고 다른 국가를 폄하하는 폭력성이 정치인들의 말에서 발견된다면, 그것은 대외적인 공분을 살 것이다. 그러나 국뽕 영상은 '우리'와 '그들' 사이의 차이가 친숙한 이미지와 일상적 발화로 표현되기 때문에 큰 반발심으로 이어지지 않는다. 민족적 적대나 통합을 호소하는 정치적 어젠다가 아닌 유머일 뿐인 밈과 움짤(GIFs), 언어유희가 더해진 엔터테인먼트 콘텐츠를 통해(이소은 · 최순욱, 2020: 11) 한국인의 정서 구조를 적극적으로 강화하고, 점진적이면서도 효과적으로 국민 정체성에 동화하는 기능을 하는 것이다. 국뽕은 그저 인터넷 놀이문화로 소비되어 "민족주의의 상기물로 좀처럼 등록되지 않고 관심 밖의 깃발로 치부"(Billig, 1995: 38)되지만, '우리'와 '그들' 같은 낯익은 상투어들은 우리를 부지불식간에 사로잡고, '우리'가 동질적인 무엇인가를 공유하고 있다는 유대와 애국적 정체성을 강하게 결속시키며 훨씬 더 넓게 확산된다.

이러한 일상적 민족주의는 너무나 사소하고 흔하여 폭력성을 결여한 듯 보이지만, 이것이 곧 무해함을 뜻하는 것은 아니다. '거대자아'가 부인되거나 위협당할 때 애국적 나르시시즘은 과열된 분노로 표출된다(Kernberg, 1975: 287). 극단적인 국뽕 콘텐츠에 대한 경계의 목소리가 높아지면서 유튜브 플랫폼에는 허위 정보와 과장이 뒤섞인 국뽕 영상을 모은 '국뽕 시리즈'와 국뽕을 거르는 팁을 전수하는 영상이 반(反)국뽕 전선을 형성하고 있다. 한편으로는 "국뽕 유튜버들은 죽어도 말해주지 않는" 한국 내부의 실질적 문제 — 저출산, 높은 자살률, 학벌주의와 계급 갈등 등 — 를 지적하는 영상도 활발하게 제작되고 있다. 이러한 영상들이 플랫폼에 축적되면서 국뽕을 감싸고 있던 신성성을 한 꺼풀 벗겨내자 격앙된 반응이 이어진다. 누군가 국가가 행하는 부끄러운 일들에 비판적인 입장을 보이면 "매국노"로 몰며 인신공격을 가하고, 그가 남긴 댓글을 댓글창 상단에 노출되도록 고정시켜 뭇매를 맞도록 '공개처형'한다. 이 같은 애국적 나르시시즘의 분노는 한국 사회에 만연한 문제들을 대면했을 때 느끼는 수치심이 아니다. 한국(인)이 특별하다고 느끼고 싶어 하는 나르시시즘 욕구의 좌절에서 기인한다.

국뽕을 향한 비판 여론이 외집단 사이에서 이루어질 때 공격성은 더욱 극단적으로 나타난다. "한국인의 국뽕에 대한 외국인의 솔직한 생각"을 담은 영상에는 한국 사회의 획일화 문화, 조직 내 경직된 상하 위계질서와 그로 인한 권위주의와 서열에 따른 차별, 천편일률적인 미의 기준에 대한 비판이 이어진다. 대담 패널로 섭외된 외국인들은 국내에 장기 체류하며 '한국의 진면목'을 알리던 이들이다. 그러나 이 영상에 대한 반응은 앞선 리액션 비디오와는 대조적이다. '그들'은 "한국을 제대로 알지 못하면서"

평가하는 "오만한 외국인"이다. "못사는 후진국"이 "감히 '우리'를 뒷담화" 하는 것을 두고 볼 수 없다. 그들의 비판은 "깊은 열등감에서 나오는 한심한 작태"다. "한국을 다시는 무시하지 마라", "너희 나라로 돌아가라", "추방하라" 등 그들에 대한 애정은 곧 혐오와 증오의 반전된 정동으로 나타난다. 이러한 현상은 '그들'에 대한 '우리'의 환대와 포용이 "한국을 사랑하는 외국인"일 때만 베푸는 조건부였음을 보여준다.* 나아가 국뽕 영상이 그저 엔터테인먼트 콘텐츠로 소비되는 것이 아니라 국수주의 같은 극단적인 민족주의로 재생산될 수 있음을 함의한다.

| 플랫폼 기술·미디어 환경과 민족주의의 상품적 전유

플랫폼 기술 · 미디어 환경은 오늘날 국뽕 현상을 형성하는 또 다른 축이다. 알고리즘과 소셜네트워크로 연결된 유튜브 플랫폼은 국뽕을 매개로 '우리'와 '타자'의 이분법, 경제문화적 우월의식 및 배타적 민족주의 이데올로기를 재생산하는 새로운 화수분이 되고 있기 때문이다. 특히 유튜브가 단지 '국뽕'이라는 정동을 실어 나르는 중개역(platform)으로서의 역할

---

* 이와 유사한 사례로 가나 출신 방송인 샘 오취리(Sam Ochuri)가 한국의 인종차별 문제를 지적했다가 대중의 강한 반감을 사고 국내 방송에서 하차한 것을 들 수 있다. 오취리는 한 고등학교 졸업사진 촬영에서 학생들이 흑인 코스프레를 한 것을 두고 불쾌함을 드러내며 인종차별에 대한 한국 사회의 무지와 교육의 필요성을 지적했는데, 많은 이들이 그의 지적에 분노를 드러내며 그를 공격했다. "대한민국에서 먹여주고 배 불려준 외국인"에 대한 실망과 배신감을 느낀 이들은 오취리의 방송 중단 및 퇴출을 위한 국민 청원을 올리기도 했다. 이세희의 글(2021)은 이 사건을 중심으로 한국의 민족주의와 인종주의가 온라인 공간에서 관계 맺는 방식을 밀도 있게 분석한다.

에 그치지 않고 그것을 자본주의적 생산관계망 안으로 빠르게 흡수하는 장터(marketplace)로 기능한다는 점에서 민족주의가 상품적으로 전유되는 과정을 비판적으로 검토하는 작업이 필요하다.

2020년 10월 한 언론사가 국뽕 유튜브 채널의 수익을 공개하며 큰 화제를 모았다. 유튜브 데이터 분석 및 통계 사이트를 통해 수익을 산출해본 바, 대표적인 유튜브 채널인 '트래블튜브', '쓸모왕', '퍼플튜브'의 1년간 최대 수익이 연 3억 4,241만 원에서 8억 5,840만 원으로 예상된다고 보도한 것이다. 한 달 기준 최고 수입은 7,160만 원에 달하는 것으로 추정된다(유동현, 2020. 10. 19). 온라인 커뮤니티에 간헐적으로 게시되는 국뽕 유튜버들의 월 수익과 제작 후기는 위와 같은 보도가 과장이 아님을 짐작게 한다. 영화 리뷰 채널에서 국뽕 채널로 전향한 한 유튜버는 자신의 월 수익이 평균 800만 원임을 공개하며 국뽕을 "레드오션이자 블루오션"이라고 표현한다. 그는 터무니없는 과장과 사실 왜곡에 대해 문제의식을 느끼기보다는 레드오션화된 국뽕 시장에서 자신이 생산하는 콘텐츠가 지속적인 수익 성장을 달성할 수 있는지 골몰하는 모습을 보인다. 자극적인 문구와 영상으로 시청자 유입을 유도하는 일에 자괴감을 느끼지만 그가 국뽕 콘텐츠를 지속적으로 생산하는 이유는 "돈이 되기 때문"이며, '매일매일 갱신되는 수익'이 자괴감을 상쇄시켜준다고 고백한다.* 월 수천만 원 수익을 내는 또 다른 유튜버는 "국뽕 콘텐츠는 사실에 입각한 뉴스나 시사 보도가 아닌 40~60대 시청자의 입맛에 맞춘 오락이자 예능"이며 자신은 그저 "시청자가 원하는 판타지를 보여주는 것뿐"임을 밝혔다.** 이 외에도 국뽕 콘텐츠

* 익명, "국뽕 유튜브 운영 수익", 정보 Tips/취업 직장 Job, 2022. 6. 30. https://itmii.tistory.com/3097, 2023. 8. 21.

** 익명, "중소형 국뽕 운영 중인데 뭐 궁금한 거 있니", 케이튜브, 2021. 8. 27. http://ktube.kr/

는 누군가에게 '주식이나 암호화폐 투자를 위한 시드머니(seed money)'의 원천이 되기도 하며, 국뽕 콘텐츠 제작을 부업으로 시작했다가 전업 유튜버로 전환할 만큼(이해람, 2022. 8. 17) 높은 수익성을 보장해주는 미디어 · 엔터테인먼트 상품으로 인식되고 있었다.

위 사례에서 알 수 있듯이 유튜버가 국뽕 영상을 제작하는 동인은 애국심이나 국가에 대한 자부심이 아니다. 유튜버에게 국뽕 콘텐츠는 '국가'라는 브랜드와 상징을 동원해 사적 이익을 취하는 수단일 뿐이다. 자신의 영상이 말하지 않는 한국 사회의 고질적인 문제를 인지하고 있으면서도 국뽕 콘텐츠를 꾸준히 생산하는 이유는 더 강렬한 민족적 기표를 생산하고 더 많은 시청자의 '클릭'을 유도할수록 경제적 이윤을 남길 수 있는 플랫폼 시장 논리에 들어맞기 때문이다. 게다가 국뽕 유튜버는 여느 유튜브 크리에이터처럼 얼굴을 드러내고 자기 브랜딩을 끊임없이 수행해야 하는 수고스러움과 때로 사적인 영역마저 상품화해야 하는 위험을 감수하지 않아도 된다. 기존의 뉴스와 외신 보도, 인터넷 반응을 2차 가공해 영상을 제작할 수 있고 전문적인 영상 편집과 완성도가 요구되지 않아 비교적 긴 시간을 할애하지 않아도 된다는 점에서 국뽕 콘텐츠는 가성비 좋은 아이템이다.

한편 유튜버들은 "한국을 무조건 추켜세우는 영상", "정성 없이 기사

free/171914, 2023. 8. 21. 이 밖에도 해외 네티즌들의 반응과 외신의 한국 관련 언급을 번역하는 커뮤니티 '가생이닷컴'은 국뽕의 원료를 제공하는 본산으로 성장했다. 가생이닷컴에서는 국뽕 유튜버들이 떡상을 위한 기술과 지식을 공유하는 게시글을 쉽게 찾아볼 수 있다(예: 익명, "국뽕채널 운영자가 알려주는 국뽕채널의 내막", 가생이닷컴, 2021. 1. 13. http://www.gasengi.com/main/board.php?bo_table=commu&wr_id=3155801, 2023. 8. 21). 프리랜서 아웃소싱 플랫폼에서는 한 국뽕 유튜버가 콘텐츠 제작 및 수익화 비법을 공개한 고가의 유료 강좌가 등장하기도 했다(https://kmong.com/gig/484778).

나 나무위키의 내용을 그대로 가져와 만든 영상"이 더 이상 시청자의 관심을 얻을 수 없음을 간파하고 더 잘 '팔리는' 국뽕 콘텐츠를 기획한다. 앞서 국뽕 영상이 한국의 성과를 부풀려 선전하던 기조를 멈추고 평범한 일상에 시선을 돌려 자연스럽게 민족 정체성의 표상들을 생산하는 방식으로 전환된 것 또한 경제적 동기가 작용했다고 할 수 있다. 유튜버가 자신의 영상이 더 광범위한 시청자에게 소구되어 많은 조회 수를 얻을 수 있는, 그리하여 더 많은 수익을 내기 위한 일종의 비즈니스 전략이다.

국뽕코인에 탑승하기 위해서는 시청자의 이목을 끄는 소재를 발굴하는 것뿐만 아니라 유튜브 플랫폼 생태계의 수익구조와 기술적 특성에 대한 이해가 필수다. 자신의 수익 창출 전략을 공유한 국뽕 유튜버들의 게시글을 다시 살펴보자. 채널 구독자 수, 영상 조회 수 및 시청 지속시간에 기반한 수익구조로 인해 유튜버들은 시청자의 눈길을 사로잡기 위한 주목 경쟁(attention struggle)을 벌인다. 매일 수억 개의 동영상이 올라오는 유튜브 세계에서 영상 시청과 직결되는 주목이 희소 자원으로서 상품성을 갖게 되고(Goldhaber, 1997), 조회 수, 클릭 수가 장사가 되는 주목경제는 유튜브 플랫폼에 자극적인 섬네일과 제목의 영상이 난립하는 주된 원인으로 작동한다. 나아가 동영상이 많은 이용 트래픽을 얻을수록 유튜브 알고리즘의 선택을 받을 확률이 높아지며, 알고리즘은 비슷한 관심 분야의 영상을 반복적으로 추천하면서 더 많은 시청자에게 소비될 수 있도록 유도한다. 국뽕 영상이 '충격', '깜짝', '최초', '경악', '극찬', '격분' 등의 말초적인 감정에 기댄 수식어들과 시각을 자극하는 원색적인 섬네일로 채워지는 것 또한 '주목'이라는 판돈(stakes)을 차지하기 위한 경쟁이 격화된 결과다.

하지만 국뽕 영상의 대다수가 기존 미디어 콘텐츠의 2차 가공물인 만큼 저작권 침해의 가능성 또한 높아진다. 저작권 침해 사실이 적발되면 해당 채널은 경고를 받게 되고, 경고가 세 번 누적되면 모든 영상과 채널이 삭제돼 수익 창출에 큰 타격을 입는다. 이러한 이유로 국뽕 유튜버들은 저작권 제약 없이 상업적 이용이 가능한 스톡 이미지(free stock images)나 생성형 AI가 만든 이미지를 활용한다. 인공지능의 딥러닝 기술이 접목되어 입력한 텍스트를 다양한 음성으로 출력해주는 TTS(Text to Speech) 프로그램 또한 저작권 이슈로부터 자유로우면서도 국뽕 유튜버의 존재를 숨길 수 있는 유용한 기술 장치다. 이 밖에도 국뽕 유튜버들은 기업 기밀을 이유로 베일에 싸여있는 유튜브 알고리즘 로직과 영상의 성공과 실패를 가름하는 정확한 기술적 어포던스(affordance, 행위유도성)를 모르는 상태에서 수익 증대를 위한 경험적 기술들을 학습해야 한다. 이들이 영상의 노출 빈도를 높이기 위해 연관검색어, 해시태그, 제목과 섬네일 등의 주목화 방식을 고안하고, 알고리즘 친화적인(algorithm-friendly) 콘텐츠를 생산하기 위한 노하우를 상호 공유하는 등 계산된 노력을 기울이는 모습은 오늘날 국뽕으로 표상되는 한국적 민족주의와 플랫폼 시장 논리가 공모하는 지점을 보여준다.

시청 시간에 기반하여 광고 수익이 발생하는 유튜브 플랫폼 환경이나 레거시 미디어와 달리 생산하는 정보에 대한 사회적 책임을 질 필요가 없다는 특징은 국뽕 채널이 허위 정보(disinformation)가 대량으로 생산되는 최전선으로 자리매김하는 데 일조했다. 2022년 7월 8일 "아베 전 일본 총리가 습격당하자 일본 정부가 명의인 이국종 교수 파견을 요청했다"는 제목을 단 국뽕 영상이 등장했고 인터넷망을 타고 빠르게 확산됐다. 이 밖에도 "일본 피겨스케이팅 선수 아사다 마오가 한국으로 귀화했다"거나 "영국 여왕 엘리자베스 2세가 은퇴 후 안동에서 여생을 보내기로 결정했다", "미국 최초 우영우 법안이 통과되어 바이든 대통령이 눈물을 터뜨리고 미국인 358만 명이 우영우 이름 석 자를 떼창했다"는 영상도 사실 검증이 이루어지기 전에 수만 회의 조회 수를 기록했다. 예전에는 과장을 과도하게 섞어 한국의 배타적 우월성을 강조하는 수준이었다면, 이제는 근거 없는 내용의 국뽕 콘텐츠가 쏟아지고 있다. 국뽕 유튜버들은 더 강한 반응을 끌어내기 위해 사람들의 고개를 억지로 돌릴 수 있는 비상식적 주장도 불사하고 고인이 된 인물의 사진까지 도용, TTS로 음성을 합성해 실제 대화가 오간 것처럼 교묘하게 편집하는 등(전수한, 2023. 4. 21) 조작된 영상을 하루에도 수십 개씩 양산한다.

해외 저명 한국학 연구자들의 강의나 인터뷰도 국뽕의 재료 중 하나다. 로스앤젤레스 캘리포니아대학교의 존 더컨, 펜실베이니아주립대학 샘 리처드 교수 등의 강연에 "미국 명문대학 교수가 한국을 언급하며 열변을 토한 이유", "미국 강의실을 초토화시킨 한국 학생의 답변" 등 즉각적인 반응을 유도하는 섬네일과 한글 자막을 입힌 동영상들이 그 예다. 하지만 국뽕 유튜버의 편집과 자막 작업을 거치면 내용의 상당 부분이 윤색된다. 샘 리처드 강의 영상 23개만으로 구독자 8만 명을 보유하고 있는 '사평TV'가 게시한 "강의 중 한국인의 학구열에 놀란 교수님"은 한국의 입시 위주 교육과 과열 경쟁의 문제점을 진단한 내용이지만, 자막에서는 배움을 향한 한국 학생들의 열의와 경쟁력, 그에 비해 뒤처진 미국 학생들의 분발을 촉구하는 내용으로 미묘하게 왜곡된다. 그러나 유튜버는 그저 실수로 인한 오역쯤으로 여기며 책임을 방기한다. 사실 이러한 영상에 문제를 제기하는 이도 없다. 실존하는 현직 교수, 중계되는 강연 현장과 학생들의 반응은 공적 증거로서 신빙성을 높이고 자막은 그저 고스란히 그 내용을 따르는 것처럼 착시효과를 불러일으키기 때문이다.

이러한 악의적인 창작물에 '혐오'가 더해지면 특정 집단에 대한 공격으로 치닫기도 한다. 국뽕의 대표적인 혐오 선동 영상 중 하나는 '혐중 정서'를 부추기는 형태로, "참교육" 등의 키워드를 검색하면 한국을 헐뜯는 중국 유학생에게 교수가 일침을 놓는 영상이 쏟아져 나온다. "중국 유학생이 한국 군사력을 무시하다가/한글이 실패한 언어라고 까불다가/중국이 한국보다 낫다며 우쭐대다가/미국 대학교수가 단 두 마디에, 단 3초 만에 참교육하고 황급히 줄행랑쳤다" 류의 영상은 뉴스의 형식으로 위장하고, 전문 성우의 음성 같은 TTS까지 입혀져 사실처럼 받아들여지기 쉽다. 그리고 이를 믿고 싶어 하는 사람들의 입과 손을 타고 빠르게 퍼져 나간다. 2023년 5월 국뽕 유튜브 채널 '다다익선'에 게시되어 16만 회 조회 수를 기록한 "한국 태권도 중국 유학생 충격 발언 명문대 교수의 참교육 ㄷㄷ"도 가짜 영상이다. 사진 한 장으로 만들어진 이 영상은 하버드대학교 해돈 래티모어 교수가 중국인 학생의 "태권도는 중국의 문화"라는 억지 주장에 화를 내며 반박하는 현장을 녹음한 것처럼 보인다. 그러나 래티모어는 하버드대학에서 근무한 적이 없으며 심지어 2019년 5월 세상을 떠났고, 두 사람의 설전은 출처도 진위도 확인되지 않는다. 해당 영상은 사진과 음성 합성 기술을 교묘하게 짜깁기한 콘텐츠로 밝혀졌지만, 규제 당국의 영향력이 최소화된 유튜브 플랫폼에서는 처벌할 방도가 없다. 국뽕 유튜버는 제도상의 빈틈을 이용하여 조회 수와 시청 지속시간을 늘려 높은 수익을 벌어들인다.

더 큰 문제는 국뽕이 혐오를 동반한 허위 정보와 만나 변주될 때, 그것이 한국 사회에 잠복해있던 타자 혐오와 폭력에 불을 지피는 데 있다. 시청자의 댓글과 '좋아요', 공유 등의 반응은 날조된 영상을 신뢰할 만한 근거로 동원된다. 시청자가 길어 올린 수많은 인게이지먼트(engagement)는 극단의 감정적 전이를 증폭시키며 '우리'로서의 결집을 강화할 뿐만 아니라 노골적인 혐오와 공격을 정당하다고 느끼게 한다. 댓글과 대댓글로 이어지는 국뽕과 혐오 정동, 그 아래에 깔린 적대감은 오랜 시간 축적된 배제 논리와 편견에서 비롯되는 것이기 때문에 영상의 진위를 확인하는 것은 중요하지 않다. 혐오 정동은 언제든지 특정 집단을 낙인찍고 희생시킬 논리를 개발하고, 국뽕 유튜버는 그 같은 정동의 집단적 발현을 낚아채 일확천금의 기회를 노린다.

물론 유튜브는 사기성 정보나 폭력적인 콘텐츠를 자동으로 걸러내는 기능을 탑재하고 있다. 그러나 텍스트 중심의 여과장치(filter membranes)는 악의적인 창작물을 걸러내지 못한다. 영상으로 떠도는 허위 정보들은 기계적 차단이 까다롭고 이용약관에 명시될 수 없는 성격을 갖고 있기 때문이다. 게다가 알고리즘 기술은 국뽕 콘텐츠의 내용이 사실인지, 인용한 기사나 사진의 출처가 확실한지, 정보의 제공자가 누구인지 등을 검증하지 못한다. 이 기술적 산수는 조회 수, 추천 수, 버즈량 등 양적인 가치에서 우세한 영상을 그저 많은 사람이 공감하는 대세 여론으로 인식하고 더 많은 시청자에게 노출한다. 즉 알고리즘 기술은 국뽕 담론이나 내러티브를 직접적으로 생산하지 않지만, 그것을 수량화하고 통계로 조직화하여 국뽕과 혐오 정동의 연쇄적인 (재)생산에 가담하고 있다.

궁극에 하나의 현상으로서 '국뽕 유튜브'의 범람은 생산자(유튜버)-수용자(시청자)-플랫폼(유튜브) 세 행위자의 뒤얽힘이 만들어낸 병리다. 국뽕 유튜브는 주목 시장을 차지하기 위해 벌이는 유튜버들의 전쟁, 이들이 생산하는 허위 · 조작 정보와 미묘한 차별을 야기하는 다양한 형태의 콘텐츠에 권력을 부여하는 시청자의 인게이지먼트, 이 둘이 인식하지 못하는 방식으로 국뽕 정동의 생산과 유통, 소비의 흐름을 주조하는 플랫폼의 삼중 구속이 만든 '상품'이자 '독성 기술문화(toxic technoculture)'(Massanari, 2017)다. 오늘날 유튜브 플랫폼 공중에 확산되는 국뽕 콘텐츠는 자기도취적 민족주의가 표출되는 놀이문화를 넘어, 주목경제의 수익화를 위한 선정적인 기표계이자 갈등과 여론 극화의 수단으로 활용되며 디지털 생태계의 독성화에 편승하는 방식으로 나타나고 있기 때문이다. 유튜브에 떠도는 데이터 족적(data footprint)을 분석해 '관련', '추천', '맞춤' 상품으로 전유하는 알고리즘 기술은 주목 경쟁을 부추길 뿐만 아니라 격한 정서적 반응과 특정한 방식의 수행성을 유도하며 독성 문화를 존속 · 강화시킨다. 이 악순환 구조 속에서 국뽕이 매개하는 민족주의의 비극이 움튼다.

| 국뽕의 환각 효과, 그 이면의 문제들

전 지구화가 당대의 질서로 자리 잡으면서 민족주의 이데올로기가 생명력을 잃을 거라는 예측과 달리 민족주의는 여전히 작동하며 우리의 일상으로 침투하고 있다. 다만 오늘날 민족주의는 국난의 시기에 대의를 위한 희생을 요구하는 방식이나 국기 앞에서 충성을 맹약하는 격한 열정으로 나타나지 않는다. 국가의 존재와 국민 정체성은 일상적 언어 습관, 문화적 재현물, 그 생산과 소비를 둘러싼 다양한 행위자에 의해 너무도 사소하고 교묘한 방식으로 상기된다. 민족주의적 기표들은 대중적인 공간, 특히 유튜브에서 모습을 드러내며 다양한 형태로 확대재생산되고 있다. 유튜브 플랫폼은 국뽕을 매개로 "일상에 나부끼는 작은 깃발들"(Billig, 1995: 23)을 흩뿌리며 민족주의가 확산할 지반을 제공하고, 우리는 언제 어디서든 플랫폼에 접속해 국민적 자긍심을 충전해주는 콘텐츠를 소비할 수 있게 되었다.

민족주의가 부정적인 측면만 있는 게 아니듯, 국뽕도 국가에 대한 애착을 자극함으로써 구성원들의 집단적 소속감과 연대감을 증진하는 데 기여할 수 있다. 실제로 K의 선전과 함께 국뽕은 한국인의 뿌리 깊은 열등감이나 문화사대주의에서 벗어나 국가적 자긍심을 불어넣어주는 동인으로 작용했다. 더구나 녹록지만은 않은 일상에서 국뽕은 애국주의 판타지를 가볍게 즐기며 현실의 곤고함을 잠시 잊거나 내려놓을 수 있는 짜릿한 최상의 마취제이기도 할 테다. 그러나 전술한 바와 같이, 치사량을 초과한 국뽕은 민족적 페티시(national fetishes)로 변질되어 타 국가와 집단에 대한 폄하와 배제를 정당화하는 수단으로 작동한다. 나아가 특정한 주목을 부추기고 이를 상품화하는 플랫폼 기술 · 미디어 환경은 내용에 대한 진위와 관계없이 국뽕의 하류를 관리하며 민족주의의 폐단을 성공적으로 판매한다. 우월의식과 경멸, 혐오의 정동과 결합하며 몸집을 키운 국뽕은 높은 조회수와 '좋아요' 및 공유, 댓글을 타고 유튜브 세계를 순회하며 배타적인 의식구조를 강화한다. 이 글에서 국뽕의 팽창 현상을 독성 기술문화로 명명하는 이유다.

국뽕의 정동은 '유튜브'라는 닫힌 생태계에서 더욱 극화될 수밖에 없다. 알고리즘은 데이터를 기반으로 수용자의 입맛에 맞는 정보를 선별적으로 제공하고, 수용자는 자신의 데이터를 제공한 대가로 시간과 품을 들이지 않고도 취향에 맞는 정보를 전달받는다. 그러나 늘 유사한 정보만을 제공받는 탓에 편향되고 제한된 시각으로 세상을 바라보게 된다. 이 같은 필터버블(filter bubble)과 확증편향(confirmation bias)의 위험은 유튜브의 고질적인 문제로 지적되어왔으며, 국뽕이 가두는 세계도 예외는 아니다. 알고리즘은 국뽕 유튜브가 펼치는 맹목적 환상에 매료된 이들에게 그들의 신념과 상충하는 정보나 한국 사회의 그늘진 이면을 보여주지 않는다. 유튜브 내 무조건적인 애국심을 강조하는 '국뽕'과 국가의 결합을 들추어 맹목적으로 비난하는 '국까'의 지형도가 확연한 이유다. 폐쇄적인 미디어 시스템 안에서 세계로부터 융숭하게 대접받는 국가의 존재를, 국민의 정체성을 게양하는 일이 반복될수록 수용자는 자신의 생각, 태도가 어느 한쪽으로 쏠려있다고 생각할 기회를 갖지 못한다. 설령 국뽕의 정동을 거스르는 증거가 나타나더라도 "이것은 국뽕이 아니다. 팩트다"라고 일갈하며 무시하거나 왜곡하는 경향을 보이기도 한다.

우리의 눈과 귀를 가리는 국뽕 마취제는 현실에 존재하는 사회문제에 둔감하게 만든다는 점에서 문제다. 한국인의 '정' 문화에 감동한 외국인의 모습 뒤켠으로 이주민 노동자에 대한 부당한 대우와 인종차별 문제는 외면당한다. 의료 선진국이라는 자부심은 이른바 '응급실 뺑뺑이'와 소아 진료 공백 등의 문제를 비가시화하고, '치안 강국'이라는 명성은 대낮 번화가에서 동시다발적으로 발생한 흉기 난동 사태를 이례적인 사건으로 치부한다. "K방역이 세계 최고"라는 찬사는 과도한 국가 개입으로 인한 인권 및 프라이버시 침해를 잠재우는 데 활용된다. 개인이 중시되는 국가에서 마스크를 거부하는 이들을 시민의식이 없는 미개한 사람들로 치부하고, 한국식 모델 외의 방역 정책을 실패로 규정하는 풍토 또한 대한민국이 표준이 되며 그것이 유일하게 올바른 것으로 생각하는 정서적 우월감의 발로다. 각 나라가 처한 맥락과 정치적 · 문화적 차이를 있는 그대로 보지 못하고, 국뽕에 취해 대한민국의 가치를 타국에도 적용하고 있다.

2023년 8월 '새만금 세계스카우트 잼버리 대회'는 국뽕에 가려진 한국 사회의 민낯을 드러냈다. 대규모 온열질환자 발생부터 부실 운영 논란까지 행사가 엉망진창으로 흘러가고 있는 상황이 각종 미디어를 통해 시시각각 전해졌다. 그때마다 '우리'가 염려한 것은 열악한 시설 · 위생 상태나 참가자들의 안위가 아니었다. 한껏 높아진 국격을 "잼버리가 다 말아먹었다"라며 '파행'과 '국제적 망신'이라는 대한민국 최악의 오명을 지우는 데 급급했다. 국치를 덮기 위해 전국 각지의 공무원이 대거 동원됐고, 잼버리 대회 조기 철수가 결정되자 대학 기숙사와 기업 연수원, 최고급 호텔 등은 야영지에서 퇴소한 대원들을 극진히 모셨다. 언론은 대원들에게 얼린 생수를 건네는 시민과, 물건값을 깎아주고 트럭에 통닭을 한가득 실어 대원들에게 나누어준 자영업자 등 미담 발굴에만 몰두했다.

그럼에도 총체적 부실이라는 비판이 연일 쏟아지자, 어김없이 국뽕이 긴급 투약됐다. 국격의 훼손을 막기 위해 K팝이 마지막 구원투수로 나선 것이다. 급조한 콘서트를 위해 가수들이 다른 일정을 희생하고 무대에 서는 촌극은 예견된 수순이었다. 일각에서는 잼버리 사태가 국뽕 유튜버들에게 위기가 될 거라는 조롱 섞인 반응이 있었지만, 대회의 피날레를 장식한 K팝 콘서트 사진과 함께 유튜브에는 익숙한 문법의 영상이 광범위하게 생산되었다. "위기의 잼버리, K팝이 구했다", "새만금서 예상치 못하게 이별한 4만 3,000명 재회시켜준 K팝, 찬사가 아깝지 않은 이유", 뒤이어 외환위기 때의 '금 모으기 정신'이 소환되며 온 국민이 힘을 합쳐 국난을 극복했다는 진부한 서사가 국뽕 세계를 가득 메운다. 잼버리 사태로 한국의 위기 대응 역량을 전 세계에 보여주었다는 행정 당국의 자화자찬도, 새만금 잼버리를 전국 곳곳에 펼쳐진 '코리아 잼버리'로 성공시켰다는 자기합리화도 국뽕 세계에서는 유머와 밈으로 소비되어 문제의 본질을 희석시킨다.

대회가 끝난 뒤 이번 행사의 문제점을 냉정히 평가하자는 여론도 잠시, 잼버리 사태의 원인과 책임을 묻는 일은 공론의 중심부에서 사라졌다. 사태가 발생한 지 한 달이 지난 지금, 정부는 한국의 저력을 널리 알리기 위해 각 지자체에 잼버리와 관련한 미담 사례를 제출하라 지시했고, 대원들과 각국 대사관에서 온 편지를 어떻게 전시할 것인지 골몰하고 있다. 약속이라도 한 듯 사람들도 잼버리 사태에 대해 언급하지 않는다. 이 수치스러운 재난을 하루빨리 기억에서 지워버리고 우리의 자부심을 되찾기를 열망하는 듯 보인다. 국가의 입장에서는 그러한 열망이 민족적 긍지와 애국심으로 전화되길 바라겠지만, 유튜브 플랫폼 세계는 그것이 상품의 효과로 전화되길 바란다. 결국 유튜버는 또 다른 표적을 찾아 '잘 팔리는' 민족주의적 판타지를 공급하고, '우리'는 또다시 꽤 괜찮은 국가에 살고 있다고 위안하며 자존감을 채울 것이다. 이 악순환이 계속되는 동안 한국 사회 곳곳에 도사리고 있는 병폐와 악습은 급속하게 썩어 곪고 있다. 곪은 상처는 머지않아 더욱 극단적인 위기로 터질 것이다. 국뽕의 환각에서 벗어나 우리 눈앞에 놓인 위기 상황을 냉철하게 직시할 때다.

참고문헌

강원택.「한국인이 보는 역사, 민족, 국가, 그리고 세계. 한국인의 국가 정체성과 민족 정체성: 15년의 변화」.『EAI 워킹 페이퍼』, 2020, 1-21쪽.

______.『한국인의 국가정체성과 한국정치』. 동아시아연구원, 2007.

권숙인.「소비사회와 세계체제 확산 속에서의 한국문화론」.『비교문화연구』 4, 1998. 181-214쪽.

김서윤. "MZ 세대, '국뽕'에서 '전복의 쾌감'을 느끼다". 주간조선, 2021년 11월 11일자.

김하늘.『한국 청년세대의 외국인 예능 프로그램 수용에 관한 비판적 연구: '애국적 나르시시즘'의 명명 가능성을 중심으로』, 한양대학교 대학원 석사학위논문, 2019.

노영은 · 류웅재.「유튜브 콘텐츠에 재현된 온라인 공간에서의 민족주의: '외국인 리액션' 콘텐츠를 중심으로」.『영상문화콘텐츠연구』 20, 2020, 7-38쪽.

문화체육관광부.『한국인의 의식 및 가치관 조사』, 2022.

송은영.「재난 민족주의: '국뽕'과 코로나 시대 한국 민족주의의 질적 전환」.『문화과학』 103, 2020, 117-135쪽.

유동현, "국뽕! 유튜버 숨겨진 '수입' … 월 7000만원 번다!" [IT선빵!], 헤럴드경제, 2020. 10. 19. https://news.heraldcorp.com/view.php?ud=20201019000873, 2023. 8. 21.

유원영, "'국뽕코인'이 뭐길래 … 외국 유튜버들 향한 눈초리", CBS노컷뉴스, 2020. 5. 4. https://www.nocutnews.co.kr/news/5337467, 2023. 8. 12.

이동연, "스포츠, 애국심에 불을 당기다", 주간한국, 2009. 3. 30. https://weekly.hankooki.com/news/articleView.html?idxno=3619345, 2023. 8. 1.

______.『아시아 문화연구를 상상하기』, 그린비, 2006.

이세희.「왜 '우리'는 분노하는가?: 온라인 인종(차별)주의 담론 정치와 민족주의」.『비교문화연구』 27(1), 202, 299-355쪽.

이소은 · 최순욱.「유튜브의 콘텐츠 극단화: 알고리즘이 만드는 '현실'일까 '신화'일까?」.『2020 해외 미디어 동향』, 2020, 3-43쪽.

이해람. "[심층취재] 미국인 358만 명이 우영우 떼창? … 도 넘은 '국뽕 콘텐트'", 월간중앙, 2022. 8. 17. https://jmagazine.joins.com/monthly/view/336542, 2023. 8. 21.

익명. "국뽕 유튜브 운영 수익", 정보 Tips/취업 직장 Job, 2022. 6. 30. https://itmii.tistory.com/3097, 2023. 8. 21.

______. "국뽕채널 운영자가 알려주는 국뽕채널의 내막", 가생이닷컴, 2021. 1. 13. http://www.gasengi.com/main/board.php?bo_table=commu&wr_id=3155801, 2023. 8. 21.

______. "중소형 국뽕 운영 중인데 뭐 궁금한 거 있니", 케이튜브, 2021. 8. 27. http://ktube.kr/free/171914, 2023. 8. 21.

전수한. "없는 교수까지 교묘한 편집 … 'AI 날개 단' 가짜뉴스", 문화일보, 2023. 4. 21. http://ktube.kr/free/171914, 2023. 8. 21.

지주형. 「한국의 성장주의 이데올로기, 그 내면화의 역사」. 『월간참여연대』 292, 2021, 8-9쪽.

진태원. 「어떤 상상의 공동체? 민족, 국민 그리고 그 너머」. 『역사비평』 96, 2011, 169-201쪽.

Anderson, B. Imagined communities: Reflections on the origin and spread of nationalism. London: Verso, 1983.

Billig, M. Banal nationalism. London: Sage, 1995.

Braudy, L. The frenzy of renown: Fame and its history. New York: Vintage. 1997.

Cohen, A. P. "Personal nationalism: a Scottish view of some rites, rights, and wrongs." American Ethnologist, 23(4), 1996, pp. 802–815.

Fox, J. E. & Miller-Idriss, C. "Everyday nationhood." Ethnicities, 8(4), 2008, pp. 536-563.

Freud, S. The Taboo of Virginity. London: Hogarth Press, 1953.

Gellner, E. The coming of nationalism and its interpretation: The myths of nation and class. In Balakrishnan, G. (Ed.), Mapping the nation (pp. 98-145). London: Verso, 1996.

Goldhaber, M. "The attention economy and the Net." First Monday, 2(4), 1997, pp. 4-7.

Kernberg, O. F. Borderline conditions and pathological narcissism. Northvale: Jason Aronson. 1975.

Massanari, A. "#Gamergate and the fappening: How reddit's algorithm, governance, and culture support toxic technocultures." New Media & Society, 19(3), 2017, pp. 329-346.

McClintock, A. No longer in a future heaven: Nationalism, gender, and race. In Eley, R. & Suny, R. G. (Eds.), Becoming national (pp. 260-285). New York: Oxford University Press, 1996.

한류와 언론 보도: 미디어 담론과 문화내셔널리즘 강화

김수아
서울대학교 언론정보학과 부교수
아시아연구소 한류연구센터 연구원

| 들어가며

1990년대 말 중국을 비롯한 동아시아 지역에서 포착된 한국 대중문화 소비 현상이 한류로 명명된 이후, 한류는 한국 대중문화의 핵심어가 되어 문화 영역은 물론 정치 · 경제 영역에 이르기까지 광범위한 영향을 미쳐왔다. 2000년대 중반까지는 주로 아시아권에서 인기를 끌며 문화적 근접성과 유교 문화권에 대한 상상이 한류에 대한 논의를 이끌었으며, 문화 콘텐츠가 한류 담론의 주요 대상이었다. 2010년대 후반에는 서구, 특히 미국을 중심으로 하는 국제적 영화제, 음악 시상식 등에서 한국 콘텐츠가 가시적 성과를 얻게 되었다. 이를 '한국 문화의 성공'으로 간주하고 문화 산업의 다른 영역은 물론 제조업 등의 여타 산업 전반에도 이러한 성공이 연계될 수 있다거나 혹은 연계되어야 한다는 인식이 대중에게도 쉽게 발견된다.

이러한 대중의 인식을 만드는 데 기여하는 것 중 하나가 언론 보도다. 언론은 사회 현상에 대한 인식의 틀을 구성하여 대중에게 영향을 미친다. 특히, 한류와 같이 개인의 일상과 주변에서 일어나는 것이 아닌, 타국에서 일어나는 문화 현상에 대해서는 언론이 주요한 정보원이 될 수밖에 없다. 그런데 한류에 대한 우리 언론의 보도는 한류에 대한 종합적 이해를 도모하기보다 문화 민족주의에 기반을 둔 한정된 인식틀을 제공한다는 비판을 받아왔다. 한편, 해외의 한류 보도에 대한 논의들은 해외 언론이 한류를 부정적으로 묘사하면서 한국 문화에 대한 오해를 양산하는 문제, 인종주의와의 결합 속에서 한국 문화가 폄훼되는 문제를 다룬다. 물론 이와 같은 문제는 문화 간 커뮤니케이션 입장에서 다루어져야 할 중요한 쟁점이다. 하지만 이를 단순하게 폄하와 왜곡의 틀로만 볼 경우 서구의 시선 아래 한국 문화의 인정 여부에만 관심을 두거나, 문화적 인정을 문화적 수월성에 근거한 한국민의 자부심으로 설명하는 등 문화 현상에 대한 단순한 이해의 틀을 재생산하게 될 수도 있다.

한류 현상은 복합적이고 그 이해에는 여러 쟁점이 존재한다. 특히 한류에서 한국적인 것이 무엇인지에 관한 논쟁은 몇몇 서구 학자들이 한류 문화를 한국적인 특성이 없는 무국적, 혼종성의 것으로 단정하면서 더욱 활발해졌다. 몇몇 연구자들이 한국적인 것을 우리 문화의 DNA(유상철 외, 2005)라고 명명하면서 한국의 전통적 가치 혹은 동아시아의 유교적 가치와 관련하여 설명하는 경우가 있었다면, 다른 연구자들은 한국 문화의 혼종적 성격을 지적하며 더 나아가 한국적인 것이 전혀 없는 무국적 문화로 한류를 설명하기도 한다(Lie, 2012). 이러한 논쟁들이 우리 언론 보도에는 서구의 시선에서 본 오해, 혹은 문화 민족주의적 정서 강화와 한국적인 것의 강조를 통한 우리나라 문화의 우수성 주장으로 전환되어 나타나기도 한다.

이러한 이유로 우리나라의 언론 보도 행태에 대한 비판적 연구들은 한류 현상에 대한 과도한 국가 중심주의적 해석과 산업 중심적 해석을 경계해 왔다.

이처럼 다기한 주장과 담론이 전개되는 것은 한류 현상이 문화적이고 수용자 중심적인 현상이지만 정부에서 이를 적극적으로 정책 담론에 포함하고, 특히 해외 문화원 등의 공적 기관을 중심으로 한류 행사를 개최하는 등 국가 브랜드 홍보의 목적으로 한류를 활용해온 것과도 관련된다. 노무현 정부에서 공식적으로 한류지원정책협의회를 구성하여 운영하면서 정부가 본격적으로 한류에 대한 정책 관여를 시작했다(이동연, 2022). 이명박 정부는 한류를 성장산업이자 국가전략산업으로 호명하면서 문화 정책의 기조를 한류 확산으로 잡았고(최영화, 2013), 박근혜 정부에서 '위풍당당 콘텐츠 코리아 펀드' 등을 선언하면서 한류에 대한 재정적 지원과 산업적 양성을 강조했다. 한류는 지속적으로 한국 경제의 성장을 이끄는 새로운 기수로 여겨졌다. 언론 역시 이러한 정부 정책을 특정 성공 사례와 연결하는 방식으로 한류에 대한 상을 구성해왔다.

이 글의 목적은 우리 사회에서 한류에 대한 이해의 틀을 언론이 어떻게 구성하고 있는지를 분석하는 것이다. 여러 선행연구의 맥락을 따라 언론이 한류를 주로 어떤 맥락에서 의미화하고 있는지, 해당 의미 구조가 형성한 한류에 대한 담론은 무엇이며 이를 어떻게 평가할 수 있는지를 논의할 것이다. 이 연구의 분석 시기는 2010년부터 2022년까지로, 두 '신한류' 담론 사이의 시기를 다룬다. 2010년대 초반 '신한류'로 명명되었던 시기는 이후 정책적 맥락에서 동일 시기를 '한류 3.0'으로 구분하고 2020년 전후부터 신한류(K-culture 혹은 '4차 한류')가 시작되는 것으로 구분하는 방식으로 변화했다. 이 시기를 중심으로 언론이 한류에 대해 무엇을 강조하고 있는

지, 그리고 이러한 언론 보도의 영향력은 어떤 것이 있을지에 대한 논의를 진행할 것이다.

| 한류와 언론 보도에 대한 선행연구

한류는 그 수용층, 콘텐츠의 특성, 유통 양상 등에서 시기별로 특정한 차이를 보여왔기 때문에 시기 구분의 기준과 내용이 중요한 쟁점이 되어왔다. 정부에서는 국가 정책 맥락을 결합하여 시기를 구분한다. 아래 〈표 1〉은 문재인 정부 당시 문화체육관광부가 제시한 구분으로, 한류를 4단계로 나누어 2020년부터 한류 4기로 구분하고, 이를 '신한류(K-culture)'로 명명한다. 그 이전 시기에 대해서는 대상 국가나 핵심 분야에 따라 한류 1.0, 한류 2.0, 한류 3.0 등으로 설명하고 있다. 이와 같은 시기 구분은 한류 현상을 일종의 진화하는 단계로 상정하면서, 진화의 기준을 무엇보다 '지역'

〈표 1〉 한류의 구분(문화체육관광부, 2020. 7. 16)

구분	한류 1.0	한류 2.0	한류 3.0	신한류(K-culture)
시기	1997년~2000년대 중반	2000년대 중반~ 2010년대 초반	2010년대 초반~ 2019년	2020년~
특징	한류의 태동, 영상 콘텐츠 중심	한류의 확산, 아이돌 스타 중심	한류의 세계화, 세계적 스타 상품 등장	한류의 다양화 + 세계화(온라인 소통)
핵심 분야	드라마	대중음악	대중문화	한국 문화 + 연관 산업
대상 국가	아시아	아시아, 중남미, 중동, 구미주 일부	전 세계	전 세계(전략적 확산)

으로 나눈다는 특징을 갖는다. 아시아 지역에서 서구권까지 확산되었다는 식의 선형적 발전 서사를 통해 구성된 것으로 볼 수 있다.

한편 진달용(2022)은 이와 같은 지역 중심의 진화 설명보다 한류 현상 자체에 주목하여 미디어 기술의 발전에 따라 수용 방식이 변화하고 확장되는 것을 살필 필요가 있다고 주장한다. 진달용의 경우, 한류 1.0(1997~2007, 텔레비전 및 영화를 중심으로 하는 전통적 미디어 문화), 한류 2.0(소셜미디어와 스마트폰을 통한 확산, 2008~2017), 그리고 현재의 한류 3.0(넷플릭스 등 글로벌 디지털 플랫폼, 트랜스미디어 현상, 2017~현재)으로 구분한다. 이 구분은 미디어의 변화와 이에 따른 수용 문화의 변화에 초점을 둔 것으로, 지역적 변화는 미디어 기술의 발전에 따른 현상으로 본다.

한류가 동아시아 지역에서 출발하여 전 세계로 확장되고 있다는 시각은 다수 연구에 반영되어 있다. 박갑룡(2020)은 문화부(2013년 당시)의 역사 구분을 받아들이면서 한류에는 '지역'과 '시기'라는 명백한 기준이 있다고 평가한다. 이지수 · 고영란(2022) 역시 문화체육관광부가 제시한 4단계의 한류 시기에 따라 일본 한류에 대한 미디어 보도를 분석하면서 일본에서의 한류가 생겨나고 정치적 이슈로 인해 주춤하게 되는 상황 속에서 신한류 시기에 이르러 한류가 글로벌화하는 계기를 마련하게 되었다고 분석한다.

이는 단지 현상의 설명이 아니라 일종의 민족주의적 감수성과 결합한 것으로 한류가 서구권에서 수용되는 비중이 높아질수록 진화하는 것으로 인식하는 것이기도 하다. 비판적 관점의 연구자들은 이러한 진화와 확산의 시각이 하위 문화제국주의라는 문제를 갖는다는 점을 지적해왔다(박소정, 2022; 윤태진, 2002; 최진호 · 류웅재, 2012). 문화의 교류, 수용자의 창조적 수용과 참여문화적 특성, 문화 간 교류에 대한 관심보다는 한국 문화의 확장, 한국 문화의 일방적 수용에 대한 관심이 더 많고, 이 성과를 서구의 시선으로 평가한다는 점에서 그러하다.

이는 한류 현상의 초기에서부터 꾸준히 지적되었던 부분이다. 한류에 대한 담론 형성 시기에 한류는 민족문화의 승리로 설명되거나, 잘 팔리는 문화산업의 논리 구조에 따른 담론들이 형성되거나 혹은 압축적 자본주의 대중문화 현상으로 학술적 설명이 시도되는 등의 세 가지 갈래로 주로 논의되었다(조한혜정, 2002). 김신동(2002)은 한류 초기, 중국에 한국 드라마가 수출되는 데 대한 당대의 담론이 문화제국주의와 민족주의의 뒤틀린 결합으로 설명하면서, 한국 문화의 수출을 애국의 맥락에서 설명하는 언론 보도나 정부의 인식 문제를 점검한 바 있다. 윤태진(2002) 역시 당시 중국의 한류 현상에 대한 보도는 한류를 문화 현상이 아닌 산업적 현상으로 간주하고, 문화적 의미가 경제적 효과 속에서 사장되며, 또한 문화를 국가 정책을 통해 형성하거나 발전시킬 수 있는 것으로 묘사하는 방식이었다는 점을 지적한다. 윤선희(2006)는 문화 간 커뮤니케이션 맥락에서 한류 보도를 다루면서, 한류의 한국적 정체성이란 일종의 허구적인 것임에도 우리와 그들의 이분법을 강화하면서 해외의 시선에 따라 우리의 우수성을 증명하고 '그들'을 정복하겠다는 방식으로 나타나면서 타문화에 대한 존중을 어렵게 한다고 비판하고 있다. 원용진(2023)은 한류나 'K'라는 명명으로부터 나타나는 편향이 국가 이미지 선전용, 국내에서의 민족주의 강화, 지속성에 대한 논의 중심, 창작자 수월성 등으로 나타나게 된다고 지적했다.

이러한 담론 구조는 지난 20여 년간 크게 달라지지 않은 것으로 보인다. 한류에 대한 시기 구분이나 역사를 설명할 때 사용하는 '신한류'는 이러한 확산의 인식 구조에서 '다시 나타난' 혹은 '이전과 다른'이라는 의미로 사용되며, 2010년대 초반 및 2020년대에 '신한류'라는 명명이 각각 사용되었다. 문화체육관광부(2020)의 분류에 따르면 신한류란 2020년 이후 글로벌 플랫폼의 성장과 더불어 나타난 것으로 명명되지만, 2010년대 전후에도 한류 2.0 혹은 신한류라는 명명은 이전의 한류와 다르다는 의미로 생성되어 사용된 바 있다. 예를 들어 일본에서 2013년 인기를 끌었던 장근석 주연 드라마 「미남이시네요」는 「겨울연가」 이후 장기간 인기작이 없었고 오히려 혐한 등 한류에 대한 부정적 반응이 커지던 일본에서 다시 한번 한류 붐을 일으킨 것으로 간주되면서 '신한류 드라마'라고 불렸다(정수영, 2017). SM타운의 유럽 공연을 통해 촉발된 서구에서의 한류 수용 가능성 역시 '신한류'라는 개념을 구성하는 데 기여했다. 이러한 신한류 담론에서 신한류는 초기 「겨울연가」 시기의 드라마 수용과 달리 무국적성을 특징으로 하며, 수용층도 다르고 수용자의 인식도 다른 새로운 한류 문화를 형성하고 있다고 보았다(정수영, 2017). '신한류' 수용에 대한 논의에서 이처럼 초국적 혹은 무국적성이 강조되는 것은 한류가 아시아를 넘어선 글로벌 수용이 가능해진 요인이 바로 아시아와 유교적 가치나 정서를 벗어나 보편성을 갖추는 것으로 설명되고 있기 때문이다.

2010년대 초반의 신한류 담론은 한국의 경제 성장과 더불어 '경제와 산업'이라는 맥락 속에서 한국 이미지를 형성하는 데 기여하기도 했다(정수영, 2017). 이는 당시 이명박 정부에서 본격화한 한류 경제 담론에 관련된다. 최진호와 류웅재(2012)는 신한류 시기에 한국 언론 보도가 한류 현상을 문화산업의 국부 창출, 부가가치 창출 등 경제 담론을 적극적으로 동원하여 설명하고 있으며, 한류 문화의 우수성과 확산 등의 언술을 통해 하위 문화제국주의적 특성을 보이며, 문화적 근접성과 문화적 혼종성 개념을 해당 국가에 따라 변형하여 활용하고 있는 점을 지적하고 있다.

2020년대 들어 사용되는 '신한류'는 이전 시기에 비해 '글로벌 수용'을 강조한다. 세계 시민의 수용을 확산하고 이를 산업과 연계시킨다고 설명하는 문화체육관광부의 '신한류 진흥정책'은 문화와 경제를 이끄는 신한류라는 비전하에 신한류 시기를 글로벌 수용자가 다양한 분야에서의 한류를 경험하게 하는 것으로 의미화한다. 한류 정책을 관통하는 전제는 한국 문화의 '진출' 혹은 수출이라고 할 수 있다. 2010년대의 신한류가 그간 주춤했던 한류가 다시 유행하기 시작한다는 것으로 의미화되었다면, 2020년대의 신한류는 진출 지역의 확장을 근거로 '새로운 것'으로 명명된다. 박소정(2022)은 이러한 확장의 담론에 관해 'K'라는 접두어로 활용되는 한류 관련 미디어 담론을 분석하면서 문화와 경제 논리 간의 충돌과 경합, 초국적 수용의 결과를 전유하는 국가 중심주의적 경향 등을 비판적으로 제시했다.

한편, 한류에 대한 언론 보도 연구의 주류 경향은 타국 언론이 한류를 어떻게 보도하고 있는지에 주목하는 것이다. 남일우(2017)는 독일의 일간지와 주간지를 중심으로 한류 보도 경향을 논의한 바 있는데, 영화와 케이팝, 그리고 한류 스타를 주제로 삼아 대체로 긍정적 이미지로 보도된다는 것을 강조했다. 한류 보도 분야에서 가장 많은 관심을 기울인 국가는 중국과 일본이다. 한한령이나 한일 관계 경색, 혐한과 같이 정치적 맥락이 한류 콘텐츠 소비를 제한하는 경우, 해당 국가의 언론 보도가 한류에 대한 긍정적 이미지를 전달하는지에 초점을 맞추게 된다. 2001년부터 10년간 중국 언론 보도 경향을 분석한 유세경 · 이석 · 정지인(2012)은 중국 언론이 한류를 문화적 흥미로 다루면서 특정 문화물 중심으로 일종의 이벤트적 보도를 하는 경향이 있지만, 대체로 긍정적 관점을 보이며 한류로 인한 경제 교류에 특히 중점을 두어 보도하고 있다는 것을 발견했다. 이후 2009년부터 2014년까지의 보도에 주목한 양카이 · 정정주(2015)는 한류에 대한 좀 더 복합적 보도가 증가하고 2014년 보도량이 급증함에 주목했는데, 당시 드라마 「별에서 온 그대」의 성공과 케이팝의 유행이 이끌어낸 결과로 보았다. 중국 언론이 이러한 대유행의 사회적 영향력을 분석하는 데 심층 분석을 동원하기에 기존의 이벤트성 보도보다는 한류에 대한 관심이 심층화한 것으로 논의되었다. 2017년 이후 일본의 한류 현상은 한류 '콘텐츠'만이 아닌 '한국 문화'와 '라이프스타일' 자체에 대한 관심으로 변화하는 것으로 보고 있으며(조규헌, 2021), 일본 내 일간지의 한류에 대한 보도는 정치와 분류하면서 문화 현상으로 바라보는 문화적 흥미와 문화 교류를 통해 한일 관계를 긍정적으로 바라보는 인식이 드러난다고 했다(Yoshida, 2019). 연구 영역에 따라서는 정부 정책에 옹호적이거나 한류 확산에 정부의 적극적 개입을 요청하는 경우도 흔히 볼 수 있다. 관광학의 경우 특히 그러하여 멕시코, 페루, 아르헨티나, 칠레 4개국의 언론 보도를 분석한 연구는 중남미문화원이 홍보하는 케이팝과 드라마를 통한 인지도와 언론 보도의 양 증가에 주목하고 있기도 하다(최영환 · 손수진, 2018). 다수 연구가 문재인 정부의 '신한류 진흥'이라는 맥락에 부응하며, 한류가 더 많이 수용되거나 이해되기 위한 정부, 제조업계, 문화산업계의 노력을 요구한다. 언론 보도 역시 이러한 맥락에서 검토되는 경향이 있다. 한류 확산이 중요한 정책적 관심사이며, 안정적인 한류 확산을 위해서는 국내 법 제도적 개선과 정책적 지원이 필요하다는 주장(양문희, 2019)은 이처럼 한류의 성공을 국가적 자원으로 인식하고 활용하려고 하는 데서 출발한다. 대체로 언론 보도 연구에는 수용국의 시선을 중심으로 한류의 확산에 언론이 어떤 기여를 하는지를 검토하려는 경향이 강하게 나타난다.

| 한류에 대한 언론 보도의 주요 경향

이 연구는 4개 종합일간지, 즉 경향신문, 조선일보, 중앙일보, 한겨레신문에서 2010년 1월 1일부터 2022년 12월 31일까지 한류에 대해 보도한 기사를 대상으로 자료를 수집했다. 한류를 대표 키워드로 하여 K컬처, 신한류 등 연관 검색어를 사용하여 빅카인즈(www.bigkinds.or.kr)에서 수집했고, 검색된 기사 중 관련성이 낮은 기사를 제외하여 총 7,915건의 기사를 대상으로 했다.* 언론사가 자체 분류한 보도 영역을 기준으로 살펴보면, 국제 영역 기사 925건, 문화 영역 기사 3,679건, 정치 영역 기사 559건, 경제 영역 기사 1,879건, IT 관련 기사 306건, 사회 영역 기사 413건, 지역 영역 기사 143건, 기타 11건이다. 문화와 경제 영역이 주로 한류 관련 언론 보도가 이루어지는 영역이다. 문화 영역으로 분류된 기사 중 방송연예 관련 영역이 922건, 전시공연 관련 기사가 693건, 여행/요리 관련 기사가 651건을 차지하여 그 비중이 높다. 그 외에는 영화 269건, 생활 110건 등이 있다. 방송연예, 전시공연이 한류 문화 콘텐츠에 대한 것이라면, 여행 및 요리 영역의 기사는 한류 관광과 음식문화 영역 기사로 분류된 경우로, 이러한 기사들은 일정 정도 경제적 담론과 문화를 연계하는 것으로도 볼 수 있다.

2010년 1월부터 2022년 12월까지 한류를 키워드로 하는 기사의 분포는 아래 〈그림 1〉과 같다. 보도량의 차이가 있는 시기는 2011~2012년 사이, 그리고 2014~2016년 3월까지의 기간이다.** 이 시기 보도량의 증가

---

* 한류가 키워드로 포함된 기사 중 일부 아이돌 그룹의 공연 단신, 한류 스타의 근황 단신을 제외했다.

** 박소정(2022)의 연구를 참고할 때, 한류 키워드가 일정 부분 'K'를 접두어로 하는 논의들로 확산됨에 따라 2018년 이후 보도 기사량에 큰 증가가 없는 것으로 볼 수 있다.

는 2011~2012년의 경우 프랑스에서의 SM타운 공연이 만들어낸 2010년대 초반 '신한류' 담론과 싸이의 「강남스타일」의 유튜브 밈 확산이라는 특수한 사건 요인에 의한 것이다. 한편 2014년의 경우 「별에서 온 그대」가 드라마에서의 신한류 담론을 이끌었다. 2015~2016년의 경우 정치적 맥락이 중요하게 작동한다. 특히 박근혜 정부 시기는 미르재단 사업 등 정부 정책에서 그 주요 근간을 '한류'로 설명해온 것, 한류 확산을 목표로 하는 정부 진흥 정책에서 한류의 범주를 확대하여 논의하는 것과 관련되는데, 치안 한류, 사법 한류, 기술 한류 등 정책 영역에서의 한국적 관료 모델 수출을 '한류'로 설명하는 개념들이 언론에 다양하게 등장한다. 박근혜 정부의 정책 수행 과정에서 불법적 기부 강요와 비리 문제가 폭로되었기에 이 시기 한류에 대한 논의는 우리 콘텐츠와 문화 산업의 성공과 관련된 것이 주된 내용이나 한류가 동원된 정치적 맥락에 관련한 논의 역시 한류와 관련하여 소개되었다. 과도한 관변주도 정책에 문화를 동원하는 문제가 지

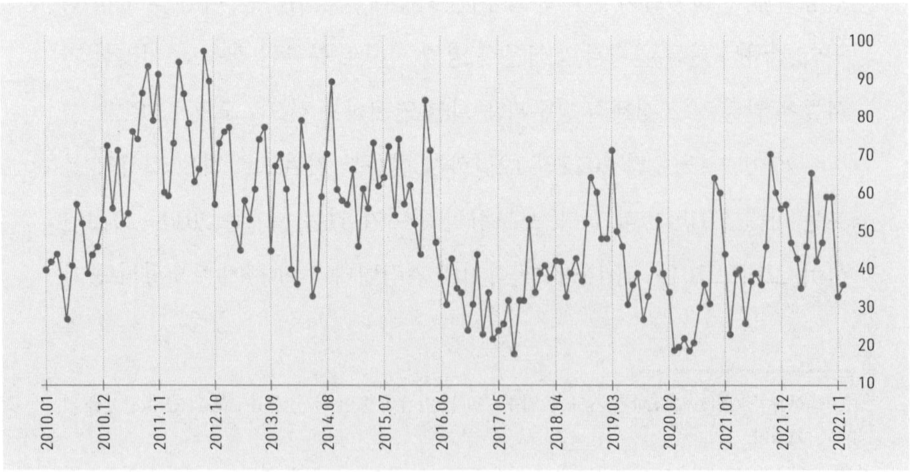

〈그림 1〉 한류 키워드 변화(2010~2022, 빅카인즈 기준)

적되었다. 그 외 보도량이 늘어나는 경우는 BTS의 빌보드/미국 음악상 관련 소식 혹은 아카데미 수상, 넷플릭스에서의 한국 드라마 인기 등의 특정한 문화 콘텐츠나 한류 스타와 관련된 경우다.

한국언론진흥재단이 제공하는 빅카인즈 서비스에서 가중치에 따른 상위 1,000개의 기사를 대상으로 하는 관계도 분석 결과는 다음 〈그림 2〉와 같다. 대체로 이 시기 핵심 키워드는 K-pop을 중심으로 하며, 지역으로서는 중국이 중요하게 등장한다. 이는 사드 배치를 둘러싼 갈등이 본격화되기 이전 유커 등 '관광 한류', '의료 한류' 등 새롭게 명명되는 경제-산업 한류에서 그 대상국이 중국이었던 것에 관련된다. 사드 배치를 둘러싼 갈등 이후로는 한한령 등 중국에서 한류 문화 콘텐츠 소비가 불가능해지고 한류 스타들의 공연 및 연기 활동이 불가능해지는 것에 관한 보도가 늘어나면서 핵심 언급 지역이 되었다. 그 외 지역은 아시아를 중심으로 베트남과 말레이시아, 태국 등의 국가가 표시되었고, 유럽의 비중이 낮다. 북미권

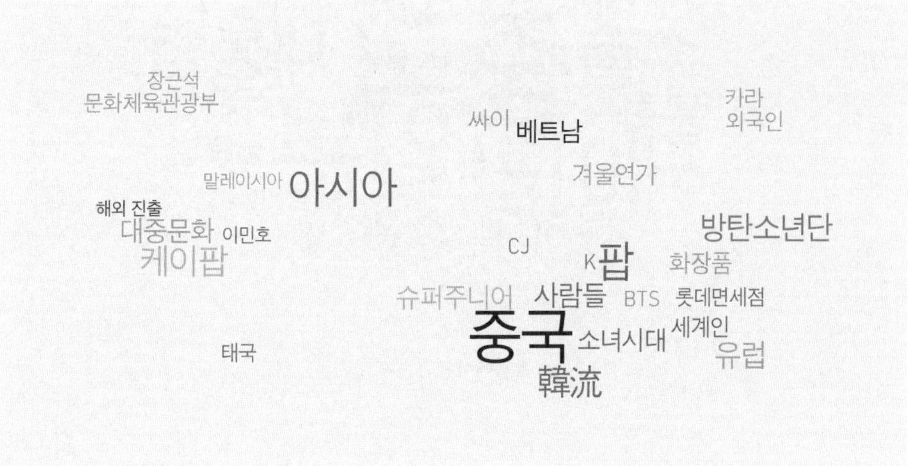

〈그림 2〉 가중치 상위도 기사 1,000개의 한류 관련 키워드 분포(빅카인즈 기준)

에 대한 기사는 2010년대 후반에 주로 등장하기에 전체 기사량 대비 상대적으로 적어 표시하지 않았다. 방탄소년단, 싸이, 카라, 장근석, 소녀시대, 슈퍼주니어 등의 주요 케이팝 플레이어와 이민호 등의 한류 배우가 등장하고 있다. 대체로 케이팝, 아시아 중심의 한류 담론이 주류인 가운데 화장품과 면세점, 해외 진출 등으로 상품화된 소위 2차 한류 논의가 추가되어 있다.

한편 분석 대상 기사 제목을 중심으로 하는 단어 분석을 통해 워드 클라우드를 생성한 것은 다음 〈그림 3〉과 같다.* 총 7,915개의 기사 제목에서 가중치에 따른 단어 등장 빈도를 통해 형성된 것이다. 이러한 워드 클라우드는 전체 기사 제목을 대상으로 주요 키워드를 추출한 것으로 수출, 투자,

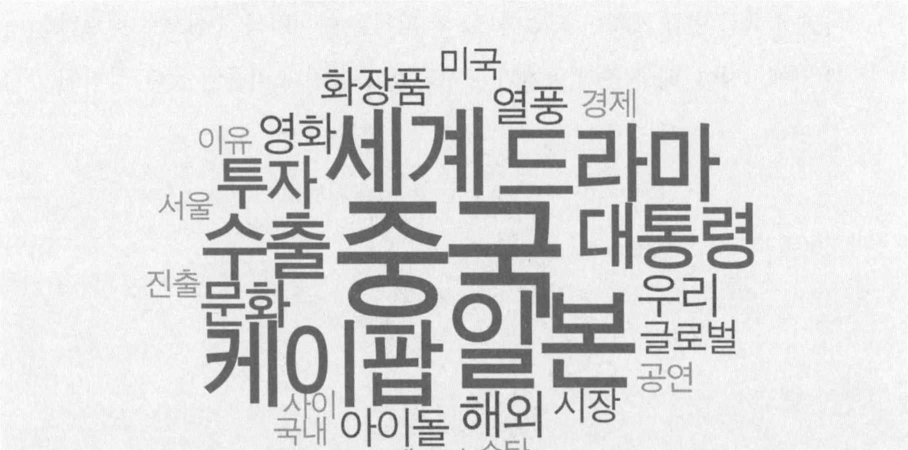

〈그림 3〉 기사 제목에서 도출된 주요 키워드 분포

* textom 데이터분석기를 사용하여 도출했다.

해외 시장 등의 산업적 맥락에서 주요 키워드를 확인할 수 있다. 지역으로는 중국과 일본, 그리고 미국이 반영되었으며, 해외 시장, 글로벌 시장, 진출과 수출 등의 키워드가 제목에 주로 쓰였음을 확인할 수 있다. 분석 기간 내 언론 보도 경향의 명백한 특징은 한류를 타 국가에 진출하는 한국 문화 혹은 한국적인 것(산업 포함)으로 의미화하고 그 진출 대상국을 확장하는 것을 성취로 보는 관점이 반영되어 있다는 것이다.

선행연구가 지적해온 대로 언론 보도 내용은 경제적 관점(수출)과 케이팝, 드라마 등 방송연예 영역에 집중되는 경향을 보인다. 한류 수출 금액으로 볼 때 핵심 영역인 게임 및 다른 한류 영역에 대한 보도는 상대적으로 적다는 것이 지적되어왔으며(박소정, 2022), 현재 주요 키워드에서도 거의 보이지 않는다. 문화 영역 외에 소비재 수출 논의가 자연스럽게 한류 담론 내에 포섭되어 있음을 확인할 수 있다. K뷰티 논의에서부터 본격화된 소비재 한류는 2012~2013년경 본격적으로 언론에 보도되기 시작했고, 이후 제품 명칭 + 한류는 언론이 기사 제목 및 화제를 끌기 위한 목적으로 활용하는 조어가 되었다. 한류에 대한 보도는 이처럼 산업적 담론을 중심으로 한국에서 만들어진 콘텐츠의 유행을 설명하는 경향이 주류를 이룬다.

| 한류에 대한 산업 중심 담론과 문화 민족주의

_ 한국의 우수성과 4대 소비재/서비스 산업 한류

한류 담론 초기부터 경제적 맥락 속에서 한류가 조명되면서 '문화산업의 수익'이 주요 담론 요소가 되었다. 한국의 문화산업은 사실상 '영화 「쥬라기 공원」의 수익과 자동차 수출의 수익'을 비교하여 경제적 이득이 크다는 이유로 정부의 지원 정책 대상이 되어왔다. 하지만 다수의 한류 연구자들은 한류 현상이 정부 정책에 따른 문화산업의 발흥이 아닌, 팬덤에 의한 발견이자 문화 현상임을 강조해왔다(홍석경, 2023. 7. 27). 이러한 점에서 언론 보도가 수출을 중심으로 하는 경제적 접근을 강조하는 것은 한류 현상에 대한 특정한 대중의 인식 구조를 만든다고 할 수 있다.

이러한 경제적 접근에서 2010년대 이후 두드러진 현상이 바로 한류의 금융화 · 산업화 현상이다(박대민 · 이규탁, 2022). 이 연구는 대표적으로 케이팝 기획사에 대해 언급하는 주요 정보원이 주로 금융사 애널리스트라는 점에서 금융화의 양상을 읽어낸다. 2023년에 발생한 SM과 하이브 간의 분쟁은 케이팝 산업의 금융화와 관련된 상징적 사건으로 볼 수도 있을 것이다. 또한, 주요 주제어를 통해 볼 때 제조업의 분야가 주로 언급되어 한류로 인한 수혜 대상을 거론하는 경향이 한류의 산업화를 보여준다고 했다(박대민 · 이규탁, 2022). 즉 한류에 대한 논의는 문화 콘텐츠의 수익에서, 이로 인해 발생하는 파생 수익으로 확대되었다.

이 글에서는 문화 콘텐츠의 경쟁력을 제조품으로 환원하는 보도에 주목했다. 분석 대상 시기는 한류에 대한 정책적 · 산업적 접근이 고도화된 시기다. 한국국제교류진흥원에서 2009년부터 발간된 『한류 총서』가 문화 콘텐츠에 집중한 반면, 2013년부터 발간된 『한류백서』에서는 관광, 음식, 패션이 한류의 주요 항목으로 포함되어 논의되기 시작했다. 2015년에는 뷰티 영역이 포함되었고, 2019년부터는 관광, 음식, 뷰티, 패션이 소위 '4대 소비재/서비스 산업 한류'로 묶이면서 콘텐츠와 소비재 한류가 구분되기 시작했다.

언론은 한류 스타, 케이팝과 드라마의 성공을 중시하여 소개하지만, 한편으로 제조업과 상품의 유행에 '한류'를 연결하는 데도 관심을 둔다. 제품에는 '한류'를 붙이고, 현상을 'K컬처'로 명명하는 것이 한류에 대한 특정한 상을 구성하고 있다고 할 수 있으며 이것이 2020년 신한류-K컬처로 수렴된다.

예를 들어 K뷰티와 화장품 한류가 묶이면서 한류 키워드 하에 다수의 화장품 관련 대기업 소식, 미용 국제 박람회 등의 행사, 화장품 모델인 한류 스타가 관련 보도 주제가 된다. 언론 보도는 한류 열풍으로 인해 화장품 산업의 매출이 오른다는 방식으로 설명하기도 하지만, K뷰티와 화장품 한류가 K 담론을 통해 결합하면서 제품 한류로 명명된 다음에는 제품 자체가 한류인 것으로 설명한다. 이는 특히 정부가 공식적으로 '화장품 한류'를 호명하고, 이를 정부가 지원하겠다고 한 이후 두드러진다. 한류의 유행에 따른 제품에 대한 호감을 넘어 제품 자체가 한류라면서 산업적 맥락에서 한류를 전유하는 방식을 자주 사용한 박근혜 정부에서부터 분명해지는 경향으로, 2020년 신한류 진흥 정책에서 말하는 한류 다양화와도 맞물리는 것이다.

[한겨레 2012. 2. 13.] 한류 열풍 타고 화장품 국내 판매 10조 돌파

[중앙일보 2015. 2. 5.] 충북은 화장품 한류 센터

박근혜 대통령이 4일 충북창조경제혁신센터 출범식에 참석해 “충북이 중국 시장에서 화장품 한류를 일으키기를 기대하고 있다”고 말했다.

K뷰티와 관련된 담론 형성은 유튜브와 SNS 같은 수용자 중심적 매체를 통해서였다. 해외 팬덤을 중심으로 한류 스타들의 아름다움을 피부와 관련하여 인식하고, 이를 뷰티 담론화하면서 한류 스타를 미의 참조물로 삼게 된 현상이다(박소정, 2020). 이는 산업이 먼저 추동하여 일어난 현상이라기보다는 문화적인 인종 담론, 수용자들의 정동, 한류 스타의 수행이 결합하는 복합적인 문화 양상이라고 할 수 있다. 그러나 언론이 표상하는 K뷰티와 화장품 한류는 ‘한국의 진출’ 그리고 이것이 증명하는 ‘한국의 우수성’과 관련된다. 제품이 수출되는 것과, 제품과 함께 한국의 미에 대한 해외에서의 선망의 시선이 만들어지는 것을 동일시하고 더 나아가 이를 수월성에 따른 자연스러운 결과로 표상하면서, 제품 사용이 곧 문화적 동화 혹은 문화적 우수성의 인정인 것처럼 개념화하는 것이다. 특히 이 우수성은 기술적 진보와 결합하면서 산업적 · 기술적 의미를 구성하게 된다. 해외에서 한류의 특정한 제품이나 기술을 소비하는 것은 기술적으로 미래적이며 선도적인 새로운 패러다임을 제시하는 한국 산업의 질과 우수성에 반응한 것이라는 주장이 제시된다. 바이오, 이너뷰티 등의 새로운 개념이 제시되며, 신기술이 한류의 확산을 정당화하는 담론 요소가 된다.

[한겨레 2015. 5. 27.] 화장품 한류 미래는 바이오 화장품

[경향신문 2022. 10. 23.] 'K이너뷰티' 세계화를 기대하며

K콘텐츠의 범주가 확대되면서 'K이너뷰티'도 주목받고 있다. 이너뷰티란 피부 표면만 일시적으로 건강하게 만드는 게 아니라 식습관을 통해 지속가능한 피부 건강을 얻는 것을 주로 의미한다. 한마디로 먹는 화장품을 뜻한다. 아름다운 피부를 위한 화장품도 중요하지만, 영양 균형을 통해 몸의 건강을 유지하는 것이 근본적으로 더 중요하다는 점을 강조한다. 화장품 패러다임의 전환인 셈이다.

이러한 우수성은 진출 지역에 따라 그 의미가 달라진다. 『한류백서』의 명명에 따르면 4대 소비재/서비스 산업 한류에 대해 언론이 강조하는 담론 요소 중 하나가 '진출'이다. 이는 국가 단위에서도 그러하고, 한 국가 내에서의 지역적 의미로도 그러하다. 예를 들어 일본의 화장품 한류는 '한류 소비 지역인 신오쿠보에서 도쿄 번화가로 진출'한 것이라고 설명된다.

[중앙일보 2014. 11. 3.] 제이프렌즈, 드디어 중화권 대상 코슈메디컬 화장품 유통 사업 진출

[조선일보 2022. 6. 9.] 일본에 부는 '화장품 한류'

그동안 한인 타운인 신오쿠보 등에서 주로 판매하던 한국 화장품이 도쿄의 대표적인 번화가에도 진출해 인기를 끄는 것이다. 한국화장품산업협회는 "한류 콘텐츠가 널리 알려지면서 열렬한 팬이 아니더라도 한국 화장품 등 한국 제품 전반에 대한 인식이 높아지고 있다"고 밝혔다.

특히 이러한 '진출'이 기존의 우수성을 인정받아온 다른 나라와의 경쟁 결과로 만들어진 것일 때, 이를 가능하게 하는 한류의 경제적 효과는 더욱 강력한 것으로 인식된다. 경쟁에서 우세하게 되었고 이를 한류에 대한 선호와 연결하는 방식이 일반적이다. 새로운 기술이 적용되어 우수성이 증명되었기 때문에 기존에 진출이 쉽지 않은 곳에서 사업을 하게 되었다는 것, 그리고 그 가능성은 한류로 인해 해당 국가에서 한국 이미지가 좋아진 것 때문에 발생했다는 점이 강조된다. 이는 미용, 의료 같은 산업 한류에서 핵심적인 담론 요소로 작동한다.

[조선일보 2022. 12. 28.] 프랑스도 제친 K뷰티, 日 피부에 완벽히 스며들다

코로나 이후 넷플릭스 · 유튜브를 통해 한류 붐이 일었고, 덩달아 일본의 전 세대 소비자로부터 K뷰티가 다시 주목받고 있다는 분석이다.

[중앙일보 2015. 2. 23.] "맞춤형 안티에이징, 줄기세포 치료로 일본에 의료 한류"

'의료 한류' 바람이 거세다. 세계 수준의 의료기술과 인프라로 현지 의료를 선도한다. 그중 일찌감치 해외 진출에 역점을 두고 두드러진 성과를 거두고 있는 곳이 있다. 1999년 국내 최초로 미국 컬럼비아대학 내 불임센터를 설립하면서 미국에 진출했다. 최근 중국에 이어 일본까지 진출하는 데도 성공했으며 분야도 확대했다.

음식 한류의 경우에도 유사한 담론 요소가 활용되고 있다. 음식 한류는 음식 + 한류의 조어로 사용되면서 수출되거나 해외에 점포를 내게 된 음식 산업을 의미하며, 언론은 이를 새로운 음식 한류로 조명한다. 치킨 한류, 치맥 한류, 막걸리 한류 등 다양한 사례가 존재한다. 이때 전통적 음식에는 한국성을 부여하고, 서구와 다른 차이가 있다고 강조된다. 당대의 음식에는 한류에 대한 선호도를 강조하면서 음식에 보편성을 부여하고자 한다.

[중앙일보 2010. 3. 5.] 한식에 철학과 이야기 담아 세계화하자

서양에는 고기를 굽는 강도가 세 가지인데 우리는 숯불의 강도와 잿불의 엷고 두터움, 화기의 쪼임 거리, 석쇠의 열전도율 등에 따라 열 가지 이상의 구이 방법을 가지고 있다. … 이 같은 다양성과 가치를 일깨우면서 다른 나라 음식과 차별화하는 전략이 개별 음식을 알리는 것보다 더 빠른 한식 세계화의 지름길이다.

[경향신문 2012. 8. 16.] 네네치킨, 12월에 싱가포르에 첫 해외매장 연다

네네치킨((주)혜인식품, 대표이사 현철호)이 올 12월 싱가포르에 첫 해외 가맹점을 열게 됐다. 네네치킨은 이번 해외 진출로 BBQ, 페리카나 등과 함께 '치킨 한류'를 주도하겠다는 계획이다.

[중앙일보 2019. 11. 28.] 타이베이시 중심가에 정식매장 열고 대만 시장 공략 본격 나서

한류 열풍을 타고 K푸드에 대한 대만 소비자의 선호도가 높아

지는 추세에 맞춰…

박근혜 정부가 2015년 미르재단을 설립하고 그 목표를 한류 확산을 통한 한국의 브랜드 이미지 제고라고 하면서, 엔터테인먼트 중심의 한류를 넘어 음식, 화장품, 라이프스타일에서 한국의 가치를 전파한다는 비전을 내세운 예시에서 단적으로 드러나듯, 콘텐츠가 아닌 제조업과 생활 영역에서의 한국 문화가 타국에 유행하는 것을 한류로 개념화하는 것은 정부 정책과의 조응을 통해 공고해진다. 박근혜 정부 시기 『한류백서』에서부터 소비재 산업이 한류 논의의 장에 포함되고, 이는 2019년 이후 신한류 담론에서 '소비재/서비스 산업 한류'로 공적 통계와 담론의 대상으로 확정되는 데 이른다. 그리고 이러한 소비재 산업의 한류는 한국 문화의 진출이자 한국 산업의 기술적 우수성으로 설명되는 현상이다.

_ 한류의 지리적 · 세대적 범주 확장

언론 보도에서 한류 보도의 중요한 구성 축이 되는 것은 '수출'이다. 특히, 2010년대 이후 소위 문화물 자체가 아닌 2차 한류로 명명되는 '제품의 수출'이 한류 맥락으로 설명되기 시작했다. 그리고 이 제품 수출의 영역이 지리적으로 확장되는 것이 한류의 확산으로 의미화된다.

[중앙일보 2021. 1. 7.] 한국식 치킨은 해외서도 통했다, 김치 비빔밥 밀고 선호 1위

[조선일보 2022. 10. 31.] 한류 열풍에 'K라면' 수출 역대 최대

[경향신문 2022. 3. 24.] 'K과자' 수출 역대 최대… 집콕 한류 효과

이러한 제조품 한류 담론은 문화 콘텐츠에 대한 관심이 자연스럽게 한국 제품 소비로 이어질 것이라고 전제한다. 이는 여러 연구에서도 발견되는 관점이다. 대체로 이러한 연구들은 한류에 대한 관심-한류 콘텐츠의 소비와 체험-한국에 대한 이미지의 긍정적 변화-제품 소비라는 과정을 거치는 것으로 모델링한다(정문석 · 안은재, 2023; 자르갈마 · 유소이, 2020).

[조선일보 2019. 12. 27.] 美 소비자 "K-콘텐츠 접하고 韓 문화 제품에 관심"

콘진원 미국 비즈니스센터 김철민 센터장은 "한국 문화에 대한 관심이 연계 소비로 이어지는 만큼 보다 양질의 K콘텐츠 제작과 유통 전략이 필요하다"고 강조했다.

한류에서 중요한 것은 진출이어서 상호 문화 교류의 맥락은 전혀 논의되지 못하고 있다. 문화 교류의 입장보다 '진출'이 중요한 한류 보도의 담론적 구성요소라는 점은 상품은 물론 각종 시스템이나 제도의 경우에도 '한류'를 붙인다는 점에서 단적으로 볼 수 있다. 박근혜 정부 시기 특히 '치안 한류', '사법 한류' 등으로 명명된 것은 경찰 운용 및 사법 체계 시스템에 대한 해외 정부, 기관의 참조를 한류로 설명하려는 것이었다.

이처럼 한국적인 어떤 것이든 이것을 해외에서 수용하는 것은 한국 자체를 소비하는 것과 동일시된다. 또한 이러한 소비 주체가 세대론적으

로 미래 세대라는 점에서 소비를 통한 지속가능성이 논의된다. 세대 확장의 담론은 한류 콘텐츠의 주체와 한류 수용의 주체를 소위 MZ세대라고 주장하는데, 이는 2010년대 신한류 담론에서도 나타났던 현상이다.「겨울연가」를 위시한 초기 드라마 한류가 중년 여성의 전유물이었다면, 케이팝과 신한류 드라마의 주 수용층은 10~20대 등 젊은 층으로 그 확장 가능성이 크다는 설명이었다(정수영, 2017).

[중앙일보 2019. 12. 5] "K팝 · K뷰티에 K웹툰 추가요~" 인기작가 해외서만 한 달 1억 번다

라인웹툰 글로벌 소비자의 62%는 Z세대로 불리는 13~24세다. K웹툰이 '차세대 한류 주역'으로 평가받는 이유다.

[조선일보 2021. 11. 27.] 코로나에 지친 日 MZ세대, 한류에 빠지다

최근의 4차 한류는 이전과 달리 코로나 기간 넷플릭스 · 유튜브를 통해 한국 드라마를 자주 접한 젊은 층 사이에서 광범위하게 퍼져나가고 있다.

[중앙일보 2021. 12. 21.] 미국엔 비건 김치, 인도에 딸기잼 초코파이… 진격의 K푸드

아시아의 MZ세대는 한국의 매운맛에 대한 관심이 높아 수출용 고추장의 매운 정도를 기존 3단계에서 폭탄맛(4단계)과 핵폭탄맛(5단계)을 추가했다.

세대가 끊이지 않고 연결되는 한 한류 역시 지속적일 수 있다. '지속가능한 한류'는 2019년 문화체육관광부가 제시한 패러다임으로, 콘텐츠의 생명력을 확장하기 위한 방안을 제시한 것이다. 미디어 중심으로 한류를 설명하는 진달용(2022)은 트랜스미디어 스토리텔링의 활성화나 글로벌화된 OTT 플랫폼 운영 등의 기술적 쟁점을 제시하기도 한다. 하지만 언론 보도는 한류의 지속가능성을 한류로 호명될 수 있는 범주와 한류를 소비하는 세대를 확장하는 것으로 제시하고자 한다. 케이팝의 유행을 중심으로 지리적 확장성이 일어나 문화 콘텐츠에 대한 관심이 새로운 MZ세대에 생겨나고, 이것이 한류 품목을 확대하게 되는 순환 구조가 언론이 제시하는 지속가능성의 이미지라고 할 수 있다.

[조선일보 2022. 5. 24.] CNN, 한국 막걸리에 주목 "차세대 한류 주인공"

김 대표는 "한국의 소프트파워가 아시아를 넘어 확장하고 있는데, 막걸리도 이 한류를 탈 것이라고 생각한다"고 전했다.

[조선일보 2019. 1. 6.] 네이버 · 카카오, 캐릭터로 차세대 '韓流' 이끈다

[경향신문 2022. 1. 9.] 세계 속 위상 높아진 'K푸드'… 해외 영토 확장 속도 낸다

미국 유명 프로농구 선수는 비비고가 새겨진 유니폼을 입고 코트를 누빈다. 해외 전용 상품으로 만든 과자가 한국에 역진출하는 일도 생겼다. 이런 추세에 힘입어 식품업계는 새해 차세대 K푸드를 찾아 해외 진출에 속도를 내고 있다.

한류 수용자 세대의 확장은 종종 이러한 문화의 확산을 '방해'하는 것으로 상정되는 정치적 갈등을 해소하기 위한 노력을 해야 하는 정부에 대한 요구를 정당화하는 논리가 된다. 예를 들어 한한령이나 한일 관계의 해소 혹은 회복을 위한 논의에서는 한류에 따른 양국 국민 간의 이해 증진, 혹은 한류 문화의 주요 소비자인 해당 국가 국민의 수요와 욕망이 중요하게 취급된다. 그러나 문제는 정부가 이러한 해외 수용자의 요구를 따라가지 못한다는 것으로, 정부가 정치적 갈등을 해소하기 위해 노력하거나 수용자 요구를 활용하여 최대한의 산업적 확산을 뒷받침해야 한다는 것이 강조된다.

> [중앙일보 2018. 5. 29.] 한한령 피해 … 한국보다 중국이 더 컸나
>
> 한한령 이후에도 한류 콘텐츠에 대한 중국인의 접촉 기회가 크게 줄지 않았다는 점이다.

> [중앙일보 2019. 2. 26.] 중국의 '뒤끝 작렬' 한한령, 한류의 미래는 있는가
>
> 한류 콘텐츠에 대한 중국 내 수요가 사라진 건 아니라는 점을 명심할 필요가 있다. 콘텐츠를 만드는 과정에서의 수요는 여전하다. 다만 시장과 정부가 엇박자를 내고 있을 뿐이다.

_ 한류 원조 찾기를 통한 시간적 확장과 문화 민족주의

국외 한류 수용층의 세대 전환을 통한 한류의 시간적 확장은 국내에서는 '원조 찾기'를 통해 역사적으로 한류 범주를 늘려가는 것으로 이루어지기도 한다. '원조 한류 스타'는 1980년대 영화 배우나 가수들이 호명될 때 사용된다. 김시스터즈 등의 스타들의 미국 진출이나 리틀엔젤스 같은 활동에도 '원조' 한류 스타의 개념을 쓴다. 리틀엔젤스의 경우는 냉전기와 그 전환기에 있어 평화사절단 역할을 하면서 한국 공연의 반경을 넓혔다는 의의가 있으나(김희선, 2022), 그 문화사적 의의를 언론이 '한류'로 개념화하는 것은 한류라는 현상을 수용 현상이나 문화적 교류의 차원이 아닌 순전히 '한국' 유래의 것이 해외로 '진출'한 것으로만 의미화하기 때문이라고 할 수 있다.

[중앙일보 2017. 1. 22.] 1950년대 한류 이끈 원조 걸그룹 김시스터즈

[경향신문 2020. 3. 10.] 미국서 스탠드업 코미디로 인기 '원조 한류스타' 자니윤 별세

[중앙일보 2022. 12. 2.] 환갑 된 리틀엔젤스… 천상의 목소리로 '한류 원조' 전한다

특히 한국 문화의 우수성을 설명하기 위해 한류의 기원이 역사적으로 계속 거슬러 올라가는 양상이 된다. 삼국시대는 물론 고려, 조선시대 등 근세사에 이르기까지 '해외에 소개된 한국 문화'는 모두 한류의 원조라고 불

린다.

[한겨레 2011. 10. 4.] '원조 한류' 구운몽, 중국판 필사본 발견

『구운몽』은 한류의 원조였다. 조선시대 한글소설 걸작인 김만중(1637~1692)의 『구운몽』이 19세기 초 중국에서 백화문(일상적인 중국어 입말)으로 개작돼 출판됐음을 입증하는 필사본(손으로 직접 쓴 책)이 발견됐다.

한류가 문화 민족주의의 산물이기만 한 것이라고 할 수는 없으나, 한류를 경제적 목적에 맞추어 동원하려는 데는 문화 민족주의가 중요한 맥락으로 작동한다. 언론 보도가 한류를 경제적 요소와 산업 주체들의 맥락에서 조망하고 있어 한류 원조라는 담론 요소의 등장은 단순히 문화적인 것이라기보다는 경제적 성장 담론과 연계된다. 특히 2010년대 후반 지자체들이 한류를 지역경제 성장의 중요한 창출원으로 상정하면서 고대·중세의 역사적 사건 중 해외와의 교류가 활발했다고 알려진 지역의 문화를 '원조 한류'로 명명하는 일이 늘어났다. 대표적으로 삼국시대 백제 유적이 많은 지역 축제는 '원조 한류 축제'로 명명하고, 언론 역시 이를 중요한 이벤트로 의미화하여 보도한다.

[경향신문 2012. 9. 27.] 일본 예능의 뿌리 1,400년 전 '원조 한류' KBS1 「역사스페셜」

> [조선일보 2022. 10. 6.] 250척의 돛배가 뜬 백제의 위용을 보며
>
> "한류 원조, 백제의 빛과 향"이라는 주제로 열린 이번 행사에는 과거 백제가 세계 여러 나라와 교류하며 문화를 꽃피우고 이웃 나라에 그 문화를 전파하는 등 세계 문화 발전에 크게 이바지했던 강국 백제의 면모를 담았다. 말 그대로 '한류의 원조' 격이다.

'원조'의 의미는 문화적 기원을 다루는 것이면서, 지자체의 요구와 역사학계의 요구 등이 결합하면서 발생한 것으로 볼 수 있다. 대표적으로 백제 문화를 "한류의 진원(Epicenter)"이라고 주장하거나 '1세대 한류'라고 호명하는 일련의 논의들(손대환, 2021; 강종원 · 김경미, 2006)이 충북 혹은 충남 지자체의 문화산업 활성화 전략과 맞물려 백제 문화의 세계화 같은 키워드를 생산해내고 있다. 그리고 이러한 역사 발굴은 학술적인 것이기도 하지만 지역 축제나 문화 상품과 연결되면서 관광 담론의 맥락하에 한류 원조를 불러내는 결과로 이어진다.

— 대내 경제 활성화와 한류의 경제성

한류는 대내 경제와도 밀접한 관련을 맺는 현상이다. 특히 부동산과 주식이 관련되는데, 부동산의 경우 정부 정책에서 한류를 호명하는 방식과 관련된다. 박근혜 정부 시기, 한류는 한국의 우수성을 알리면서 경제적 효과를 거두는 핵심 정책 기반으로 선언되고, 이에 따라 한류의 해외 확산이 주요 정책 가치가 되어왔다. 한류의 해외 확산은 한류의 수출을 의미하지만 동시에 한류로 인한 국내로의 유입 역시 중요하게 다루어지며, 관광

업과 부동산업은 이러한 한류의 직접적 수혜자이자 또 다른 한류로 설명된다. 부동산의 경우 관광과 관련되어 '한류를 위한 부동산 개발 지역'이 설정되며, 언론은 이를 부동산 전문가의 이름을 빌려 그 전망을 상세하게 전달한다. 사실상 산업의 이해관계에 한류가 동원되는 상황이지만, 언론이 이러한 산업의 이해관계를 객관적 사실 혹은 시민의 이해관계인 것으로 표상한다는 점에서 문제가 되기도 한다.

한류 테마 주식 소개, 신금융산업 소개 기사, 부동산 소식 기사들의 형식은 대체로 보도자료의 일반적 인용 기사다. 취재가 포함되는 경우는 드물고, 관련 산업 주체들이 사업설명회 자료 등을 통해 제시하는 비전, 사업목표 등이 기사의 주요 내용이다.

[한겨레 2011. 5. 12.] 홍콩 브라질에 '금융 한류' 씨앗 심다

미래에셋증권의 세계시장 진출 목표는 '금융 한류'의 확산에 있다. 한국의 금융시스템과 투자상품을 세계로 수출하는 것이다. 미래에셋 브라질 법인은 지난 1월 17일 브라질거래소 주식거래 주문호가 체계가 구축된 웹트레이딩 시스템을 개설했다.

한편 부동산의 경우 정책과 밀접한 관련을 맺는 영역이다. 한국의 부동산 규제가 지대와 임대료 상승에 직접 영향을 미치고 있는 상황에서 산업 지구 형성이나 관광 지구, 그리고 외국인 거주 혹은 임시 거주 가능 지구의 형성은 정책 변화와 관련을 맺는다. 정부와 지자체가 나서서 이러한 산업 지구의 형성 논리로 한류를 제시하는 것이 언론 보도를 통해 대중에게 전달되면서 한류의 대내 경제 성과로 인식될 수 있다. 이는 구체적 예상 수익의 제시를 통해 이루어지기도 한다.

[경향신문 2016. 5. 20.] 한류 랜드마크 'K컬처밸리' 첫 삽

문화부는 K컬처밸리의 초기 운영 시점인 2021년까지 향후 5년간 5만 6,000개의 일자리 창출과 8조 7,000억 원의 경제 유발 효과, 연간 500만 명의 한류 관광객 방문을 기대하고 있다.

[조선일보 2022. 10. 13.] 서울시, 동대문 일대에 '뷰티산업 지구' 조성

동대문디지털플라자(DDP) 일대는 뷰티산업과 한류 연계 문화 · 관광 콘텐츠 산업까지 포괄하는 '뷰티융합 특정개발진흥지구' 지정을 추진한다. 동대문을 글로벌 뷰티산업의 허브로 만들겠다는 계획은 오세훈 시장의 역점 사업 중 하나다.

이러한 보도들은 한편으로 시민에게 투자 정보로 인식된다는 점에서 한류의 성공을 경제적 성공과 동일시하고 더 나아가 대내 경제나 가정 경제에 영향을 미치는 중요한 사건이며, 시민 투자의 정당화를 이끄는 담론적 기능을 하게 된다. 한류로 인한 외국인 관광객의 증가를 비롯하여 주식 및 부동산과 관련된 한류의 내대 경제 영향력은 언론 보도를 통해 지속적으로 환기되고 있다.

[중앙일보 2012. 10. 4.] 국내 외국인 여행자 수 증가, 게스트하우스 유망 창업 아이템

K-pop과 한류 문화 열풍으로 외국인들의 한국에 대한 관심이 높아지고 관광에 대한 수요가 계속해서 늘어나고 있지만, 이들을 수용할 수 있는 숙박업체는 현저히 부족한 상태다.

[중앙일보 2015. 1. 8] 주택 수요 감소 채우는 외국인들

게다가 외국인 수요가 자꾸 늘어나 국내 수요 감소분을 채워주고 있다. … 앞으로 한류(韓流)와 맞물려 세계 각지에서 한국을 찾는 외국인은 더욱 늘어날 것으로 보여 부동산 시장은 결코 비관적이지 않다는 분석이다.

| 나가며

한류의 문화적 쟁점, 예를 들어 수용자의 수용과 문화적 혼종성, 디지털미디어를 통해 매개되는 참여적 문화 등의 쟁점 역시 언론에서 다루어지고 있다. 이 글은 한류의 '진출'이라는 키워드를 통해 구성되는 한류에 대한 산업적 맥락에 주목했다. 한국 소비재 산업의 해외 진출이 한국 문화의 기술적 · 역사적 우수성을 통해 이루어진 것처럼 담론화되고, 수용자들은 문화를 즐기는 것이 아닌 산업적 소비를 하는 대상으로 간주되는 보도들이 반복된다. 그리고 이러한 해외 진출의 성공은 대내 경제로 돌아와 부동산과 주식 등의 경제적 이윤 체계와 맞물리는 것으로 설명된다. 정부가 부동산 개발 논리로 한류를 활용하고, 언론이 정부의 한류 지원을 적극적으로 요구하는 가운데 한국 문화의 성공이 경제적 성과로 간주된다. 한국 문화의 우수성은 이러한 성공과 진출의 근거이며, 그 우수성은 원조를 찾는 시간적 확장을 통해 증명된다.

언론 보도에서는 문화 수용과 교류에 대한 관점보다 한국 문화의 진출, 수출을 중심으로 한류를 개념화하고 있다. 보도량이 늘어나는 시기는

특정한 새로운 지역에 한류의 성공으로 간주될 만한 현상이 일어날 때였고, 이러한 문화 콘텐츠의 성공은 소비재와 서비스업 및 여타 산업 분야의 확장 근거로 설명된다. 이를 위해 선택되는 한류의 조어들은 그것이 어떤 문화적 의미가 있어서가 아니라 해외에 소개되었다는 의미에서 구성되는 것이며, 연속성이나 해당 문화권에서의 의미가 심층 탐구되지 않는다. 진출의 파편적 사례들이 '○○ 한류'로 명명되는 것이다. 이는 원용진(2001; 윤태진, 2002에서 재인용)이 지적한바, 특정 스타의 성공을 한국 문화 전반의 성공으로 동치한 후 파편적 사례들을 근거로 활용하는 한류에 대한 담론적 구성물의 논리 구조와 유사한 것이기도 하다.

문화 수용과 교류라는 차원에서 한류 현상의 중요한 핵심은 선행연구들의 지적과 같이 수용자들의 참여적 양상이다. 하지만 이러한 수용자들 역시 한국 문화에 대한 선호를 상품에 대한 선호로 전환하는 소비 주체로만 상상되는 것이 현재 산업적 관점에서의 한류 보도 양태다. 정부가 한류를 소비재 산업으로 확대하고 이를 적극적으로 언론이 수용하는 구조에서 한국 문화의 우수함에 반해 한국의 모든 것을 소비하는 해외 수용자라는 상을 만들어 한국 문화의 우수성 논리와 문화 민족주의적 정서를 강화하게 된다. 문화 수용 현상으로서의 한류에서는 한류에 대한 선호 외에 발생하는 문화 간 역학을 다룰 필요가 있다. 실제 한류에 대한 피로도, 경계심이 관찰되고 있기도 하며(김수정, 2011), 혐한 같은 적극적 안티 담론 역시 형성되어 있다. 언론이 한류 현상을 교류와 수용 현상으로 의미화하려면 타 문화권을 진출이 가능한 새로운 공간으로만 상상하는 현재의 차별적 인식에서 벗어나 수용의 다양한 차원을 조망하는 것이 필요하다. 그리고 이러한 수용 차원에 주목하게 될 때 한국 문화의 시간적 · 지리적 확장이라는 문화 민족주의적 상상력의 한계를 벗어날 수 있을 것이다.

참고문헌

강종원 · 김경미. 「충남 문화산업의 활성화를 위한 백제역사 · 문화자원의 개발 및 활용방안 모색」. 『인문콘텐츠』 7, 2006, 197-228쪽.

김수정. 「동남아에서 한류의 특성과 문화취향의 초국가적 흐름」. 『방송과 커뮤니케이션』 13(1), 2011, 5-54쪽.

김신동. 「동아시아의 초국적 문화수용과 타자 인식」. 한국방송학회 세미나 자료집 『당대 한국문화와 중국』, 2002, 162-180쪽.

남일우. 「한류보도와 문화홍보: 독일 언론의 한류보도 프레임 분석」. 『한국콘텐츠학회 논문지』 17(8), 2017, 312-324쪽.

문화체육관광부. 『신한류 진흥정책 추진 계획』, 2020. 7. 16.

박갑룡. 「동남아시아의 한류 동향과 신남방정책 관련 과제 연구: 한국문화사업교류재단의 한류백서를 중심으로」. 『재외한인연구』 52, 2020, 83-120쪽.

박대민 · 이규탁. 「한류의 산업화, 금융화, 그리고 스타트업화: 한류와 K-POP 보도 21년치 뉴스 빅데이터 분석을 중심으로」. 『한국언론정보학보』 112, 2022, 7-66쪽.

박소정. 「확장하고 경합하는 K: 국내 언론 보도를 통해 본 K 담론에 대한 분석」. 『한국언론학보』 66(4), 2022, 144-186쪽.

______. 「피부색을 탈식민화하기: 포스트식민 시대의 미백 배치에 대한 연구」. 서울대학교 박사학위논문, 2020.

손대환. 「백제〈호선무(百濟胡旋舞)〉버전 콘텐츠 설정연구: 한류(韓流)의 진원 〈백제기악(百濟伎樂)〉을 중심으로」. 『한국엔터테인먼트산업학회논문지』 15(1), 2021, 13-25쪽.

양문희. 「한류 방송 콘텐츠 확산을 위한 방안 연구」. 『한국콘텐츠학회논문지』 19(11), 2019, 201-210쪽.

양카이 · 정정주. 「중국 언론의 한류보도 프레임연구: 2009년~2014년 인민일보, 중국청년보, 신민만보를 중심으로」. 『언론과학연구』 15(2), 2015. 412-442쪽.

원용진. "K-드라마 논의 구조 형성을 위한 기초 연구 제한". CHS 100분 토크 23-5회차 발표문(2023. 9. 25).

유상철 외. 『한류 DNA의 비밀: 소프트 파워, 소프트 코리아의 현장을 찾아서』. 생각의 나무, 2005.

유세경 · 이석 · 정지인. 「중국 일간지의 "한류" 보도에 나타난 프레임 분석」. 『한국언론정보학보』 57, 2012, 202-226쪽.

윤선희. 「문화 간 커뮤니케이션과 뉴스 보도의 내러티브 분석」. 『한국언론정보학보』 36, 2006, 162-197쪽.

윤태진. 「중국의 한류(韓流) 현상에 대한 한국 미디어의 보도경향 연구」. 한국방송학회 세미나 자료집 『당대 한국문화와 중국』, 2002, 78-107쪽.

이동연. 「한류는 문화민족주의의 산물인가?」. 『황해문화』 115, 2022, 56-75쪽.

이지수 · 고영란. 「미디어 이슈를 통해 본 일본에서의 한류 및 K-컬쳐의 토픽 양상 및 변화: '03~'22년 국내 뉴스 기사를 중심으로」. 『일본연구』 38, 2022, 207-242쪽.

자르갈마 · 유소이. 「한류에 대한 몽골 소비자 태도가 한국의 건강기능성 식품 구매의도에 미치는 영향: 한류 관여도의 조절효과 분석」. 『산업경제연구』 33(5), 2020, 1547-1570쪽.

정문석 · 안은재. 「동남아국가 한류체험이 한국 화장품 구매의도에 미치는 영향연구: 말레이시아와 필리핀을 중심으로」. 『벤처창업연구』 18(3), 2023, 173-189쪽.

정수영. 「'신한류' 드라마 〈미남이시네요〉의 수용 및 소비 방식은 한류 드라마와 어떻게 다른가?」. 『한국언론정보학보』 85, 2017, 61-100쪽.

조규헌. 「3, 4차 일본 한류 현상의 특수성 고찰」. 『일본문화연구』 77, 2021, 299-314쪽.

조한혜정. 「동/서양 정체성의 해체와 재구성: 글로벌 지각 변동의 징후로 읽는 '한류열풍'」. 『한국문화인류학』 35(1), 2002, 3-40쪽.

진달용. 『한류 신화에 관한 10가지 논쟁』. 한울아카데미. 2022.

최영화. 「이명박 정부의 기업국가 프로젝트로서 한류정책: 전략관계적 접근법을 통한 구조와 전략 분석」. 『경제와 사회』 97, 2013, 252-285쪽.

최영환 · 손수진. 「중남미 지역 한류 동향 분석에 의한Inbound Tour 진흥 방안: 4개국 현지 언론 보도기사를 중심으로」. 『호텔리조트연구』 17(1), 2018, 65-81쪽.

최진호 · 류웅재. 「신한류(新韓流)의 담론정치: 주요일간지 한류 보도에 관한 담론분석을 중심으로」. 『우리춤과 과학기술』 8(3), 2012, 346-379쪽.

홍석경. "한류의 세계사적 의미". 대한민국역사박물관 한류의 역사, 역사박물관의 한류: 새로운 시대의 포착과 재현 세미나 발표문. 2023. 7. 27.

Lie, John. "What is the K in K-pop? South Korean popular music, the culture industry, and national identity." Korea observer, 43(3). 2012, pp. 339-363.

Yoshida, Haruka. 「일본 주요 일간지의 '한류' 관련 기사 프레임 연구」. 이화여자대학교 석사학위논문, 2019.

1970년대 초반 홍콩 무협영화와 아시아 공간의 상상: 「사기사」

하승우
한국예술종합학교 부교수

쇼브라더스가 제작한 「의리의 사나이 외팔이」(장철, 1967)는 「대취협」(호금전, 1966)과 함께 홍콩 무협영화의 전성기를 열어젖힌 영화다. 이 영화의 엄청난 흥행 성공에 힘입어 장철 역시 일약 유명세를 타게 된다. 호금전이 섬세한 미장센과 여성 무협을 강조한다면, 장철은 극단적 폭력과 남성성을 강조한다는 점에서 호금전과 큰 차이를 보인다. 장철은 호금전과 달리 "남성 영웅을 재해석하고 원형을 재구성하여 '강력한' 남성성을 강조"했고, 이러한 자신의 영화를 '양강'으로 명명했다. 스티븐 티오는 양강이 "남성성 또는 남성의 생식기관을 함의하는 양"과 "단단한 근육과 사나운 얼굴로 가슴을 드러내어온" 불교의 호법신(護法神) 바즈라파니[금강역사(金剛力士)]의 "중국 이름인 진강"이 합쳐진 용어라고 설명한다.*

* Stephen Teo, Chinese Martial Arts Cinema: The Wuxia Tradition, Edinburgh: Edinburgh University Press, 2009, p. 95; 이영재, 『아시아적 신체: 냉전 한국 · 홍콩 · 일본의 트랜스/내셔널 액션 영화』, 소명출판, 2020, 318-319쪽에서 재인용. 단, 번역은 수정. 이영재는 장철이 강력한

「의리의 사나이 외팔이」(1967), 「금연자」(1968)에서 주연을 맡으며 홍콩 무협영화의 유행을 주도했던 왕우는 1969년 더 이상 장철의 영화에 출연하지 않고 자신이 직접 영화를 연출하기 시작한다. 「용호의 결투」(1969)는 왕우의 감독 데뷔작이며 권격영화의 효시이기도 하다. 권격영화는 칼이나 무기를 쓰지 않고 오직 손으로만 무술을 하는 영화를 가리킨다. 1970년대 초반 쇼브라더스를 떠난 왕우는 대만으로 거처를 옮겨 영화를 제작하면서 배우로도 출연했다[「열화문」(정선대, 1971)]. 왕우가 장철 무협영화의 제1대 주인공이라면, 강대위와 적룡이 그 뒤를 잇는다. 강대위는 왕우가 주연을 맡은 「금연자」(장철, 1968)와 「돌아온 외팔이」(1969)에서 단역 출연한 뒤, 「사각」, 「보표」를 통해 주연으로 발돋움했다. 분기점이 된 것은 「복수」(장철, 1970)의 흥행 열풍이었다. 강대위와 적룡이 함께 주연을 맡았던 「복수」가 흥행에 성공하자, 쇼브라더스는 장철이 연출하고, 강대위와 적룡이 출연하는 영화를 다수 제작하기 시작한다.

강대위와 적룡은 왕우와 이소룡에 비해 상대적으로 주목을 덜 받은 편이다. 그러나 유혈이 낭자한 극단적 폭력, 신체 훼손, 마조히즘, 벼랑 끝에 선 남성성, 동성애적 요소 등을 펼쳐 보이는 강대위와 적룡(그리고 장철)

남성성을 강조한 이유를 두고, 이것이 "여성 멜로드라마 위주의 당시 홍콩영화에 대한 비판이자, 1950년대 다수의 광동어와 약간의 만다린어로 만들어진 구파 무협판에 대한 비판이며, (더 나아가서는) 호금전에 대한 우회적인 비판"의 소산이라는 점을 강조한다. 이영재, 같은 책, 320쪽. 여기서 호금전에 관한 설명을 덧붙일 필요가 있다. 「대취협」(호금전, 1966)은 쇼브라더스가 제작한 영화로 호금전 감독의 첫 무협영화이며 여성 무협을 표방한다. 국내에서는 1967년 파라마운트 극장에서 「방랑의 결투」라는 제목으로 개봉했으며, 엄청난 흥행 성공을 거두었다. 「대취협」의 성공에도 불구하고 호금전은 쇼브라더스의 대표 런런쇼와 갈등을 빚게 되면서 쇼브라더스를 떠나게 된다. 그는 이후 자신의 영화 경력을 대만에서 이어가면서 「용문객잔」(1967), 「협녀」(1969) 등을 제작했다. 호금전의 1970년대 영화 「공산영우」(1979), 「산중전기」(1979)는 한국에서 로케이션한 영화들이기도 하다. 한편 호금전이 대만으로 자리를 옮기자, 쇼브라더스가 호금전의 대체자로 지목한 이가 바로 장철이다.

을 분석하기 위해서는 상당히 복잡한 독해와 분석을 필요로 한다. 예컨대 호금전의 영화가 상대가 눈치채지 못할 정도로 순식간에 몸을 날려 위치를 바꾸거나, 휙 소리를 내며 높이 날아오르는 기법을 주로 활용한다면, 강대위는 빠르고 높은 점프를, 적룡은 무술로 단련된 상반신을 자주 노출한다. 강대위와 적룡이 주로 출연한 1960년대 후반에서 1970년대 초반에 제작된 장철의 영화는 자신이 뻔히 죽을 것을 알면서도 이에 아랑곳하지 않고 적진에 뛰어들어 사투를 벌이는 특징을 띠는데, 이때 주목할 만한 것은 칼과 검이 인물의 몸을 관통해도 바로 죽지 않고 계속 살아 있다는 점이다. 당시 장철의 영화는 삶과 죽음의 경계에 서 있으면서, 그 경계 속에서 육체의 소진을 주로 드러내 보였다. 이런 점에서 장철의 영화는 반무술적이라고 할 수 있다. 왜냐하면 무술이야말로 우치다 타츠루가 주장하듯이, 삶을 살아가는 능력으로 정의되기 때문이다. "무술이 기르고자 하는 것은 '살아가는 힘'이고, 그 힘은 어디서나 잘 수 있는 능력이라든가 아무거나 가리지 않고 먹을 수 있는 능력이라든가 세포의 빠른 재생 능력 같은 종류의 힘입니다. 어디서나 잘 수 있는 능력은 스트레스를 완화하여 건강을 유지하는데 매우 유효한 힘입니다. 무엇이든 소화할 수 있고, 다쳤을 때 상처가 쉽게 아물고 부러진 뼈가 금방 붙는 것도, 힘이 강하다든가 빨리 달릴 수 있는 것과 마찬가지로 또는 그 이상으로 생명체에게는 생존 기회를 높여주는 능력입니다."* 지면 관계상 자세한 설명을 할 수는 없지만, 바로 이런 맥락에서 무협 액션 영화를 분석하기 위한 이론적 틀로 노동력 개념이 활용될 수 있을 것이다.**

* 우치다 타츠루, 『어른 없는 사회: 사회수선론자가 말하는 각자도생의 생존법』, 김경옥 역, 민들레, 2017, 113-114쪽.

** 노동력과 액션영화의 관계에 관한 선구적 연구로는 Paul Willemen, "Action Cinema, Labour

1970년대 초반은 장철, 강대위, 적룡이 전성기를 구가하던 시기이자, 쇼브라더스가 아시아 영화 네트워크에서 주도적 위치를 차지하던 시기이기도 하다. 다수의 영화를 빠른 속도로 제작하는 데 능했던 장철은 급기야 1972년 8편의 영화를 연출하게 되는데, 이 글에서 집중적으로 분석할 「사기사」 역시 그중 한 편이다. 쇼브라더스가 제작하고 장철이 연출한 「사기사」(1972)는 한국전쟁 종전 직후를 배경으로 한다. 「사기사」의 줄거리는 다음과 같다. 서울 시내에 근거지를 둔 국제 범죄조직이 일본에서 마약을 공급받아 퇴역한 주한미군을 통해 마약을 운반할 계획을 세운다. 한국전쟁에 참전했다가 퇴역한 평샤(적룡)는 서울 시내를 배회하다가 우연히 범죄조직과 싸움에 휘말리게 되고, 주한미군을 살해했다는 누명을 쓰게 된다. 평샤가 위험에 빠지자, 진위(강대위), 과인한(왕종), 리위스(진관태)는 평샤를 도와 범죄집단의 계략과 음모에 맞서 싸우게 된다. 4명의 인물(사기사)이 적에 맞서 격투를 벌이는 동안 과인한과 리위스는 먼저 죽게 된다. 살아남은 진위와 평샤는 범죄집단을 거의 소탕하는 단계에까지 이르렀지만, 영화의 마지막에 이르러 평샤가 미군을 살해했다고 확신한 한국 헌병대에 의해 모두 사살당한다.

이렇듯 「사기사」에서 가장 주목할 만한 장면은 영화의 마지막에 등장하는 한국 헌병대의 집단 사살 장면이다. 평샤가 주한미군을 살해했다고 철석같이 믿은 헌병대는 마약 밀매조직이건 그 조직에 대항하여 싸우는

Power and the Video Market," Hong Kong Connections: Transnational Imagination in Action Cinema, edited by Meaghan Morris, Siu Leung Li and Stephen Chan Ching-kiu, Durham and London: Duke University Press, 2005 & Hong Kong: Hong Kong University Press, 2005 참조. 폴 윌먼의 이론적 틀에 바탕을 두고 1960~1970년대 한국 액션영화를 분석한 논문으로는 박상빈, 『남한 액션 영화와 노동력 상품의 변화양상 간의 상관관계 연구: 1960-70년대를 중심으로』, 한국예술종합학교 영상원 전문사 논문, 2018 참조.

자들이건 가리지 않고 무차별 사살한다. 이 순간 한 편의 평범한 무협영화에 머물던 「사기사」는 우리에게 국가폭력의 실상을 마주하도록 한다. (이런 이유에서인지 몰라도 「사기사」는 한국에서 개봉되지 못했다.) 이 글의 후반부에서 자세히 언급하겠지만, 「권격」(장철, 1971), 「악객」(장철, 1972), 「사기사」는 영화 내내 국가가 세워놓은 인위적 장벽을 자유롭게 넘나드는 혼종적 · 초국경적 공간을 강조한다. 그러나 헌병대가 홍콩인을 무차별적으로 사살할 때, 영화는 우리가 잠시 망각하고 있었던 것, 즉 한 국가와 다른 국가를 가르는 경계로서의 국경(國境)의 문제는 언제나 통제와 차단 등 배제적 성격을 지니고 있다는 점을 떠올리게 한다. 장철과 쇼브라더스의 영화가 대부분 비정치적임을 감안해볼 때, 「사기사」는 매우 예외적인 위치를 차지한다. 「사기사」를 본격적으로 해부하기에 앞서, 이 글은 우선 쇼브라더스처럼 아시아 지역에 기반을 둔 초국적 영화 네트워크가 1960년대 중 · 후반 이후 어떤 방식으로 재편되었는지 살펴보고, 이때 한국과 일본의 영화산업이 어떤 방식으로 쇼브라더스와 관계를 맺었는지 검토한다. 당시에 펼쳐진 초국적 스크린 커넥션의 흐름을 개괄한 후, 「사기사」의 정치적 함의를 상세히 분석하고자 한다. 이를 기초로 우리는 1970년대 초반 한국의 '지정학적 무의식'을 일별할 수 있을 것이다.

| 쇼브라더스 약사(略史)

1920년대 상하이에서 영화사업을 시작한 룬메쇼와 런런쇼 등 소씨 일가는 1950년대 후반, 홍콩에 자리를 잡고 동남아시아에 광범위한 영화

네트워크를 구축하기 시작한다. 1958년 런런쇼가 창업한 쇼브라더스는 싱가포르 · 말레이시아 자본에 기반을 둔 스튜디오였으며, 동남아시아 화교 관객을 주된 타깃 관객층으로 삼았다. 쇼브라더스는 1960년대 초반까지만 하더라도 화교권 영화산업 및 동남아시아 영화산업의 패권을 두고 MP & GI(캐세이영화사)와 치열한 경쟁을 벌였지만, 1964년 MP & GI의 주요 간부들이 비행기 사고로 사망하면서 홍콩 영화산업의 주도권을 쥐게 된다.

호금전의 「대취협」(1966), 장철의 「의리의 사나이 외팔이」(1967) 등이 흥행에 크게 성공하자, 쇼브라더스는 일본, 한국, 인도네시아, 필리핀 등지에서 감독과 배우들을 초빙하면서 광범위한 아시아 영화 커넥션을 구축한다. 1966년 쇼브라더스는 홍콩 청수만에 '무비타운'을 완공하며 본격적으로 홍콩 영화산업을 주도하게 된다. 무비타운의 건설은 "쇼브라더스가 제작 · 배급 · 상영을 포괄하는 수직통합형 네트워크를 구축"했음을 뜻한다.* 다시 말해, "계약제 스타 배우들, 대형 스튜디오, 팀 형태로 구성된 감독과 각본가들, 그리고 기숙사, 극장, 현상 · 인화소 등을 보유"** 한 쇼브라더스는 영화 제작 및 수용에 관한 모든 부분을 스스로 해결할 수 있게 된 것이다. 이에 덧붙여 언급해야 할 것은 당시 쇼브라더스가 성공하게 된 주

* 이상준, 『영화와 문화냉전: 미국 외교정책과 아시아 영화네트워크의 기원』, 김지은 역, 소명출판, 2023, 326쪽.

** 종보현, 『홍콩 영화 100년사: 홍콩 영화 · TV 산업의 영광과 쇠락』, 윤영도 · 이승희 역, 그린비, 2014, 388쪽. 종보현은 1970년대 초반 전성기를 구가하던 쇼브라더스 스튜디오의 규모 및 제작 방식을 다음과 같이 설명한다. "쇼브라더스가 직접 세운 영화세트장의 면적이 46만 평방미터에 달했고, 그 안에 스튜디오 15동, 오픈세트 및 촬영장 16곳, 더빙 및 녹음실 3곳, 그리고 수많은 현상실과 영사실이 있었다. 각 스튜디오마다 팀별로 돌아가면서 유동작업을 진행했는데, 각 스튜디오별로 3팀이 각기 8시간씩 작업하여 스튜디오 자원을 충분히 활용했다. 초빙되어 온 배우가 약 1,500명에, 기타 직원이 약 2,000명 있었다." 종보현, 같은 책, 391쪽.

된 원인이 동남아시아 전역에 걸쳐있던 방대한 배급/상영망 덕분이었다는 점이다. "1973년에 이르러 쇼브라더스가 아시아에서 직접 소유한 극장이 141곳이었고, 쇼브라더스와 상영 계약을 맺은 극장은 250곳이었다. 그 때문에 쇼브라더스 영화의 배급망은 아시아 최고라 할 수 있었다."*

쇼브라더스는 광동어 영화의 몰락과 만다린어 영화의 부흥기를 가져왔다. 1960년대 초반부터 쇼브라더스가 MP & GI와 함께 영화산업을 양분하기 시작하면서 만다린어 영화가 급증하게 되었는데, 심지어 1972년에는 광동어 영화가 단 한 편도 제작되지 않았다.** 만다린어 영화 제작이 급증했다는 사실은 쇼브라더스 같은 대형 스튜디오가 홍콩 영화산업에 존재하던 기존의 군소 영화사를 압도했을 뿐만 아니라, 타깃 관객층의 범위를 싱가포르와 말레이시아 등 동남아시아 화교 관객으로 확장했음을 알려준다. 그러나 쇼브라더스는 1970년대 초반 이소룡 주연의 영화들을 제작한 골든하베스트와 경쟁하면서 서서히 홍콩 영화산업의 주도권을 내어주게 되었고, 이후로는 TV 산업 쪽에 역점을 두기 시작한다. 골든하베스트와의 경쟁 및 TV 산업으로의 진출이 1980년대 광동어 영화산업이 부활하는 계기를 마련하기도 했지만, 쇼브라더스는 1980년대부터 깊은 침체기에 빠져들었고, 2011년 창업주 런런쇼가 일선에서 물러나면서 역사의 뒤안길로 사라지게 되었다.

지금까지 쇼브라더스의 역사를 간략하게 일별했다. 그러나 아시아 내에서 형성되는 초국적 문화 순환은 좀 더 복잡한 독해를 요청한다. 초국적 순환을 가능하게 한 역사적 조건을 문화정치적 관점에서 분석할 필요가

---

* 종보현, 같은 책, 393쪽.

** Pak Tong Cheuk, Hong Kong New Wave Cinema (1978-2000),Bristol and Chicago: Intellect, 2008, p. 41.

있다. 표면적으로 볼 때 태평양전쟁 후 형성된 아시아 영화 네트워크는 신생 독립국의 초국적 교류 및 협력을 바탕으로 구성되었다. 그러나 아시아 영화 네트워크의 동학을 제대로 규명하기 위해서는 당시 정세 속에서 미국이 어떤 문화적 개입을 행사했는지 들여다볼 필요가 있다. 미국은 반공주의의 기치를 앞세워 아시아 신생 독립국의 문화 교류 및 협력을 포획하거나 규제하기 위해 아시아 영화산업 형성에 물적 · 제도적 지원을 아끼지 않았다. 실례로 냉전 시기 반공주의 전파를 목적으로 설립된 아시아재단은 "한국, 일본, 타이완, 홍콩, 인도네시아, 필리핀, 말레이시아, 싱가포르, 태국, 베트남 등 아시아 9개국이 참가하는 아시아 영화제(제1회는 도쿄, 2회는 홍콩)의 창설과 개최를 지원"한 바 있다.* 이런 맥락에서 이상준은 아시아 영화제를 비롯한 아시아 영화 네트워크를 "냉전 문화정치와 미국 패권의 산물"이라는 틀을 통해 파악한다.** 그러므로 아시아 영화 네트워크는 단지 아시아 각국 사이에서 일어나는 문화적 교류와 수용에 국한된 문제가 아니라, 중심과 주변의 비대칭적인 권력관계를 근원으로 하는 세계체계의 문제인 셈이다.

물론 아시아 영화 네트워크가 등장한 것은 태평양전쟁 후에만 국한되지 않는다. 예컨대 제국 일본은 메이지유신 시대부터 서구 제국주의에 대항하기 위해 아시아주의를 강조해왔고, 1930~1940년대에는 이를 '대동아공영권'으로 개념화했다. 이러한 상황을 반영하여 일본 영화계에서는 '대

---

* 오병수, 「아시아재단과 홍콩의 냉전(1952~1961): 냉전시기 미국의 문화정책」, 김지은 역, 『동북아역사논총』 48, 2015, 31쪽.

** 이상준, 『영화와 문화냉전: 미국 외교정책과 아시아 영화네트워크의 기원』, 김지은 역, 소명출판, 2023, 28쪽.

동아영화권(大東亞映畫圈)'이라는 명칭이 만들어지기도 했다.* 그러나 이때의 아시아주의는 아시아가 서구의 발전 경로를 추종할 필요가 없고, 서구와 다른 근대화의 길을 달성하고자 한다는 점에서 태평양전쟁 후 등장한 반공주의에 기반을 둔 아시아주의와는 일정한 차이를 보인다. 한편 동아시아 영화 네트워크의 형성과 관련해서 만주영화협회(만영)도 언급하지 않을 수 없다. 1937년 7월 7일 중일전쟁이 발발한 지 채 두 달도 안 되어 만주국 정부와 남만주철도회사가 만영을 설립했다. 당시 만영이 역점을 두었던 것은 "중일전쟁으로 촉발된 만인의 반일 감정과 유언비어를 잠재울 영화를 제작하는 것과 순회영사"였다.** 만영은 조선 영화를 만주국으로 수입하거나 만영 영화를 조선에 수출하는 등 당시 동아시아 영화 네트워크를 구성하는 플랫폼으로 기능했다.*** 흥미로운 것은 "만영의 배급망"이 "일본의 세력권과 일치"했다는 점인데, "일본의 전선이 동아시아 전체로 확대됨에 따라 만영의 배급망도 중국으로, 남방으로 확장되어갔다".****

조선 영화의 일본 진출도 빼놓을 수 없다. 「아리랑」(나운규, 1926) 등

---

* 얀니에 따르면, 태평양전쟁을 기점으로 '대동아영화권'이라는 표현이 사용되기 시작한다. 전쟁 전 "이분화된 '내지'와 '외지'의 '대륙영화'는 모조리 '대동아영화'로 수렴되어가는 것은 어쩔 수 없는 일이었다". 얀니, 「'대동아영화'로의 계단: '대륙영화' 시론試論」, 이와모토 겐지 엮음, 박영산 · 이상우 · 서은영 · 이주영 역, 『영화, 대동아를 상상하다』, 고려대학교 출판문화원, 2017, 141-142쪽.

** 김려실, 『만주영화협회와 조선영화』, 한국영상자료원, 2011, 31쪽.

*** 김려실에 따르면, 1939년 12월 1일 조선 관객은 조선에서 최초로 상영된 만영 영화인 「원혼복구」를 통해 만영의 간판스타이자 당시 동아시아 최고의 인기 배우였던 리샹란을 접하게 된다. "「원혼복구」는 조선인과 일본인 관객뿐만 아니라 화교에게도 인기를 얻었다. 그때까지 조선에서 상영된 중국영화로는 정기탁 감독의 「상해여 잘 있거라(Good Bye, Shanghai!)」(1934)가 있었을 뿐으로 경성부 8천 명의 중국인 대부분이 자국 영화라는 호기심에 「원혼복구」를 보았다고 한다."(같은 책, 57-68쪽) 리샹란은 조선군 보도부가 제작한 국책영화 「그대와 나」(허영, 1941)와 친일 선전영화 「병정님」(방한준, 1944)에도 출연한 바 있다.

**** 같은 책, 33쪽.

1920년대 조선 영화가 일본에 소개된 경우는 있지만, 주로 조선인이 거주하는 지역에서만 짧게 상영되었을 뿐 일본 영화계에 큰 반향을 일으키지는 못했다. 그러나 조선의 성봉영화원과 일본의 신코키네마가 합작했고, 스즈키 시게요시와 그의 조감독 출신인 이규환이 공동으로 연출한 「나그네」는 조선뿐만 아니라 일본에서도 흥행에 성공했으며, 이례적으로 일본 비평가들의 비평적 주목을 받았다. 그러나 「나그네」를 둘러싼 비평 담론은 일종의 논쟁을 형성했다. 일본인 평론가와 조선인 평론가가 시각차를 보였던 것이다. 일본인 평론가들이 "이 영화에 묘사된 조선의 향토색을 높이 샀다"면, 장혁주 같은 조선인 평론가는 "이 영화의 향토색"이 "조선 농촌의 빈궁함과 조선의 원시성을 과장"했다며 비판했다.*

다시 본론으로 돌아와, 태평양전쟁 이후 아시아 영화 네트워크가 반공 블록을 중심으로 한 네트워크로 재편되어갈 때, 쇼브라더스는 어떤 역할을 수행했을까? 이에 관련해서는 포섹 푸의 의견을 참조할 필요가 있다. 푸는 쇼브라더스의 런런쇼가 "냉전 시대의 미디어 환경을 활용하여 홍콩에서 영화 제국을 건설했다"고 주장한다. 그에 따르면 "기술 이전, 만다린어를 구사하는 창의적인 인재의 집중, 영화 공동 제작, 교통 및 무역 네트워크 등은 미국을 중심으로 한 이 지역의 반공 동맹이 있었기에 가능"했던 것이다. 그러나 런런쇼는 비정치적이었으며, 진영 논리로부터 상대적으로

---

* 김려실, 「조선을 '조센'화하기: 조선영화의 일본 수출과 수용에 대한 연구」, 『영화연구』 34, 2007, 108쪽. 이 외에 「나그네」를 둘러싼 논쟁의 맥락을 상세히 논의한 논문으로는 이화진, 「예술적 동정과 제국적 관용, 그 사이의 비평: 〈나그네[여로]〉(1937) 이후의 조선영화와 일본영화계」, 『한국학연구』 53, 2019 참조. 여기에 덧붙여 식민지 시기 조선 영화의 일본 진출 시도를 논의한 것으로는 정종화, 「조선영화는 어떻게 '반도예술영화'로 호명되었는가: 〈한강(漢江)〉의 일본 배급을 중심으로」, 『사이間SAI』 20, 2016; 임다함, 「1930년대 후반 조선 영화의 해외 진출 시도에 대한 일고찰: 안철영의 〈어화漁火〉(1938)를 중심으로」, 『아시아문화연구』 55, 2021 참조.

자유로웠다. 런런쇼는 "동시대 정치적 갈등과 사회 문제의 혼란으로부터 거리를 두고 이를 낭만화하면서, 환상적인 문화 중국으로 관객을 즐겁게 하는 데 제작의 초점을 맞추었다."* 곧 런런쇼는 "냉전 미디어 환경에서 유연성 있는 기업가 정신, 즉 친대만과 친중, 자유와 공산주의의 경계를 넘나드는 유연성 전술과 비정치적인 자세를 상징하는 인물이 되었다".** 당시 아시아 영화 네트워크의 형성 및 재편에 미국이 큰 영향을 끼쳤음에도 그러한 네트워크가 반공주의 이념을 통해서만 행사된 것은 아니라는 사실을 알려주는 대목이다.

초국적 영화 네트워크:
쇼브라더스 그리고 한국과 일본의 영화산업

쇼브라더스는 일본 영화를 주요 참조틀로 삼아 영화산업의 현대화를 모색하고자 했다. 일본의 찬바라영화가 반향을 일으켰는데, 그중에서 눈먼 검객을 소재로 한 「자토이치 이야기」(미스미 겐지, 1962)가 쇼브라더스에 큰 영향을 끼쳤다. 1950~1960년대 홍콩 무협영화와 일본 영화산업의 초국적 커넥션에 관해서는 데이비드 데서의 의견을 참조할 필요가 있다. 그는 당시 홍콩 영화산업과 일본 영화산업의 교류를 네 가지 측면에서 살펴본다. 첫째, 일본 로케이션. 예를 들어 리리화가 주연을 맡은 「나비부인」(에

* Po-Shek Fu, Hong Kong Media and Asia's Cold War,Oxford University Press, 2023, p. 146.

** Ibid., pp. 129-130.

반 양, 1955)이 일본에서 촬영되었다. 둘째, 도호 등 일본 스튜디오와의 공동 제작. 셋째, 일본 영화감독과 스태프를 홍콩으로 초빙해 데려온 경우. 넷째, 지역 영화제의 설립. 일본 다이에이스튜디오의 대표 나가타 마사이치와 쇼브라더스의 대표 런런쇼가 주도하여 지역 영화제를 설립했다. (영화제는 1954년 동남아시아 영화제로 시작되었고, 1957년에는 아시아 영화제로 개명된다.)*

물론 쇼브라더스가 일본의 검객영화에서만 영향을 받은 것은 아니었다. 1950년대 쇼브라더스는 만주국 시기 대스타였던 리샹란(일본명은 야마구치 요시코)을 홍콩으로 초빙하여 3편의 영화를 찍었는가 하면, 일본 스튜디오 도호의 지원을 받아 중국 전통설화 『백사전』에서 제재를 가져온 「백부인의 사랑」을 제작하기도 했다.** 또한 쇼브라더스에 소속된 일본인 감독 이노우에 우메쓰구는 「홍콩 야상곡」(1967), 「연애도적」(1971), 「처녀의 수첩」(1973) 등 일련의 뮤지컬영화를 제작했다.***

쇼브라더스의 대표 런런쇼는 이른 시간 안에 영화를 제작하여 상영하는 것을 목표로 했다. 런런쇼가 보기에 일본 영화인들은 쇼브라더스가 추구한 제작 과정 합리화를 충족하기에 적합해 보였다. 쇼브라더스는

---

* David Desser, "Remaking Seven Samurai in World Cinema," East Asian Cinemas: Exploring Transnational Connections on Film, edited by Leon Hunt and Leung Wing-Fai,London and New York: I.B.Tauris, 2008, pp. 31-32.

** 종보현, 『홍콩 영화 100년사: 홍콩 영화 · TV 산업의 영광과 쇠락』, 윤영도 · 이승희 역, 그린비, 2014, 368쪽.

*** 「연애도적」은 신상옥, 엄준, 이노우에 우메쓰구가 공동 연출한 것으로 기록되어 있으나 실제로는 위장 합작영화일 가능성이 크다. 한국 영화 데이터베이스(KMDB)의 노트에 따르면, 1971년 쇼브라더스가 제작한 「연애도적」은 한 · 홍 합작영화로 위장하여 국내 개봉한 것으로 추정된다. 실제로는 쇼브라더스 소속 일본인 이노우에 우메쓰구 감독이 이 영화를 연출했으나, "신필름과 쇼브라더스 배우 임대계약에 따라 한국 배우들이 출연한 것으로" 여겨진다는 것이다. 「처녀의 수첩」(1973)도 이와 유사한 방식으로 제작되었을 것으로 추정된다. 2023. 8. 25. https://www.kmdb.or.kr/db/kor/detail/movie/K/02368

1966년 '태양족' 영화의 대표격인 「미친 과실」(1956)을 연출한 나카히라 고우를 필두로 이노우에 우메쓰구, 후루카와 다쿠미, 시마 코지, 무라야마 미쓰오, 마쓰오 아키노라 등 주로 닛카쓰와 다이에이에서 일했던 장르영화 감독들과 계약을 체결했다.* 쇼브라더스의 런런쇼가 일본 감독들과 계약한 주된 이유 가운데 하나는 "지난 10년간 일본에서 인기를 끈 일본 청춘영화를 홍콩에서 다시 활용하기 위해서"였다. 곧 "일본의 1950년대 중반 청년문화는 그로부터 10년 후인 1960년대 홍콩 사회에 쉽게 적응될 수 있었기 때문에 런런쇼는 일본 태양족 영화가 홍콩 영화시장에서 흥행하리라는 가능성"을 직감했던 것이다.**

한국 영화도 일본 청년문화로부터 깊은 영향을 받았다. 예로 1960년대 한국 영화도 청춘영화의 붐이 일었는데, 이는 일본 대중문화로부터 영향을 받은 것이었다. 1960년대 초반 일본 소설이 열풍을 일으키면서 이시자카 요지로의 소설 『햇빛 쏟아지는 언덕길』과 『그 녀석과 나』가 각각 국내에서 『가정교사』, 『청춘교실』이라는 제목으로 번역되었다. 일본의 닛카쓰 스튜디오는 이시자카 요지로의 동명 소설을 영화화하여 「햇빛 쏟아지는 언덕길」(다사카 도모타카, 1958), 「그 녀석과 나」(나카히라 고, 1961)를 제작한 바 있다. 한국 영화는 다양한 방식으로 일본 소설과 영화를 번안했다. 영화사가 정종화에 따르면, 「가정교사」(김기덕, 1963)가 닛카쓰가 1958년에 제작한 영화 「햇빛 쏟아지는 언덕길」에 근거했다면, 「청춘교실」(김수용, 1963)은 이시자카 요지로의 원작 소설을 바탕으로 만들어진 영화다.*** 「가정교

---

* 이상준, 『영화와 문화냉전: 미국 외교정책과 아시아 영화네트워크의 기원』, 김지은 역, 소명출판, 2023, 340쪽.

** 이상준, 같은 책, 341쪽.

*** 정종화, 「1960년대 청춘영화의 작법: 일본의 이야기를 빌려 한국 젊은이들과 만나다 〈맨발의

사」, 「청춘교실」, 「맨발의 청춘」(김기덕, 1964) 등이 잇달아 흥행에 성공하면서 1960년대 한국 영화계에서 청춘영화는 주류 장르로 자리를 잡게 된다.

이런 맥락에서 한국, 일본, 홍콩 등 아시아 문화는 '동시적(coeval)' 관계를 형성하지 않으며 일종의 격차를 지니게 된다. 일본이 과거에 누렸던 문화(예컨대 청년문화)는 현재의 홍콩과 한국이 누리는 문화가 되며, 이렇게 되면 한국 · 홍콩 문화와 일본 문화는 선형적 발전의 한 단계로 재편된다. 이러한 현상은 당시 아시아 영화 네트워크의 흐름이 뚜렷한 위계와 분화에 기반을 두고 있음을 보여준다.

지금까지 쇼브라더스와 일본 영화산업, 그리고 1960년대 한국 영화와 일본 청년문화가 맺은 교류의 현황을 간략하게 살펴봤다면, 이제부터는 한 · 홍 합작영화의 계보와 역사에 주목하려 한다. 한 · 홍 합작영화의 역사는 1954년 한국의 임화수와 쇼브라더스의 런런쇼가 싱가포르에서 처음 만나면서 시작된다. 1958년 2월 15일, 쇼브라더스의 전신인 쇼씨부자유한공사(Shaw & Sons Ltd.)와 한국연예주식회사가 공동 제작한 한국 최초의 한 · 홍 합작영화 「이국정원」(1957)이 국내 개봉한다. 그러나 임화수는 5.16 쿠데타 이후 '연예계 정화 사업'의 일환으로 1961년 12월 21일 사형을 당했고, 이후 쇼브라더스 런런쇼의 사업 파트너는 신상옥이 맡게 된다. 「이국정원」 이후 다수의 한 · 홍 합작영화가 제작되었다. 신필름과 쇼브라더스가 제작한 「달기」(최인현 · 악풍, 1964)가 1964년 9월 19일 개봉한 후 「흑도적」(최경옥 · 엄준, 1966), 「대폭군」(임원식, 1966). 「철면황제」(최경옥 · 하몽화, 1967), 「생사투」(장철 · 장일호, 1974) 등의 한 · 홍 합작영화가 연이어 제작되었다. 이 중 「대폭군」에 주목할 필요가 있다. 신필름과 쇼브라더스가 제작하고 임

청춘〉」, 『씨네 21』 1284, 2020, 74쪽.

원식 감독이 연출한 「대폭군」은 1966년 9월 29일 명보극장에서 개봉한 바 있다. 그러나 이 영화에서는 동일한 배역을 두 명의 다른 배우가 연기했다. 국내에서 개봉할 때는 한국의 최은희가 주연을 맡았고, 동남아시아에서 개봉할 때는 홍콩의 리리화가 주연을 맡았다(동남아시아 개봉 시 제목은 「대폭군」이 아니라 「관세음」이다).

한국 영화와 홍콩 영화를 연결하는 고리는 정창화와 신상옥이었다. 정창화는 동아시아 스크린 커넥션이 어떻게 형성되었는지 선명히 알려준다. 예로 정창화가 연출한 「조용한 이별」(정창화, 1967), 「비련」(정창화, 1967) 등은 한국 남성과 홍콩 여성의 이루어질 수 없는 사랑을 펼쳐 보인다. 이처럼 1960년대 한국 영화에서는 한국 남성과 홍콩 여성의 맺어질 수 없는 사랑을 다루는 내용이 많았다. 이후 정창화는 홍콩으로 건너가 쇼브라더스에 소속되면서 「천면마녀」(1969), 「육자객(7인의 협객)」(1970), 「죽음의 다섯 손가락」(1970) 등을 연출했다. 이 중 「죽음의 다섯 손가락」이 가장 유명한데, 국내에서는 「철인」이라는 제목으로 개봉되었다. 1973년 「죽음의 다섯 손가락」은 워너브라더스를 통해 미국에 개봉되었고, 전미 박스오피스 1위를 차지하기도 했다.

신상옥은 다수의 쇼브라더스 영화들을 수입했고, 「대폭군」(1966) 등 다수의 한 · 홍 합작영화를 제작하기도 했다. 그러나 1960년대 후반 이후 한국 영화산업이 위기를 맞게 되자, 신상옥도 이에 크게 영향을 받게 된다. 1950년대 후반과 1960년대 초반 신상옥이 멜로드라마, 사극, 문예영화 등을 주로 제작했다면, 1960년대 후반부터는 에로티시즘에 기반을 둔 장르영화를 다수 연출했고(「내시」, 「이조괴담」), 1970년대 중반에는 「여수 407호」(신상옥, 1976) 같은 여감방 영화도 제작했다. 「여수 407호」는 크게 1부와 2부로 나뉘는데, 1부는 섹스플로이테이션에 치중하고, 2부는 탈옥에 초점을 맞춘다. 여성 탈옥영화인 「여수 407호」는 공간 이동의 측면에서 탈출과 감금의 패턴을 계속 보여주는데, 이는 당시 호스티스 멜로드라마가 차용한 서사 구조와 유사하면서도 조금 다른 면모를 보여준다. 일반적으로 호스티스 멜로드라마가 지방에서 상경한 젊은 여성들이 다시 지방으로 돌아가지 못하고 서울에서 유폐되는 서사 구조를 취한다면, 「여수 407호」는 감금과 탈주의 패턴을 지속적으로 보여주는 데 초점을 맞추기 때문이다. 이런 조짐을 선취매개한 영화는 아마도 「내시」(신상옥, 1968)일 것이다. 이 영화는 레즈비언 장면 등 당시 시대 환경에서 허용되기 어려운 소재를 드러냈을 뿐만 아니라, 서로 다른 두 공간을 순간적으로 이어 붙여 마치 그 장면들이 한 장면 속에 드러나는 것처럼 보이게 한다. 「내시」는 구심력과 원심력의 변증법을 십분 활용하여 연결과 분리의 계기를 끊임없이 보여준다는 점에서 좀 더 복잡한 징후적 독해를 요청하는 영화라고 할 수 있다.

한편 1960년대 후반부터 아시아 영화계에서는 여성 액션영화들이 다수 제작되었다. 도에이 임협(任俠: 약자를 대신하여 강자와 맞서 싸우며, 무력을 사용하여 정의를 바로잡는 것)영화 「붉은 모란」 시리즈(1968~1972)에서 후지 준코가 여성 도박사 역할을 맡았고, 닛카쓰의 무국적 액션영화 「들고양이 록 시리즈」는 여성 폭주족들을 전면화했다.* 「들고양이 록 시리즈」에서 중요한 비중을 맡았던 가지 메이코가 「여죄수 사소리」 시리즈(1972~1973)에 이어 「수라설희」, 「수라설희 2」에도 출연함으로써 여성 복수극 영화의 유행을 몰

* 미국의 68운동과 히피주의에 영향을 받은 영화들처럼 보이는 「들고양이 록: 와일드 점보」(후지타 도시야, 1970)와 「들고양이 록 폭주집단」(후지타 도시야, 1971)은 공동체 구성원들의 죽음으로 끝을 맺는다. 「수라설희」, 「수라설희 2」를 연출한 후지타 도시야는 1932년 평양에서 태어났다.

고 왔다. 여성 복수극 영화는 쇼브라더스에서도 제작된 바 있다. 하리리는 「봉비비」(고보수, 1971: 국내 개봉 제목은 「철낭자」)에서 성폭행을 당해 죽은 언니를 위해 복수를 실행하고, 「여살수」(계치홍, 1971)에서는 여성 킬러 역할로 등장한다. 특히 여성 감독 고보수가 연출한 「봉비비」는 다른 무협영화와 달리 여성/어린이 대 악인이라는 구도를 설정한다는 점에서 주의를 요한다. 「스잔나」(하몽화, 1967)를 통해 한국에서도 큰 인기를 끌었던 리칭도 「철수무정」(장철, 1971)에서 무협 연기를 선보였다. 쇼브라더스 외에 호금전의 「용문객잔」(1967), 「협녀」(1969), 「영춘각의 풍파」(1973), 「공산영우」(1979), 「산중전기」(1979) 등에 연이어 출연한 서풍도 당시 동아시아 여성 무협의 계보에서 빼놓을 수 없을 것이다. 「영춘각의 풍파」(1973)에 출연했던 모영 역시 출중한 무협 실력을 보여주었으며, 「여당수」(황풍, 1971)를 통해 큰 인기를 얻게 된다.

| 초국경적 이동과 기행영화: 「권격」, 「악객」, 「사기사」

지금까지 한국, 일본, 홍콩을 중심으로 당대 아시아 영화 네트워크가 어떤 방식으로 재편되었는지 살펴보았다면, 이제부터는 장철의 「사기사」를 집중적으로 분석하고자 한다.

「사기사」는 한국전쟁 정전 직후 한국을 배경으로 한다. 영화는 시작하자마자 한국의 겨울 풍경을 꽤 오랜 시간 보여주는데, 자막상으로는 1953년 7월로 표시되어 있다. 또한 정전 직후를 배경으로 하는 영화가 실제로 보여주는 시공간은 1970년대 초반 한국의 도시풍경이다. 이처럼 장철은 영화 속 시공간의 연관에 관심을 두고 있지 않으며, 그런 만큼 영화는 '시대착오'적이다. 영화는 초반부에 평샤(적룽)가 제대 후 계급장을 떼고 자신의 상사와 싸움을 벌이는 장면을 보여준다('육군본부 인사과'라는 팻말이 선명하게 보인다). 군인들이 소동을 벌이고 있는 사이 헌병대가 도착한다. 헌병대 중 한 명이 평샤에게 군인들이 왜 싸우는지 그 이유를 묻자, 평샤는 휴전 후 몸이 근질거려서 그렇다고 말하며 곧 자리를 뜬다. 지프차를 타고 서울로 이동하던 평샤는 우연히 과인한(왕종)을 만나게 되고, 함께 서울에 가게 된다.

한편 「악객」에도 출연한 바 있는 레이타이(구라타 야스아키)는 서울 시내 한복판에 위치한 'Hello John!'이라는 클럽을 운영하는데, 진위(강대위)는 이 술집에서 빈둥거리며 놀고 있다. 레이타이는 클럽 내부의 아무도 모르는 작은 방에서 주한미군과 은밀한 거래를 시도한다. 일본에서 마약을 공급하는 큰 루트를 찾은 레이타이는 주한미군을 통해 마약을 운반할 계획을 세운다. 하지만 주한미군이 레이타이의 제안에 불응하자, 'Hello John!'의 조직원들은 공사장에서 주한미군을 폭행하고 살해한 뒤 평샤에게 범죄 누명을 씌운다. 평샤는 주한미군을 살해한 혐의로 헌병대에 체포되는데, 사람을 살해한 적이 없다고 항변하는 평샤의 말을 헌병대는 귀담아듣지 않는다. 우연히 평샤가 구금되는 장면을 목격하게 된 리위스(진관태), 과인한, 송화(정리)는 살인 누명을 쓴 평샤를 구출하기로 하지만, 리위스와 연인 관계였던 송화는 헌병대의 총에 맞아 죽게 된다. 한편 서울을 배회하던 진위는 평샤가 주한미군의 살해에 연루되었다는 소식을 우연히 접하게 된다. 영화가 시작된 지 1시간이 흐른 후에야 비로소 4명의 주인공이 한자리에서 만나게 된다. 이처럼 영화는 평샤, 진위, 리위스, 과인한 등 4명의 인물(사기사)이 서울에서 국제 범죄조직에 맞서 싸우는 이야기를 기본적인 토대로 한다. 그런데 여기서 한국 헌병대의 역할에 주목할 필요가 있다. 헌병대는 누명을 쓴 평샤의 상황을 재검토하기 위한 어떠한 노력도 의지도 보여주지 않는다. 헌병대는 평샤가 미군을 살해했다고 맹신하며, 영화의 마지막에 이르러서는 범죄조직과 이에 맞서 싸우는 평샤와 진위를 모두 살해한다. 맹목적 믿음에 기반을 둔 국가폭력이 가해와 피해의 구분을 무력화시키며 자행된다.

「사기사」를 공간 이동의 측면에서 「권격」(1971), 「악객」(1972)과 비교해볼 수 있다. 「권격」을 먼저 살펴보도록 하자. 겉으로는 평범한 회사원이지만 실은 무술의 고수인 범극(강대위)은 아버지의 임종을 맞으면서 태국에 이복형이 있다는 사실을 알게 되자 주저 없이 태국으로 떠난다. 범극은 우여곡절 끝에 킥복싱 선수로 활약하는 형 문열(적룡)과 만나게 되지만, 거대한 국제 범죄조직이 그들의 재회를 가로막는다. 범극 · 문열 형제는 치열한 사투를 벌인 끝에 범죄조직을 제압하게 된다. 영화는 이들 형제가 홍콩행 비행기를 타고 이륙하는 장면으로 끝을 맺는다. 「악객」(1972)은 「권격」의 속편이다. '국술관'이라는 무술관을 운영하는 문열은 태국에 남겨진 어머니와 애인 옥란(정리)을 홍콩으로 데려오기 위해 제자 진전을 태국으로 보내지만, 일본을 근거지로 둔 국제 범죄조직에 의해 어머니와 제자가 살해되고 만다. 더군다나 범죄조직은 문열 · 범극 형제를 범죄 세계로 끌어들이기 위해 문열의 애인인 옥란을 일본으로 납치한다. 문열과 범극은 옥란을 구출하기 위해 일본에 도착한 후, 범죄조직과의 치열한 사투 끝에 옥란을 구출하여 홍콩으로 데려온다. 이에 격분한 범죄조직의 보스 야마구치(장철)는 가라테의 고수인 류(구라다 야스아키)에게 문열과 범극을 처치할 것을 명령한다. 범죄조직에 맞서 싸움을 벌이던 문열과 범극이 승리하며, 류는 결국 할복자살하게 된다. 한국 영화 데이터베이스(KMDB)에 따르면, 「악객」은 안양영화의 신상옥과 쇼브라더스의 런런쇼가 공동제작한 영화다. 최은희의 남동생인 최경옥이 촬영을, 김태성이 조명을 맡는 등 한국 스태프가 대거 참여한 「악객」은 국내에서는 「흑객」이라는 제목으로 서울 명보극장에서 개봉했으며, 흥행에도 성공했다.*

「권격」과 「악객」은 우리에게 영화와 풍경이 맺는 관계를 사고하도록 한다. 「권격」은 방콕의 근대화된 자본주의 삶을 보여주며, 킥복싱을 통해 국내 관객에게 이국적 정취를 느끼도록 한다. 이국적 감각으로 가득 찬 「권격」은 장철의 다른 영화들에 비해 스튜디오 촬영보다는 야외 촬영의 비중이 높은 편이다. 「악객」은 당대 동아시아 하청체계에서 중심 지위를 차지했던 일본의 도시풍경을 표현해준다. 좀 더 구체적으로 장철은 「악객」에서 도쿄의 공항, 거리, 도로 등을 꽤 오랜 시간 보여줄 뿐만 아니라, 강대위와 적룡이 도쿄라는 도시 공간 속에서 움직이고 활보하는 방식을 생생하게 묘사함으로써 영화에 내재한 여행적 성격을 부각한다. 「사기사」도 예외는 아니다. 영화 초반부 평샤와 과인한이 지프차를 타고 서울에 가는 장면에서 장철은 이동하는 차의 시점을 통해 1970년대 초반 서울의 풍경을 펼쳐 보인다. 제2한강교 을지문덕 장군 동상, 숭례문, 덕수궁의 대한문, 시청 등이 고스란히 보이는데, 이러한 풍경들은 평샤와 과인한 등 인물의 시점임과 동시에 카메라의 시점이기도 하다. 곧 이러한 풍경들은 영화의 디에게시스로 곧바로 흡수되지는 않으며 그 자체로 당시의 시대적 맥락을 환기하는 역할을 한다.

바로 이 지점에서 장철의 영화는 '기행영화'**의 특징을 띤다. 영화와

---

* 2023. 8. 25. https://www.kmdb.or.kr/db/kor/detail/movie/K/02537#

** 기행영화(트래블로그)라는 용어를 처음 만들어낸 이는 일라이어스 버튼 홈스(Elias Burton Holmes)다. 그는 19세기 말부터 세계 여러 곳을 여행하면서 활동사진 같은 시각 자료를 촬영

여행이 맺는 관계는 오랜 연원을 두고 있는데, 기행영화는 19세기 말부터 20세기 초까지 이른바 초기 영화 시기를 수놓은 지배적 양식 가운데 하나였다. "여행의 이미지와 사운드를 통한 세계의 탐험은 언제나 영화의 주요 특징 중 하나였다."* 이국적 경관을 간접적으로 체험한다는 점에서 기행영화는 포스트 투어리즘의 연속선상에 있다. 그러나 기행영화가 가상의 경험에 기반을 두고 있더라도 그것은 세계를 탐험하는 주요 수단 가운데 하나였다. 아직 여행이 대중화되지 못했던 20세기 초반, 기행영화는 일반 대중이 새로운 이국적 풍경을 엿보는 가능성을 제공했다. 기행영화는 세계 지리에 관한 감각을 자극하는 가상 수단임과 동시에 식민 지배 행사를 중계하는 플랫폼 가운데 하나이기도 했다. 물론 기행영화는 초기 영화 시기에만 존재했던 것은 아니며, 민족지영화, 다큐멘터리, 텔레비전 등 장르와 매체를 달리하며 계속해서 존속해왔다. 특히 텔레비전은 기행영화의 유산을 받아들여 자신만의 고유한 여행 프로그램 포맷을 완성해왔다. (일례로 2022년 첫 방영된 MBC 예능 프로그램 「태어난 김에 세계일주」는 2023년 6월 11일 시즌 2를 방영하고 있다.)

한편 문서로 작성한 기행기와 기행영화는 매체 특성상 일정한 차이를 보인다. 기행기가 "이국적인 체험과 일화, 이에 대한 감각적인 묘사와 경험 중심의 서사"를 특징으로 한다면,** 기행영화는 이국적 체험, 감각, 에피소드 등을 강조하면서도 운동성을 강조한다는 점에서 일정한 편차를 보인

한 후, 이를 바탕으로 여행에 관한 강연을 진행했다. 주지하다시피 버튼 홈스 일행은 1901년 인천 제물포를 거쳐 경성에 도착한 후 조선의 여러 경관과 사람들의 모습을 촬영한 바 있다.

* Jeffrey Ruoff, "Introduction," Virtual Voyages: Cinema and Travel,Duke University Press, 2006, p. 1.

** 임종명, 「脫식민 초기(1945.8~1950.5), 남한국가 엘리트의 아시아紀行記와 아시아表象」, 『민족문화연구』 52, 2010, 147쪽.

다. 전부 그런 것은 아니지만, 다수의 기행영화는 움직이는 사람들과 경관을 카메라에 담는다. 이국적 풍경의 감각이 운동성을 촉매로 활성화되는 것이다. 이런 점에서 기행영화는 에세이 필름과 친화성이 있으며, 영화 속 서사의 전개를 보충하는 '주석'의 역할을 맡는다. 곧 기행영화의 핵심은 미약하나마 관객을 디에게시스로부터 끌어내어 영화를 구성하는 또 다른 심급으로 이동시키는 역할을 한다.

이에 덧붙여 「악객」과 「사기사」는 화려한 색채를 배경으로 한 인공적 세트를 강조한다. 「악객」에서 범죄조직의 보스인 야마구치(장철)가 등장하는 공간은 애시드 옐로의 색채를 배경으로 하며, 「사기사」에서 국제 범죄조직의 본거지인 클럽 'Hello John!'도 울긋불긋한 붉은빛이 드리워져 있는 인공적 공간으로 그려진다. 장철의 이와 같은 미장센 전략은 닛카쓰 무국적 액션의 대표작 가운데 하나인 「도쿄 방랑자」를 떠올리게 한다. 스즈키 세이준은 조명, 의상, 세트 등 미장센의 요소들을 활용하여 인물의 심리 상태를 표현하는 데 능했다. 예로 「도쿄 방랑자」에 나오는 알룰루 클럽이 이러한 경우에 해당할 것이다. 스즈키는 시시각각 변화하는 조명을 사용하여 특정한 상황 속에 놓인 인물의 미묘한 심리 상태를 섬세하게 묘사한다. 예컨대 영화 속 연인인 데츠와 치하루의 행복한 만남이 강조될 때, 클럽은 온통 진한 노랑으로 채워진다. 반면에 데츠가 살해되었다는 소식을 들은 치하루가 자신의 연인을 살해한 사람들 앞에서 노래를 불러야 할 때, 화면은 칠흑 같은 어둠으로 채워진다. 「사기사」에 등장하는 클럽 'Hello John!'도 「도쿄 방랑자」와 유사한 측면을 공유한다. 「사기사」도 인공적 색채와 조명을 사용함으로써 인물이 사회적 현실과 맺는 관계보다는 사회적 관계로부터 분리된 고립된 세계를 강조한다. 심층보다는 표층을, 사회적 현실의 핍진성보다는 인공적으로 구성된 세계를 부각하는 「사기사」의

미장센은 당대 팝 아트의 영향을 강하게 받은 것으로 보인다. 이는 영화 속 서울을 사회적 현실로부터 고립된 공간으로 표상함과 동시에, 서울이 동시대 자본주의 세계체계 질서에 속한 다른 도시들(예컨대 도쿄, 홍콩 등)과 일련의 등가 연쇄를 형성하고 있음을 표현해준다. 다시 말해, 무국적 공간으로 표상되는 서울은 바로 그러한 무국적성으로 말미암아 홍콩, 도쿄 등 아시아의 다른 도시와 동일한 연속선상에 놓이게 된다. 물론 아시아 도시 사이에 존재하는 위계와 층화의 문제를 놓치지 않아야 하지만 말이다.*

초국적 순환과 이동의 측면에서 「권격」은 홍콩에서 태국으로, 영화 마지막에 이르러서는 태국에서 다시 홍콩으로 되돌아오는 구조를 지닌다.

---

* 서울 도심의 이국적 경관에 대한 묘사는 최인훈의 소설 『소설가 구보씨의 일일』에서도 엿보인다. 송은영은 1960년대 후반부터 1970년대 초반까지 소설가 구보 씨의 시선을 통해 변화된 서울 도심의 풍경을 기록한 『소설가 구보씨의 일일』을 세심하게 해부하면서, 소설이 '무장소성'에 기반을 둔 이국적 풍경을 묘사한 부분에 주목한다. 우선 소설의 한 대목을 인용해보자. "시민회관에는 인도 마술사의 간판이 걸려 있다. 그 아래를 사람들이 오간다. 구보 씨는 극장 간판 아래에서 바글거리는 사람들을 볼 때마다 언제나 '홍콩'이라는 이름이 문득 떠오른다. 간판 속에서 커다란 클로즈업으로 내려다보고 있는 아리안계 외국인 배우의 얼굴과 그 밑에서 와글거리는 노오란 몽고족의 대조가 조계租界라든지 '政廳' '治外法權' '原住民' 이런 분위기를 풍기는 것이었다. 요즈음 높은 건물들이 들어서고부터 더욱 엽서에서 보는 그 이국 도시의 모습을 닮아간다."(최인훈, 『소설가 구보씨의 일일』, 문학과지성사, 2002, 137-138쪽) 지하도 입구에서 신문 한 장을 산 구보 씨는 계단을 내려가면서 신문을 읽다가 다음의 기사를 읽고서는 이내 멈춰 서버린다. "美, 韓國을 極東의 '홍콩'化 구상, 美評論家 주장 … 美國의 노련한 時事評論家 폴 스콧 씨는 닉슨 美國行政府가 中共과의 무역 확대를 설정하고 韓國을 極東의 '홍콩'으로 만들 가능성이 있다고 주장했다."(같은 책, 139쪽) 송은영이 소설에서 주목하는 부분은 "엽서에서 보는 그 이국 도시의 모습"과 한국을 홍콩으로 만들고자 하는 미국 평론가의 주장이다. 이를 풀이하면 다음과 같다. 서울은 아시아의 다른 도시들과 어깨를 나란히 하지만, 아시아 내 각각의 도시 사이에는 일종의 위계가 존재한다. 구보 씨의 발걸음을 멈춰 서게 한 기사, 즉 한국의 미래가 홍콩이 될 것이라는 미국 평론가의 주장이 이를 방증한다. 송은영은 이에 대해 다음과 같이 지적한다. "홍콩은 중국인들의 도시이지만 영국의 식민지로서 고층 건물과 쇼핑센터, 편리한 교통과 통신이 발달한 세계 도시다. 구보 씨는 홍콩이 날마다 무장소적인 고층 건물이 늘어가는 서울의 미래가 될 것이라는 공포감을 느꼈던 것이다."(송은영, 『서울 탄생기: 1960~1970년대 문학으로 본 현대도시 서울의 사회사』, 푸른역사, 2018, 231-232쪽). 아시아 지역 내 도시 공간들이 위계화된 층화를 바탕으로 구성되어 있음을 알려주는 대목이다.

영화의 마지막 장면은 홍콩행 비행기를 타고 떠나는 장면으로 끝을 맺는다. 반면에 「악객」은 홍콩에서 일본으로, 그리고 다시 일본에서 홍콩으로 돌아오는 구조를 취한다. 「권격」과 「악객」은 쇼브라더스의 영화 속 공간이 홍콩을 넘어 범아시아로 확장한 영화에 해당한다. 그리고 흥미롭게도 이 영화들 속에서는 남성 주인공들이 죽지 않고 해피엔딩으로 끝을 맺게 된다. 장철 영화에서 강대위와 적룡 등 주요 인물들이 서 있거나 정지된 상태에서 죽음을 맞이하게 되는 경우가 자주 등장하는 것을 고려해볼 때, 「권격」과 「악객」에서 보이는 해피엔딩 종결은 예외적이라고 할 수 있다. 실례로 「유협아」(1970)는 영화 내내 코믹한 톤을 유지하면서도 마지막에 이르러서는 강대위의 죽음으로 끝을 맺게 되는데, 이때 강대위의 신체는 정지된 것으로 묘사된다. 「쌍협」(1971)의 마지막 장면 역시 강대위의 죽음으로 끝나는데, 이 장면은 배우가 움직임 없이 정지된 상태로 퍼포먼스를 시연하는 '타블로'*를 연상케 한다. 죽음과 정지는 장철 영화를 이끄는 주요 동력이다.

* 영화 이미지의 속성을 운동과 정지의 관계라는 틀을 통해 탁월하게 분석한 시도로는 로라 멀비의 다음 글을 참조할 것. "텍스트 분석이 논리정연하게 서사 '전체(whole)'를 진행시키려는 충동과 (이와 반대로) 영화의 움직임을 감속시키려는 욕망 사이에서 언제나 긴장을 발생시킴에 따라 시간 자체가 명백하게 감지된다. 이때 서사는 단순히 사라지는 것이 아니라 배경으로 밀려난다. 이렇게 완전히 달라진 시간 감각을 통해 영화가 생성되는 과정을 포착하는 것이 가능한 것처럼 보인다. 서사의 흐름에서 추출된 단편들을 통해서 우리는 언제나 영화 안에 내재되어 있던 타블로로 이끌리게 된다." Laura Mulvey, Death 24x a Second: Stillness and the Moving Image, Reaktion Books, 2006, p. 150.

| 죽음과 정지: 역사적 조건의 일별

장철 영화의 주요 특징인 죽음(과 정지)의 문제를 좀 더 자세히 들여다 보기로 하자. 강대위와 적룡은 수십, 수백 명의 적을 거뜬히 제압할 정도로 압도적인 무술 실력을 지닌 존재들이다. 그러나 이들은 초인적인 무술 실력을 갖추고 있음에도 영화의 마지막에 이르러 전혀 예상치 못한 방식으로 우연히 죽임을 당하게 된다. "그러한 죽음이나 신체 훼손은 당연한 행위의 결과가 아니라 우연적이거나 전혀 예상치 못한 사건이기 때문에 자신의 상해에 대해 어떤 논리도 발견하지 못한 채 죽어가기 때문에 더욱 고통스럽다."* 초인적 무술 실력을 지녔음에도 결국은 죽음으로 끝날 수밖에 없는 서사구조를 지닌 것이다. 여기서 장철은 극단적 신체 훼손과 유혈이 낭자한 폭력 장면을 부각함으로써 영화 속 인물들의 신체적 고통을 생생히 전달하는 데 집중한다. 이때 보이는 신체적 고통은 상징화에 저항하는 날것 그대로의 고통임과 동시에 운동, 속도, 확장에 기반을 둔 영화 이미지를 감속하거나 정지시키는 중단의 계기로도 작용한다. 로라 멀비가 지적하듯, 영화적 운동을 지연시키는 파편화된 조각은 과거, 현재, 미래의 선형적 연속을 불안정하게 하여 우리에게 "움직임과 정지의 관계 속에서 발견될 수 있는 시간의 재현"**과 조우하도록 한다.

---

* 이길성, 「홍콩무협영화 수용을 통해 본 1970년대 하위문화 연구: 하번관 관람객의 감성을 중심으로」, 『대중서사연구』 23(3), 2017, 401쪽. 장철 영화 속의 주인공들은 공동체에 닥친 위기를 홀로 해결하는 고전적 영웅 모델과 달리 "치기 어린 소년성"을 지니고 있으며, "주변부에 속한 하층계급이거나 아니면 떠돌이 유협으로 사회의 중심부에 위치하고 있지 않다."(이길성, 같은 글, 401쪽) 어쩌면 그들은 일본의 로닌(즉, 주군을 잃은 사무라이로서 검을 사용하는 것 외에 달리 특별한 기술이 없어 이곳저곳을 유랑하며 생계를 유지하는 사무라이)이 지역적으로 번안된 결과일지 모른다.

** Laura Mulvey, Death 24x a Second: Stillness and the Moving Image, Reaktion Books, 2006, p. 7.

한편 홍콩, 태국, 일본을 횡단하며 초국적 경계 이동에 주안점을 두는 「권격」, 「악객」이 해피엔딩으로 마무리되는 것은 '시간에 의한 공간의 절멸'을 특징으로 하는 자본 축적의 구조와 모종의 접점을 형성한다. 반면에 「사기사」는 「권격」, 「악객」과 뚜렷한 편차를 보인다. 왜냐하면 이 영화에서 제시되는 공간 이동은 국민국가의 영토를 넘어서는 월경의 문제가 아니라 지방에서 서울로, 그리고 그러한 이동 경로가 더 이상 다른 공간으로 확장되지 않고 서울에서 봉쇄되는 구조를 취하고 있기 때문이다. 이는 자유로운 자본의 이동과 순환을 가로막는 행위로, '시간에 의한 공간의 절멸'로 특징지어지는 자본 축적 과정을 역사지리유물론의 관점에서 재구성하기 위한 단서를 제공한다. 즉, 「사기사」의 마지막 장면은 초국적 교류 및 순환이 국경이 지닌 권력(게발트)에 의해 무참히 분쇄되는 과정을 제시함으로써 우리에게 동시대 역사적 조건들을 일별하는 계기를 제공한다.

이런 배경에서 「사기사」를 당시의 복잡한 역사적 정세 속에서 다시 살펴볼 필요가 있는데, 그중 일부만 풀어놓으면 다음과 같다. 베트남전 패배가 확실시되자 미국의 대아시아 안보 전략이 '전면적 안보'에서 '제한적 안보'로 변경된다. 1969년 7월 미국의 닉슨 대통령은 아시아의 안보는 아시아가 스스로 책임져야 한다는 주장을 골자로 한 닉슨 독트린을 발표한다. 이에 미국은 1971년 주한미군 제7사단을 철수하고, 한국은 미국 주도의 헤게모니와 갈등을 빚게 된다. 1970년대 초반 미국과 한국의 국가 간 체계에 발생한 일종의 균열은 저개발 국가인 한국에 심각한 타격을 초래했고, 한국은 이에 대한 반응으로 1972년 10월 유신체제를 선포하며 폭압적인 지배를 노골화한다. 즉 1960년대 미국과의 굳건한 안보동맹을 강조하고, 베트남전에 적극 파병했으며, 스스로 '병영국가'가 되기를 주저하지 않았던 박정희 정권은 1960년대 말부터 진행된 변화된 국가 간 체계(이른바 데탕트)에 상당한 위기감을 느꼈으며 이에 유신체제로 응답한 것이다. 이 시기 한국 영화는 변화된 세계체계 질서에 침묵으로 응답했다.* 곧 당대 한국 영화는 급변하는 세계질서에 반응하지 않거나, 설사 반응한다 하더라도 매우 간접적인 방식으로 사회적 관계를 재현하고자 했다. 그러나 공교롭게도 1970년대 초반 한국의 역사적 동력을 좀 더 직접적으로 엿볼 수 있는 것은 장철의 영화 「사기사」를 통해 가능하다. 유신체제와 같은 연도에 제작된 「사기사」는 마치 이러한 역사적 정황들을 미리 알고 있었던 것처럼 응답한다.

여기서 권력과 폭력의 관계에 관한 한나 아렌트의 격률을 떠올려볼 필요가 있다. 아렌트는 권력과 폭력이 단지 다르다고 말하는 것만으로는 충분치 않으며, 그것이 "대립적" 관계를 이루고 있다고 강조한다. 폭력에 관한 일반적 통념과 달리 아렌트는 폭력의 대립물을 비폭력이 아니라 권력으로 설정하고 있으며, 폭력의 분출이 권력의 감소로부터 나온다는 점을 분명히 밝힌다. "우리는 그러한 발전들이 우리를 어디로 이끌어갈지 알지 못하지만, 모든 권력의 감소가 폭력의 공개적인 초대라는 것 — 권력을 쥐고 있지만 자신의 손에서 스르르 빠져나가고 있다는 느끼는 사람들이, 통치자들이든 피통치자들이든지 간에 권력을 폭력으로 대체하려는 유혹에 저항하기가 어렵다는 사실을 항상 깨닫고 있다는 이유만으로도 충분하다 — 을 알고 있으며, 모르고 있다면 알아야만 한다."** 이런 배경에서 「사

* 1970년대 초반 역사적 정세에 관해서는 졸저 하승우, 『비교의 항해술: 보편과 특수 사이의 영화들』, 오월의봄, 2022, 19-20쪽 참조.

** 한나 아렌트, 김정한 역, 『폭력의 세기』, 이후, 2000, 131-132쪽. 권력의 감소는 폭력으로 연계될 수 있고, 그러한 폭력은 심지어 그것의 원천인 권력을 파괴할 수 있기까지 하다. "폭력이 더 이상 권력에 의해 뒷받침되지도 억제되지도 않는 곳에서는 수단과 목적을 판단하는 데 있어서 잘 알려진 전도가 발생한다. 수단, 곧 파괴 수단이 이제 목적을 결정한다 - 결과적으로 그

기사」의 마지막 장면에서 보이는 국가폭력은 당시 권력의 취약함을 역설적으로 보여준다. 그것은 권력이 자신의 무능함을 은폐하기 위해 스스로를 폭력으로 전치하는 과정인 셈이다.

정리하면, 「사기사」는 당대 팝 아트의 영향을 받아 화려한 조명과 색채를 바탕으로 인공적 세계를 강조한다. 'Hello John!'도 국가가 설정해놓은 인위적 장벽과 무관하게 생겨나는 초국적 교류와 순환의 공간으로 간주된다. 영화가 기행영화적 성격을 띠는 것도 이러한 사정과 무관하지 않다. 영화는 한국전쟁 종전 직후의 시기를 배경으로 하지만, 실제로 보여주는 것은 1970년대 초반의 서울 풍경이며, 바로 이런 점에서 전적으로 시대착오적이라고 할 수 있다. 요컨대 「사기사」는 포스트모더니즘 양식을 선취매개한 것처럼 보인다. 심층보다 표층이 강조되며, 평편함만이 부각될 뿐이다. 그럼에도 영화는 마지막 장면에서 문화적 월경과 혼종을 가로막는 국경의 장벽을 제시한다. 즉 영화는 초국경적 열림이 국경의 장벽에 의해 과잉결정되는 지점을 보여줌으로써 우리에게 당대의 역사적 조건, 즉 한국과 미국의 국가 간 체계에 발생한 균열과 동요를 인식하도록 한다. 영화는 이토록 당대의 '지정학적 무의식'을 일별하기 위한 의미심장한 계기를 제공한다.

목적은 모든 권력의 파괴로 나타날 것이다." 한나 아렌트, 같은 책, 88쪽.

참고문헌

김려실. 『만주영화협회와 조선영화』. 한국영상자료원, 2011.

______. 「조선을 '조센'화하기: 조선영화의 일본 수출과 수용에 대한 연구」. 『영화연구』 34, 2007, 95-123쪽.

박상빈. 『남한 액션 영화와 노동력 상품의 변화양상 간의 상관관계 연구: 1960-70년대를 중심으로』. 한국예술종합학교 영상원 전문사 논문, 2018.

송은영. 『서울 탄생기: 1960~1970년대 문학으로 본 현대도시 서울의 사회사』. 푸른역사, 2018.

얀니. 「'대동아영화'로의 계단: '대륙영화' 시론試論」.『영화, 대동아를 상상하다』, 고려대학교 출판문화원, 2017.

오병수. 「아시아재단과 홍콩의 냉전(1952~1961): 냉전시기 미국의 문화정책」. 『동북아역사논총』 48, 2015, 7-51쪽.

우치다 타츠루. 『어른 없는 사회: 사회수선론자가 말하는 각자도생의 생존법』. 민들레, 2017.

이길성. 「홍콩무협영화 수용을 통해 본 1970년대 하위문화 연구: 하번관 관람객의 감성을 중심으로」. 『대중서사연구』 23(3), 2017, 377-414쪽.

이상준. 『영화와 문화냉전: 미국 외교정책과 아시아 영화네트워크의 기원』. 소명출판, 2023.

이영재. 『아시아적 신체: 냉전 한국 · 홍콩 · 일본의 트랜스/내셔널 액션 영화』. 소명출판, 2020.

이화진. 「예술적 동정과 제국적 관용, 그 사이의 비평: 〈나그네[여로]〉(1937) 이후의 조선영화와 일본영화계」. 『한국학연구』 53, 2019, 69-100쪽.

임다함. 「1930년대 후반 조선 영화의 해외 진출 시도에 대한 일고찰: 안철영의 〈어화漁火〉(1938)를 중심으로」. 『아시아문화연구』 55, 2021, 79-103쪽.

임종명. 「脫식민 초기(1945.8~1950.5), 남한국가 엘리트의 아시아紀行記와 아시아表象」. 『민족문화연구』 52, 2010, 7-57쪽.

정종화. 「1960년대 청춘영화의 작법: 일본의 이야기를 빌려 한국 젊은이들과 만나다 〈맨발의 청춘〉」. 『씨네 21』 1284, 2020.

______. "「조선영화는 어떻게 '반도예술영화'로 호명되었는가: 〈한강(漢江)〉의 일본 배급을 중심으로」. 『사이間SAI』 20, 2016, 179-210쪽.

종보현. 『홍콩 영화 100년사: 홍콩 영화 · TV 산업의 영광과 쇠락』. 그린비, 2014.

최인훈. 『소설가 구보씨의 일일』. 문학과지성사. 2022.

하승우. 『비교의 항해술: 보편과 특수 사이의 영화들』. 오월의봄. 2022.

한나 아렌트. 『폭력의 세기』. 이후, 2000.

Cheuk, Pak Tong. Hong Kong New Wave Cinema (1978–2000). Bristol and Chicago: Intellect, 2008.

Desser, David. "Remaking Seven Samurai in World Cinema." East Asian Cinemas: Exploring Transnational Connections on Film. London and New York: I.B.Tauris, 2008.

Fu, Po-Shek. Hong Kong Media and Asia's Cold War. Oxford University Press, 2023.

Mulvey, Laura Mulvey. Death 24x a Second: Stillness and the Moving Image. Reaktion Books, 2006.

Ruoff, Jeffrey. "Introduction." Virtual Voyages: Cinema and Travel. Duke University Press, 2006.

Teo, Stephen. Chinese Martial Arts Cinema: The Wuxia Tradition. Edinburgh: Edinburgh University Press, 2009.

Willemen, Paul. "Action Cinema, Labour Power and the Video Market." Hong Kong Connections : Transnational Imagination in Action Cinema. Durham and London: Duke University Press, 2005 & Hong Kong: Hong Kong University Press, 2005.

한국영화 데이터베이스 〈https://www.kmdb.or.kr/db/kor/detail/movie/K/02368, 2023. 8. 25〉

한국영화 데이터베이스 〈https://www.kmdb.or.kr/db/kor/detail/movie/K/02537#, 2023. 8. 25〉

집필진

김성윤 한국예술종합학교 한국예술학과 강사

김수아 서울대학교 언론정보학과 부교수
아시아연구소 한류연구센터 연구원

박미영 중앙대학교 영상학과 BK21사업단 연구전담교수

백원담 성공회대학교 교수

이동연 한국예술종합학교 교수

이동준 홍콩링난대 방문조교수

이종임 서울과학기술대학교 IT정책전문대학원 외래교수

이지행 동아대학교 젠더 · 어펙트연구소 전임연구원

이해수 고려대학교 미디어학교육연구단 연구교수

정종은 상지대학교 문화콘텐츠학과 조교수

조영신 SK브로드밴드 경영전략그룹장

하승우 한국예술종합학교 부교수